FRM金融风险管理师零基础编程

Python

金融风险管理

FRM （基础篇）

姜伟生 涂升 主编

梁健斌 安然 芦苇 编著

清华大学出版社

北京

内 容 简 介

金融风险管理已经成为各个金融机构必备的职能部门。特别是随着全球金融一体化不断地深入发展，金融风险管理越发重要，也日趋复杂。金融风险管理师 (FRM) 就是在这个大背景下推出的认证考试，FRM 现在已经是金融风险管理领域顶级权威的国际认证考试。本丛书以 FRM 考试第一、二级考纲内容为中心，并且突出介绍实际工作所需的金融建模风险管理知识。本丛书将金融风险建模知识和 Python 编程有机地结合在一起，配合丰富的彩色图表，由浅入深地将各种金融概念和计算结果可视化，帮助读者理解金融风险建模核心知识，提高数学和编程水平。

本书是本系列图书的第 6 本，共分 12 章。本书的第 1 章和第 2 章主要介绍 Python 基础编程内容，比如数据类型、运算符、条件循环语句、读写操作、函数等。第 3 章和第 4 章主要介绍 NumPy 和 Scipy 等常见的数学工具包的典型应用。第 5 章和第 6 章讨论采用 Pandas 进行数据分析。在前 6 章内容的基础上，第 7 章介绍常见的可视化方案。然后结合 Python 编程，第 8 章和第 9 章介绍金融建模中常用的概率和统计知识。第 10 章和第 11 章讨论金融建模中各种常见的初等和高等数学内容，这些内容是后续金融产品定价和风险分析的数学基础。第 12 章主要研究固定收益定价和分析等内容。

本书适合所有金融从业者阅读，特别适合金融编程零基础读者参考学习。本书适合 FRM 考生备考参考学习，可以帮助 FRM 持证者实践金融建模。另外，本书也是巩固金融知识、应对金融笔试和面试的利器。

图书在版编目(CIP)数据

Python 金融风险管理 FRM. 基础篇 / 姜伟生，涂升主编；梁健斌，安然，芦苇编著 . —北京：清华大学出版社，2021.9
（FRM 金融风险管理师零基础编程）
ISBN 978-7-302-58412-4

Ⅰ.①P…　Ⅱ.①姜…②涂…③梁…④安…⑤芦…　Ⅲ.①软件工具－程序设计－应用－金融风险－风险管理　Ⅳ.① F830.49

中国版本图书馆 CIP 数据核字 (2021) 第 118382 号

责任编辑：栾大成
封面设计：姜伟生　涂　升
责任校对：徐俊伟
责任印制：杨　艳

出版发行：清华大学出版社
　　　　　网　　　址：http://www.tup.com.cn，http://www.wqbook.com
　　　　　地　　　址：北京清华大学学研大厦 A 座　　　　邮　　编：100084
　　　　　社 总 机：010-62770175　　　　　　　　　　　邮　　购：010-83470235
　　　　　投稿与读者服务：010-62776969，c-service@tup.tsinghua.edu.cn
　　　　　质 量 反 馈：010-62772015，zhiliang@tup.tsinghua.edu.cn
印 装 者：涿州汇美亿浓印刷有限公司
经　　销：全国新华书店
开　　本：188mm×260mm　　　印　　张：27　　　字　　数：839 千字
版　　次：2021 年 11 月第 1 版　　　印　　次：2021 年 11 月第 1 次印刷
定　　价：169.00 元

产品编号：087891-01

前言

　　人以"血"为"气之母"。金融之于一个国家,犹如血液之于人的身体。风险管理作为必不可少的金融行业之一,时时刻刻都在管理着金融"血液"的流动,监控着金融"血液"的各项指标,是预防各类金融"血液"问题发生的重要管理手段。

　　现代金融风险管理是由西方世界在二战以后系统性地提出、研究和发展起来的。一开始,还只是简单地使用保险产品来规避个人或企业由于意外事件而遭受的损失。到了20世纪50年代,此类保险产品不仅难以面面俱到而且费用昂贵,风险管理开始以其他的形式出现。例如,利用金融衍生品来管理风险,并在70年代开始崭露头角,至80年代已风靡全球。到90年代,金融机构开始开发内部的风险管理模型,全球性的风险监管陆续介入并扮演起管理者的角色。如今,风险管理在不断完善过程中,已经成为各金融机构的必备职能部门,在有效地分析、理解和管理风险的同时,也创造了大量的就业机会。

　　金融风险管理的进化还与量化金融的发展息息相关。量化金融最大的特点就是利用模型来解释金融活动和现象,并对未来进行合理的预测。1827年,当英国植物学家罗伯特•布朗 (Robert Brown)盯着水中做无规则运动的花粉颗粒时,他不会想到几十年后的1863年,法国人朱尔斯•雷诺特 (Jules Regnault) 根据自己多年股票经纪人的经验,首次提出股票价格也服从类似的运动。到了1990年,法国数学家路易斯•巴切里尔 (Louis Bachelier) 发表了博士论文《投机理论》 *The theory of speculation*。从此,布朗运动被正式引入和应用到了金融领域,树立了量化金融史上的首座里程碑。

　　而同样历史性的时刻,直到1973年和1974年才再次出现。美国经济学家费希尔•布莱克 (Fischer Black)、迈伦•斯科尔斯 (Myron Scholes) 和罗伯特•默顿 (Robert Merton) 分别于这两年提出并建立了Black-Scholes-Merton模型。该模型不仅实现了对期权产品的定价,其思想和方法还被拓展应用到了其他的各类金融产品和领域中,影响极其深远。除了对随机过程的应用,量化金融更是将各类统计模型、时间序列模型、数值计算技术等五花八门的神兵利器都招致麾下,大显其威。而这些广泛应用的模型、工具和方法,无疑都为金融风险管理提供了巨大的养分和能量,也成为了金融风险管理的重要手段。例如,损益分布、风险价值(VaR)、波动率、投资组合、风险对冲、违约概率、信用评级等重要的概念,就是在这肥沃的土壤上结出的果实。

　　纵观我国历史,由西周至唐,历经银本位的宋元明清,延续至近现代,后近代至今,中华文明本身就是一段璀璨瑰丽的金融史,并曾在很长一段时间位于世界前列。在当今变幻莫测的国际局势中,金融更是一国重器，金融风险管理人才更是核心资源。特别是随着全球一体化的深入，金融风险管理越发重要，也日趋复杂。

金融风险管理师 (FRM) 就是在这样的大背景下应运而生的国际专业资质认证。本丛书以FRM考试第一、二级考纲为中心，突出介绍实际工作所需的金融风险建模和管理知识，并且将Python编程有机地结合到内容中。就形式而言，本丛书一大特点是通过丰富多彩的图表和生动贴切的实例，深入浅出地将烦琐的金融概念和复杂的计算结果进行了可视化，能有效地帮助读者领会知识要点并提高编程水平。

贸易战、金融战、货币战这些非传统意义的战争，虽不见炮火硝烟，但所到之处却是哀鸿遍野。安得广厦千万间，风雨不动安如山。笔者希望这一套丛书，能为推广金融风险管理的知识尽一份微薄之力，为国内从事该行业的读者提供一点助益。在这变幻莫测的全球金融浪潮里，为一方平安保驾护航，为盛世永驻尽心尽力。

在这里，笔者衷心地感谢清华大学出版社的栾大成老师，以及其他几位编辑老师对本丛书的大力支持，感谢身边好友们的倾情协助和辛苦工作。最后，借清华大学校训和大家共勉——天行健，君子以自强不息；地势坤，君子以厚德载物。

Nothing and no one can destroy the Chinese people. They are relentless survivors. They are the oldest civilized people on earth. Their civilization passes through phases but its basic characteristics remain the same. They yield, they bend to the wind, but they never break.

——赛珍珠 (Pearl S. Buck)

About Authors and Reviewers

作者和审稿人

(按姓氏拼音顺序)

安然

博士，现就职于道明金融集团，从事交易对手风险模型建模，在金融模型的设计与开发以及金融风险的量化分析等领域具有丰富的经验。曾在密歇根大学、McMaster大学、Sunnybrook健康科学中心从事飞秒激光以及聚焦超声波的科研工作。

姜伟生

博士，FRM，现就职于MSCI明晟(MSCI Inc)，负责为美国对冲基金客户提供金融分析产品RiskMetrics以及RiskManager的咨询和技术支持服务。建模实践超过10年。跨领域著作丰富，在语言教育、新能源汽车等领域出版中英文图书超过15种。

李蓉

财经专业硕士，现就职于某央企金融机构，从事财务管理、资金运营超过15年，深度参与多个金融项目的运作。

梁健斌

博士，现就职于McMaster Automotive Resource Center，多语言使用时间超过10年。曾参与过CRC Taylor & Francis图书作品出版工作，在英文学术期刊发表论文多篇。为丛书Python系列数据可视化提供大量支持。

芦苇

博士，硕士为金融数学方向，现就职于加拿大五大银行之一的丰业银行(Scotiabank)，从事金融衍生品定价建模和风险管理工作。编程建模时间超过十年。曾在密歇根州立大学、多伦多大学从事中尺度气候模型以及碳通量反演的科研工作。

邵航

金融数学博士，CFA，博士论文题目为《系统性风险的市场影响、博弈论和随机金融网络模型》。现就职于OTPP (Ontario Teachers' Pension Plan，安大略省教师退休基金会)，从事投资业务。曾在加拿大丰业银行从事交易对手风险模型建模和管理工作。多语言建模实践超过10年。

涂升

博士，FRM，现就职于CMHC (Canada Mortgage and Housing Corporation，加拿大抵押贷款和住房管理公司，加拿大第一大皇家企业)，从事金融模型审查与风险管理工作。曾就职于加拿大丰业银行，从事IFRS9信用风险模型建模，执行监管要求的压力测试等工作。多语言使用时间超过10年。

王伟仲

博士，现就职于美国哥伦比亚大学，从事研究工作，参与哥伦比亚大学多门研究生级别课程教学工作，MATLAB建模实践超过10年，在英文期刊杂志发表论文多篇。参与本书的代码校对工作，并对本书的信息可视化提供了很多宝贵意见。

张丰

金融数学硕士，CFA，FRM，现就职于OTPP，从事一级市场等投资项目的风险管理建模和计算，包括私募股权投资、并购和风投基金、基础建设、自然资源和地产类投资。曾就职于加拿大蒙特利尔银行，从事交易对手风险建模。

Acknowledgement

致谢

To our parents.
谨以此书献给我们的父母亲。

推荐语

本丛书作者结合MATLAB及Python编程将复杂的金融风险管理的基本概念用大量图形展现出来，使读者能用最直观的方式学习和理解知识点。书中提供的大量源代码使读者可以亲自实现书中的具体实例。真的是市场上少有的、非常实用的金融风险管理资料。

——张旭萍 | 资本市场部门主管 | 蒙特利尔银行

投资与风险并存，但投资不是投机，如何在投资中做好风险管理一直是值得探索的课题。一级市场中更多的是通过法律手段来控制风险，而二级市场还可以利用量化手段来控制风险。本丛书基于MATLAB及Python从实操上教给读者如何量化并控制投资风险的方法，这"术"的背后更是让读者在进行案例实践的过程中更好地理解风险控制之"道"，更深刻地理解风控的思想。

——杜雨 | 风险投资人 | 红杉资本中国基金

作为具有十多年FRM培训经验的专业讲师，我深刻感受到，每一位FRM考生都希望能将理论与实践结合，希望用计算机语言亲自实现FRM中学习到的各种产品定价和金融建模理论知识。而MATLAB及Python又是金融建模设计与分析等领域的权威软件。本丛书将编程和金融风险建模知识有机地结合在一起，配合丰富的彩色图表，由浅入深地将各种金融概念和计算结果可视化，帮助读者理解金融风险建模核心知识。本丛书特别适合FRM备考考生和通过FRM考试的金融风险管理从业人员，同时也是金融风险管理岗位笔试和面试的"葵花宝典"，甚至可以作为金融领域之外的数据可视化相关岗位的绝佳参考书，非常值得学习和珍藏。

——Cate程黄维 | 高级合伙人兼金融项目学术总监 | 中博教育

千变万化的金融创新中，风险是一个亘古不变的议题。坚守风险底线思维，严把风险管理关口，是一个金融机构得以长期生存之本，也是每一个员工需要学习掌握的基础能力。本丛书由浅入深、图文生动、内容翔实、印刷精美，是一套不可多得的量化金融百科。不论作为金融普及读物，还是FRM应试图书，乃至工作后常备手边的工具书，本丛书都是一套不可多得的良作。

——单硕 | 风险管理部风险经理 | 建信信托

How to Use the Book

使用本书

欢迎读者订阅本书微信公众号，获取图书配套代码源文件，以及更多风控资讯。

本书的重要特点

◀ 以FRM第一、二级考纲为基础，和读者探讨更多金融建模实践内容；

◀ 由浅入深，突出FRM考试和实际工作的联系；

◀ 强调理解，绝不一味罗列金融概念和数学公式；

◀ 将概念、公式变成简单的Python代码；

◀ 全彩色印刷，赏心悦目地将各种金融概念和数据结果可视化；

◀ 中英文对照，扩充个人行业术语库。

本书适用读者群体

◀ 如果你是FRM备考考生，本书将帮助你更好地理解FRM核心考点；

◀ 如果你是FRM持证者，本书是FRM证书和实际工作的桥梁；

◀ 如果你要准备金融类面试，本书将帮助你巩固金融知识，应对复杂面试题目；

◀ 如果你并非金融科班出身，有志在金融行业发展，本书可能是金融Python编程最适合零基础入门、最实用的图书。

丛书公开课视频资源

◀ 本书代码请扫下方二维码下载，获取平台不定期提供更多资源。

◀ 作者专门为本丛书读者开设公开课，讲授图书主要内容。请读者登录https://www.bilibili.com 或https://www.zhihu.com网站或App，搜索"生姜DrGinger"频道。本丛书公开课陆续将在频道 推出，欢迎读者订阅转载。

B站   知乎

请读者注意

◀ 本书为了方便读者学习，在围绕FRM考纲的基础上对内容设计有所调整；

◀ 本书采用的内容、算法和数据均来自公共领域，包括公开出版发行的论文、网页、图书、杂志 等；本书不包括任何知识产权保护内容；本书观点不代表任何组织立场；水平所限，本书作者 并不保证书内提及的算法及数据的完整性和正确性；

◀ 本书所有内容仅用于教学，代码错误难免；任何读者使用本书任何内容进行投资活动，本书笔 者不为任何亏损和风险负责。

难点视频讲解

◀ 本书针对难点提供视频讲解，每章章首扫码观看。

Contents

目录

第 1 章　编程初阶

人生苦短，我用Python。

Life is short, you need Python!

——吉多·范罗苏姆 (Guido van Rossum)

本章核心命令代码

◀ `ax.plot(x,y)` 绘制以 x 为自变量，y 为因变量的二维线图

◀ `ax.set(xlabel='Time step',ylabel='Interest rate',title='Vasicek Model')` 设置 x 轴标签为 "Time step"，y 轴标签为 "Interest rate"，图的标题为 "Vasicek Model"

◀ `def vasicek(r0,k,theta,sigma, T=1., N=10,seed=500)` 定义函数

◀ `import math` 导入第三方数学运算工具库 math

◀ `import numpy as np` 导入第三方矩阵运算库，并给它取一个别名 np，在后序代码中，可以通过 np 来调用 numpy 中的子库

◀ `input("Please enter your name")` 在 Python 的 console 中显示 "Please enter your name" 后接受键盘的输入

◀ `math.sqrt(81)` 调用第三方数学运算库 math 中的 sqrt() 函数用来求开方根值

◀ `matplotlib.pyplot.show()` 显示图片

◀ `print()` 在 Python 的 console 中输出信息

◀ `random.random()` 调用第三方库 random 中的 random() 函数，返回 0 到 1 之间的随机数

◀ `range(N)` 生成一个含有 N 个整数的列表，列表的元素从 0 到 N

◀ `return range(N+1), rates` 在函数定义中用于返回变量 range(N+1) 和 rates 的值

◀ `round(4.35,1)` 将 4.35 圆整到一位小数

◀ `type(num_int)` 返回变量 num_int 的数据类型

1.1 Python 介绍

1989年的12月，荷兰程序员Guido van Rossum为了打发圣诞节期间的空闲时间，开发出一种新的解释型语言Python。所谓解释型语言指的是程序在运行时需要翻译成机器能识别的语言。Python以另外一种编程语言ABC为基础。ABC语言是当时Guido van Rossum参与的一种教学编程语言。Python的第一版发布于1991年。

在Guido van Rossum看来，ABC语言优美而强大，它是专门针对非专业程序员而设计的，但却由于其封闭性等特点而未获得成功。Guido van Rossum正是在改进ABC的基础上推出了Python。因此，Python的缩进风格和主要数据类型均受ABC语言影响。

吉多·范罗苏姆 Jim Hugunin, (1956-), Dutch programmer
Author of the Python programming language.
(Source: https://en.wikipedia.org/wiki/Guido_van_Rossum/)

由于Python的中文翻译是蟒蛇，因此很多人可能会认为Python是以蟒蛇命名的。实际上，这个名字来源于当时风靡欧洲的英国六人喜剧团体Monty Python(见图1-1)。Monty Python在当时以革新的电视喜剧模式出现，在一定程度上影响了日后的英国电视剧的发展。Guido van Rossum特别喜欢Monty Python的表演，他希望这种新的编程语言能像Monty Python一样独树一帜，因此决定以这个喜剧团体的名字来命名这种新的编程语言。

图 1-1　Python以马戏团Monty Python命名
(来源：https://www.theguardian.com/)

Python自推出以来，受到越来越多人的欢迎，如图1-2所示是2001年到2020年这二十年间几种热门编程语言的**TIOBE编程社区指数** (TIOBE programing community index)的变化。TIOBE编程社区指数(以下简称"TIOBE指数")被用来反映编程语言的流行程度，这个指数排行榜是瑞士的TIOBE公司根据一些常用的搜索引擎 (包括Google、Bing和百度等) 、网络媒体 (YouTube和维基百科) 的搜索统计数据，以及有经验的程序员、课程和第三方厂商使用的编程语言的数量而获得。从图 1-2中可以看到，Python的TIOBE指数在2017年后一直在攀升。

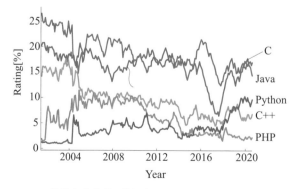

图1-2　TIBOE指数变化趋势 (数据来源：https://www.tiobe.com/tiobe-index/)

如表1-1所示为2020年TIOBE指数排名前十的编程语言与2000年排名情况的对比。读者可以发现，Python从2000年的第22名跃升到2020年的第3名，其热门程度仅次于Java和C语言。Java是面向对象编程，C语言是面向过程编程，而Python既可以实现面向对象编程，也可以实现面向过程编程。

表 1-1   2020年和2000年TIOBE指数前十名对比

编程语言	2020年	2000年
Java	1	3
C	2	1
Python	3	22
C++	4	2
C#	5	9
JavaScript	6	6
PHP	7	21
SQL	8	N/A
Swift	9	N/A
R	10	N/A

国内外许多知名软件和网站都是基于Python开发的，比如，Google、知乎和今日头条等。

Python简便易用的特性，使得其用户并不局限于专业的程序员，像金融、医药、科研等领域的从业人员也借助Python大大提高了工作效率。以下例子展示了如何使用Python在文件中写入数据。借助简单的几行代码，读者即可从烦琐的工作中解放出来，因此掌握Python可以大大提高工作效率。

B1_Ch1_1.py

```python
import numpy as np
data =np.random.randint(100,size=16).reshape(4,4)

with open('data.txt', 'w') as outfile:
    for row in data:
        for column in row:
            outfile.write(f'{column:3.0f}')
        outfile.write('\n')
```

Python的优点不胜枚举，比如可读性好、代码简洁，Python中很多关键字和英语单词非常接近。如图1-3所示为使用Python和Java在屏幕输出显示"Hi there This is Python/Java"代码，读者对比可以发现，在这个例子里，Python的代码不但简洁明了，并且更接近英语的思维习惯。

Python另一个重要优点是免费和开源。所谓**开源** (Free and Open-Source Software, FOSS)，指的是所有用户都可以看到Python的源代码，这体现在两个方面：①程序员使用Python编写的代码是开源的；②Python的解释器和第三方库是开源的。

由于Python代码的开源性，使用者可以免费地查阅Python的源代码，并参与改进和提高其功能和稳定性。所有用户都可以使用Python开发自己的软件和程序，而不必担心版权问题。用户甚至可以将用Python编写的软件应用在商业用途上。

人们在免费使用Python时，创建了各种免费库，又极大地强化了Python的功能。如表1-2介绍了Python标准库和常用的第三方库。接下来的章节中将会详细介绍绘图库Matplotlib、矩阵运算库NumPy、数据处理库pandas和科学运算库SciPy。也会涉及诸如scikit-learn、TensorFlow、maxnet和PyTorch等近年来应用于机器学习和人工智能的热门运算库。

```
Greetings = ["Hi there", "This is Python"]
for i in Greetings:
```

```
public class Test {
    public static void main(String args[]) {
        String array[] = {"Hi there", "This
is Java"};
        for (String i : array) {
            System.out.println(i);
        }
    }
}
```

图1-3　Python和Java实现同样功能代码对比

表1-2　Python标准库和常见第三方库

库名	描述
Python标准库	包含多个内置的以C语言编写的模块，可用于实现系统级功能
matplotlib	强大的Python 绘图库
NumPy	Numeric Python的缩写，Python 矩阵运算库
pandas	基于NumPy的数据处理库
statsmodels	统计建模和计量经济学工具包
seaborn	基于Matplotlib的图形可视化库
SciPy	科学运算库，包含有最优化、线性代数、积分、插值等常用计算工具
Scikit-learn	机器学习方法工具集
TensorFlow	Google的机器学习框架
mxnet	深度学习框架
PyTorch	Python机器学习库，应用于人工智能领域

　　Python以其良好的黏合性和可扩展性，被称为胶水语言。它可以与C、C++、Java和MATLAB等其他编程语言混合编程。比如安装rpy2库后，可以在Python环境中调用R语言中的命令和函数，也可以使用Python调用R语言编写的命令。再比如，可以使用Cython扩展库去实现与C语言的混合编程。

　　MATLAB可以调用Python代码，Python中也可以调用MATLAB。读者可以通过以下网址了解更多细节。

◀ https://www.mathworks.com/help/matlab/matlab-engine-for-python.html
◀ https://www.mathworks.com/help/matlab/matlab-engine-for-python.html
◀ https://www.mathworks.com/help/matlab/call-python-libraries.html

如图1-4所示为Python和其他常见编程语言混合编程时需要使用到的第三方接口库。

图1-4　Python支持与其他编程语言粘合

Python同时支持**面向过程编程** (Procedure Oriented Programming, POP) 和**面向对象编程** (Object Oriented Programming, OOP)。面向过程编程是以步骤和过程为中心的编程思想。如图1-5所示为使用面向过程的思想将一只大象放入冰箱中：第一步是打开冰箱门；第二步是把大象放入冰箱中；第三步是关闭冰箱门。而面向对象编程是以对象为中心的编程思想。如图1-6所示为使用面向对象的思想解决同一问题的思路，根据面向对象思想，可分为大象和冰箱两个对象，大象有"被放入冰箱"这个动作；冰箱则有开/关门这个动作。

图1-5　面向过程编程思想

- Animal:elephant
- Movement:being put into a container

- Container.fridge
- Movement:open/close the door

图1-6　面向对象编程思想

目前被广泛使用的Python版本有Python 2.X和Python 3.X，Python 2.0版本是在2000年10月16日推出的，Python 3.0版本于2008年12月3日推出，Python 3.X相对于Python 2.X有较大的变化和改进。Python 3解决和修正了Python之前的旧版本中存在的固有设计缺陷，其开发重点是清理代码库，让程序语言更加清晰明了。如图1-7所示对比了Python 2.X和Python 3.X的主要区别。

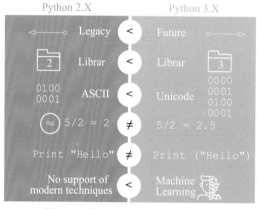

图1-7　对比Python 2.X和Python 3.X

Python 3.X的一些重大变动包括把print()函数改成内置函数，改进了整数的除法问题，增加了更多的对字符串Unicode的支持。为了避免在底层设计中的累赘，Python 3.X不能向下兼容Python 2.X。Python 3.X新增了一些对高级功能的支持，如**机器学习** (machine learning)、**人工智能** (artificial intelligence)和**数据科学** (data science)。

Python软件基金会 (Python software foundation) 鼓励用户采用Python 3.X，并宣布自2020年1月1日开始停止对Python 2.X的更新。Python软件基金会是一个致力于保护、推广和提升Python程序语言的非营利机构，成立于2001年3月6日，它还支持和促进Python社区的发展。

以下代码对比了Python 3.X和Python 2.X的几个典型区别。由于前面提及二者不兼容，以下代码不能在同一个Python版本中成功运行。

```
#Examples, Python 2.X vs Python 3.X


#Example 1
print("Hello John") #Python 3.X
print "Hello John" #Python 2.X
#Output: Hello John


#Example 2
```

```
Name = "John"
print("Hello {0}".format(Name)) #Python 3.X
print "Hello, %," % (Name) #Python 2.X
#Output: Hello John


#Example 3
Name = input("Please enter your name") #Python 3.X
Name = raw_input("Please enter your name") #Python 2.X
Name
#Output: 'John'
#Example 4
a = 5/2 #Python 3.X
#Output 2.5


a =5/2 #Python 2.X
#Output 2
```

在现代社会，计算机硬件水平飞速发展，使得计算机的性能变得非常强大，这也使得Python作为解释型语言的编译执行速度偏慢的缺点并不明显。相反Python简单易用的特点能大大降低用户学习编程语言的门槛以及缩短编写代码的时间，使其成为越来越热门的编程语言。

1.2 Spyder介绍

Python语言的调试需要在**开发工具** (Integrated Development Environment, IDE) 中进行。开发工具一般由编辑器、编译器、调试器和图形用户界面等组成。由于Python是开源的，因此有很多种IDE可供选择，如PyCharm、Spyder和Jupyter等。本书将以Spyder为例介绍其安装步骤及使用方法。一般可以通过第三方软件Anaconda安装Spyder，其界面如图1-8所示。

除去Spyder外，Anaconda还集成了工具包conda提供的第三方库的管理和环境管理的功能，并支持Windows、Linux和Mac系统，可以帮助用户便捷地解决不同版本Python的共存和切换问题。Anaconda的安装同时还集成了常用的第三方运算库。

如图1-8所示打开Anaconda后的界面，可以看到JupyterLab、Jupyter Notebook、Powershell Prompt、Qt Console、Spyder、Glueviz、Orange 3和 RStudio等工具。Jupyter Notebook是基于网页的用于交互计算的集成开发环境，Jupyter Lab可被视为 Jupyter Notebook的升级版，包含了Jupyter Notebook的所有功能。Orange 3是交互式数据挖掘与可视化工具箱。

安装并打开Spyder后，其界面如图1-9所示，包括工具栏①、当前文件路径②、Python代码编辑器③、变量显示区④和交互界面⑤。在工具栏里包含了众多代码调试工具，代码的编写和修改则显示在Python代码编辑器，交互界面用于显示代码的运行结果和生成的图片，在变量显示区可以查看当前变量的名称、占用空间和值。若用户习惯了使用MATLAB，还可以通过设置View → Windows layouts → MATLAB layout，使Spyder的界面接近MATLAB的界面，如图1-10所示。

如果代码运行结果是以图片的方式显示，Spyder默认显示方式是嵌入在**控制台** (console) 中。若用户希望以弹窗的方式来显示图片，则可通过如下操作进行切换。如图1-11所示，用户依次单击菜单栏的Tools → Preferences → Ipython console → Graphics → Graphics backend → Automatic。Automatic对应的是以弹窗方式显示图片，Inline对应的是图片在控制台中显示。完成设置后，读者需要重新打开Spyder才能使新设置生效。如图1-12所示对比了两种图片显示方式。

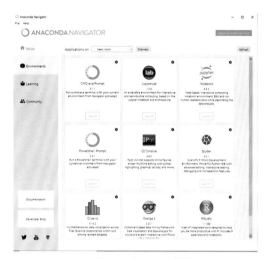

图1-8　Anaconda界面

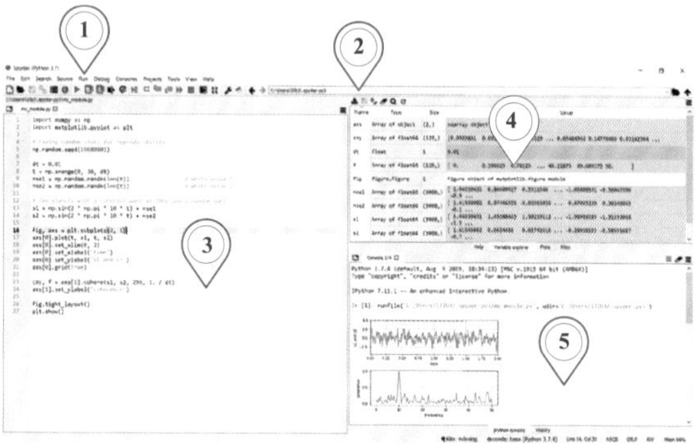

1: Toolstrip
2: Current directory
3: Python coder editor
4: Variable explorer, Plots, and Files
5: IPython Console

图1-9　Spyder默认打开界面

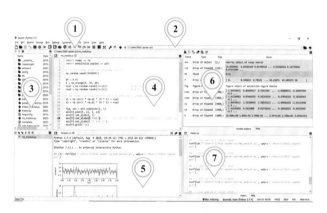

1: Toolstrip
2: Current directory
3: Current directory folder
4: Python coder editor
5: IPython Console
6: Variable explorer
7: History

图1-10　Spyder界面接近MATLAB界面

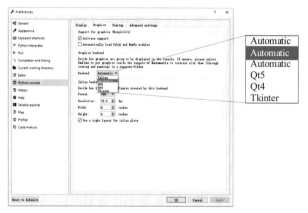

图1-11　调整显示图片的方式

(a) 控制台中显示图片　　　　　　　　　　　　　(b) 以弹窗的方式显示图片

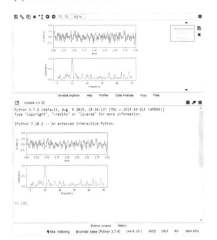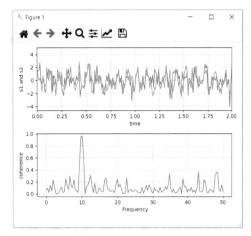

图1-12　对比两种显示图片格式的方法

Spyder中的字体样式、大小和高亮颜色均可以进行修改，具体的修改方式如图1-13所示。

图1-13　修改Spyder中代码的字体样式

　　Python采用缩进来实现不同的逻辑结构，同时也使得代码变得美观易读。编写Python代码时缩进错误会导致报错。如图1-14所示，Python代码的第一行不允许缩进，其后的缩进通常是通过插入四个空格来实现。Python中常见的需要缩进的场合包括for循环、while else循环、if else判断语句、函数定义及类的定义等。同一缩进级别里的代码属于同一逻辑块。这些需要使用缩进的场合往往都需用冒号"："来表示下一行需要使用缩进。

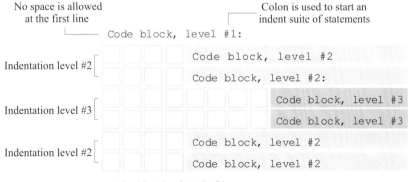

图1-14　缩进形成不同的代码级别

如图1-15所示为三组缩进的示例，第一行代码的错误在于代码开始的第一行不能缩进，第二行代码中的错误为使用**制表符** (tab key) 来实现缩进，Python并不鼓励在代码中使用制表符来实现缩进，这是因为不同的Python调试开发工具对于制表符有着不同的解读，比如有些调试开发工具将制表符解读为4个空格的宽度，有的则解读为8个空格的宽度，因此为了避免代码逻辑混乱，不建议读者使用制表符来实现缩进。

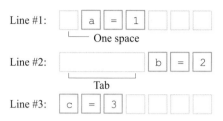

图1-15　缩进示例：Line #1和Line #2错误，Line #3正确

图 1-16和图1-17所示分别展示了if…else…循环未采用缩进和正确采用缩进两种情况。

图1-16　未使用缩进导致错误的示例 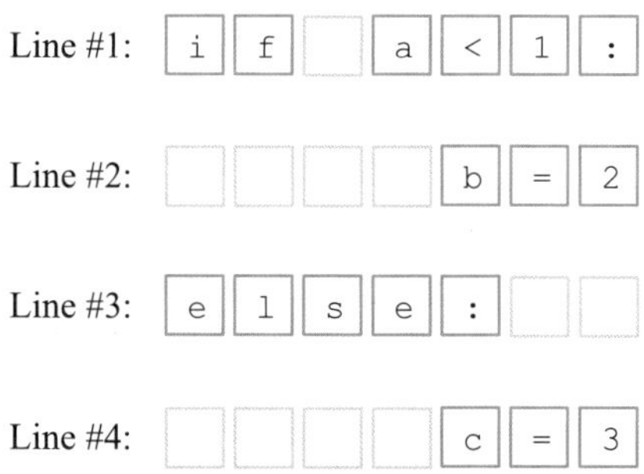　　　　　图1-17　正确使用缩进示例

为了清晰地看出代码中空格的数量，读者可以在Spyder中设置显示空格数量，具体操作为Tools → Preferences → Editor → Source Code → Indentation characters，如图1-18所示。

图1-18　Spyder中可设置缩进所用的空格数量

Spyder中的缩进默认通过四个空格来表示，但读者也可以根据个人喜好，设定其他数量的空格，具体的设置为Tools → Preferences → Editor→ Display → Show blank spaces，如图1-19所示。

图1-19　设置缩进的空格

以下代码展示了在定义函数is_prime过程中如何使用缩进来实现不同的代码结构，如前所述，同一逻辑级别的代码块应当使用相同数量的空格。

`B1_Ch1_2.py`

```python
#Indentation example
def is_prime(a):
    if type(a) != int:
        print("Your input is not an integer")
    if a <=3:
        print("The input number is too small")
    else:
        if a %2 ==0:
            print("This is an even number")
        else:
            b = int(a/2.)+1
            for i in range(3,b,2):
                if a % i ==0:
                    print("The input number can be divided by %2d"%i)
                    break
                if i>=b-2:
                    print("The input number is a prime number")
is_prime(2)#Out: The input number is too small
is_prime(16)#Out: This is an even number
is_prime(81)#Out: The input number can be divided by  3
is_prime(89)#Out: The input number is a prime number
```

以下代码展示了在定义类的时候如何正确地使用缩进。在以下例子中，在类的名称Person后，定义函数__init__()以及myfunc()时均需要使用空格和冒号来实现缩进。

```python
class Person:
    def __init__(self, name, age):
        self.name = name
        self.age = age
    def myfunc(self):
        print("Hello my name is " + self.name)
```

```
p1 = Person("Jack", 26)
p1.myfunc()
```

Python提供了类似MATLAB中**代码节** (code cell, code section) 的功能。长代码中往往有很多行代码。为了方便调试和阅读代码，可以将代码划分为多个代码节。用户在运行代码时，可以方便地调试不同代码节中的代码。Python以符号#%%来划分代码节。运行代码块可采用工具栏中的"Run current cell"或者按快捷键"Ctrl + Return"，如图1-20所示为Return键所在的位置，值得注意的是右下角的数字键盘中的"Enter"键并没有"Return"键的功能。

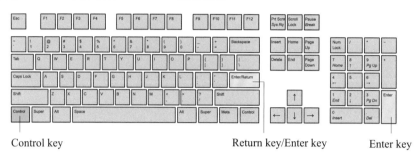

图1-20　Return 键在键盘中的位置

读者可尝试以运行代码节的方式运行下文代码，生成图1-21。图1-21所示为Vasicek和CIR利率模型结果，本丛书有专门章节介绍利率建模，请读者参考学习。

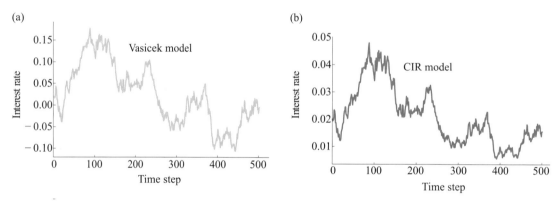

图1-21　执行程序代码块

如下代码可以获得图1-21。

```
B1_Ch1_3.py

#%%
#Code cell: Vasicek Model
import numpy as np
import matplotlib.pyplot as plt
def vasicek(r0,k,theta,sigma, T=1., N=10,seed=500):
    np.random.seed(seed)
    dt = T/float(N)
    rates = [r0]
    for i in range(N):
        dr = k*(theta-rates[-1])*dt+sigma*np.random.normal()
```

```
        rates.append(rates[-1]+dr)
    return range(N+1), rates
x,y = vasicek(0.02,0.25,0.02,0.01,20.,500)
fig,ax=plt.subplots()
ax.plot(x,y)
ax.set(xlabel='Time step',ylabel='Interest rate',title='Vasicek Model')
plt.show()
#%%
#Code cell: CIR model
import math
import numpy as np
import matplotlib.pyplot as plt
def cir(r0,k,theta,sigma,T=1.,N=10,seed=500):
    np.random.seed(seed)
    dt = T/float(N)
    rates = [r0]
    for i in range(N):
        dr=k*(theta-rates[-1])*dt+\
            sigma*math.sqrt(rates[-1])*np.random.normal()
        rates.append(rates[-1]+dr)
    return range(N+1),rates
x,y = cir(0.02,0.25,0.02,0.01,20,500)
fig,ax=plt.subplots()
ax.plot(x,y)
ax.set(xlabel='Time step',ylabel='Interest rate',title='CIR model')
plt.show()
```

　　Spyder可通过设定快捷键来提高操作效率，表1-3列举了部分常用的快捷键。

表1-3　Spyder快捷键

快捷键	说明
F5	运行
F12	**设置断点 (breakpoint)**
Ctrl + 4/5	将选中代码注释/取消注释
Ctrl + D	将光标所在行或已选中的行删除
Ctrl + L	跳转到某一行
F9	运行光标所在行代码或运行选中的多行代码
F5	运行代码所有行
Ctrl + F10	单步调试 (不进入函数内部)
Ctrl + F11	单步调试 (进入函数内部)
Ctrl + Return	运行当前代码节

　　表1-3中的快捷键可以通过如图1-22所示的设置进行修改。

图1-22　修改快捷键

Python中每行最多可以使用79个字符，当一行中的字符过多时，一般采用**隐式续行** (line continuation) 来完成换行。

在定义函数时，有时候会遇到名称很长或者变量很多的情况，这时候常常需要结合合适的缩进来实现隐式续行。如图1-23和图1-24所示为在定义函数时如何使用隐式续行，图1-23所定义函数从第一个变量开始换行，并插入8个空格，函数的正文前需要插入4个空格，如图1-24所示。

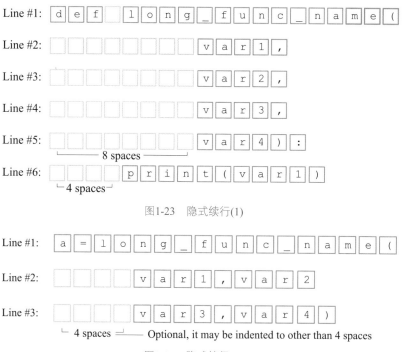

图1-23　隐式续行(1)

图1-24　隐式续行(2)

上例对应具体代码如下。

```
B1_Ch1_4.py
```

```python
#Add 4 spaces (an extra level of indentation) to distinguish arguments from the rest.
def long_func_name(
        var1,
        var2,
        var3,
        var4):
    print(var1)

var1, var2, var3, var4 = 1, 2, 3,4
#Aligned with opening delimiter.
long_func_name(var1, var2,
               var3, var4)

#Hanging indents should add a level.
foo = long_func_name(
    var1, var2,
    var3, var4)
```

除此之外，隐式续行也可以通过使用括号 "()" 或斜线 "\" 来进行。以下代码展示了这种情况。

```python
#Example: break a long line into multiple lines
#Method 1 use for line continuation
a = ('1' + '2' + '3' +
     '4' + '5')
a
#Output: '12345'

#Method 2: use \ for line continuation
a = '1' + '2' + '3' + \
'4' + '5'
a
#Output: '12345'
```

1.3 变量和数值类型

在Python中定义变量时需要注意以下几点：

◀ 只能包含大小写字母、数字和下画线 (underscore)。
◀ 不能以数字开头。
◀ 区分大小写字母，如变量a和变量A是两个不同的变量。
◀ 虽然变量可以下画线开头，但要注意，下画线定义的变量往往具有特殊的意义和用法。

如表1-4所示汇总了使用下画线自定义变量时的几种表达方式。大家常用的自定义变量为第二种，即将下画线主要用作连接符。

表1-4　数据类型之间的转换

表达形式	例子	说明
单下画线变量	_	用得较少。可用于表示临时变量，亦可在console中用于获得上一表达式的结果
变量中间	var_part	用作连接符，并无特殊约定俗成或特殊含义
单下画线后缀变量	var_	约定用法，用于区分Python的关键字
单下画线前缀变量	_va	常用于模块中，这种变量和函数被认为内部函数
双下画线前缀变量	__var	定义类的时候使用，用于表示该函数是私有函数，无法被继承或被外部访问
双下画线前缀和后缀变量	__var__	不推荐使用这种方式自定义用户变量。Python定义了一些特殊的变量，如类成员__int__

在控制台中输入下画线，可以获得上一条命令的运行结果。

```
In [1]: "Return the results of last line"
Out [1]: 'Return the results of last line'
In [2]: _
Out [2]: 'Return the results of last line'
```

下面是下画线作为变量的例子，此时下画线所代表的一般是临时变量，常用在for循环中。

```
a = 0
for _ in range(3):
    a = a + _
    print(_)
print(a)
```

以下例子展示了定义函数时，使用双下画线前缀代表变量的错误用法。

```
B1_Ch1_5.py

class People(object):
    def _eat(self):
        print('I am eating')
    def __run(self):
        print('I can run')


class Student(People):
    def torun(self):
        self.__run() #AttributeError: 'Student' object has no attribute '_Student__run'

s = Student()
s.torun()
p = People()
p.__run()    #error: it cannot be accessed externally
```

在Python中常用的数值类型包括**整型** (integer)、**浮点型** (floating point)、**字符串** (string) 和**布尔型** (Boolean)。以下代码展示了几个使用浮点型和布尔型运算的例子。

```python
B1_Ch1_6.py

#Example 1, floating point
print((1.1 + 2.2) == 3.3)#Out:False
print(1.1+2.2)#Out: 3.3000000000000003

#Example 2, fractions
import fractions
print(fractions.Fraction(1.5)) #Output: 3/2
print(fractions.Fraction(5)) #Output:.5
print(fractions.Fraction(1,3)) #Output: 1/3

#Example 3, Bolleans
x = (1 == True) #True and False are both case-sensitive
y = (1 == False)
a = True + 4
b = False + 10
print("x is", x)
print("y is", y)
print("a:", a)
print("b:", b)
print(bool(0))#Output False
a =[];
b = ['']
print(bool(a))#Output False
print(bool(b))#Output True
print(bool(1))#Output True
print(bool(-1908))#Output True
print(bool("Hello!"))#Output True
```

Python是动态数据类型，在定义变量时不需要提前指定变量的数据类型。比如，给变量a赋值a = 1，则a自动指定为整型。再如，a = 1.0，则指定a为浮点型。用户也可以使用表1-5中的函数进行强制数据转换。

表1-5　数据类型之间的转换

函数	介绍
int()	转换为整型
float()	转换为浮点型
complex(real, imag)	转换为复数
str()	转换为字符串
chr()	转换为字符
ord()	将字符转换为整形
hex()	将整数转换为八进制字符串
bool()	将指定数据转化为布尔类型

以下代码展示了Python中动态地定义变量类型的例子。

```
B1_Ch1_7.py

#Example1, implicit type conversion
num_int = 123
num_str = "456"
print("Data type of num_int:",type(num_int))
print("Data type of num_str before Type Casting:",type(num_str))
num_str = int(num_str)
print("Data type of num_str after Type Casting:",type(num_str))
num_sum = num_int + num_str
print("Sum of num_int and num_str:",num_sum)
print("Data type of the sum:",type(num_sum))

#Example2, implicit type conversion
num_flo = 1.23
num_new = num_int + num_flo
print("datatype of num_int:",type(num_int))
print("datatype of num_flo:",type(num_flo))
print("Value of num_new:",num_new)
print("datatype of num_new:",type(num_new))
```

Python提供了一些常用的基本数学函数，它们可以分为几类，如基本数学函数 (表1-6)、三角函数 (表1-7) 和随机函数 (表1-8)。这三个表格给出了这些函数的使用说明和例子。

表1-6　基本数学函数 (部分需要使用math模块)

运算符	介绍	例子
abs(x)	返回x的绝对值，不需要调用math模块	**print**(abs(-4.35)) #Out: 4.35
max(x1, x2,...)	返回最大值，不需要调用math模块	list = [-4.35,3.5,2.1] **print**(max(list)) #Out: 3.5
min(x1, x2,...)	返回最小值，不需要调用math模块	list = [-4.35,3.5,2.1] **print**(min(list)) #Out: -4.35
round(x [,n])	将浮点数x四舍五入，n指定小数点后的位数，不需要调用math模块	**print**(round(4.35,1)) #Out: 4.3
ceil(x)	返回一个大于或等于x的最小整数	**print**(math.ceil(4.001)) #Out: 5
floor(x)	返回一个小于或等于x的最小整数	**print**(math.ceil(4.999)) #Out: 4
exp(x)	求自然对数的指数值	**print**(math.exp(1)) #Out: 2.718281828459045
fabs(x)	math 模块中的求绝对值的函数	**print**(math.fabs(-2)) #Out:2.0

运算符	介绍	例子
log(x)	求自然对数	**print**(math.log(math.e)) Out: 1.0
log10(x)	返回以10为基数的x的对数	**print**(math.log10(100)) #Out: 2.0
modf(x)	返回浮点数x的小数部分和整数部分	**print**(math.modf(4.5)) #Out: (0.5, 4)
pow(x, y)	计算x的y次幂，等同于x**y	**print**(math.pow(3, 3)) #Out: 27
sqrt(x)	计算x的平方根	**print**(math.sqrt(81)) #Out: 9.0

表1-7　三角函数 (需要使用math模块)

运算符	介绍	例子
sin(), cos(), tan()	正弦，余弦，正切函数	—
asin(), acos(), atan()	反正弦，反余弦，反正切函数	—
degrees(x)	将弧度值转化为角度	**print**(math. degrees (math.pi)) #Out: 180
radians()	将角度转化为弧度	**print**(math. radians (180)) #Out: 3.141592653589793

表1-8　随机函数 (需要使用random模块)

运算符	介绍	例子
random()	生成一个[0,1)之间的随机数	**print**(random. random ()) #Out: 0.7715628664236375
randint(min, max)	生成一个在min和max之间的随机数	**print**(random.randint(1,9)) #Out: 5
randrange ([min,] max [,step])	生成一个[min, max) 之间，步长为step的随机整数, min默认为0, step默认为1	**print**(random.randrange(2,100,2)) #Out: 58 **print**(random.randrange(10)) #Out: 8
shuffle(lst)	将序列lst中的元素随机排列	**print**(random.randrange(2,100,2)) #Out: 58 **print**(random.randrange(10)) #Out: 8
uniform(x, y)	从[x,y] 或[y,x]之间随机抽出一个浮点数	**print**(random.uniform(5,2)) #Out: 4.027302601488029
choice(seq)	在序列lst中随机抽出一个元素	list = ['Apple','Juice', 16, 10] **print**(random.choice(list)) #Out: 'Juice'
sample(lst, num)	在序列lst中选出num个元素	list = ['Apple','Juice', 16, 10] **print**(random.sample(list,2)) #Out: ['Apple', 16]

1.4 数据序列介绍

1.3节介绍了变量可以是整型、浮点型、字符串、复数和布尔型等数据类型。变量只可以存储一个数据，但Python提供了多种数据**序列** (sequence)，可用于存储更多的数据。这些数据序列包括**列表** (list)、**元组** (tuple)、**集合** (set)和**字典** (dictionary)。这些数据序列，根据数据元素是否可变，可以分为**可变的** (mutable) 和**不可变的** (immutable)；根据数据元素在结构中是否有次序，可以分为**有序的** (ordered) 和**无序的** (unordered)；根据数据元素是否是互异的，可以分为**互异的** (unique) 和**非互异的** (non-unique)。

表1-9和表1-10对比了Python提供的几种数据序列的特点。其中，列表和元组比较相似，字典和集合比较类似。集合包括两种，一种是普通集合，另外一种是冻结集合。两种集合均具有无序、可迭代、元素互异的特点。但是普通集合的元素是可变的，而冻结集合的元素是不可变的。冻结集合可以通过frozenset()函数生成。

表1-9 对比几种数据序列

数据序列	表示方法	特点
字符串 (string)	'string' 或 "string"	元素不可变的，有序的
列表 (list)	['string',5,2000]	元素可变的 (mutable)，有序的
元组 (tuple)	('string',5,2000)	元素不可变的，有序的，序列元素可以是可变的和不可变的
字典 (dictionary)	{key1: value1, key2 : value2 }	键是互异的和不可变的，值是可变的，每一对键值组合是无序的
集合(set)	{'string',5,2000}	元素可变的，无序的，互异的，序列元素是不可变的

表1-10 对比各种数据结构的特点

数据序列	有序性	Iterable	互异性	元素不可变的	元素可变的
列表	√	√	×	×	√
元组	√	√	×	√	×
字典	×	√	键 (key)	键 (key)	值 (value)
集合	×	√	√	×	√
冻结集合	×	√	√	√	×

Source: C. P. Milliken, *Python Projects for Beginners*, New York, NY, USA: Apress, Nov. 2019.

表1-9还列出了字符串的特点。值得注意的是，字符串、列表和元组的元素是可以通过**索引** (index) 来访问的，这是因为这三种数据序列中的数据元素是有序的。而对于无序的集合和字典，它们的数据元素则不能通过索引来访问。对于字典，Python提供了通过它的键访问其对应的值的方法。

请读者阅读并尝试运行以下代码。

`B1_Ch1_8.py`

```python
#Indexing of a dictionary
Dict = {"John":20,"Theresa":22,"Tom":20}
print(Dict["Tom"])#20

#Indexing of a list, a string, a tuple
List,String = [1,2,3],"123"
Tuple, Set= tuple(List),set(List)
print(List[1])#2
```

```
print(Tuple[1])#2
print(String[1])#2
print(Set[1])#Error
```

接下来将会讨论如何通过索引来访问列表、元组和字符串中的元素。列表、元组和字符串均是通过在方括号中给定索引值来访问数据。如图1-25所示，是一个等差数列 [a:b:delta] 作为索引值的例子，a是第一个索引值，delta是这个等差数列的公差。值得注意的是，b并不是最后一个索引值，b－delta才是。

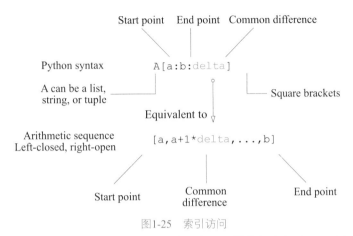

图1-25　索引访问

如图1-26所示为通过索引值来访问字符串中的字符。同样的方法也适用于访问列表和元组。

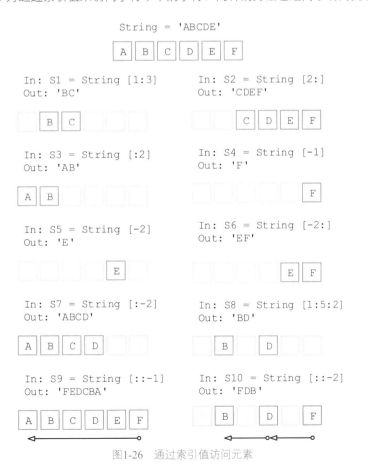

图1-26　通过索引值访问元素

1.5 列表

　　1.4节对比了几种数据序列的特点，包括列表、元组、集合和字典，本节和1.6节将会详细介绍这几种数据序列的使用方法。

　　相比于元组，列表的元素具有可变性，因此列表既要存储元素数值，还要存储相应的指针，另外也要为可变元素预留存储空间，这导致列表需要有较大内存。而元组虽然不具有可变性，但是却大大节省内存，访问元素的运算速度也远远快于列表。

　　以下代码的运行结果对比了列表和元组的运算速度和存储空间。读者在试运行以下代码时请耐心地等候计算结果。在作者的电脑上运行时，使用列表需要223秒才结束整个运算，而元组只需要100秒左右就完成了整个运算，因此元组有着很明显的运算优势。

```
B1_Ch1_9.py

import timeit
#Measure list execution time
List_setup = 'List = range(10**6)'
List_code = '10**6 in List'
Run_number = 10**9
List_time = timeit.timeit(stmt=List_code, setup=List_setup, number=Run_number)
print("List execution time = %f"%List_time)#List execution time = 223.004438

#Measure tuple execution time
Tuple_setup = 'Tuple = set(range(10**6))'
Tuple_code = '10**6 in Tuple'
Tuple_time = timeit.timeit(stmt=Tuple_code, setup=Tuple_setup, number=Run_number)
print("Tuple execution time = %f"%Tuple_time)#Tuple execution time = 100.206919

#Size comparison of a list and a tuple
List = list(range(10**6))
Tuple = tuple(range(10**6))
print("Size of the list is %d"%List.__sizeof__())#8000040
print("Size of the tuple is %d"%Tuple.__sizeof__())#8000024
```

　　表1-11对比了列表和元组在表示形式上的不同之处。列表的创建需要使用方括号"[]"，而元组的创建需要使用圆括号"()"。列表共有46种内建**方法** (method)，而元组有33种。此外，列表中的元素不能被用来创建字典的**键** (key)，而元组中的元素可以被用来创建字典的键。

表1-11　列表和元组对比

区别	列表	元组
语法结构	使用方括号"[]"	使用圆括号"()"
元素是否能更改	能	不能
方法 [method] 数量	46	33
是否能用于创建字典的键	不能	能

　　表1-12列出了一些列表常用的方法，这包括添加元素方法insert()、append()、extend()；删除清空数据方法remove()、clear()、pop()；排序和统计方法sort() 和count()，等等。此外，reverse()方法可以

将列表中的元素逆向排序。其中remove()、count() 和index() 方法均需提供要删除/统计/查找序号的数据subdataset。表1-12中的A表示某一列表。

表1-12　列表常用方法

方法分类	方法名称	说明
增加元素	A.insert(index,new data)	列表A末尾新增一个元素B，无返回值
	A.append(new data)	末尾追加数据，无返回值
	A.extend(List_B)	将序列B(列表，元组，集合，字典等)中的所有元素添加到列表A末尾，无返回值
删除元素	A.remove(subdataset)	移除列表中某元素，无返回值
	A.pop()	删除最后一个数据，返回该元素的值
	A.pop(index)	删除某一索引处的元素，返回该元素的值
	A.clear()	清空列表，无返回值
排序	A.reverse()	将列表A中的元素逆序排列，无返回值
	A.sort()	升序排序列表，无返回值
	A.sort(reverse = True)	降序排序列表，无返回值
复制	A.copy()	复制列表A，返回复制后的新列表
统计	A.count(subdataset)	返回subdataset在列表A中出现的次数
	A.index(subdataset)	返回subdataset在列表A中的索引

以下代码展示了如何使用insert()、append() 和extend() 方法。例如，代码中的aList.insert(3,2009)表示在列表aList索引值为3的位置插入数字2009，也就是说在列表的第四个位置插入数字2009。

```
B1_Ch1_10.py

#%% insert()function
aList = [123, 'xyz', 'zara', 'abc']
aList.insert( 3, 2009)
print ("Final List : ", aList) #Out: Final List :  [123, 'xyz', 'zara', 2009, 'abc']
#%% append()function
list1 = ['James', 'Bryant', 'Anthony']
list2= ['Lisa','Jack','Wade']
list1.extend(list2)
print ("The extened list is : ", list1)
#%% extend() function
#%% extend() function
E1 = ['a', 'b', 'c']
A1 = ['a', 'b', 'c']
t = ['d', 'e']
E1.append(t)
A1.extend(t)
print(E1)
print(A1)
```

extend() 方法和append() 方法均可以将另一个列表中的元素添加到某一列表的末尾，但两者是有区别的。如图1-27所示对比了两者的区别，使用A.extend(B) 时，B列表是以数据元素的方式被追加到列表A的末尾，追加后，列表A的维数不变。而使用A.append(B) 时，B是以列表的形式追加到列表A的末尾，构成嵌套列表。

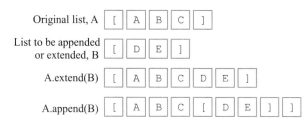

<table>
<tbody>
<tr><td>Original list, A</td><td>[A   B   C   ]</td></tr>
<tr><td>List to be appended
or extended, B</td><td>[D   E   ]</td></tr>
<tr><td>A.extend(B)</td><td>[A   B   C   D   E   ]</td></tr>
<tr><td>A.append(B)</td><td>[A   B   C   [D   E   ]   ]</td></tr>
</tbody>
</table>

图1-27　extend() 和append() 方法对比

pop() 和remove()用于删除列表中的元素。"pop"有匆匆或突然离开的意思，而"remove"是移除的意思。这两个方法最大的不同是，pop() 方法需要给定待删除的元素的索引值，而remove() 方法则需要给定待删除的元素具体的值。

需要删除某一索引位置处的元素，可以用pop(index) 实现，如果未指定索引，即圆括号内为空，则默认删除列表的最后一个元素。此外，使用pop() 方法后，被删除的元素的值会被返回。而remove() 方法圆括号中需要给定待删除的元素，并且这个方法不返回任何值。另外，还有一种删除列表元素的方式是使用关键字del， del是delete的缩写， del不是一个函数或者方法，使用的方式是"del t[1]"，如以下的代码所示。

B1_Ch1_11.py

```python
#%% Methods to delete elements in a list
#pop() function
t = ['a','b','c','d','e','f']
x = t.pop(1)
print(t) #Out: ['a','c','d','e','f']
print(x) #Out: b

#del() function
del t[1]
print(t) #Out: ['a','d','e','f']
del t[1:3]
print(t) #Out: ['a','f']

#remove() function
t.remove('a')
print(t) #Out: ['f']
```

列表中常用的统计类方法包括index() 和count() 等，其中圆括号中是待分析的subdataset。index() 方法和count() 方法可以分别返回其所在的索引和在列表中出现的次数。另外，min() 和max() 虽然不是列表的方法，但可以用来返回列表中数值的最小值和最大值。具体使用方式见如下代码。

B1_Ch1_12.py

```python
#%% Example #1 shows how to use index() function
guests = ['Christopher','Susan','Bill','Satya']

#this will return the index #where the name Bill is found
print(guests.index('Bill'))
aList = [123, 'xyz', 'zara', 'abc'];
```

```python
print ("Index for xyz : ", aList.index('xyz'))
print ("Index for zara : ", aList.index('zara'))
#Out:Index for xyz : 1
#Out: Index for zara :  2


#%% Example #2 shows how to use count() function
aList = [123, 'xyz', 'zara', 'abc', 123];
print ("Count for 123 : ", aList.count(123))
print ("Count for zara : ", aList.count('zara'))
#Out: Count for 123 : 2
#Out: Count for zara : 1


#%% Example #3 shows how to use min() function
list1, list2 = [123, 'xyz', 'zara', 'abc'], [456, 700, 200]
print ("min value element : ", min(list2))
print ("min value element : ", min(list1)) #error


#%% Example#4 shows how to use sort() function
aList = ['xyz', 'zara', 'abc', 'xyz']
aList.sort()
print ("List : ", aList) #Out: List :  ['abc', 'xyz', 'xyz', 'zara']
```

Python提供了多种方法创建列表，其中**列表推导式** (list comprehension) 是一种简捷的列表生成方式。如图1-28所示，列表推导式中for循环和if条件语句的搭配使用使得列表的创建非常简捷。另外，列表推导式中是没有逗号的。

```
[expression for item in list if conditional]
```

Equivalent to

```
for item in list:
    if conditional:
        expression
```

图1-28　列表推导式创建列表

以下代码展示了几个使用列表推导式的例子。

`B1_Ch1_13.py`

```python
#List comprehension example #1
h_letters = [letter for letter in 'human']
print(h_letters)#Out: ['h', 'u', 'm', 'a', 'n']
#List comprehension example #2
number_list = [x for x in range(20) if x % 2 == 0]
print(number_list) #Out: [0, 2, 4, 6, 8, 10, 12, 14, 16, 18]
#List comprehension example #3
num_list = [y for y in range(100) if y % 2 == 0 if y % 5 == 0]
print(num_list)#Out: [0, 10, 20, 30, 40, 50, 60, 70, 80, 90]
```

```
#List comprehension example #4
h_letters = list(map(lambda x: x, 'human'))
print(h_letters)#Out: ['h', 'u', 'm', 'a', 'n']
```

此外，用户在创建列表时，往往有着特定的列表元素生成规则。这些规则常常通过函数实现。Python提供了**匿名函数** (anonymous function) 用于列表元素的生成，正如匿名函数的名字所示，在创建和使用匿名函数时，不需要定义和提供函数的名字而是通过关键字lambda实现。用户使用关键字lambda生成数列后，还需要进一步使用映射函数**map()** 或者过滤函数**filter()**来最终得到列表的元素。如图1-29所示，使用匿名函数创建列表等效于使用**def()**函数创建列表，且更为简捷。

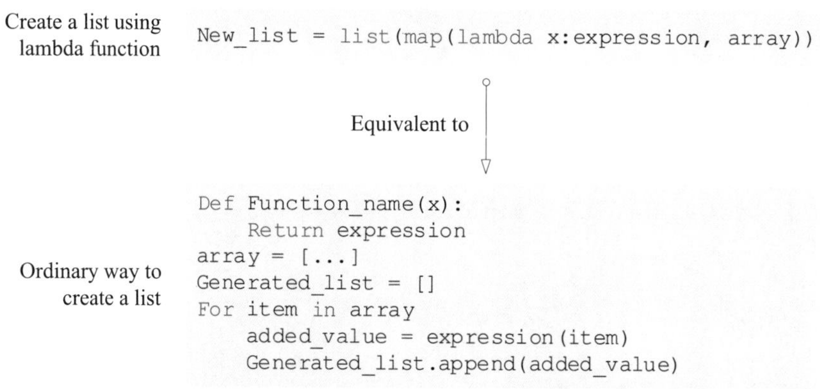

Create a list using
lambda function

```
New_list = list(map(lambda x:expression, array))
```

Equivalent to

```
Def Function_name(x):
    Return expression
array = [...]
Generated_list = []
For item in array
    added_value = expression(item)
    Generated_list.append(added_value)
```

Ordinary way to
create a list

图1-29 采用匿名函数lambda() 和显式函数map()创建列表

以下例子对比了使用匿名函数和显式函数创建列表的不同，显然使用匿名函数的代码更加简洁。

B1_Ch1_14.py

```
#%% Define a function explicitly for creating a list
def convertDeg(degrees):
    converted = [ ]
    for degree in degrees:
        result = (9/5) * degree + 32
        converted.append(result)
    return converted
temps = [15, 20, 25, 30]
converted_temps = convertDeg(temps)
print(converted_temps)

#%% List comprehension with lambda() and map() functions
Degree_C = [15, 20, 25, 30]
Degree_F = list(map(lambda C : (9/5) * C + 32,temps))
print(Degree_F)
```

代码的运行结果如下所示。

```
[59.0, 68.0, 77.0, 86.0]
[59.0, 68.0, 77.0, 86.0]
```

前面例子展示的是使用匿名函数lambda()和显式函数map()组合的匿名函数来创建列表。此外，lambda() 函数和filter() 函数常常搭配使用，过滤并保留列表中只符合特定规则的元素。这种结构包含两种形式，**完整形式** (full form) 和**简化形式** (simplified form)，如图1-30所示。若数据序列对象array中的某一数据能使得过滤函数filter_expression()为true时，这个数据得以保留，成为待创建列表的元素，反之，这个数据则会被过滤掉。简化形式可以实现同样的功能。读者可以根据各人喜好选择。

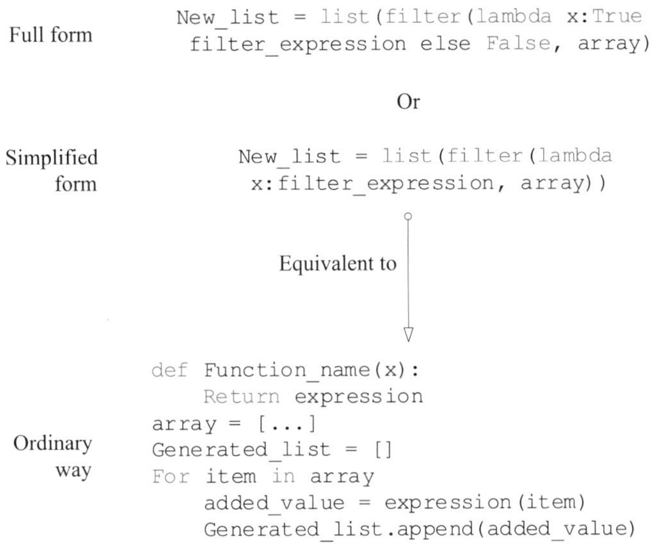

```
Full form            New_list = list(filter(lambda x:True if
                        filter_expression else False, array))

                              Or

Simplified            New_list = list(filter(lambda
    form                 x:filter_expression, array))

                          Equivalent to


                    def Function_name(x):
                        Return expression
                    array = [...]
Ordinary            Generated_list = []
    way             For item in array
                        added_value = expression(item)
                        Generated_list.append(added_value)
```

图1-30　采用匿名函数lambda() 和显式函数filter()创建列表

以下代码对比了使用lambda() 和filter() 过滤函数搭配匿名函数和显式过滤函数在生成列表时的不同。显然，匿名过滤函数定义列表元素的方式更加简洁。

B1_Ch1_15.py

```python
#%% Use an explicit function for filtering
def radius_filter(r):
    return True if 3.14*r**2 > 10 else False
Radius = [1, 2, 5, 10]
r_filter = filter(radius_filter,Radius)
print(r_filter)
print(list(r_filter))
#%% List comprehension with lambada() and filter()function, full form
Radius = [1, 2, 5, 10]
Radius_filtered = list(filter(lambda r : True if 3.14*r**2 > 10 else
False, Radius))
print(Radius_filtered)
#%% List comprehension with lambada() and filter()function, simplified form
Radius = [1, 2, 5, 10]
Degree_C_filtered = list(filter(lambda r : 3.14*r**2 > 10, Radius))
print(Radius_filtered)
```

此外，列表推导式还可以使用双for循环列表推导式来生成元素。在双for循环中的两个循环变量均出现在表达式expression中，如图1-31所示。

```
List double-      [ expression for Outer-loop-variable in Outer-sequence
loop syntax               for Inner-loop-variable in inner-sequence ]

                        Equivalent
                            to

            for Outer-loop variable in Outer-sequence:
            For Inner-loop variable in Inner-sequence:
                            expression
```

图1-31　采用双for循环的列表推导式

以下代码展示了一个使用双for循环列表推导式的例子。

```
B1_Ch1_16.py

#Nested loop
List1 = []
for x in [1, 2]:
    for y in [4, 5]:
        List1.append(x * y)

print(List1)#Out: [4, 5, 8, 10]

#Nested loop is replaced by comprehension

List2 = [x * y for x in [1, 2] for y in [4, 5]]
print(List2)#Out: [4, 5, 8, 10]
```

矩阵运算是数值运算中非常重要的一部分。**矩阵** (matrix) 又称作多维**数组** (array)，Python提供了一种基本的采用列表生成矩阵的方法，这种方法是通过列表的多层嵌套来实现。然而，这种嵌套列表常常只是用于表示多维数组，在实际应用过程中，很难进行常用的矩阵运算，如矩阵乘法 (如图1-32所示)。对于矩阵和多维数组的运算，推荐使用Python的第三方库NumPy来实现，本书后面章节会对Numpy矩阵作详细讲述。

$L \times n$

图1-32　矩阵乘法

1.6 元组、集合和字典

本节将会详细介绍元组、集合和字典的具体使用方法。元组又称为只读的列表，列表和元组最大的区别是列表的元素是可变的，而元组的元素是不可变的。值得注意的是，在创建只有一个元素的元组时，需要在这个唯一的元素后添加逗号，不然Python会将这个圆括号当成数学运算里的圆括号处理。

常用的元组方法包括count() 和index()。元组不能使用类似于列表的insert() 等方法，这是因为元组一旦创建，其元素不能添加和更改。元组关于count() 和index() 的使用方法和列表类似，以下代码展示了如何使用元组的这两个方法。

```
#name tuple
name = ('j', 'i', 'm', 'm', 'y')
print('The count of m is:', name.count('m'))
print('The count of p is:', name.count('p'))
print('The index of m is:', name.index('y'))
```

由于元组的元素不能更改，因此元组不能复制自己，Python也没有给元组提供复制的方法。以下代码对比了元组和列表的自我复制的区别。列表使用list() 函数自我复制会生成一个新的列表，而元组使用tuple()函数自我复制不会生成一个新的元组。

```
#A tuple cannot be copied, a list can be copied
List = [1,2,3]
Tuple = tuple(List)
List_duplicated1 = list(List)
print(List is List_duplicated1)#False
List_duplicated2 = List.copy()
print(List is List_duplicated2)#False
#It will return the tuple itself when using tuple function
Tuple_duplicated = tuple(Tuple)
print(Tuple is Tuple_duplicated)#True
```

通过在命令窗口输入print(dir(set))可以查看集合的所有方法。Python中的集合和数学中定义的集合非常类似，都具有确定性、互异性和无序性等特点，正因为这些特点，集合很适合用于筛查某数组中重复的元素。

和数学中的集合一样，Python中的集合可以使用并集、交集、差集和对称差集进行运算。如图1-33所示为并集、交集、差集和对称差集的操作。

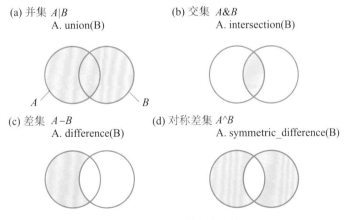

图1-33　常用的集合运算

以下代码展示图1-33对应的几个例子。

```python
#A set cannot have duplicated elements
List = [1,1,2,2,3,3,4,4,5,10,10]
A = set(List)
print(A)#{1, 2, 3, 4, 5, 10}
B = set(range(6))
print(B)#{0, 1, 2, 3, 4, 5}
#set union
print(A|B)#{0, 1, 2, 3, 4, 5, 10}
print(A.union(B))#{0, 1, 2, 3, 4, 5, 10}
#set intersection
print(A&B)#{1, 2, 3, 4, 5}
print(A.intersection(B))#{1, 2, 3, 4, 5}
#set set difference
print(B-A)#{0}
print(B.difference(A))#{0}
#set set symmetric difference
print(A^B)#{0, 10}
print(A.symmetric_difference(B))#{0, 10}
```

下面是字典的一个简单例子。

```python
>> stu1 = {"Name":"John","Age":25,"Dept":"Math"}
>> print("{0} is {1} years old at {2}
Department".format(stu1["Name"],stu1["Age"],stu1["Dept"]))
```

在以上例子中，创建了一个字典用于记录一个学生的名字、年龄和学院信息，并且通过字典的键访问对应的值。值得注意的是，字典中的元素是无序的，因此字典中的元素并不能通过索引访问。

字典还可以通过两个已经存在的列表或元组创建，如下例子所示，在这个例子中，用到了zip()函数。zip() 函数按照默认顺序，对两个数据序列——配对。需要注意的是，不可以使用两个集合来创建字典，这是因为集合是无序的，会导致新构建的字典中的键和值的匹配出现混乱。比如，集合A是{"Jack", "John", "Josh"}，集合B是{20,25,22}，读者希望的配对情况是"Jack"：20，"John"：25，"Josh"：22。而实际出现的配对情况可能是"Josh"：25，"John"：20，"Jack"：22。

```python
#%% create a dictionary using two lists
keys = ["Jack", "John", "Josh"]
values = [20, 25, 22]
stu = dict(zip(keys, values))
print ("Students' names and ages are' : " + str(stu))
#Students' names and ages are' : {'Jack': 20, 'John': 25, 'Josh': 22}
#%% create a dictionary using two tuples
keys = tuple(["Jack", "John", "Josh"])
values = tuple([20, 25, 22])
stu = dict(zip(keys, values))
print ("Students' names and ages are' : " + str(stu))
```

```
#Students' names and ages are' : {'Jack': 20, 'John': 25, 'Josh': 22}
#%% create a dictionary using two sets
keys = set(["Jack", "John", "Josh"])
values = set([20, 25, 22])
stu = dict(zip(keys, values))
print ("Students' names and ages are' : " +  str(stu))
#Students' names and ages are' : {'Josh': 25, 'John': 20, 'Jack': 22}
```

在以上例子中，不管是由列表还是元组创建的字典，大家会发现一个规律：输出的字典中的元素（键值对）的顺序和定义的顺序是一致的。这是因为从Python 3.7版开始，字典中的元素的默认顺序和定义时的顺序一致。对于其他低版本的Python，用户需要使用collections.OrderedDict() 函数来使得字典中的元素顺序和定义时的顺序一致。此外，在创建字典时，读者还需要注意两点：①字典中的键不能重复；②由于字典的键是不可更改的，因此字典的键可以是数字、字符串或元组，但不能是列表，如下例所示。

```
#%% Keys cannot be repeated, the values can be repeated
dict1 = {"Name": "Jack","Name":"John","Age":25}
#Out: runcell('Keys cannot be repeated, the values can be repeated
#%% Numbers/strings/tuples can be keys, but a list cannot be a key
dict2 = {['Name']: 'Zara', 'Age': 7,5:5,('Name'):"John"}
#Out: unhashable type:'list'
```

下面的代码给出了几种常用字典方法的例子。

B1_Ch1_19.py

```
#%%fromkeys()
keys =("brand","model","year")
values =("Ford","Mustang","2020")
car =dict.fromkeys(keys,values)
print(car)
#%%values()
print(car.values())
#%%keys()
print(car.keys())
#%%pop()method
print(car.pop("model"))
print(car)
#%%popitem()method
print(car.popitem())
#%%items()
print(car.items())
#%%There are two ways to update the values
car.update({"color": "White"})
car["brand"]="BMW"
print(car)
#%%Get the value for a specific key
print(car.get("model"))
print(car["year"])
```

前文提到的列表推导式除了应用于生成列表的元素以外，还应用在集合和字典之中。然而，需要注意，元组不能使用列表推导式。以下代码对比了在列表、集合、元组和字典中使用列表推导式的情况，请读者尝试运行。

B1_Ch1_20.py

```python
a = [0, 1, 2, 3]
#List comprehension
List_comprehension = [i*10 for i in a]
print(List_comprehension)
#Set comprehension
Set_comprehension = {i*10 for i in a}
print(Set_comprehension)
#Tuple comprehension
Tuple_comprehension = (i*10 for i in a)
print(Tuple_comprehension)
#Dictionary comprehension
Dic_comprehension = {x: x**2 for x in (1, 2, 3)}
print(Dic_comprehension)
print(type(List_comprehension))#Out: <class 'list'>
print(type(Set_comprehension))#Out: <class 'set'>
print(type(Tuple_comprehension))#Out: <class 'generator'>
print(type(Dic_comprehension))#Out: <class 'dict'>
print(next(Tuple_comprehension))#0
print(next(Tuple_comprehension))#10
print(next(Tuple_comprehension))#20
print(next(Tuple_comprehension))#30
```

在运行上述代码后，读者能发现，当对元组使用列表推导式后，生成的数据类型是generator而不是元组。**生成器** (generator) 和**迭代器** (iterator) 是Python的一个重要功能，第二章将会详细介绍生成器和迭代器的使用。在上例代码中，生成器和next() 函数联合使用，逐个地显示生成器中的元素。

对于字典生成器，它们往往也能使得一些字典操作变得简捷。字典生成器常常应用于删除字典中某些键和对应的值，具体例子如下的代码所示。

B1_Ch1_21.py

```python
#%% Dictionary comprehension example
fruits = ['apple', 'mango', 'banana','cherry']
Dict1 = {f:len(f) for f in fruits}
print(Dict1)#{'apple': 5, 'mango': 5, 'banana': 6, 'cherry': 6}
Dict2 = {f:i for i,f in enumerate(fruits)}
Dict3 = {v:k for k,v in Dict2.items()}
print(Dict2)#{'apple': 0, 'mango': 1, 'banana': 2, 'cherry': 3}
print(Dict3)#{0: 'apple', 1: 'mango', 2: 'banana', 3: 'cherry'}
Remove_dict = {0,1}
Dict_updated = {key:fruits[key] for key in Dict3.keys()-Remove_dict}
print(Dict_updated)#{2: 'banana', 3: 'cherry'}
```

本章详细地介绍了Python的发展历史和Python的开发工具Spyder的使用，以及Python的多种数据序列的使用，包括列表、元组、集合和字典。第2章将会介绍Python的其他编程基础知识。

Fundamentals of Python Ⅱ
编程基础 Ⅱ

优美胜于丑陋，明了胜于晦涩，简洁胜于复杂，复杂胜于凌乱，扁平胜于嵌套，间隔胜于紧凑，可读性很重要。

Beautiful is better than ugly. Explicit is better than implicit. Simple is better than complex. Complex is better than complicated. Flat is better than nested. Sparse is better than dense. Readability counts.

——蒂姆·彼得斯(Tim Peters)

Core Functions and Syntaxes
本章核心命令代码

◄ `B is A` 用来判断变量 A 和 B 是否指向同一对象

◄ `def outputData(**kwargs)` 在定义函数 outputData 时，使用 **kwargs 可以以类似字典的方式向函数传入值

◄ `def student(name, *args)` 在定义函数 student 时，使用 *args 可以给函数传入数量不确定的变量参数

◄ `def trap(f, n,start=0,end=1)` 定义函数 trap，并指定传入函数的变量值 f、n、start 和 end。在这个函数中给定了变量 start 和 end 的初始默认值，分别是 0 和 1。在调用这个函数的时候若不指定 start 和 end 的值，则会使用默认值

◄ `File1.readline()` 读取文件对象 File1 中的一行数据，并在读取完毕后将文件指针移到下一行

◄ `f "We have {N} boxes of {c1} and {c2}totally"` 通过 f-strings 的方式直接向字符串中传入变量值，这些变量值需要提前赋值

◄ `File1.close()` 关闭文件对象 File1

◄ `'hello world'.capitalize()` 使用 capitalize() 方法将字符串中的第一个字符大写

◄ `'hello world'.count('o')` 使用字符串 count() 方法查找 'o' 在字符串中的第一个位置

◄ `'hello world'.find('world')` 使用字符串 find() 方法查找 'world' 在字符串中的第一个位置

◄ `'hello world'.replace('hello','Hi')` 使用 replace() 方法将字符串中的 'hello' 替换为 'Hi'

◄ `'hello world'.title()` 将字符串的每个单词首字母大写

◄ `"I have one {fruit} on the {place}".format(**dic)` 还可以使用字典的方式来向字符串里传入变量值，这时候以字典的键作为索引，变量值则为字典的值

◄ `iter(favourite)` 创建一个迭代器

◄ `id(A)==id(B)` 用来判断变量 A 和变量 B 是否指向同一对象

◄ `if input_value <0 or input_value >9` 在 if 语句中使用 or 来搭配两个判断条件

◄ `'My favourite fruit is '+next(Fruit_it)` 用 "+" 来连接两个字符串，next() 函数用来返回迭代器中的值

◀ `[obj for obj in car.keys() if obj == "Toyota"]` 利用字典car在列表推导式中创建一个列表

◀ `open("Week.txt",'w')` 以写的方式打开文件"Week.txt"

◀ `print("We have {Number} boxes of{Type1} and {Type2} totally.".format(Number = N,Type1=c1,Type2=c2))` 向字符串内传入变量值是，索引号可以是变量，在这个例子中，分别是Number、Type1和Type2

◀ `range(2,100)` 创建一个2到10、公差为1的整数列表

◀ `with open("File_name") as File_object_name` 使用with打开文件，使用完毕后系统自动关闭文件，而不必手动使用close()命令关闭文件对象

◀ `"We have %d boxes of %s and %s totally."%(N,c1,c2)` 向字符串里传入变量N、C1、C2

◀ `"We have {} boxes of{} and {} totally.".format(N,c1,c2)` 通过format()向字符串传入变量N、C1和C2

◀ `"We have {0} boxes of{1} and {2} totally.".format(N,c1,c2)` 通过format()向字符串传入变量时，还可以以数字索引号的方式传入变量值

◀ `"We have {0} boxes of{1} and {Type2} totally.".format(N,c1, Type2=c2)` 索引号同时可以采用数字和变量

2.1 字符串

第1章中介绍了字符串的一些特点，如字符串中的字符元素的值和次序在创建之后均不能修改。在本节将进一步详细介绍如何使用字符串。

首先介绍常见的几个字符串运算符，如表2-1所示，这些运算符包括+、*、in、not in等。+用于连接两个字符串，*用于重复输出字符串。类似列表和元组，索引运算符[]同样可以被用来获得某一索引位置的字符值。in和not in是两个关键字，可以用来判断某一字符是否在字符串中。

表2-1 常用的字符串运算符，a ="Hello"，b="John"

字符串运算符	介绍	例子
+	连接字符串	In: a + b Out: 'Hello John'
*	重复输出字符串	In: a * 3 Out: 'HelloHelloHello'
[]	通过索引获取一部分字符串	—
in	若某一字符串是另一字符串的一部分，返回True，否则返回False	In: 'k' in a Out: False
not in	若某一字符串不是另一字符串的一部分，返回True，否则返回False	In: 'k' not in a Out: True

通常需要使用单引号或者双引号来表示字符串。下面的代码展示了三个使用引号来表示字符串的例子。在第一个例子中，使用单引号(')或者双引号(" ")来表示字符串，这时候字符串的字符不多，只占用了一行。当字符串的字符较多，需要占用多行时，需要使用换行符号\n或使用三个引号" " "输出多行字符串。使用"\"来连接多行的字符串。

```
B1_Ch2_1.py

#Example 1: Single or double quotes can be used
print('Hickory Dickory Dock! The mouse ran up the clock') #single quote
print("Hickory Dickory Dock! The mouse ran up the clock") #double quote
#Out: Hickory Dickory Dock! The mouse ran up the clock

#Example 2: force a new line
#Use "\n" to force a new line
print('Hickory Dickory Dock!\nThe mouse ran up the clock')
#Out:  Hickory Dickory Dock!
#      The mouse ran up the clock
#Use triple quotes to force a new line
print("""Hickory Dickory Dock!
The mouse ran up the clock""")
#Out:  Hickory Dickory Dock!
#      The mouse ran up the clock
#Example 3: Use \
print("Hickory Dickory Dock!\
The mouse ran up the clock")
```

运行结果如下。

```
Example1:
Hickory Dickory Dock! The mouse ran up the clock
Hickory Dickory Dock! The mouse ran up the clock

Example2:
Hickory Dickory Dock!
The mouse ran up the clock
Hickory Dickory Dock!
The mouse ran up the clock

Example 3:
Hickory Dickory Dock!The mouse ran up the clock
```

在输出字符串时，有一类字符的输出需要特别注意，这类字符被称作**转义字符**（escape character）。当把转义字符放入待输出的字符串时，系统识别后将其解释成特殊含义的字符或输出格式。比如用户若希望输出的字符串中包含单引号和双引号，则需要与转义字符结合使用，具体形式为 \'和\"。如表2-2所示常用的一些转义字符，包括续行、斜杠符号、单引号、双引号和换行。

表2-2　转义字符

符号	含义
\	续行
\\	斜杠符号
\'	单引号
\"	双引号
\n	换行

在输出字符串信息时，待输出的信息中常常同时包含一些变量，这些变量可以是字符串、整数、浮点数等。如表2-3所示，这7种方法可以让输出的字符串中包含变量值。这7种方法主要包括三大类：①使用运算符%；②使用format()方法；③使用f-strings。第一和第二种方法最大的区别是是否需要花括号。使用运算符%方法不需要使用花括号，而使用format()方法则需要使用花括号。表2-3列出了5种使用format()的方法。f-strings的全称是**格式化字符串常量**（formatted string literals），是Python 3.6版后新引入的字符串格式方法，可使得格式化字符串的操作变得简单。

表2-3　几种常见的字符串运算符

方法	格式	例子

运算符%	`"String1 to be printed %d String 2 to be printed %s" %(number, String 3)`	`>> N = 10`
		`>>c1= "apples"`
		`>>c2 ="bananas "`
		`>>"We have %d boxes of %s and %s totally."%(N,c1,c2)`

Format()方法	`print("String1 to be printed {} String 2 to be printed {}".format(Info1,Info2))`	`>>print("We have {} boxes of{} and {} totally.".format(N,c1,c2))`
format()方法和索引号	`print("String1 to be printed {0} String 2 to be printed {1}".format(Info1,Info2))`	`>>print("We have {0} boxes of{1} and {2} totally.".format(N,c1,c2))`

方法	格式	例子
format()方法和关键字参数	print("String1 to be printed {key1} String 2 to be printed {key2}".format(key1=Info1, key2=Info2))	>>print("We have {Number} boxes of{Type1} and {Type2} totally.".format(Number = N,Type1=c1,Type2=c2))
format()方法和索引号及关键字参数	print("String1 to be printed {0} String 2 to be printed {key}".format(Info1, key=Info2))	>>print("We have {0} boxes of{1} and {Type2} totally.".format(N,c1,Type2=c2))
format()函数和字典	print("String 1 to be printed {key1} string2 to be printed {key2}")	>> dic = {'fruit':'apple','place':'table'} >>print("I have one {fruit} on the {place}".format(**dic))
f-strings	Print(f"{Predefined variable}")	>> print(f"We have {N} boxes of {c1} and {c2}totally")

在表2-3中，变量都是整数。当变量为浮点数时，则在输出该浮点数时，需要调整输出的浮点数的位数，这些位数包括小数点前的位数和小数点后的位数。如图2-1展示了如何使用%6.2f来控制小数点前后的位数。%6.2f中，f表示该变量是一个浮点数，2表示只显示两位小数，而6表示总的位数为6位，包括小数点前的数字、小数点后的数字、小数点本身及数字前的空格。

图2-1　%6.2f说明

```
A,B = 453,59.06
print("Art:{0:5d},price per unit: {1:8.2f}".format(A,B))
print("Art:%5d,price per unit: %8.2f"%(A,B))
```

此外，当使用浮点数格式时，同样可以搭配表2-3所示的索引方式来在字符串里输出这些变量。如图2-2所示为浮点数格式搭配数字索引或关键字索引。

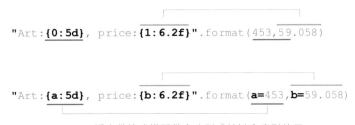

图2-2　浮点数格式搭配数字索引或关键字索引使用

图2-2中的运行结果是：

```
'art:  453,price: 59.06'
```

字符串的方法可以接收参数，也可以不接收参数。如表2-4所示为所有不接收参数的字符串方法，这些方法常常用于对字符串的格式进行修改，如将字符串大写的方法capitalize()等。如表2-5所示为接收传入参数的字符串方法，如字符串格式化方法format()等。关于format()方法的介绍已经在本节的开头详细介绍过。以下例子展示了如何使用字符串查找方法find()、统计方法count()、字符所有单词首字母大写方法title()、字符串连接方法join()和字符串分隔方法split()。

表2-4 常用的字符串方法 (不需要传入参数)

方法	介绍
capitalize()	将字符串的首字母大写
lower()	将所有字母小写
casefold()	将所有字母小写
isalnum()	若字符串至少有一个字符并且所有字符都是字母或数字，则返回True，否则返回False
isalpha()	若字符串不为空，且只有字母或文字，则返回True，否则返回False
isdigit()	若字符串不为空，且只包含数字则返回True，否则返回False
islower()	若字符串全是小写，则返回True，否则返回False
isnumeric()	若字符串只含有数字，则返回True，否则返回False
isspace()	若字符串只包含空格，则返回True，否则返回False
istitle()	若字符串所有单词的首字母都为大写，则返回True，否则返回False
isupper()	若所有字符都是大写，则返回True，否则返回False
swapcase()	将所有字符的大小写颠倒，即大写转换为小写，小写转换为大写
title()	将所有单词的首字母大写
upper()	将所有字符转换为大写
isdecimal()	若只包含十进制字符，则返回True，否则返回False
isupper()	若字符都是大写，则返回True，否则返回False
isascii()	若字符串为空或所有字符都是ASCII，返回True
isprintable()	若字符均可打印，则返回True，否则返回False

表2-5 常用的字符串方法 (需要传入参数)

方法	介绍
format()	字符串格式化
count(str)	返回字符str在字符串中次数
find(str)	返回给定的字符str在字符串中的索引值
index(str)	和find() 类似，返回给定的字符str在字符串中的索引值，区别在于str若不在字符串中，则会报错
join(sequence)	将sequence中的字符序列串联在一起
center(width, fillchar)	返回一个指定的宽度 width 居中的字符串，fillchar 为填充的字符，默认为空格
replace(old, new[, max])	使用字符new替换old中的字符，替换次数不超过max次。max是可选参数
endswith(suffix)	若字符串含有指定的后缀，则返回True，否则返回False
ljust(width, fillchar)	返回一个原字符串左对齐，并使用fillchar填充至长度 width 的新字符串，fillchar 默认为空格
split(str="")	用指定分隔符对字符串进行切片
splitlines()	按照行('\r', '\r\n', '\n')分隔，返回一个包含各行为元素的列表
rstrip()	删除字符串末尾的指定字符，默认为删除空格

```
B1_Ch2_2.py
```

```python
#Example of string function
message = 'hello world'

#Find  the index of the first character
print(message.find('world'))
#Out: 6

#count() function is used to count the number of a specific character
print(message.count('o'))
#Out: 2

#capitalize() can capitalize the initial character of the string
print(message.capitalize())
#Hello world

#replace() function
print(message.replace('hello','Hi'))
#Hi world

#title() function can capitalize the initial character of each word
str = "this is string example....wow!!!";
print (str.title()) #Out: This Is String Example...Wow!!
#split() function to break a sentence in to words
s = 'Eat more bananas, will u?'
t = s.split()
print(t) #Out: ['Eat', 'more', 'bananas,', 'will', 'u?']
s = 'bananas-are-good-for-you'
delimiter = '-'
t = s.split(delimiter)
print(t) #Out: ['bananas', 'are', 'good', 'for', 'you']
#join() function
t = ['bananas', 'are', 'good', 'for', 'you']
delimiter = ' '
s = delimiter.join(t) #Out: bananas are good for you
```

2.2 运算符

本节将会介绍常用的**运算符** (operator)，包括**算术运算符** (arithmetic operators)、**逻辑运算符** (logical operators)、**位运算符** (bit operators)、**成员运算符** (membership operators)、**身份运算符** (identity operators)。如图2-3列举了常用的运算符。

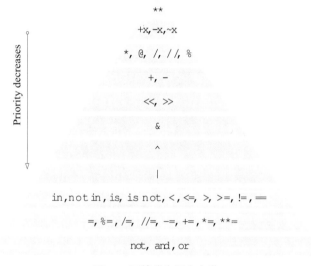

Arithmetic operators		Logical operators		
+	%	==	! =	and
×	/ **	>	=<	or
-	//	<	>=	not

Bit operators		Membership operators	Identity operators
&	-	in	is
~	<<		
^	>>	not in	is not

Assignment operators

+=	-=	*=	/=	%=	**=	//=

图2-3　常用运算符

图2-3中的运算符在运算时有着不同的优先级，图2-4展示了运算优先级金字塔。同属于一类的运算符之间也有着不同的运算优先级。比如说，同属于算术运算符的 *、//、/和%，比 + 和 - 优先级高。如表2-6所示为赋值运算符的使用，%、** 和 // 分别是除法取模、乘幂和除法取整运算。

$$**$$
$$+x, -x, \sim x$$
$$*, @, /, //, \%$$
$$+, -$$
$$<<, >>$$
$$\&$$
$$\wedge$$
$$|$$

in, not in, is, is not, <, <=, >, >=, !=, ==

=, %=, /=, //=, -=, +=, *=, **=

not, and, or

（左侧纵向）Priority decreases

图2-4　运算优先级金字塔

表2-6　赋值运算符

运算符类型	运算符	介绍	例子
赋值运算符	=	赋值运算符	A = B
	+=	加法运算符	A += B 等效于 A = A + B
	-=	减法运算符	A -=B 等效于 A = A - B
	*=	乘法运算符	A *=B 等效于 A = A * B
	/=	除法运算符	A /=B 等效于 A = A / B
	%=	除法取模运算符	A %=B 等效于 A = A % B
	**=	乘幂运算符	A **=B 等效于 A = A ** B
	//=	除法取整运算符	A //=B 等效于 A = A // B

如图2-5展示了如何使用位运算。需要注意，在Python中，运算符 ^ 是按位异或运算，而不是求幂运算。

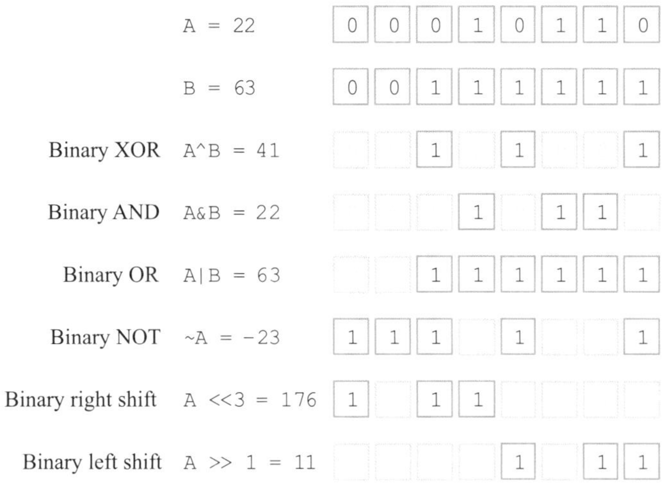

```
A = 22               0 0 0 1 0 1 1 0
B = 63               0 0 1 1 1 1 1 1
Binary XOR   A^B = 41        1   1   1
Binary AND   A&B = 22            1   1 1
Binary OR    A|B = 63        1 1 1 1 1 1
Binary NOT   ~A = -23     1 1 1 1   1     1
Binary right shift  A <<3 = 176   1 1     1
Binary left shift   A >> 1 = 11         1   1 1
```

图2-5 位运算符

逻辑运算符主要包括比较运算符以及and、or和not。如表2-7展示了如何使用多个比较运算符，包括==、!=、>、<、>=和<=。如表2-8展示了使用这三个逻辑运算符时的真值表。and表示只有前后两个表达式均为True时，表达式的输出值才为True，否则为False。or表示当前后两个表达式有一个为True时，表达式的输出值为 True，只有前后两个表达式均为False时，or表达式的输出值才为 False。对于not运算符的使用，当表达式的值为 True，not (表达式)的输出为 False，反之，当表达式的值为False，则not (表达式) 的输出为 True。and、or和not的使用使得Python代码和英语中的表达一致，大大提高了代码的可读性。

表2-7 逻辑运算符(例子中x = 2, y = 3)

运算符类型	运算符	介绍	例子
逻辑运算符	==	比较两个值是否相等	In: $print(x == y)$ Out: False
	!=	比较两个值是否不相等	In: $print(x != y)$ Out: False
	>	比较某值是否大于另一值	In: $print(x > y)$ Out: False
	<	比较某值是否小于另一值	In: $print(x < y)$ Out: False
	>=	比较某值是否大于或等于另一值	In: $print(x >= y)$ Out: False
	<=	比较某值是否小于或等于另一值	In: $print(x <= y)$ Out: False

表2-8 真值表

A	B	A and B	A or B	not A
False	False	False	False	True
False	True	False	True	True
True	False	False	True	False
True	True	True	True	False

如下代码展示了使用逻辑运算符的例子。

```
B1_Ch2_3.py
x = True
y = False
#Output: x and y is False
print('x and y is',x and y)

#Output: x or y is True
print('x or y is',x or y)

#Output: not x is False
print('not x is',not x)
x =n= 3
print(x > 0 and x < 10)
#is true only if x is greater than 0 and less than 10

print(n%2 == 0 or n%3 == 0)
#is true if either or both of the conditions is true,
#that is, if the number is divisible by 2 or 3
```

本节的最后介绍成员运算符in和not in。这两个运算符用来判断某一元素是否存在于某一序列中
(如列表、元组和字符串)。以下代码展示了一个使用成员运算符的简单例子。

```
a = 10
b = 2
list1 = [1, 2, 3, 4, 5]
set1 = (1, 2, 3, 4, 5)
print(a in list1)#Out:False
print(b in list1)#Out:True
print(a not in set1)#Out:True
print(b not in set1)#Out: False
```

2.3 关键字和变量复制

第1章变量的命名时提到，用户自定义的变量名不能和Python关键字 (keywords) 相同。Python的
关键字又称为**保留字符**，用于识别变量、函数、类、模块。除了False、None和True，Python 3.7版本
中的其他关键字均为小写字母。不同版本的Python的关键字会有细微的差别，读者可以使用以下命令
查看所使用的Python版本中的关键字。Python 3.7版本中有35个关键字，如下所示。

```
>> import keyword
>> print(keyword.kwlist)
['False', 'None', 'True', 'and', 'as', 'assert', 'async', 'await', 'break',
```

```
'class', 'continue', 'def', 'del', 'elif', 'else', 'except', 'finally', 'for',
'from', 'global', 'if', 'import', 'in', 'is', 'lambda', 'nonlocal', 'not', 'or',
'pass', 'raise', 'return', 'try', 'while', 'with', 'yield']
```

如表2-9所示为Python 3.X版本中的关键字按功能分类。

表2-9　Python 3.X 版本关键字按功能分类

功能	关键字
删除	del
类	class
模块导入	import, from, as
函数相关	def, lambda, pass, return, yield
异常处理	try, assert, except, finally, raise
逻辑判断	not, and, or, is, in
上下文管理 (context Management)	with
内置关键字	None, True, False
条件判断	if, else, elif, while, for, continue, break
定义变量类型	global, nonlocal

2.3节已经详细介绍了部分关键字的用法，如in、not in、and、or。其他的关键字将会在接下来的章节中陆续介绍。本节将会重点介绍is关键字以及相关的赋值和复制相关知识 (包括浅复制和深复制)。

关键字is用于判断两个变量是否指向同一对象，若指向同一对象，则返回True，否则返回False。而is not用来判断两个变量是否指向不同对象，若指向不同变量，则返回True，否则返回False。is和is not均可以借用id() 函数来实现。id(A) 函数可以用来返回变量A的内存地址。A is B等价于id(A) == id(B)，而A is not B 等价于 id(A) != id(B)。

读者可运行以下代码。

B1_Ch2_4.py

```
A = {'Name': 'John', 'Born': 1992}
B = A
print(B is A)#Out: True
print(id(A))#Out:2433131563032
print(id(B))#Out:2433131563032
print(id(A)==id(B))#Out: True
B ['Height'] = 180
print(A)#Out: {'Name': 'John', 'Born': 1992, 'Height': 180}
print(B)#Out: {'Name': 'John', 'Born': 1992, 'Height': 180}

C = {'Name': 'John', 'Born': 1992, 'Height': 180}
print(C==A)#Out: True
print(C is A)#Out: False
print(id(C))#Out:2433131575240
print(id(A))#Out:2433131563032
```

常用的复制和赋值在Python中有两种实现方法，它们具有不同的特点。

第一种，**赋值** (assignment)。Python中的赋值并不是复制，如B = A，仅使得B 的指针指向A的对象，即B和A指向同一内存地址，修改B中的内容同样会修改A中的内容。但在编写Python代码的过程中，用户常常需要复制一新的对象，在修改新对象中的元素时，若用户不希望影响到原对象中储存的元素的数值。这需要使用浅复制和深复制来实现。

第二种，复制。在Python中复制分**浅复制** (shallow copy) 和**深复制** (deep copy)。当对某一数据序列进行浅复制和深复制时，Python均会在新的内存地址处，重新创建一存储空间用于存储这一数据序列。浅复制和深复制最大的不同之处在于：若这一数据序列A中嵌套着另一数据序列B (如列表A中嵌套另一列表B)，进行浅复制时只会在新的存储空间储存B的内存指针，这一指针指向B的存储地址。而进行深复制时，则会在新的存储空间再划分出新的存储空间储存B。对于浅复制后的对象，若修改非嵌套元素，则不会影响浅复制前的对应元素的数值，若修改复制后的数据序列A'中的嵌套数据B'，会修改原来的数据B。而若修改深复制后的数据序列A"中的嵌套序列B"，则不会修改原来的数据B。具体如图2-6所示。

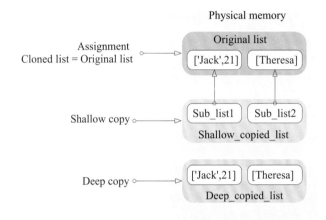

图2-6　浅复制和深复制

表2-10中对比了几种生成赋值、浅复制和深复制的方法。常用的包括索引复制，列表copy()方法、extend()方法、list() 函数，列表推导式均属于浅复制。在使用浅复制时，读者需要特别注意嵌套序列的修改问题，对于包含嵌套数据的复杂数据应当尤其小心。

表2-10　常用的几种复制方法及对比

方法	表示方法	浅复制/深复制
用 = 进行赋值	b = a	/，仅建立了两个索引
通过索引复制	New_list = Old_list[:]	浅复制
列表的copy()方法	New_list = Old_list.copy()	浅复制
列表的extend()方法	New_list = New_list.extend()	浅复制
list()函数	New_list = list(Old_list)	浅复制
列表推导式	New_list = [i for i in old_list]	浅复制
模块copy中的copy()函数	from copy import deepcopy New_list = deepcopy(Old_list)	深复制

对于不包含嵌套数据的列表，建议读者使用 [:]的方法进行浅复制，请查看以下简单的例子。

```
a = [3, 2, 1]
b = a[:]          #make a clone using slice
```

```
print(a == b) #Out: True
print(a is b) #Out: False
```

　　以下例子对比了当列表中嵌套着另一列表时，使用索引复制、列表extend() 方法、list() 函数、列表推导式、列表copy() 方法时实现的浅复制情况。如前所述，修改浅复制后对象中的非嵌套元素，不影响原对象对应的值，修改嵌套元素时，则会修改原对象中对应的值。

`B1_Ch2_5.py`

```
Original_list = [0,1,[2,3]]
print(id(Original_list))

#Use slicing
List_cloning1 = Original_list[:]
print(id(List_cloning1))

#Use extend() method
List_cloning2 = []
List_cloning2.extend(Original_list)
print(id(List_cloning2))

#Use list() function
List_cloning3 = list(Original_list)
print(id(List_cloning3))

#Use list comprehension
List_cloning4 = [i for i in Original_list]
print(id(List_cloning4))

#Use copy() function
List_cloning5 = Original_list.copy()
print(id(List_cloning5))

Original_list.append(5)
print(Original_list)
print(List_cloning1,List_cloning2,List_cloning3,List_cloning4,List_cloning5)

Original_list[2].remove(3)
print(List_cloning1,List_cloning2,List_cloning3,List_cloning4,List_cloning5)
```

　　以下代码对比了深复制和浅复制的区别。深复制可以看成一个全新的对象，对深复制后对象的所有修改的操作都不会影响原来对象的数值。

`B1_Ch2_6.py`

```
from copy import deepcopy
a=[['Jack',21],['Theresa']]
b=a.copy()
c=deepcopy(a)
```

```
print([id(x) for x in a])#Out: [192455504, 192457944]
print([id(x) for x in b])#Out: [192455504, 192457944]
print([id(x) for x in c])#Out: [192451408, 192457064]
#a[0]= ['Durant',23]
a[1].append(22)
print(a)
#Out:[['Jack', 21], ['Theresa', 22]]
print([id(x) for x in a])
#Ou: [192451528, 192457944]
print(b)
#Out: [['Jack', 21], ['Theresa', 22]]
print([id(x) for x in b])
#Out: [192455504, 192457944]
print(c)
#Out: [['Jack', 21], ['Theresa']]
print([id(x) for x in c])
#Out: [192451408, 192457064]
```

2.4 条件和循环语句

本节将会介绍几种常用的条件和循环语句，包括if…else语句、while循环语句和for循环语句。而在循环控制结构里又可以包含continue、break和pass语句。

首先介绍if…else语句，其结构如图2-7所示。需要注意的是，在if语句的同一行需要加上冒号。在Python中使用条件语句时，需要正确地使用缩进，在第1章中提到，Python是通过缩进来识别不同的逻辑级别。

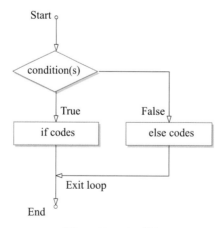

图2-7　if … else 语句

以下例子展示了使用if…else语句来判断一个数值是否是质数。

```
#if... else example
num = int(input("Please enter a number"))
if num > 1:
    for i in range(2,num):
        if (num % i) == 0:
            print(num,"This is not a prime number")
            print(i,"multiplied by ",num//i,"makes",num)
            break
    else:
        print(num,"This is a prime number")
#A prime number is larger than 1
else:
    print(num,"This is not a prime number")
```

if…else语句经常搭配逻辑运算符，用来表示只有符合特定逻辑判断条件，才执行某些语句。在本章2.2节中已经介绍过逻辑运算符，包括 ==、!=、>、<、<=、>=。

通过单个if…else可以实现单个条件判断，读者也可以嵌套多个if…else语句来实现多层条件判断。下面的例子展示了条件判断的使用，而运行以下例子时，读者也可以发现and、or、not的优先级比其他逻辑运算符(==、!=、>、<、>=、<=)高。

B1_Ch2_8.py

```
num = 1
if num >= 0 and num <= 10:
    print("The number is between 0 and 10")
num =2
if num < 0 or num > 10:
    print("The number is smaller than 0 or larger than 10")
else:
    print('undefine')
num = 8
if (num >= 0 and num <= 5) or (num >= 10 and num <= 15):
    print('hello')
else:
    print ('undefine')
```

在许多编程语言中提供了使用switch来实现多个条件的判断。Python不支持switch语句，但是，switch功能可以通过函数和字典或类来实现。以下例子分别展示了如何使用这两种方法来实现switch条件判断功能。

B1_Ch2_9.py

```
#Methods for achieving switch structure
#%%Method1: use
def week(i):
        switcher={
                0:'Sunday',
```

```
                    1:'Monday',
                    2:'Tuesday',
                    3:'Wednesday',
                    4:'Thursday',
                    5:'Friday',
                    6:'Saturday'
                }
        return switcher.get(i,"Invalid day of week")
print(week(2))
#%% Method2: use class
class week(object):
        def indirect(self,i):
                method_name='number_'+str(i)
                method=getattr(self,method_name,lambda :'Invalid')
                return method()
        def number_1(self):
                print('Monday')
        def number_2(self):
                print('Tuesday')
        def number_3(self):
                print('Wednesday')
        def number_4(self):
                print('Thursday')
        def number_5(self):
                print('Friday')
        def number_6(self):
                print('Saturday')
        def number_7(self):
                print('Sunday')
w = week()
w.indirect(1)
```

　　if…else…表示，只有满足某单一条件时，才执行相应的语句命令。而while循环则表示当某一条件为真时，重复执行某段命令，while条件循环的结构如图2-8所示。

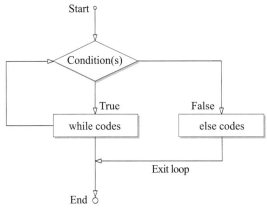

图2-8　while循环结构

for循环用于遍历某一数据序列的所有元素，这个数据序列可以是一个列表、元组或字符串等。for循环和while循环的不同之处在于，for循环用于遍历，而while循环是条件循环，for循环的结构如图2-9所示。for 循环中还可以搭配break语句或continue 语句使用，break语句可以跳出整个for循环，而continue语句则会只跳出本次循环。若for循环中包含多层嵌套循环，break语句只会跳出最里层的for循环。

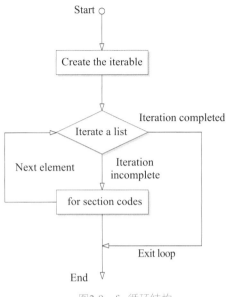

图2-9　for循环结构

如图2-10所示为for循环中包含break语句的结构。在break语句中，常常需要搭配if语句用来判断，当满足某一条件时才使用break跳出循环。

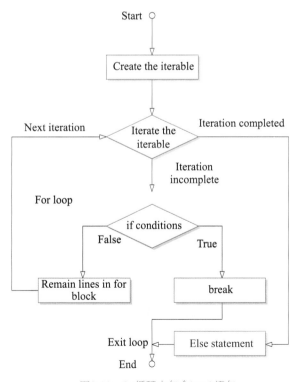

图2-10　for循环中包含break语句

以下例子展示了在for循环中包含break语句。

B1_Ch2_10.py

```python
#%% Use for and break to get the prime numbers
num=[];
i=2
for i in range(2,100):
    j=2
    for j in range(2,i):
        if(i%j==0):
            break
    else:
        num.append(i)
print(num)
#%% use function and lambda function to get the prime numbers
import math
def func_get_prime(n):
    return list(filter(lambda x: not [x%i for i in range(2, int(math.sqrt(x))+1)
if x%i ==0], range(2,n+1)))
print(func_get_prime(100))
```

在使用break语句时，for循环中也可以使用else语句，如图2-10所示。for…break结构中，有两种退出循环的情况：第一种情况是满足特定的if条件后通过break退出循环；第二种情况是遍历完所有元素后，for循环自然结束。而else语句是在循环自然结束时运行。

以下例子展示了使用break语句时，在for循环中使用else语句。

B1_Ch2_11.py

```python
#Methods to search something in an information pool
#%% Method #1,for loop with break and else structure
car = {"Ford":2020, "Toyota":2019,"Nissan":2018}
found_brand = None
for key in car.keys():
    if key == "BMW":
        found_brand = key
        print("BMW is found")
        break
else:
    print("BMW is not found.")
#%% Method 2, define a function to search
def find_brand(brand, Objects):
    for obj in Objects.keys():
        if obj == brand:
            print("{0} is found".format(obj))
car = {"Ford":2020, "Toyota":2019,"Nissan":2018}
brand = "Nissan"
```

```
find_brand(brand,car)
#%% Method3, use list comprehension
car = {"Ford":2020, "Toyota":2019,"Nissan":2018}
matching_brand = [obj for obj in car.keys() if obj == "Toyota"]
if matching_brand:
    print("{} is found".format(matching_brand[0]))
else:
    print("Toyota is not found")
```

和for…break结构不同，在for循环中，当满足continue条件时，只会跳过此次for循环，然后继续进行下一次for循环。

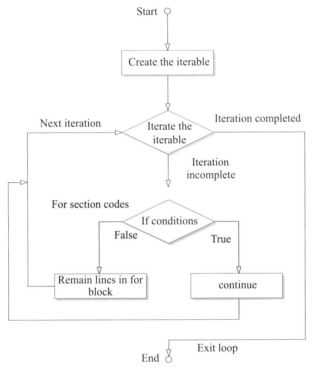

图2-11　for循环中包含continue语句

以下例子展示了for循环中使用continue语句。enumerate() 函数在一个可遍历的数据序列 (如列表、字符和字符串) 的每个元素前添加一个序号，构成一个带索引的序列对象。

```
#use a for loop over a collection
Months = ["Jan","Feb","Mar","April","May","June"]
for i,m in enumerate (Months,start = 1):
    if m =="Mar":
        continue
    print(i,m)
```

2.5 迭代器和生成器

本节将介绍Python的一个重要特性：**生成器** (generator)。生成器能使代码变得简洁，在一些场合能大大地减少对内存的要求。

下面这个例子是生成前一百个**斐波那契数列** (Fibonacci sequence)，并且在有需要时将数列的元素逐个显示到屏幕上。首先尝试用普通的函数方法来实现这一功能，代码如下所示。

```python
def Fibonacci(max):
    a,b,c,F =0,0,1,[]
    while a < max:
        b,c =c,b+c
        a += 1
        F.append(b)
    return F
Fib = Fibonacci(100)
print(Fib)
```

然而采用函数去实现有两个问题：第一个是需要用一个列表去存储这个斐波那契数列，第二个是输出这个列表的元素时，用户并不能随意地中断斐波那契数列输出的过程。而Python中的生成器可以很方便地解决这两个问题。

在介绍生成器之前，先介绍关于**迭代器** (iterator) 和**可迭代对象** (iterable) 的相关知识。生成器和迭代器以及可迭代对象密切相关。本书第1章介绍的一些数据序列，包括列表、元组、range() 对象和字符串都是可迭代对象。可迭代对象经常用在for循环中，用于遍历数据序列中的所有元素。以下代码回顾了使用列表、元组、range() 对象和字符串实现在for循环中的迭代。

B1_Ch2_12.py

```python
#A list is an iterable
for city in ["Beijing", "Toronto", "Shanghai"]:
    print(city)
print("\n")
#A tuple is an iterable
for city in ("Chongqing", "Guangzhou", "Shenzhen"):
    print(city)
print("\n")
#A tuple is an iterable
for char in "We love FRM and Python":
    print(char, end = " ")
print("\n")
#A range object is an iterable
for i in range(5):
    print(i**2, end = " ")
print("\n")
```

上述的可迭代对象，可使用iter() 函数转化为迭代器。迭代器可以记住当前遍历所在位置。迭代器中的对象元素可以通过next() 函数一个一个地按顺序访问。如图2-12所示为使用迭代器和next() 函数进行迭代的过程。下面代码则是一个迭代器使用的例子。

```
favourite = ("Grapes", "Banana", "Apple")
Fruit_it = iter(favourite) #To create iterator
print('My favourite fruit is '+next(Fruit_it))
#My favourite fruit is Watermelon
print('My second favourite fruit is '+next(Fruit_it))
#My second favourite fruit is Banana
print('My third favourite fruit is '+next(Fruit_it))
#My favourite fruit is Apple
```

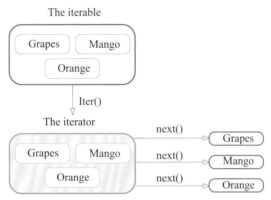

图2-12　最基本的迭代器

　　上述提到的列表、元组、range() 对象和字符串均是可迭代对象，这应该是比较容易理解的，因为在第1章中已经讲过这些数据序列都是有序的序列，其内部的元素是有序号的。在Python 3.6版本后，集合也可以通过iter() 转换为迭代器，其内部的次序按照集合定义时的次序给定。字典则不能通过iter() 转化为迭代器，读者可尝试运行以下代码。

```
#A set can be converted into an iterator
#A dictionary can not be used as an iterator
set1 = {1,2,3,4}
dict1 ={"Name":"John","Age":21,"Dept":"FRM"}
a = iter(set1)
b = iter(dict1)
print(next(a))
print(next(a))
print(dict1)
print(dict1)
```

　　生成器实质是迭代器的一种。生成器有两种形式，一种是**生成器表达式** (generator expression)，另一种是**生成器函数** (generator function)。生成器表达式和列表推导式很像，因此生成器表达式可以使用类似列表推导式的生成方法，但是列表推导式使用中括号，而生成器表达式使用圆括号。请读者运行以下代码。

```
>> Gen = (x**2 for x in range(2))#This is a generator
>> type(Gen)
>> Lis = [x**2 for x in range(2)] #This is a list
>> next(Gen)#0
```

```
>> next(Gen) )#1
>> next(Gen) #StopIteration
```

在生成生成器表达式后，可以通过函数next() 访问生成器表达式中的值。值得注意的是，当生成器表达式中的所有值都被遍历完后，会给出"StopIteration"的消息。

生成器表达式使用圆括号是有其特别意义的。许多函数的后面都是加圆括号，而部分函数是支持迭代器协议的，如sum()、max() 和min() 等。因此在使用这些支持迭代器协议的函数时不需要先使用列表推导式，再使用这些函数。如以下的例子所示。

```
>> sum(x ** 2 for x in range(4))#use a generator
>> sum([x ** 2 for x in range(4)])#use a list
```

生成器表达式的另外一种表达形式是生成器函数。以下代码通过生成器函数来生成前一百个斐波那契数列。生成器函数以def开头，使用yield来返回待返回的值。

```
#% Generator example
def Fibonacci(max):
    a,b,c,F =0,0,1,[]
    while a < max:
        yield b
        b,c =c,b+c
        a += 1
Fib = Fibonacci(100)
print(Fib)
print(type(Fib)) #<class 'generator'>
while True:
    try:
        print(next(Fib))
    except StopIteration:
        break
```

在上例中，Fib是一个生成器对象，而不是一个列表，这个生成器对象存储的是生成斐波那契数列的算法，这样极大地降低了对内存存储的要求。在上例中，还使用了try…except…语句来捕获StopIteration。这是因为使用next() 函数来遍历生成器中的元素时，遍历完所有元素后，将会返回"StopIteration"提示。当遍历所有元素并捕捉到"StopIteration"后使用break跳出循环。

尽管生成器表达式和生成器函数很实用，但只能使用一次，这是因为生成器中的元素只能遍历一次。生成器使用完一次以后，若再次遍历生成器，则不会有任何输出。具体请运行以下代码查看。

`B1_Ch2_13.py`

```
#% Generator example
def Fibonacci(max):
    a,b,c=0,0,1
    while a < max:
        yield b
        b,c =c,b+c
        a += 1
Fib = Fibonacci(100)
print(Fib)
```

```
print(type(Fib)) #<class 'generator'>
while True:
    try:
        print(next(Fib))
    except StopIteration:
        break
for i in Fib:
    print(i**2)
```

2.6 文件读写操作

本节将会介绍一些常用的文件读写操作，包括创建文件、打开文件、读取文件和写入文件等。Python支持多种文件格式的操作，包括**二进制文件** (binary)、**txt文本文件** (text)、**逗号分隔值CSV文件** (Comma-Separated Values, CSV)、**HTML超文本标记语言文件** (Hypertext Markup Language, HTML)、**JSON文件** (JavaScript Object Notation, JS对象简谱)。在Python中进行文件操作时，需要先打开文件，再读/写文件，最后关闭文件，如图2-13所示。

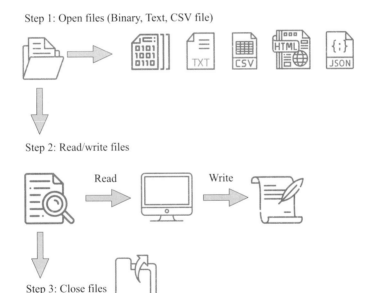

图2-13　Python中的文件操作

下面是一个许多工作者都会遇到的例子。有一批CSV文件需要处理，这些CSV文件中的数据量很大。具体需要完成的操作是把文件中所有的数值增大十倍。这些CSV文件是以一个等差数列的整数部分命名，这个等差数列的首项和公差均是533.33，尾项是13333.25。为了模拟这个过程，首先用Python的随机数生成器生成这些文件和数据，然后通过逐个读取这些CSV文件中的数据，将数据放大十倍，并分别写入后缀为xlsx的文件中，这些xlsx文件的名字同样是前文提到的等差数列的整数部分，具体见如下代码。

B1_Ch2_14.py

```python
import csv
import numpy as np
from copy import deepcopy
import pandas as pd
#%% Generate the names of the files
fre_list = np.arange(533.33,13333.25+533.33,533.33)
for i in np.arange(25):
    if fre_list[i]>10000:
        fre_list[i]=np.around(fre_list[i],1)
fre_list_round = [np.int(np.fix(i)) for i in fre_list]
#%% Generate the random data for the files
for name in fre_list_round:
    data1 = np.random.rand(1000,2)
    data2 = np.random.rand(1000,2)
    data1 = [complex(x,y) for x in data1[:,0] for y in data1[:,1]]
    data2 = [complex(x,y) for x in data2[:,0] for y in data2[:,1]]
    data = np.transpose(np.array([data1,data2]))
    pd.DataFrame(data).to_csv("{}.csv".format(name),index=False, header=False)
#%%
for name in fre_list_round:
    with open('{}.csv'.format(name),'r') as file:
        reader =list(csv.reader(file))
        result = np.array(reader)
        da = deepcopy(result[1:,1:])
        da = da.astype(complex)
    for i in np.arange(len(da[:,0])):
        for j in np.arange(len(da[0,:])):
            da[i,j] = da[i,j]*100
    df = pd.DataFrame(da)
    filepath = '{}_10timies.xlsx'.format(name)
    df.to_excel(filepath, index=False, header=False)
```

显然，当CSV文件中的数据量很大，并且CSV文件个数很多时，使用Python代码能大大提高工作效率。在实际应用过程中，往往还需要对文件中的数据进行更复杂的处理，Python的易用性能可以帮助用户极大地提高工作效率。

Python提供了6种文件操作模式，包括r、r+、w、w+、a、a+。如表2-11对比了这6种文件操作模式的相似之处和不同之处。这里详细地阐述这些文件操作模式的细微区别。虽然r和r+都可以用来读取文件内容，但r+可以在文件中写入内容。相对于w，w+除了可以向文件写入内容，还可以用来读取文件内容。a和a+都可以在文件末尾添加内容，但a不能用来读取文件，而a+可以。r、r+、w、w+在刚打开文件时，指针均位于文件开头，而a和a+的指针在文件末尾。当文件不存在时，使用r和r+会报错，而w、w+、a、a+则会创建该空文件。当文件已经存在时，使用w和w+会清空原文件内容并从文件开头写入新的内容。图2-14、图2-15和图2-16用一简单的例子对比了r+、w+和a+将内容写入文件中的细微区别。

表2-11　文件模式对比

文件操作模式　操作	r	r+	w	w+	a	a+
读	√	√		√		√
写		√	√	√	√	√
创建文件			√	√	√	√
清空原文件内容再写入			√	√		
指针在文件开头	√	√	√	√		
指针在文件末尾					√	√

　　如图2-14所示为r+模式将字符串"Hi"写入"test.txt"时的情况。当"test.txt"不存在时，使用a+模式进行写入时，会提示"No such file: 'test.txt'"错误，"test.txt"文件也不会被创建。当"test.txt"文件已经存在时，则字符串"Hi"会写入"test.txt"中。

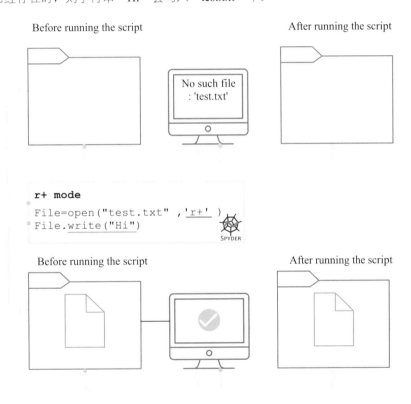

图2-14　r+模式

　　如图2-15所示为w+模式将字符串"Hi"写入"test.txt"时的情况。当"test.txt"文件不存在时，使用w+模式进行写入时，系统会自动创建"test.txt"文件并将字符串"Hi"写入该文件中。当"test.txt"文件已经存在并且包含字符"##"时，w+模式会先清空文件中原有的内容，并将字符串"Hi"写入"test.txt"中。

　　如图2-16所示为a+模式将字符串"Hi"写入"test.txt"时的情况。和w+模式类似，当"test.txt"文件不存在时，使用a+模式进行写入时，系统会自动创建"test.txt"文件并将字符串"Hi"写入该文件中。当"test.txt"文件已经存在并且包含字符"##"时，a+模式会保留原文件内容，并将字符串"Hi"追加到"test.txt"末尾。

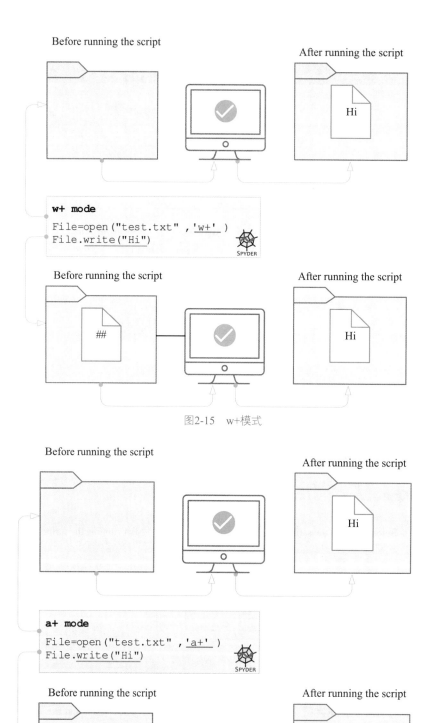

Before running the script

After running the script

w+ mode
```
File=open("test.txt" ,'w+' )
File.write("Hi")
```

Before running the script

After running the script

图2-15　w+模式

Before running the script

After running the script

a+ mode
```
File=open("test.txt" ,'a+' )
File.write("Hi")
```

Before running the script

After running the script

图2-16　a+模式

表2-12给出了一些常用的文件操作方法，包括关闭文件、读取和写入等。

表2-12　常用文件操作方法

操作方法	描述
file.close()	关闭文件
file.read()	从文件读取指定的字节数，如果未给定或为负则读取所有
file.readline()	读取整行内容，包括 "\n" 字符，读完该行后指针跳入下一行
file.readlines()	读取所有行
file.truncate()	截取文件，截取的字节通过size指定，默认为当前文件位置
file.write()	写入文件
file.writelines()	写入字符串列表，如f.writelines(["See you!", "Over and out."])

在以下的例子中，首先在文件夹相对路径中创建一个叫"Week.txt"的文件，并写入多行内容，然后读取这些内容，再然后在显示窗口显示每行的内容，最后关闭这个"Week.txt"文件。被打开的文件对象也是一个迭代器，因此可以在for循环中被调用，用来读取被打开的文件对象的每一行内容。

`B1_Ch2_15.py`

```python
File = open("Week.txt",'w')
Week = 'Monday\nTuesday\nWednesday\nThursday\nFriday\nSasturday\nSunday'
File.write(Week)
File.close()
File1=open("Week.txt" ,'r')
Day1 = File1.readline()
print(Day1)#Out:Monday
Day2 = File1.readline()
print(Day2)#Out:Tuesday
Day3 = File1.readline()
print(Day3)#Out:Wednesday
Day4 = File1.readline()
print(Day4)#Out:Thursday
Day5 = File1.readline()
print(Day5)#Out:Friday
Weekend = File1.readlines()
print(Weekend)#Out: ['Saturday\n', 'Sunday']
#% The second method to print the content in each line
for f in File1:
    print(f)
File1.close()
File2 =open("Week.txt" ,'r+')
Weeklist = File2.read()
File2.write("\nA week has 7 days")
File2.close()
File3 =open("Week.txt" ,'r+')
Weeklist2 = File3.read()
File3.close()
```

在上述例子中，close() 方法被用来关闭被打开的文件对象。当用户尝试在指定的文件中写入内容时，这些内容并非马上写入文件，而是先放入**内存缓冲区** (buffer)，然后Python等待并确认用户完成所有的文件操作后再关闭文件对象。使用close() 方法就是用来告诉Python，用户所有的文件操作已经结束。尽管Python有**引入计数** (reference counting) 和**垃圾回收机制** (garbage collection) 来帮助用户关闭文件对象，为了避免不必要的错误，读者应当在完成所有的文件操作后手动关闭文件对象。

Python还提供了with open()as的文件操作方式，用来帮助用户关闭文件对象。with和as均是关键字。当用户使用with open()as方式打开文件后，该文件对象会被创建并打开，在完成一些用户指定的读写操作后，Python会自动关闭该文件对象，这样可以避免用户忘记显示关闭对象。

```python
with open("File_name") as File_object_name:
    File_object_name.write()
```

请读者自行运行如下代码。

`B1_Ch2_16.py`

```python
with open('file.txt', 'w') as f:
    f.write('Hello, John!')
with open('file.txt', 'r') as f1, open('file2.txt', 'w') as f2:
    txt = f1.read()
    f2.write(txt)
```

2.7 函数

这一节介绍Python中的函数。函数是事先定义好的，可重复使用的代码块。函数可接受用户传送的参数，当用户给函数传递其参数值后，函数会计算并返回用户需要的信息，使用函数可以提高代码的可读性和重复利用率。Python函数包括**内置函数** (built-in functions) 和**用户自定义函数** (user-defined functions)。在之前的章节里，已经使用了不少内置函数，如print() 和range() 等。本节将会重点介绍用户自定义函数。用户自定义函数包括两种：def定义函数和lambda匿名函数。def定义函数的格式如下所示。

```python
def func(P,P_list,P_f,default_p =5,optional_p="",*arg,**kwargs):

    #...
    return
```

在上述表达式中，func是用户定义的函数名，函数名后的括号内可以有不同类型的参数，用来传递用户指定的参数值。这些参数有不同的类型和特点，P是一个普通的参数，可以用来传入数值和字符串变量等。P_list是一个列表变量，用户可以用来传入一个列表。P_f是另外一个函数名字，用来将别的函数对象传入本函数。default_p是用户自定义的另外一个变量，这个变量有一个默认值5，用户在调用函数func()时，若不传入变量default_p的数值，则default_p的值默认为5。optional_p是一个可选变量，用户在调用函数时，可以传入变量值也可以不传入变量值。带一个星号的arg(*arg)可以用来传入数量不定的多个变量。**kwargs可以用来传入数量确定的多个变量，但函数在使用时可以像字典那样使用，这将会在接下来的例子中展示。

第一个函数例子中，传入了多个变量，包括两个数值变量和一个字符串变量。

```python
#Def function example 1
#Passing multiple parameters into a function
def SumNums(P1, P2,S):
    sum = P1 + P2
    print("Total sales of {} are {} + {} = {}".format(S,P1, P2, sum))
SumNums(5, 8,"shoes",) #will output 13
SumNums(6, 4,"phones") #will output 10
```

第二个函数例子中向函数squares传入一个列表，这个列表可以在函数中进行操作。

```python
#Def function example 2
#Pass a list to a function
numbers1 = [ 2, 4, 5, 10 ]
numbers2 = [ 1, 3, 6 ]
def squares(nums):
    for num in nums:
        print(num**2)
squares(numbers1)
squares(numbers2)
```

第三个函数例子中，被创建的函数将会接收另外一个函数，作为函数的其中一个变量。这个函数使用**梯形积分法** (trapezium rule) 求函数的定积分。如图2-17所示为用梯形积分法求解定积分的原理。用梯形积分求函数定积分时，常常需要给定函数的表达式和定积分的上下限。在以下例子中，函数trap()可以用来接收待求定积分的函数表达式以及定积分的上限a和下限b。

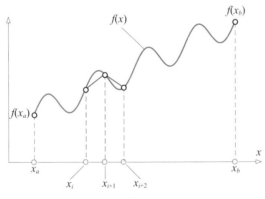

图2-17　梯形积分图示

梯形积分法的数值计算公式为：

$$\int_{x_a}^{x_b} f(x)\,\mathrm{d}x = \frac{\Delta x}{2}[f(x_a)+f(x_b)]+\Delta x\sum_{i=1}^{n-1} f(x_a+i\Delta x) \tag{2-1}$$

式中：x_b和x_a分别为积分上下界；Δx为积分步长；n为积分步数。

下面用梯形积分法求解函数$f_1(x)$和$f_2(x)$在特定区间内的定积分数值。

$$\begin{cases} f_1(x) = \dfrac{x^4(1-x)^4}{1+x^2} \\ f_2(x) = x^4 + x^3 + x^2 \end{cases} \qquad (2\text{-}2)$$

请读者自行运行如下代码计算积分。

B1_Ch2_17.py

```python
#Def function example 3
import math
#the function to be integrated:
def f1(x):
    return x ** 4 * (1 - x) ** 4 / (1 + x ** 2)
def f2(x):
    return x ** 4 +x**3+x**2
#define a function to do integration of f(x)
#The start and end points for the integration can be changed.
def trap(f, n,start=0,end=1):
    h = (end-start) / float(n)
    intgr = 0.5 * h * (f(start) + f(end))
    for i in range(1, int(n)):
        intgr = intgr + h * f(i * h+start)
    return intgr
print(trap(f1, 100,start=2,end=3))
print(trap(f1, 100,start=1,end=2))
print(trap(f2, 100))
print(trap(f2, 100,start=5,end=9))
```

在上例中，求定积分的函数trap()有四个参数：f、n、start和end。f是待求定积分的函数表达式；n表示积分步数，n越大，定积分的计算精度越高；start是定积分的上限；end是定积分的下限。在定义trap()函数时，给定了start和end的默认值，分别是0和1。在调用trap()函数时，用户可以不给定start和end的值，此时它们默认为0和1。若用户使用trap()函数时，给定了start和end的值，则按用户给定的积分上下限来求函数的定积分。

在第四个例子中，介绍使用*args来接收多个数量不确定的变量参数。函数在接收这些变量值后，会把它们存成一个元组。虽然读者也可以使用*data，但一般而言建议用*args来告知Python将会用来接收多个数量不确定的变量参数。由于*args接收数量不确定的变量，因此需要把*args放到函数定义的参数列表的最后一个。

```python
#Def function example 4
#*args allows you to pass a variable number of arguments to a functions.
def student(name, *args):
    print(type(args))
    print("Student Name: {}".format(name))
    for arg in args:
        print(arg)
student("John Smith","Age:23", "Dept: Finance")
```

第五个例子将展示如何在函数中定义可选参数。用户可以选择是否给这个可选参数传递值，这样可以大大地方便用户在合适的时候才传递值。以下这个例子展示了利用可选参数来输出老外的人名，由于有些老外只有名和姓，没有中间名字，因此这个可选参数可以帮助实现这个功能。

```python
#Def function example 5
#You can pass optional arguments to a function
def printName(first, last, middle=""):
    if middle:
        print("{0} {1} {2}".format(first, middle, last) )
    else:
        print("{0} {1}".format(first, last) )
printName("John", "Smith")
printName("John", "Smith", "Paul") #will output with middle name
```

第六个例子将展示如何使用**kwargs来传递数量不确定的多个参数。**kwargs和*args有点类似，都是可以用来传递数量不确定的多个参数。两者最大的区别在于，**kwargs传递的方式类似于字典。读者可以尝试运行以下的代码，在这个例子中，调用outputData()函数时，向函数传递了这样的参数"name = "John Smith",num = 5,b=True"。在定义outputData()函数时，函数指定了显示kwargs["Name"]和kwargs["num"]。这种调用方式和字典的调用方式类似。

```python
#def example #6, using kwargs parameter to take in a dictionary of arbitrary values
def outputData(**kwargs):
    print(type(kwargs))
    print(kwargs["name"])
    print(kwargs["num"])
outputData(name = "John Smith", num = 5, b = True)
```

2.8 异常和错误

在运行Python代码时，除了一些可避免的语法错误外，还常常会遇到一些异常，如下所示。

```python
>>> 10 * (1/0)
Traceback (most recent call last):
  File "<stdin>", line 1, in ?
ZeroDivisionError: division by zero
>>> 4 + spam*3
Traceback (most recent call last):
  File "<stdin>", line 1, in ?
NameError: name 'spam' is not defined
>>> '2' + 2
Traceback (most recent call last):
  File "<stdin>", line 1, in <module>
TypeError: can only concatenate str (not "int") to str
```

这些异常和错误的种类很多，详细的分类请看表2-13。为了避免在运行过程中，由于一些异常导致Python代码不能正常运行，Python提供了一种**try**…**except**…**else**…**finally**机制，用于主动捕捉这些错误和异常，然后分别执行不同的代码。这种机制如图2-18所示。

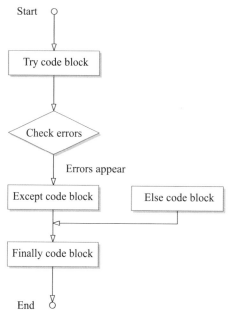

图2-18　Try…except…else…finally机制

以下例子展示了如何使用**try**…**except**…**else**…**finally**结构。在这个例子里，需要判断用户输入的数值是否和随机生成的数值一致。为了避免其他用户在运行代码时提供非数值的输入，当用户提供了非数值的输入时，则会给出相应的错误提示。

```
B1_Ch2_19.py

try:
    import random
    rand_num = int(random.random()*10)
    value = input("Please enter a number between 0 and 9:\n")
    input_value = int(value)
except ValueError as error:
    print("The value is invalid %s"%error)
else:
    if input_value <0 or input_value >9:
        print("Input invalid. Please enter a number between 0 and 9")
    elif input_value ==rand_num:
        print("Your guess is correct!You Win!")
    else:
        print("Nope!The random value was %s"%rand_num)
```

表2-13给出了Python所有的异常和错误分类，若用户在编写代码时能预测到某些错误，则可以在捕捉到这些异常代码后去执行不同的命令。

表2-13　Python异常和错误分类

错误	描述	错误	描述
BaseException	所有异常的基类	SystemError	解释器系统错误
SystemExit	解释器请求退出	TypeError	对类型无效的操作
KeyboardInterrupt	用户中断执行	ValueError	传入无效的参数
Exception	常规错误的基类	UnicodeError	Unicode 相关的错误
StopIteration	迭代器没有更多的值	UnicodeDecodeError	Unicode 解码时的错误
GeneratorExit	生成器发生异常来通知退出	UnicodeEncodeError	Unicode 编码时错误
StandardError	所有的内建标准异常的基类	UnicodeTranslateError	Unicode 转换时错误
ArithmeticError	所有数值计算错误的基类	DeprecationWarning	关于被弃用的特征的警告
FloatingPointError	浮点计算错误	FutureWarning	构造将来语义会有改变的警告
OverflowError	数值运算超出最大限制	OverflowWarning	自动提升为长整型的警告
ZeroDivisionError	除(或取模)零	PendingDeprecationWarning	特性将会被废弃的警告
AssertionError	断言语句失败	RuntimeWarning	运行的警告
AttributeError	对象没有这个属性	SyntaxWarning	语法的警告
EOFError	没有内建输入，到达EOF 标记	UserWarning	用户代码生成的警告
EnvironmentError	操作系统错误的基类	RuntimeError	运行时错误
IOError	输入/输出操作失败	NotImplementedError	尚未实现的方法
OSError	操作系统错误	SyntaxError	语法错误
WindowsError	系统调用失败	IndentationError	缩进错误
ImportError	导入模块/对象失败	TabError	Tab键和空格混用
LookupError	无效数据查询的基类	NameError	未声明/初始化对象 (没有属性)
IndexError	序列中没有此索引	UnboundLocalError	访问未初始化的本地变量
KeyError	映射中没有这个键	ReferenceError	弱引用试图访问已经垃圾回收了的对象
MemoryError	内存溢出错误		

　　本章详尽地介绍了Python中字符串、运算符、关键字、变量复制、条件和循环语句、迭代器和生成器、文件读写操作、函数、异常和错误处理。了解和掌握了这些知识将会夯实读者Python编程的基础。

第**3**章

Use NumPy
使用**NumPy**

> NumPy的目标是奠定Python科学计算的基石。
>
> ***The goal of NumPy is to create the corner-stone for a useful environment for scientific computing.***
>
> ——特拉维斯·奥列芬特(Travis Oliphant)

Core Functions and Syntaxes
本章核心命令代码

◀ `array.tolist()` 将ndarray对象转化为列表

◀ `for x, y in np.nditer([a,b])` 应用广播原则,生成两元迭代器

◀ `numpy.arange(2,10,2)` 生成一个以2为首项,8为末项,公差为2的等差数列

◀ `numpy.array(['2005-02-25','2011-12-25','2020-09-20'],dtype = 'M')` 生成数据类型为日期的narray对象

◀ `numpy.array(ndarray_obj,copy = False,dtype = 'f')` 使用array()函数生成ndarray对象,且不复制原ndarray对象,并把数据类型更改为浮点数型

◀ `numpy.fromfunction(lambda i, j: i == j, (3, 3), dtype=int)` 通过lambda匿名函数生成ndarray对象

◀ `numpy.fromfunction(sum_of_indices, (5, 3))` 通过自定义函数sum_of_indices和给定的网格范围(5,3) 生成ndarray对象

◀ `numpy.linspace(2,10,4)` 生成的等差数列是在2和10之间,数列的元素个数为4个

◀ `numpy.logspace(start =1,stop = 10,num = 3, base = 3)` 生成一个以1为首项,10为末项,3为公比,元素个数为3的等比数列

◀ `numpy.meshgrid(x, y,indexing = 'xy')` 生成一个几何形式的网格

◀ `numpy.nditer(x,order = 'C')` 以行优先的次序生成ndarray对象x的迭代器,可以用来遍历x中的所有元素

◀ `numpy.where(a<5,a+0.1,a+0.2)` 使用where()函数过滤ndarray中只符合要求的元素

◀ `time.time()` 获得当前时间

◀ `with np.nditer(data, op_flags=['readwrite']) as it` :通过nditer()函数生成迭代器以修改data中元素的数值,data是一个自定义的ndarray对象

3.1 NumPy简介

大量金融数学建模是构建于矩阵运算基础之上的,这使得矩阵运算在金融建模领域具有极其重要的意义,在这一章将向大家介绍一个支持不同维度数组与矩阵运算的基础程序包——NumPy。在Python中,大多数科学计算的运算包都是以NumPy的数组作为基础的。

NumPy的前身为Jim Hugunin等在1995年创建的Numeric,此后又衍生出另外一个类似于Numeric的第三方库——NumArray。NumPy和NumArray在进行矩阵和数组运算时各有优势,但为了避免在矩阵运算时使用不同的第三方库导致的不兼容性,程序员Travis Oliphant在整合NumPy和NumArray特性的基础上,增加了一些新的矩阵运算功能,并于2006年推出第一版NumPy。

Jim Hugunin, Software programmer
Creator of the Python programming language
extension, Numeric (ancestor to NumPy)

NumPy是Numerical Python的缩写。NumPy有两种发音方法:['nʌmpaɪ] 或者 ['nʌmpi]。Nympy的普及得益于它很好地满足了高效数值运算的要求,而这是由于以下几个原因:①NumPy中矩阵的存储效率和输入输出性能远优于Python中对应的其他基本数据存储方式,如多层嵌套的列表。②实现NumPy功能的代码大部分是使用C语言编写的,且NumPy的底层算法是经过精心设计的。③在NumPy中通过直接操作矩阵可以避免在Python代码中使用过多的循环语句。

以下代码对比了分别使用Python的列表和NumPy创建一个行向量,并将行向量所有的元素都增大五倍的运算时间。在作者的电脑中,完成以下操作,Python列表需要花费5.67秒,而NumPy只需要0.13 秒,NumPy的运行时间仅为列表操作时间的2.3%。

`B1_Ch3_1.py`

```python
import numpy as np
import time
#Create a ndarray of integers in the range
#0 up to (but not including) 10,000,000
array = np.arange(1e4)
#Convert it to a list
list_array = array.tolist()
start_time = time.time()
y = [val * 5 for val in list_array]
print("List calculation time is %s seconds." % (time.time() - start_time))
#List calculation time is 5.672233819961548 seconds.
start_time = time.time()
x = array * 5
print("NumPy Array calculation time is %s seconds." % (time.time() - start_time))
#ndarray calculation time is 0.12609171867370605 seconds.
```

如前所述,作为一个Python基础库,NumPy的矩阵操作是诸多Python其他常用库 (如pandas、SciPy和Matplotlib) 的基础,因此本节将会重点介绍如何在NumPy中创建矩阵和使用矩阵的方法。在深入介绍NumPy如何进行矩阵运算前,先回顾矩阵的基本概念。如图3-1所示,线性代数中常用的对象包括一维的**行向量** (row vector) 和**列向量** (column vector) 、二维的**矩阵** (matrix) 和三维的**元胞数组** (cell array)。在NumPy中，矩阵的维数又称为**轴** (axis)。

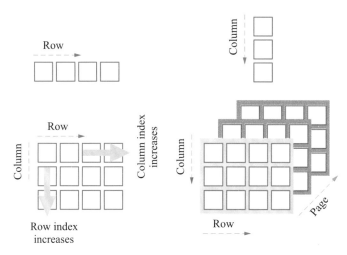

图3-1　几种常见的矩阵数据形式

NumPy提供了一些常见数据类型的缩写，便于用户快速使用和定义变量的数据类型，具体见表3-1。

表3-1　占用空间固定的NumPy数据类型

缩写	含义
b	布尔型
i	有符号整数
u	无符号整数
f	浮点型
c	浮点型复数
m	日期间隔
M	日期和时间
S	字符串
v	void型

如表3-2所示，NumPy提供了众多创建ndarray矩阵对象的函数，在接下来的两节中，将会详细介绍如何使用这些函数创建ndarray矩阵对象。

如表3-3展示了一些常用的矩阵对象操作函数，部分常用的重要的函数会在本章和第4章中介绍。

表3-2　常用的创建ndarray矩阵对象的函数

	函数	描述
Type 1	np.array()	由数列(列表，元组，ndarray等)创建矩阵
	np.asarray()	与array() 函数类似，copy默认为false
Type 2	np.empty()	创建空的ndarray矩阵对象
	np.ones()	创建元素全为1的ndarray矩阵对象
	np.zeros()	创建元素全为0的ndarray矩阵对象
	np.identity()	创建主对角线元素为1 的ndarray矩阵对象
	np.eye()	创建对角线为1的ndarray矩阵对象，对角线可偏移
Type 3	np.diag()	提取某ndarray矩阵对角线元素的值，也可以用来生成对角矩阵

	函数	描述
Type 4	np.arange()	根据始末位置及步长创建矩阵
	np.linspace()	创建一维向量，向量元素为等差数列
	np.logspace()	生成对数ndarray矩阵对象
Type 5	np.oncs_likc()	生成　个与原数据序列形状一样的，元素的值全为1的ndarray矩阵对象
	np.empty_like()	生成一个与原数据序列形状一样的，元素的值为空的ndarray矩阵对象
	np.zeros_like()	生成一个与原数据序列形状一样的，元素的值为0的ndarray矩阵对象
	np.full_like()	生成一个与原数据序列形状一样的，元素的值为指定值的ndarray矩阵对象
Type 6	np.meshgrid()	生成网格矩阵对象
Type 7	np.fromfunction()	通过函数生成ndarray矩阵对象

表3-3　常用的矩阵操作函数

函数分类	描述
矩阵形状修改	reshape，transpose，ravel，flatten，resize，squeeze
元素选择和修改	take, put, repeat, choose, sort, argsort, partition, argpartition, searchsorted, nonzero, compress, diagonal
计算类	max, argmax, min, argmin, ptp, clip, conj, round, trace, sum, cumsum, mean, var, std, prod, all, any
算术类	__add__，__sub__，__mul__，__truediv__，__floordiv__，__mod__，__divmod__，__pow__，__lshift__，__rshift__，__and__，__or__，__xor__
矩阵转化类	item, tolist, itemset, tostring, tobytes, tofile, dump, dumps, astype, byteswap, copy, view, getfield, setflags, fill
比较类	__lt__，__le__，__gt__，__ge__，__eq__，__ne__

3.2 基本类型的矩阵创建

NumPy运算库的核心是ndarray矩阵对象，它封装了同质数据类型的N维数组，而ndarray正是**N维数组** (N-dimensional array) 的缩写。本节首先介绍如何由一个已有的数据序列 (如列表和元组) 创建一个ndarray矩阵对象。函数array() 和asarray() 可以帮助实现这一功能。array() 函数的定义如下。

```
np.array(data, dtype = None, copy = True, order = None, subok = False, ndmin = 0)
```

其中，**data**是已有的数据序列，如一个列表或者元组。dtype是待创建的ndarray矩阵对象中元素的数据类型。copy参数可用来提示ndarray是否需要复制。order参数可以是 "C" 或者 "F"。后面会对这些参数进行详细讲解。

以下代码展示了分别从列表、元组和集合使用array() 函数创建矩阵的过程。

`B1_Ch3_2.py`

```
import numpy as np
a_list =[1,2,3,4]
a_tuple = tuple(a_list)
```

```
a_set = set(a_list)
print(f"The original list is {a_list}")
print("The array created from a list is {}".format(np.array(a_list)))
print(f"The array created from a tuple is {np.array(a_tuple)}")
print(f"The array created from a set is {np.array(a_set)}")
print(f"The type of the array created from a tuple is {type(np.array(a_tuple))}")
print(f"The type of the array created from a set is {type(np.array(a_set))}")
```

运行结果如下。

```
The original list is [1, 2, 3, 4]
The array created from a list is [1 2 3 4]
The array created from a tuple is [1 2 3 4]
The type of the array created from a list is <class 'numpy.ndarray'>
The array created from a set is {1, 2, 3, 4}
The type of the array created from a set is <class 'numpy.ndarray'>
```

对比发现，由array() 函数创建的向量的数据类型是ndarray矩阵对象。将列表a_list打印输出时，是以"[1,2,3,4]"显示。而列表对象a_list和元组对象a_tuple转化为ndarray矩阵对象后，则是以"[1 2 3 4]"打印输出，元素中间是没有逗号的。最后由集合对象a_set转化的ndarray矩阵对象则是"{1,2,3,4}"。

在使用array() 函数创建ndarray矩阵对象时，还可以使用dtype来指定矩阵元素的数据类型。以下代码例子展示了如何使用dtype。

`B1_Ch3_3.py`

```
import numpy as np
import math
degree_list = [10,20,30]
sin_list = [math.sin(i) for i in degree_list]
sin_list_int = np.array(sin_list,dtype='i')
sin_list_float = np.array(sin_list,dtype='f')
date_example = np.array(['2005-02-25','2011-12-25','2020-09-20'],dtype = 'M')
date_increment = np.array([100,200,300],dtype = 'm')
date_example_updated = date_example+date_increment
print(f'Saving the data in the format of integer:{sin_list_int}')
print(f'Saving the data in the format of floating point:{sin_list_float}')
print(f'Datetime example: {date_example}')
print(f'Updated datetime is: {date_example_updated}')
```

运行结果如下。

```
Saving the data in the format of integer:[0 0 0]
Saving the data in the format of floating point:[-0.5440211  0.9129453 -0.9880316]
Datetime example: ['2005-02-25' '2011-12-25' '2020-09-20']
Updated datetime is: ['2005-06-05' '2012-07-12' '2021-07-17']
```

在这个例子中，列表sin_list存储了10°、20°和30°对应的正弦值，ndarray矩阵对象sin_list_int和sin_list_float的数据类型分别是整数型和浮点型，因此sin_list_int只存储了这些正弦值的整数部分，而sin_list_float则存储了浮点数形式的正弦值。另外，在这个例子中，使用dtype ="M"和dtype ="m"指定了两个ndarray矩阵对象date_example和date_increment的数据类型分别是日期型和日期间隔型，将这两个ndarray矩阵对象相加时，可以获得新的日期并存储在date_example_updated中。

列表和ndarray矩阵对象还有一个很大的不同之处在于，同一个列表中允许同时存储多种不同类型的数据，如整数型、浮点数和字符串等。但ndarray矩阵对象中的数据只能是同一种数据类型。以下例子展示了这个区别。

```python
import numpy as np
List_example =[10,20,30,'James']
print(List_example)
ndarray_example1 = np.array(List_example)
print(ndarray_example1)
ndarray_example2 =np.array(List_example,'S')
print(ndarray_example2)
ndarray_example3 = np.array(List_example,'i')
```

运行结果如下。

```
[10, 20, 30, 'James']
['10' '20' '30' 'James']
[b'10' b'20' b'30' b'James']
ValueError: invalid literal for int() with base 10: 'James'
```

在这个例子中，列表List_example中的变量元素包括整数型和字符串两种类型，若转化为ndarray矩阵对象时不指定dtype的参数，系统默认会把原来是整数型的变量都转化为字符串类型，这时候ndarray矩阵对象为"['10','20','30', 'James']"。当指定dtype为整数型"i"时，会出现错误提示，这是因为字符"James"不能被转化为整数型。

array() 函数的copy参数可以用来选择是否复制原来的ndarray矩阵对象。这个copy参数默认为True。然而，即使copy参数为False，在很多情况下，NumPy仍然会复制并创建一个全新的ndarray矩阵对象。如图3-2所示为array() 函数进行复制的几种情况。当原对象A是ndarray矩阵对象，且copy= False以及另一参数dtype不发生改变时，不进行复制，在其他情况下都会进行复制创建一个新的ndarray矩阵对象。

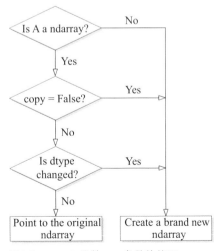

图3-2 array() 函数copy参数的使用

以下代码展示了几个由array() 函数生成的ndarray矩阵对象。在Case 1中，ndarray矩阵对象由列表生成，Case 2到Case 4均是从ndarray矩阵对象生成一个新的ndarray矩阵对象，区别在于：在Case 2中，是从一个ndarray矩阵对象生成一个新的ndarray矩阵对象；在Case 3中，指定copy = False，在Case 4中，虽然copy仍为False，但dtype更改为'f'，用来表示数据类型是浮点数。

```
B1_Ch3_4.py

import numpy as np
list_obj = [[1,1],[1,1]]
#create a ndarray and a list, respectively
ndarray_obj = np.ones((2,2),dtype = 'i')
list_np = np.array(list_obj)

#Case 1: create a ndarray from a list
nd_1 = np.array(list_obj,copy = False)
#Case 2: use the default value for the copy parameter
nd_2 = np.array(ndarray_obj)
#Case 3: copy = false
nd_3 = np.array(ndarray_obj,copy = False)
#Case 4: change dtype
nd_4 = np.array(ndarray_obj,copy = False,dtype = 'f')

ndarray_obj[1][1]=2
list_obj[1][1] =2

print(f"The ndarray in case 1 is \n {nd_1}\n")
print(f"The ndarray in case 2 is \n {nd_2}\n")
print(f"The ndarray in case 3 is \n {nd_3}\n")
print(f"The ndarray in case 4 is \n {nd_4}\n")
```

上述例子的运行结果如下所示。修改列表和原ndarray对象中某一个元素的值后再观察新生成的ndarray对象可发现，只有Case 3中的ndarray矩阵对象的元素发生更改，这是因为这个ndarray矩阵对象的指针仍然指向原来的ndarray矩阵对象。Case1、Case2和Case 4的ndarray矩阵元素没有发生更改，因此这三个ndarray矩阵对象都是复制后新创建的ndarray矩阵对象。

```
The ndarray in case 1 is
 [[1 1]
 [1 1]]

The ndarray in case 2 is
 [[1 1]
 [1 1]]

The ndarray in case 3 is
 [[1 1]
 [1 2]]

The ndarray in case 4 is
 [[1. 1.]
```

array() 函数中的参数order可以用来指定数据在内存中的存储方式：行优先和列优先。order参数可以是"C"和"F"，分别对应行优先存储和列优先存储。这两者分别对应C语言和Fortran语言的内存存储方式。这里有必要讨论为什么NumPy提供了两种方式来存储数据。这主要是源自几何空间索引和二维矩阵索引的矛盾。如图3-3 (a)所示，在几何空间的坐标体系里 (x, y) 的第一个数字代表横坐标，沿着水平方向或者行方向索引，第二个数字代表纵坐标，沿着垂直方向或者列方向索引。然而，二维矩阵中的行坐标和列坐标的索引与几何空间坐标体系的索引方式是相反的，矩阵元素的行坐标是沿着列的方向索引，而矩阵元素的列坐标是沿着行方向索引的，如图3-3 (b) 所示。

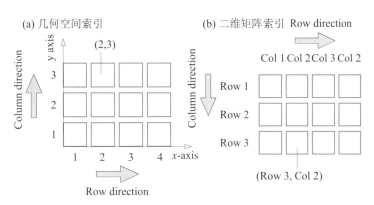

图3-3　几何空间索引和二维矩阵索引的矛盾

这一矛盾体现在数据的存储和索引方式中。如图3-4所示为一张风景图的数据。若以四方格的方式存储，根据行优先和列优先的方式，共有两种内存存储方式。当NumPy读取这一图片的数据时，若能根据图片原数据的存储方式 (行优先或列优先)，选择最优的数据索引方式能大大提高数据处理的速度，这正是array() 函数的order参数提供的便利之处。NumPy部分其函数也有order参数，同样可以指定数据在内存中的存储方式，在本节和第4章会详细介绍这些函数。

除了array() 函数以外，NumPy还提供了asarray() 函数用来创建ndarray矩阵对象。实际上，asarray() 函数可以看作array() 函数的简化版，asarray() 函数的定义如下。

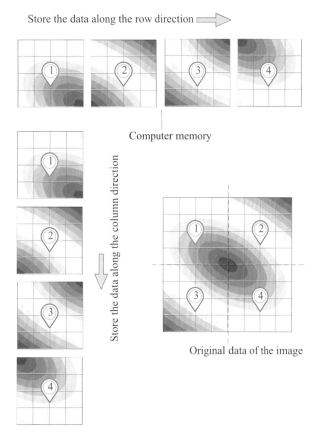

图3-4　图片数据的存储

```
def asarray(data, dtype=None, order=None):
    return array(a, dtype, copy=False, order=order)
```

从asarray()函数的定义可以看出，它默认是不复制原ndarray矩阵对象的，然而正如图3-2中关于array()函数的讨论一样，即copy= False，但是当原对象是非ndarray矩阵对象，或者数据格式dtype参数发生变化时，NumPy仍然会复制并生成一个全新的ndarray矩阵对象。

一个ndarray矩阵对象具有众多**属性** (attribute)。如表3-4所示，这些属性包括ndarray的位数、形状、元素总个数和数据类型等。

表3-4　ndarray矩阵对象的属性

属性	描述
ndarray.ndim	秩，即轴的数量或维度的数量
ndarray.shape	ndarray的形状，对于矩阵，n行 m 列
ndarray.size	ndarray元素的总个数，相当于 .shape 中 $n \times m$ 的值
ndarray.dtype	ndarray 矩阵对象元素的数据类型
ndarray.itemsize	ndarray 矩阵对象中每个元素的大小，以字节为单位
ndarray.real	ndarray元素的实部
ndarray.imag	ndarray 元素的虚部
ndarray. T	ndarray转置
ndarray.flat	生成一个ndarray元素迭代器

以下例子展示了如何使用ndarray矩阵对象的属性。

```
import numpy as np
ndarray_obj = np.array([[11,11,11],[22,22,22],[33,33,33]],dtype ='i')
print(f'The number of axes is {ndarray_obj. ndim}')
print(f'The shape is {ndarray_obj.shape}')
print(f'The size is {ndarray_obj.size}')
print(f'The data type is {ndarray_obj.dtype}')
print(f'The real parts are \n {ndarray_obj.real}')
print(f'The imaginary parts are \n {ndarray_obj.imag}')
```

运行结果如下。

```
The number of axes is 2
The shape is (3, 3)
The size is 9
The data type is int32
The real parts are
[[11 11 11]
[22 22 22]
 [33 33 33]]
The imaginary parts are
[[0 0 0]
[0 0 0]
[0 0 0]]
```

3.3 其他矩阵创建函数

NymPy中矩阵的创建除了前面介绍的函数，还有其他许多函数。本节首先介绍empty()、ones() 和zeros()，它们的定义和使用方法都非常类似，如下所示。

```
np.empty(shape, dtype=float, order='C')
np.ones(shape, dtype=float, order='C')
np.zeros(shape, dtype=float, order='C')
```

这三个函数分别可用于创建空矩阵、元素全为1的矩阵和元素全为0的矩阵，以下代码展示了如何使用empty()、ones() 和zeros() 函数生成ndarray矩阵对象。

```
import numpy as np
shape_list = [3,3]
shape_tuple = (2,3)
shape_ndarray = np.array([2,2])
Empty_from_list_shape = np.empty(shape_list)
Ones_from_tuple_shape = np.ones(shape_tuple)
Zeros_from_ndarray_shape = np.zeros(shape_ndarray)
print(f'The empty ndarray is \n {Empty_from_list_shape}')
print(f'The ones ndarray is \n {Ones_from_tuple_shape}')
print(f'The zeros ndarray is \n {Zeros_from_ndarray_shape}')
```

代码运行结果如下所示。这三个函数使用时，需要给定待创建的矩阵的形状shape，它可以是一个列表、元组或ndarray矩阵对象，但不能是一个集合，此外，empty() 函数生成的ndarray矩阵对象的值是系统随机产生的。

```
The empty ndarray is
 [[1. 0. 0.]
 [0. 1. 0.]
 [0. 0. 1.]]
The ones ndarray is
 [[1. 1. 1.]
 [1. 1. 1.]]
The zeros ndarray is
 [[0. 0.]
 [0. 0.]]
```

对于**对角矩阵** (diagonal matrix) 和**单位矩阵** (identity matrix)，它们可以通过identity()、eye() 和diag()三个函数创建。identity() 函数可用于生成**方阵** (square matrix)，其定义如下。

```
np. identity(n,dtype=float)
```

其中n是一个整数，表示方阵的行数或者列数，方阵的形状是 $n \times n$，dtype默认为float。另外一个可以生成对角矩阵和单位矩阵的函数是eye()，它的定义如下。

```
numpy.eye(n,m=None,k=0,dtype=float,order='C')
```

其中，n是矩阵的行数，m是矩阵的列数，m默认等于n，k是对角线的位置，dtype默认为float，

order默认为'C'。对比这三个创建对角矩阵的函数，eye() 函数比identity() 函数更强大，identity() 只能生成方阵，形状为 $n \times n$，而eye() 函数可以生成 $n \times m$的矩阵。此外，eye() 函数可以通过k调整非零元素所在对角线的位置。如图3-5所示为一个4 × 4的矩阵，该矩阵展示了k不同时对应的非零元素所在对角线的位置。

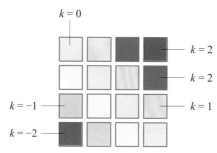

图3-5　k不同时对角线位置

查看NumPy的代码可以发现，identity() 函数实际上封装了eye() 的函数，以下代码对比了使用eye() 函数和identity() 函数创建对角矩阵或者单位矩阵的例子。

`B1_Ch3_5.py`

```python
import numpy as np
identity_matrix = np.identity(3,dtype = 'i')
eye_matrix1 = np.eye(3,dtype ='i')
eye_matrix2 = np.eye(3,2,dtype ='f')
eye_matrix3 = np.eye(3,3,1,dtype = 'i')
eye_matrix4 = np.eye(3,3,-1)
print(f'The identity matrix is \n {identity_matrix}')
print(f'The identity matrix created by the eye function: \n {eye_matrix1}')
print(f'The 3×2 matrix is \n {eye_matrix2}')
print(f'The index of the diagonal is 1: \n {eye_matrix3}')
print(f'The index of the diagonal is -1: \n {eye_matrix4}')
```

上述代码的运行结果如下。

```
The identity matrix is
[[1 0 0]
[0 1 0]
[0 0 1]]
The identity matrix created by eye function:
[[1 0 0]
[0 1 0]
[0 0 1]]
The 3×2 matrix is
[[1. 0.]
[0. 1.]
[0. 0.]]
The index of the diagonal is 1:
[[0 1 0]
[0 0 1]
```

```
[0 0 0]]
The index of the diagonal is -1:
[[0. 0. 0.]
 [1. 0. 0.]
 [0. 1. 0.]]
```

第三种可以用来创建对角矩阵的函数是 diag()，它的定义如下。

```
numpy.diag(v, k=0)
```

其中，v可以是一维向量，也可以是二维矩阵。k表示对角线的位置，默认值为0，即为主对角线。除了可以用来创建对角矩阵，diag() 函数还可以提取某矩阵对角线上的元素。这也是diag() 函数比eye() 函数强大的地方。如图3-6展示了如何使用diag() 函数提取矩阵的对角线元素或者生成对角矩阵。

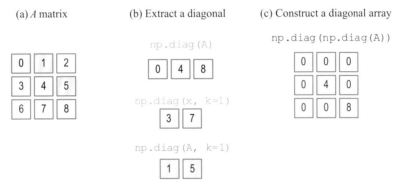

图3-6　np.diag() 使用例子，(a) 原矩阵A，(b) diag() 函数用于提取矩阵对角线上的元素，(c) 使用diag() 函数生成对角矩阵

以下代码展示了图3-6中的结果。

```
x = np.arange(9).reshape((3,3))
print(x)
print(np.diag(x))
print(np.diag(x, k=1))
print(np.diag(x, k=-1))
print(np.diag(np.diag(x)))
```

如图3-7 展示了如何在diag() 函数中使用一个一维向量创建不同的对角矩阵，这些对角矩阵非零元素的对角线的位置可以通过在diag() 函数中指定，矩阵的形状也因此发生变化。在图3-7(a) 中，由于对角线的位置默认为0，因此非零元素位于主对角线上，此时矩阵的形状是3 × 3。当对角线的位置分别为1和-1时，生成的矩阵的形状是 4 × 4，非零元素分别位于主对角线的上方和下方。

图3-7　np.diag() 通过一个向量创建矩阵 (例子中 a = [1,2,3])

接下来将会讨论表3-2中第四种矩阵生成方法，包括arange() 函数、linspace() 函数和logspace() 函

数。arange() 和linspace() 函数都可以用来生成某一区间内均匀分布的数值构成的向量。arange() 函数根据给定的起始值、终止值和步长创建一维的等差数列向量，而 linspace() 函数根据给定的起始值、终止值和向量元素个数来创建一维等差数列的向量。logspace() 函数则是创建一维等比数列的向量。

arange()、linspace()和logspace() 函数的定义如下。

```
numpy.arange(start, stop, step, dtype)

numpy.linspace(start, stop, num=50, endpoint=True, retstep=False, dtype=None)

numpy.logspace(start, stop, num=50, endpoint=True, base=10.0, dtype=None, axis=0)
```

其中，start是起始值，在arange() 函数中默认为0。stop为终止值，arange() 函数生成的等差数列不包含终止值。step为步长，默认为1。在linspace() 和logspace() 函数中需要指定生成的元素个数num，默认值为50。此外，endpoint默认为True，表示在linsapce() 和logspace() 函数生成的数列包含终止值stop，若endpoint = False，则生成的数列不包含终止值。logspace() 函数中还可以指定等比数列的底数，默认为10。虽然这三个函数只能生成一维向量，但可以通过reshape() 函数将这些一维向量元素转化为矩阵形式，在3.5节中将会详细讨论。以下代码展示了在命令窗口中使用这几个函数的例子。

```
>>> np.arange(2,10,2)
>>> array([2, 4, 6, 8])
>>> np.linspace(2,10,4)
>>> array([ 2.,4.66666667,7.33333333,10.])
>>> np.logspace(start =1,stop = 10,num = 3, base = 3)
>>> array([3.00000000e+00, 4.20888346e+02, 5.90490000e+04])
```

此外，zeros_like()、empty_like()、ones_like() 和full_like() 这四个函数可以用来创建一个和某矩阵对象形状一样的矩阵，并填充指定的元素。zeros_like()、empty_like()、ones_like() 函数分别将元素替换为0、None和1，这三个函数的定义很类似，如下所示。

```
numpy.zeros_like(a,dtype=None,order='k',shape =None)

numpy.empty_like(a,dtype=None,order='k',shape =None)

numpy.ones_like(a,dtype=None,order='k',shape =None)
```

在上述函数定义中，a是原来的ndarray矩阵对象，dtype是指定的数据类型，默认为None，即数据类型和a一致，order指定数据在内存中存储的次序，默认为k，即和a的数据在内存中的存储次序一致，shape是用来指定新ndarray矩阵对象的形状，默认为None，即形状和a一致。一般而言，不建议修改形状，因为这些函数的初衷是帮助用户创建和a形状一致的ndarray矩阵对象。

full_like() 函数稍有不同，它多了一个参数fill_value，这个参数可以用来指定新创建的ndarray矩阵对象中需要填充的元素值。full_like() 函数的其他参数和zeros_like()、empty_like() 及ones_like() 函数一致。

```
numpy.full_like(a, fill_value, dtype=None, order='K',shape=None)
```

以下代码例子展示了如何使用这四个函数。

```
import numpy as np
a = np.array([[1,2,3],[4,5,6]])
ones_like_a = np.ones_like(a)
```

```
zeros_like_a = np.ones_like(a)
empty_like_a = np.empty_like(a)
full_like_a = np.full_like(a,5)
print(f'The ones_like_a matrix is\n {ones_like_a}')
print(f'The zeros_like_a matrix is\n {zeros_like_a}')
print(f'The empty_like_a matrix is\n {empty_like_a}')
print(f'The full_like_a matrix is\n {full_like_a}')
```

运行结果如下。

```
The ones_like_a matrix is
 [[1 1 1]
 [1 1 1]]
The zeros_like_a matrix is
 [[1 1 1]
 [1 1 1]]
The empty_like_a matrix is
 [[1 1 1]
 [1 1 1]]
The full_like_a matrix is
 [[5 5 5]
 [5 5 5]]
```

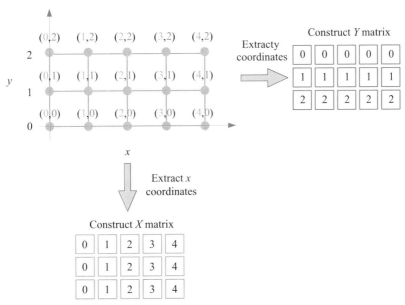

图3-8　几何形式的网格

　　meshgrid() 函数常常用来生成二维平面坐标系中的横纵坐标，且把横坐标x和纵坐标y分别存在X和Y两个矩阵里，如图3-8所示。在3D绘图里，竖坐标z可以是横坐标x和纵坐标y计算的函数。

　　此外，本节的开头介绍了几何空间的索引和矩阵的索引方式是相反的。如图3-8所示是几何空间索引。meshgrid() 函数还提供了获得二维矩阵索引号的方法。如图3-9所示为矩阵索引形式的网格。对比两种网格，采用几何空间索引方式获得的网格形状是 3 × 5，而采用矩阵形式的网格形状是5 × 3。

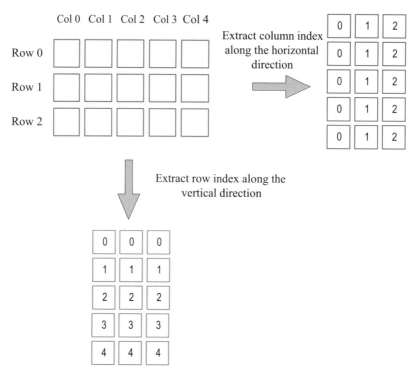

图3-9 矩阵索引形式的网格

NumPy中meshgrid()函数的定义如下。

```
numpy.meshgrid(*xi, sparse=False, indexing='xy')
```

其中*xi代表数量不确定的一维向量，用户可提供n个一维向量用来表示生成n维网格。sparse默认为False，表示生成**稠密矩阵** (dense matrix)，当sparse为True时，表示将生成**稀疏矩阵** (sparse matrix)。在矩阵中，若数值为0的元素数目远远多于非0元素的数目，并且非0元素分布无规律时，则该矩阵为稀疏矩阵；若非0元素数目占大多数时，则该矩阵为稠密矩阵。indexing用来控制生成不同索引方式的网格，当indexing ='xy'时，表示生成几何网格，当indexing ='ij'时，表示生成矩阵索引形式的网格。

读者可运行以下代码，生成图3-8和图3-9两种不同的网格。

```
import numpy as np
x = np.linspace(0,4,5,dtype ='i')
y = np.linspace(0,2,3,dtype = 'i')
x_cartesian, y_cartesian = np.meshgrid(x,y,indexing = 'xy')
x_matrix,y_matrix =np.meshgrid(x,y,indexing='ij')
print(f'Meshgrid with Cartesian indexing:\n {x_cartesian}\n {y_cartesian}')
print(f'Meshgrid with matrix indexing:\n {x_matrix}\n {y_matrix}')
```

以下例子展示了使用meshgrid()函数生成网格并绘制三维图，如图3-10所示。

`B1_Ch3_6.py`

```
import numpy as np
import matplotlib as mpl
import matplotlib.pyplot as plt
```

```
x = y = np.linspace(-10, 10, 150)
X, Y = np.meshgrid(x, y,indexing = 'xy')

Z = np.cos(X) * np.sin(Y) * np.exp(-(X/5)**2-(Y/5)**2)
fig, ax = plt.subplots(figsize=(6, 5))
norm = mpl.colors.Normalize(-abs(Z).max(), abs(Z).max())
p = ax.pcolor(X, Y, Z, norm=norm, cmap=mpl.cm.bwr)
plt.colorbar(p)
```

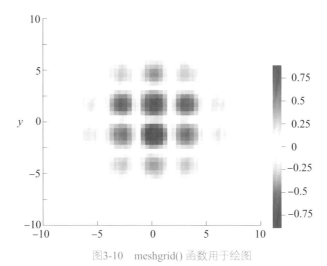

图3-10　meshgrid() 函数用于绘图

本节最后介绍如何使用fromfunction() 函数创建ndarray矩阵对象。fromfunction()函数可以通过别的函数来创建更复杂的矩阵，fromfunction() 函数的定义如下。

```
np.fromfunction(function, shape, dtype)
```

其中传入的函数function既可以是lambda匿名函数，也可以是用def定义的普通函数。shape是一个元组，用来生成矩阵网格。

以下代码展示了如何使用fromfunction() 函数和lambda匿名函数创建ndarray矩阵对象。

```
>>> np.fromfunction(lambda i, j: i == j, (3, 3), dtype=int)
array([[ True, False, False],
       [False,  True, False],
       [False, False,  True]])
>>> np.fromfunction(lambda i, j: i + j, (3, 3), dtype=int)
array([[0, 1, 2],
       [1, 2, 3],
       [2, 3, 4]])
```

前文介绍了使用meshgrid() 函数创建二维坐标网格，生成网格的横坐标x和纵坐标y 矩阵，进而通过函数计算竖坐标z 的值。fromfunction() 函数提供了一种更简捷的方法，可以自动生成二维坐标的网格并根据函数完成计算。在以下例子中，fromfunction() 函数调用了另外一个使用def定义的函数，在调用这个函数时，还提供了一个元组 (5,3)，这个元组会被用来生成矩阵索引型网格。以下例子生成的网格如图3-9所示。

```
import numpy as np
def sum_of_indices(x, y):
    #Getting 3 individual arrays
    print(f"Value of X is:\n {x}")
    print(f"Type of X is:\n {type(x)}")
    print(f"Value of Y is:\n {y}")
    print(f"Type of Y is:\n {type(y)}")
    return x + y
a = np.fromfunction(sum_of_indices, (5, 3))
```

运行结果如下。

```
Value of X is:
 [[0. 0. 0.]
 [1. 1. 1.]
 [2. 2. 2.]
 [3. 3. 3.]
 [4. 4. 4.]]
Type of X is:
 <class 'numpy.ndarray'>
Value of Y is:
 [[0. 1. 2.]
 [0. 1. 2.]
 [0. 1. 2.]
 [0. 1. 2.]
 [0. 1. 2.]]
Type of Y is:
<class 'numpy.ndarray'>
```

3.4 索引和遍历

本节将会讨论在NumPy中进行ndarray元素的索引。对于一维ndarray矩阵对象，元素的索引方法与Python的列表和元组类似，如表3-5和图3-11所示，同样的，NumPy矩阵对象的索引号也是从0开始。

表3-5 以一维ndarray矩阵对象a为例进行索引

函数	描述
a[m]	索引号为m的元素
a[−m]	倒数第m个元素
a[m:n]	索引号从m到$n-1$的元素
a[:]	所有元素
a[:n]	索引号从0到$n-1$的元素
a[m:]	索引号m后的所有元素

函数	描述
a[m:n:p]	索引号m到$n-1$，以p为间隔的元素
a[::-1]	逆序选择所有元素

值得注意的是，图3-11所示的例子7和例子8展示了Python列表和元组没有的索引方法。在例子7中a[a>2] 只索引了a中元素值大于2的元素。而在例子8中~np.isnan(a) 用于索引a中非NaN元素。

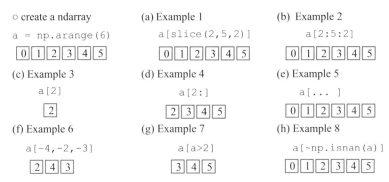

图3-11　一维数组切片和索引例子

读者可以使用函数np.where() 来实现更多复杂的过滤条件。where() 函数的定义如下。

```
numpy.where(condition[, x, y])
```

使用where() 函数时，根据表达式condition给出的条件，返回表达式x或者表达式y的值，表达式x或者表达式y可以不给定。

以下例子展示了如何使用where ()函数实现将a中小于5的元素增大0.1，大于5的元素增大0.2。

```
import numpy as np
a = np.arange(10)
b = np.where(a<5,a+0.1,a+0.2)
print(b)
```

运行结果如下。

```
a vector is :
 [0 1 2 3 4 5 6 7 8 9]
b vector is:
 [0.1 1.1 2.1 3.1 4.1 5.2 6.2 7.2 8.2 9.2]
```

二维ndarray矩阵对象的元素同样可以被索引。在被索引时，需要在方括号中给定元素的行值和列值，具体如图3-12所示。

此外，读者还可以使用take() 和put() 函数进行更高级的矩阵元素索引和复制。take() 和put() 函数的优势在于通过索引号直接访问矩阵元素的数值，这些索引号可以是零散的和数量不限的。

如图3-13展示了将take() 方法应用在一维向量上，索引后同样是一维向量。如图3-14所示为使用take() 方法时，索引号是一个 2 × 4 的矩阵，索引后获得的同样是一个 2 × 4 的矩阵。

矩阵对象也可以使用take() 方法进行索引。和使用方括号进行索引不同的是，take() 方法的索引号不是通过元素所在的行和列给定的，而是沿着行的方向获得。如图3-15所示为一个 3 × 4 的矩阵如何沿着行的方向获得每个矩阵元素的索引值。

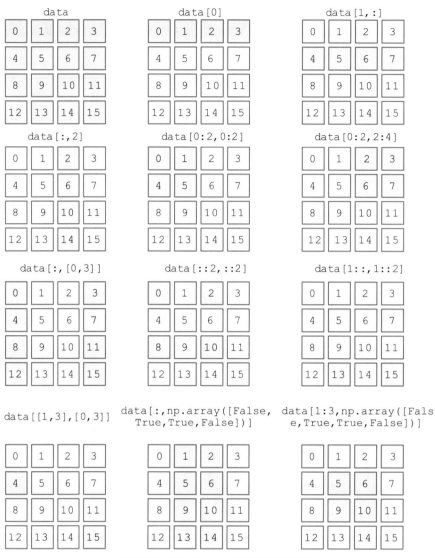

图3-12 二维ndarray矩阵对象索引示例

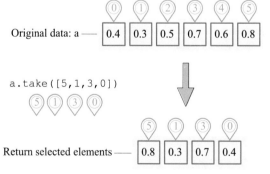

图3-13 take() 方法的应用：原始数据和索引数组都是一维向量

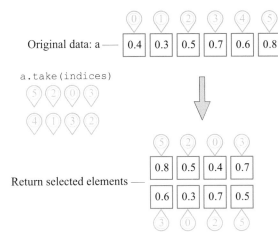

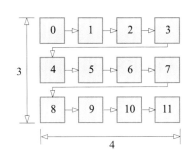

图3-14　take() 方法应用：原始数据是一维向量，索引数组是矩阵

图3-15　take() 沿着行的方向进行矩阵元素索引

在图3-16(b) 中，a.take([2,3,1]) 可以返回矩阵**a**中的索引位置为2、3和1的元素数值。类似地，图3-16(c) 中a.take([12,5,2,9]) 返回矩阵**a**中索引位置为12、5、2、9的元素。

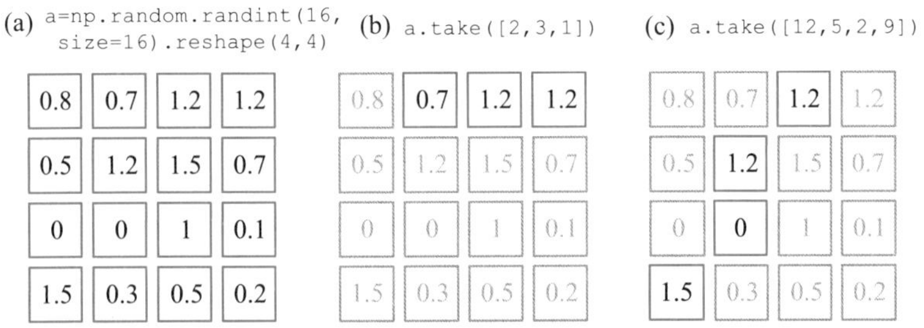

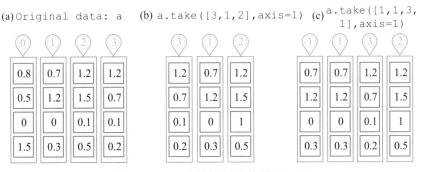

图3-16　take() 方法应用在矩阵上

take() 方法中的axis参数可以用来指定索引矩阵的某一行或某一列。如图3-17(b) 中的例子所示，a.take([3,1,2], axis =1) 可以分别获取矩阵**a**的第三列、第一列和第二列的元素。如图3-18(b)所示a.take([3,1,2], axis =0) 则可以获得矩阵**a**的第三行、第一行和第二行的元素。

(a)Original data: a　(b) a.take([3,1,2],axis=1)　(c) a.take([1,1,3,1],axis=1)

图3-17　take() 方法用于提取矩阵某一列

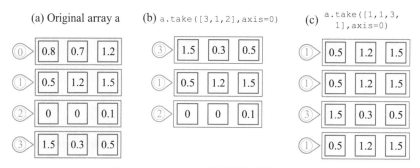

图3-18 take() 方法用于提取矩阵某一行

本节接下来将讨论ndarray元素的迭代。NumPy提供了两种基本的**迭代器** (flatiter iterator)，第一种是使用ndarray矩阵对象的属性**flat**。以下例子展示了这一迭代方法。

```python
#Using flat attribute to iterate
import numpy as np
x =np.arange(4).reshape(2,2)
print('Print the ndarray directly:')
for i in x:
    print(i, end='')
print('Iterate the ndarray:')
for i in x.flat:
    print(i)
print('Iterate the transposed array:')
for i in x.T.flat:
    print(i, end='')
```

上述代码的运行结果如下所示。可以看出使用flat属性作为迭代器时，可以将多维ndarray的所有元素按次序输出。对转置后的ndarray进行迭代后，可发现与对原ndarray进行迭代的结果不同。这个特点和接下来讨论的nditer() 函数不同。

```
Print the ndarray directly:
[0 1]
[2 3]
Iterate a ndarray:
0 1 2 3
Iterate the transposed array:
0 2 1 3
```

nditer() 函数用来对ndarray矩阵对象进行迭代或访问其元素。以下代码是使用nditer() 函数替换上一个例子中的flat属性。读者运行代码后可发现，运行结果都是：0，1，2，3，4。这是因为nditer() 函数只会将元素按照其在内存中存储的次序进行迭代输出。

```python
#Use nditer() function to iterate
import numpy as np
x =np.arange(4).reshape(2,2)
print('Iterate the ndarray:')
```

```
for i in np.nditer(x):
    print(i)
print('Iterate the transposed array:')
for i in np.nditer(x.T):
    print(i)
```

　　nditer() 函数里提供了参数order，可以用来调整迭代元素的次序。当参数order ='C'时，沿着行方向输出元素，当order ='F'时，沿着列方向输出元素。

```
import numpy as np
x =np.arange(9).reshape(3,3)
print('Iterate along the row direction')
for i in np.nditer(x,order = 'C'):
    print(i,end=' ')
print('\nIterate along the column direction')
for i in np.nditer(x,order = 'F'):
    print(i,end=' ')
```

　　上述例子展示了如何使用order参数来调整迭代元素的次序，结果如下所示。如图3-19所示对比了这两种迭代次序的不同。

```
Iterate along the row direction :
0 1 2 3 4 5 6 7 8

Iterate along the column direction :
0 3 6 1 4 7 2 5 8
```

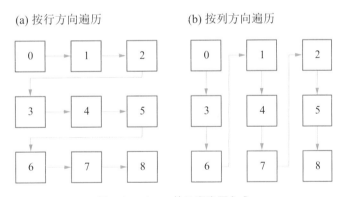

图3-19　ndarray的元素遍历方式

　　nditer() 函数还可以被用来批量修改ndarray矩阵对象中元素的值。这时需要使用参数op_flags。 默认情况下，op_flags ='readonly'，这时ndarray中的元素为只读模式。为了实现对元素数值的修改，op_flags需要被设定为readwrite模式，如下例所示。

```
import numpy as np
data = np.arange(9).reshape(3,4)
print(f'The original data is \n {data}')
with np.nditer(data, op_flags=['readwrite']) as it:
```

```
    for x in it:
        x[...] = x**2
print(f'The new data is: \n {data}')
```

在这个例子中，迭代遍历ndarray元素值的同时，返回对应的平方值。运行结果如下。

```
The original data is
 [[0 1 2]
 [3 4 5]
 [6 7 8]]
The new data is:
 [[ 0  1  4]
 [ 9 16 25]
 [36 49 64]]
```

3.5 矩阵变形

使用NumPy创建完矩阵对象后，用户常常需要调整矩阵的对象。如前所述，使用arange() 函数或linspace() 函数创建向量后常常需要使用reshape() 函数将生成的向量调整形状，从而获得新的矩阵对象。如表3-6展示了一些常用的修改矩阵形状的函数。

表3-6　修改ndarray矩阵形状的方法

方法	描述
reshape()	调整ndarray矩阵对象的形状
transpose()	将ndarray矩阵对象转置，对于高维矩阵，括号内可定义需转置的轴
ravel()	将ndarray矩阵对象所有元素展平
flatten()	将多维矩阵降维成一个一维矩阵
resize()	调整ndarray矩阵对象的大小
squeeze()	删除矩阵形状中维度为一的维度

如下所示，使用reshape() 方法时需要以元组的方式给定ndarray矩阵对象新的形状。参数order是用来指定ndarray矩阵对象重组新形状时按照何种次序排列元素，可以是'C'或者'F'，分别对应行优先索引和列优先索引。

```
reshape(newshape, order='C')
```

如图3-20所示为使用reshape() 方法将一个1×12的行向量的形状分别调整为 3×4、4×3、6×2 和 2×6。

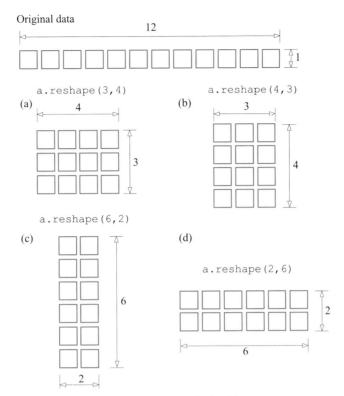

图3-20 reshape() 方法示例

```
>> a = np.arange(12)
>> b1 = a.reshape(3,4)
#Out:
array([[ 0, 1, 2],
       [ 3, 4, 5],
       [ 6, 7, 8],
       [ 9, 10, 11]])
>> b2 =a.reshape(4,3)
#Out:
#array([[ 0, 1, 2, 3],
#       [ 4, 5, 6, 7],
#       [ 8, 9, 10, 11]])
>> b3 =a.reshape(2,6)
#Out:
array([[ 0, 1, 2, 3, 4, 5],
       [ 6, 7, 8, 9, 10, 11]])
>> b4 =a.reshape(6,2)
#Out:
#array([[ 0, 1],
       [ 2, 3],
       [ 4, 5],
       [ 6, 7],
       [ 8, 9],
       [10, 11]])
```

```
>> b2[0] = 10
>> a
#Out:
#array([10, 10, 10,  3,  4,  5,  6,  7,  8,  9, 10, 11])
```

　　reshape() 方法中的order参数可以用来控制索引元素的顺序。如图3-21对比了如何使用order参数来调整一个2 × 3矩阵。当order ='C'时，沿着行的方向索引元素并调整矩阵的形状，当order ='F'时，沿着列的方向索引元素并调整矩阵的形状。

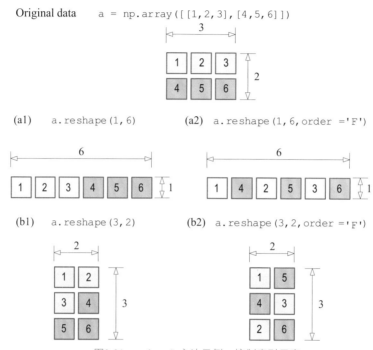

图3-21　reshape() 方法示例，控制索引元素

　　resize()方法和reshape()方法类似，都可以修改矩阵的形状，但有两个不同之处。第一个是resize()方法不提供order参数，即只能沿着水平方向调整矩阵的形状；第二个不同之处是resize() 方法会修改原矩阵的形状而无返回值，而reshape() 方法则不修改原矩阵的形状但返回形状修改后的矩阵。

```
>> a = np.array([[1,2,3],[4,5,6]])
>> b = a.reshape(1,6)
>> b
#Out: array([[1, 2, 3, 4, 5, 6]])
>> a
#Out: array([[1, 2, 3],
#       [4, 5, 6]])
>> c = a.resize(1,6)
>> c
>> a
#array([[1, 2, 3, 4, 5, 6]])
```

　　resize()方法还支持扩大矩阵的形状。如图3-22所示，原矩阵 *a* 的形状是2×3，使用np.resize(a,(3,3)) 函数扩大矩阵时，填充的元素则是重复的原矩阵的元素。

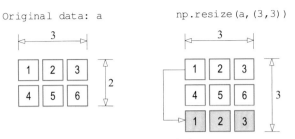

图3-22　resize() 方法

如表3-6中的ravel() 方法和flatten() 方法可以将矩阵展平成一个一维向量，如图3-23中的例子所示。ravel()方法和flatten()方法最大的不同是，ravel() 方法只返回原矩阵的一个视图 (view)，而flatten()方法则会返回一个复制对象。

```
ndarray.flatten(order='C')
```

flatten() 方法中order参数默认为'C'，表示将数组按照行方向展平为一维数据，当order参数是'F'时，表示将数组按照列方向展平为一维数组。

```
>>> import numpy as np
>>> a = np.array([[1,2], [3,4]])
>>> a.flatten()
#Out: array([1, 2, 3, 4])
>>> a.flatten('F')
#Out: array([1, 3, 2, 4])
```

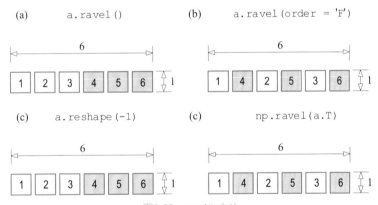

图3-23　ravel() 方法

表3-6中的squeeze() 方法则可以用于删除矩阵中维度为1的矩阵，如图3-24所示。

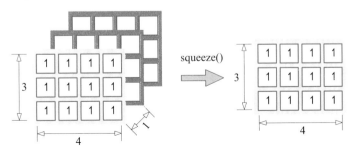

图3-24　squeeze() 方法

以下代码展示了图3-24中降维的过程。

```
>> print(np.ones(9).reshape(1,3,3).shape)#Output: (1,3,3)
>> print(np.ones(9).reshape(1,3,3).squeeze().shape)#Output: (3,3)
```

repeat() 方法可以用来重复矩阵中的元素，它的定义如下。

```
a.repeat(repeats, axis = None)
```

其中，repeats参数用来指定重复的次数，对于向量，axis参数一般不用指定，但对于矩阵，axis参数可以用来指定在行方向或者列方向上进行元素重复。如图3-25展示了如何使用repeat()方法重复一维向量中的元素。

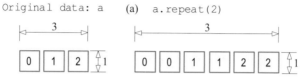

图3-25　repeat() 方法应用在向量上

对于二维矩阵，使用repeat() 方法需要指定重复复制的方向。如图3-26展示了NumPy中轴的定义，axis = 0表示沿着平面内竖直方向进行重复复制，axis = 1 表示沿着平面内水平方向进行重复复制。

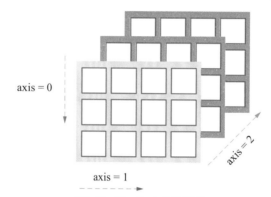

图3-26　NumPy中轴的定义

如图3-27展示了如何在一个二维矩阵中使用repeat() 方法沿着水平方向和垂直方向进行矩阵元素的复制。

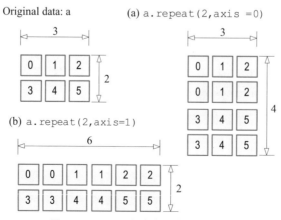

图3-27　repeat() 方法应用在二维矩阵上

以下代码展示了图3-27的运算结果。运行代码后，读者可发现，使用repeat() 方法并不改变原矩阵的形状，它只会返回修改形状后的矩阵。

```
>> a =np.arange(6).reshape(2,3)
>> a.repeat(2,axis=0)
>> a.repeat(2,axis=1)
>> a
#Output: array([[0, 1, 2],
        [3, 4, 5]])
```

sort() 方法可以用来对每一行或每一列中的元素进行排序，排序后矩阵元素的次序发生变化。使用sort() 方法时，当axis = 1表示沿着矩阵的水平方向 (即行方向) 进行元素排序，axis = 0表示沿着矩阵的垂直方向 (即列方向) 进行元素排序。

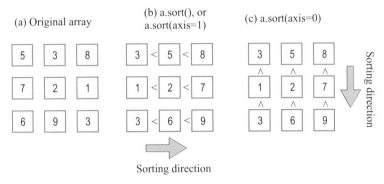

图3-28   sort() 方法

读者可自行运行以下代码。

```
>> a =np.array([[5,3,8],[7,2,1],[6,9,3]])
>> a.sort()
>> print(a)
#Output
array([[3, 5, 8],
       [1, 2, 7],
       [3, 6, 9]])
>>print(a.sort(axis=0))
#Output
array([[1, 2, 7],
       [3, 5, 8],
       [3, 6, 9]])
```

本章介绍了如何在NumPy中创建向量和矩阵对象。在此基础上，第4章将会讨论如何在Python中利用这些矩阵对象进行基本的数学运算。

Python Math Libraries
第4章 数学工具包

数学解密世界的钥匙。

Math is the hidden secret to understanding the world.

——罗杰·安顿森(Roger Antonsen)

Core Functions and Syntaxes
本章核心命令代码

◄ `array.tolist()` 将 Ndarray 对象转化为列表
◄ `E2.subs()` 计算符号表达式的数值或者替换函数表达式中的变量
◄ `numpy.linalg.cholesky()` 矩阵 Cholesky 分解
◄ `numpy.linalg.eig()` 求矩阵 **A** 的特征值和特征向量
◄ `numpy.linalg.lstsq()` 矩阵左除
◄ `numpy.linalg.solve()` 矩阵左除
◄ `numpy.linalg.svd()` 矩阵奇异值分解
◄ `Sympy.integrate(f_x_diff2,(x,0,2*math.pi))` 计算函数的定积分
◄ `scipy.linalg.ldl()` 对矩阵进行 LDL 分解
◄ `scipy.linalg.lu()` 矩阵 LU 分解
◄ `sympy.diff(f_x,x)` 计算符号函数 f_x 对自变量 x 的偏导数
◄ `sympy.limit(sym.sin(x)/x,x,sym.oo)` 计算函数在自变量趋近于无穷大时的极限值
◄ `sympy.plot(sympy.sin(x)/x,(x,-15,15),show=True)` 绘制符号函数表达式的图像
◄ `sympy.plot3d(f_xy_diff_x,(x,-2,2),(y,-2,2),show=False)` 绘制函数的三维图
◄ `sympy.sympify()` 化简符号函数表达式
◄ `sympy.solve()` 使用 SymPy 中的 solve() 函数求解符号函数方程组
◄ `sympy.Matrix()` 构造符号函数矩阵
◄ `sympy.solve_linear_system()` 求解含有符号变量的线型方程组
◄ `sympy.symbols()` 创建符号变量
◄ `p2.extend(p2_2)` 将图 P2_2 添加到图 P2 里

4.1 矩阵元素统计计算

第3章讨论了如何使用NumPy创建矩阵、进行矩阵元素遍历和改变矩阵形状。在此基础上，本节将会讨论如何对矩阵的元素进行基本的统计计算。而对于更加深入的概率统计知识，将会在本书的第8章和第9章进行详尽介绍。表4-1展示了常用的、对矩阵元素进行统计计算的函数。值得注意的是，表4-1中的函数还可以作为NumPy 中的ndarray矩阵对象的**方法**method() 进行使用。以min() 函数为例，在以下代码中，numpy.min(A) 和A.min() 这两个命令都可以获得矩阵*A*的最小值-1。但numpy.min(A) 属于函数的调用，而A.min() 属于ndarray矩阵对象的方法被调用。

```
import numpy as np
A=np.arange(9).reshape(3,3)-1
print(A.min())
print(np.min(A))
```

表4-1　NumPy针对矩阵元素的统计计算函数

函数	描述
nonzero()	返回矩阵中非零元素的位置
max()	返回矩阵的最大值
argmax()	返回矩阵最大值的位置
min()	返回矩阵的最小值
argmin()	返回矩阵最小值的位置
ptp()	计算矩阵元素数值的取值范围
clip()	用户给定一个区间，若矩阵元素在区间范围外，则该元素被赋值为边界值
sum()	沿指定的轴计算矩阵元素的总和
cumsum()	沿指定的轴计算累计和
prod()	沿指定的轴计算矩阵元素乘积
cumprod()	沿指定的轴计算累计乘积
mean()	计算矩阵元素的平均值
var()	计算矩阵元素的方差
std()	计算矩阵元素的标准差
all()	若矩阵所有元素是NaN、正数或负数，则返回True，否则返回False
any()	若矩阵中某一元素是NaN、正数或负数，则返回True，否则返回False

nonzero() 函数可以用来获得矩阵中每个非零元素所在的行和列的位置。以图4-1中的矩阵为例，非零元素分别是5、7、2、9、3。如图4-1展示了如何计算这些元素所在的行和列位置，首先将矩阵的每一行和列标出来，然后从第一行开始，沿着水平的方向 (行的方向)，确认每个非零元素所在的行和列位置 [图4-1(b)]，最后将每个非零元素的行号和列号分别单独存成两个向量[图4-1(c)]。

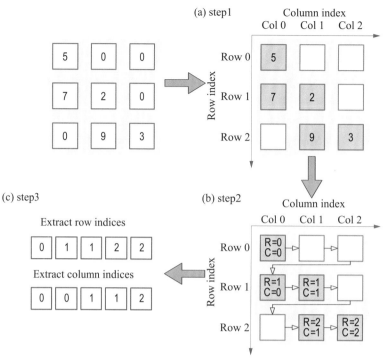

图4-1　nonzero() 函数

以下代码展示了图4-1的运算结果。

```
>> a=np.array([[5,0,0],[7,2,0],[0,9,3]])
>> print(a.nonzero())
#Out:(array([0, 1, 1, 2, 2], dtype=int64), array([0, 0, 1, 1, 2], dtype=int64))
```

max() 函数可以找出每一行或每一列中的最大值，并将这些最大值构成一个向量返回。在第3章中谈到，在NumPy中，axis = 1表示矩阵的水平方向，即行的方向，axis = 0表示矩阵的垂直方向，即列的方向，如图4-2所示。使用max() 函数时，若指定axis = 1，则会找出每一行的最大值，若指定axis = 0，则会找出每一列的最大值。如图4-3和图4-4展示了使用max() 函数分别抽取矩阵每一行和每一列元素的最大值。此外，若不给定参数axis的值，则会返回矩阵最大元素的值。例如对于图4-3和图4-4中的矩阵**a**，使用a.max()函数会返回矩阵所有元素中的最大值92。

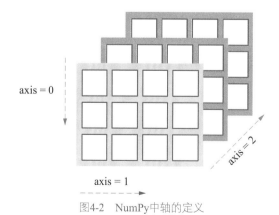

图4-2　NumPy中轴的定义

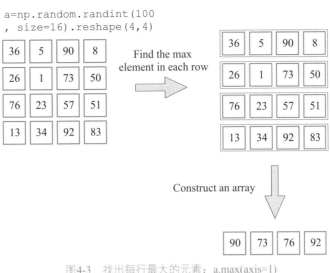

图4-3　找出每行最大的元素：a.max(axis=1)

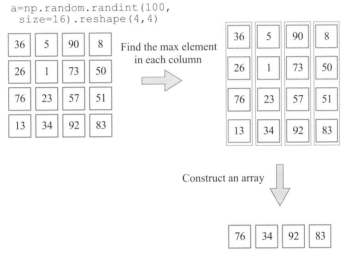

图4-4　找出每列最大的元素：a.max(axis=0)

　　使用max() 函数时，还可以使用where参数指定只从某些行或列中找出最大值。以下是where参数在max() 函数中的使用。

```
a.max(axis=1,where=[True,False,True,True],initial=0)
```

　　where参数是由布尔值构成的列表，这个列表的长度需和矩阵**a**的行数或列数一致。当布尔值为True时，表示原矩阵对应位置的元素参与最大值的比较，当布尔值为False时，表示原矩阵对应位置的元素不参与最大值的比较。使用where参数时，还需要同时给定initial的值，作为某行或某列所有元素均不参与比较时的该行或该列默认的返回值。

　　如图4-5和图4-6展示了max() 函数使用where参数的两个例子。图4-5的例子中，where参数中给定的矩阵和数据矩阵**a**的形状一样，均为4 × 4。where矩阵的所有元素都是布尔值，若为True值，则表示数据矩阵**a**中对应的数值将会被选中参与最大值的比较，若为False值，表示数据矩阵**a**中对应的数值将不会被选中参与最大值的比较。如图4-6所示，where是一个行向量，此时使用max() 函数时会使用广播原则选中对应的列参与最大值的比较。

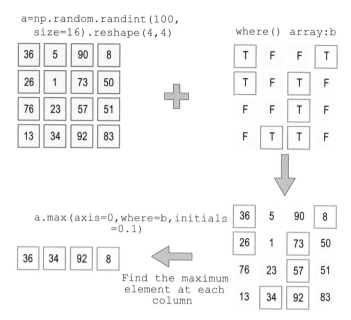

图4-5 max() 函数中的where参数的使用(1)

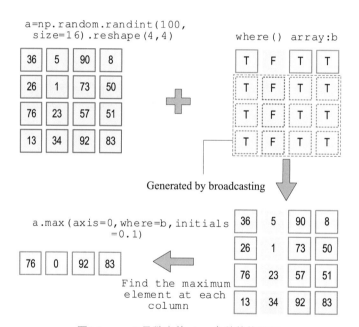

图4-6 max() 函数中的where参数的使用(2)

运行以下代码可以获得图4-3、图4-4、图4-5和图4-6。

```
import numpy as np
a=np.array([[36,5,90,8],[26,1,73,50],[76,23,57,51],[13,34,92,83]])
print(a)
print(a.max(axis=1))
print(a.max(axis=0))
T = True
F = False
```

```
b1 = [[T, F,F,T],[T,F, T,F],[F,F,T,F],[F,T,T,F]]
b2=[T,F,T,T]
c1 = a.max(axis=0,where=b1,initial=0.1)
c2 = a.max(axis=0,where=b2,initial = 0.1)
print(c1)
print(c2)
```

cumsum() 和cumprod() 函数可以分别用于矩阵元素按行或按列累计叠加或相乘运算，返回的矩阵的形状和原矩阵的形状一致。如图4-7展示了如何使用cumsum() 和cumprod() 函数。使用这两个函数时，axis = 0和axis = 1分别表示沿着竖直方向和水平方向进行运算。

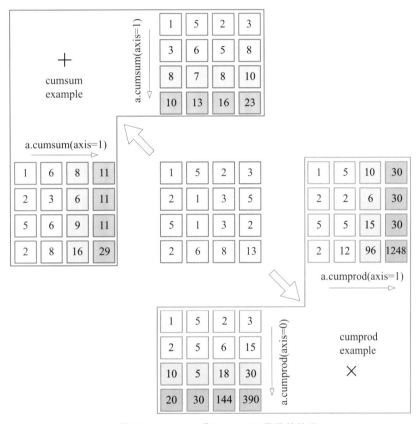

图4-7　cumsum() 和cumprod() 函数的使用

以下代码展示了表4-1中其他函数的使用。

```
import numpy as np
a=np.arange(9).reshape(3,3)-1

#max()
print(a.max(axis=1))#Out: [1 4 7], Return the max value in each row
print(np.max(a,axis=0))#Out: [5 6 7], Return the max value in each column
print(a.max())#Out: 7, Return the max value of the whole matrix
```

```
#argmax()
print(a.argmax(axis=1))#Out: [2 2 2], Return the indices of the maximum values along
each row
print(np.argmax(a,axis=0))#Out: Out: [2 2 2], Return the indices of the maximum
values along each column
print(a.argmax())#Out: 8, Return the indexes of the max value of the whole matrix

#sum()
print(a.sum())#Out: 27, Calculate the sum of all the element of the matrix
print(np.sum(a,axis=0))#Out: [6 9 12],Calculate the sum of each column
print(a.sum(axis=1))#Out: [0 9 18],Calculate the sum of each row

#all()
print(a.all())#Out: False, Test whether all array elements are True
print(a.all(axis=0))#Out: False, Test whether all array elements in each column are
True
print(np.all(a,axis=1))#Out: False, Test whether all array elements in each row are
True

#any()
print(a.any())#Out: True, Test whether any array elements are True
print(a.any(axis=0))#Out: [ True   True   True], Test whether any array elements in
each column are True
print(np.any(a,axis=1))#Out: [ True   True   True], Test whether any array elements in
each row are True

#clip()
print(a.clip(3,6))
#Out: [[3 3 3],[3 3 4], [5 6 6]]

#ptp()
print(a.ptp())#Out: 8, return the range of values (maximum - minimum) of the matrix.
print(a.ptp(axis=0))#Out: [6 6 6], return the range of values (maximum - minimum) in
each column.
print(a.ptp(axis=1))#Out: [2 2 2], return the range of values (maximum - minimum) in
each row.
```

表4-2展示了将矩阵元素和某一数值进行大小比较的函数。这些函数是其中一种**魔法方法** (magic methods)。魔法方法是指Python内部已经包含的，被双下画线包围的方法。Python的很多操作和运算都是基于这些魔法方法。如使用 $a + b$ 时，Python实际上是调用a.__add(b)来完成这个操作。使用这些方法时，NumPy将矩阵中的每个元素和待对比的数值进行大小比较，并返回布尔值。这些矩阵可以是向量或者多维矩阵。

表4-2　元素数值大小判断方法

方法	描述
__lt__	判断矩阵元素是否小于某一数值，返回布尔值
__le__	判断矩阵元素是否小于或等于某一数值，返回布尔值
__gt__	判断矩阵元素是否大于某一数值，返回布尔值

方法	描述
__ge__	判断矩阵元素是否大于或等于某一数值，返回布尔值
__eq__	判断矩阵元素是否等于某一数值，返回布尔值
__ne__	判断矩阵元素是否不等于某一数值，返回布尔值

以下代码展示了如何使用表4-2中的函数将矩阵中的元素和某一数值进行大小比较。

```
>>a=np.array([1,2,3,4])
>> a.__lt__(3)
#Out: array([ True,  True, False, False])
>> a.__le__(3)
array([ True,  True,  True, False])
>> a.__gt__(3)
#Out: array([False, False, False,  True])
>> a.__ge__(3)
#Out: array([False, False, False,  True])
>> a.__eq__(3)
#Out: array([False, False, True,  False])
>> a.__ne__(3)
#Out: array([ True,  True, False,  True])
>> np.arange(9).reshape(3,3).__lt__(5)
#Out: array([[ True,  True,  True],
#       [ True,  True, False],
#       [False, False, False]])
```

4.2 圆整

数值的圆整是常用的数学运算。NumPy提供了如表4-3所示的多种数值的圆整函数。

表4-3　数值圆整函数

函数	描述
round(a, decimals=0)	按指定位数四舍五入圆整
rint(a)	朝最靠近的整数圆整
fix(a)	朝零方向圆整
ceil(a)	朝正无穷方向圆整
floor(a)	朝负无穷方向圆整
trunc(a)	舍弃小数部分

round () 是最常见的数值圆整函数，它可以用来将一个实数圆整到指定的位数。round() 函数的使用格式如下所示。

```
ndarray.round (decimals=0,out=None)
```

decimals参数可以用来指定圆整的位数，decimals默认等于0，表示圆整到小数点前的整数位，decimals = 1表示圆整到小数点后一位小数，decimals = 2表示圆整到小数点后两位小数，并以此类推。此外，decimals还可以是负整数，此时，这个实数将会被圆整到小数点前的位数。值得注意的是，使用round()函数不影响原矩阵中的数值。以如下这个3×2的矩阵为例展示round()函数的使用方法。

```
>>a = np.random.randint(low=-15,high=15,size=(3,2))+np.random.rand(3,2)
>>print(a)
>>#Out:
#array([[ -4.99302723, -11.94837172],
#        [ 13.41397127,   9.89427512],
#        [-11.58684564,   0.57699197]])
>> a.round()
>>#Out:
#array([[ -5., -12.],
 #       [ 13.,  10.],
 #       [-12.,   1.]])
>> a.round(decimals=1)
>> #Out:
#array([[ -5. , -11.9],
 #       [ 13.4,   9.9],
 #       [-11.6,   0.6]])
>> a.round(decimals=-1)
>> #Out:
#array([[ -0., -10.],
 #       [ 10.,  10.],
 #       [-10.,   0.]])
```

若使用np.rint(a)函数可以获得以下结果。可见矩阵**a**的元素是朝着最近的整数圆整。

```
>>np.rint(a)
>>#Out:
#array([[ -5., -12.],
#        [ 13.,  10.],
#        [-12.,   1.]])
```

fix()函数则是使矩阵的运算朝着零的方向圆整，如下例所示。对比rint()函数，9.89这个数值在rint()函数中被圆整为10，而在fix()函数中被圆整为9。

```
>>np.fix(a)
>>#Out:
#array([[ -4., -11.],
#        [ 13.,   9.],
#        [-11.,   0.]])
```

以下例子对比了floor()和ceil()函数，它们分别可以将数值向负无穷和正无穷方向圆整。

```
>>np.ceil(a)
#Out:
#array([[ -4., -11.],
#        [ 14.,  10.],
#        [-11.,   1.]])
```

```
>> np.floor(a)
#Out:
#array([[ -5., -12.],
#       [ 13.,   9.],
#       [-12.,   0.]])
```

4.3 矩阵基本运算

本节将介绍NumPy中矩阵的基本运算，包括矩阵或向量和某一实数的数乘，两个矩阵元素的加、减、乘、除，以及广播原则。

如图4-8展示了如何在NumPy中将一个矩阵的各个元素和一个实数进行加、减、乘、除运算。而图4-9则展示了将两个形状相同的矩阵在NumPy中对应矩阵元素进行加、减、乘、除运算。

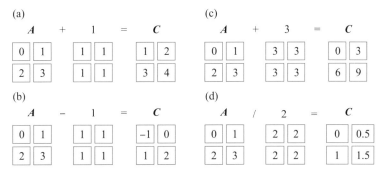

图4-8　矩阵和实数进行加、减、乘、除运算

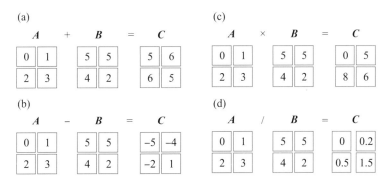

图4-9　相同形状的两个矩阵对应元素进行加、减、乘、除运算

图4-8和图4-9的运算过程可以通过以下代码实现。

```
import numpy as np
A = np.arange(4).reshape(2,2)
B = np.array([[5,5],[4,2]])
print(f"Each elements in A are added by 1: \n {A+1}")
print(f"Each elements in A are subtracted by 1: \n {A-1}")
```

```
print(f"Each elements in matrix A are multiplied by 3: \n {A*3}")
print(f"Each elements in matrix A are divided by 2: \n {A/2}")
print(f'Matrix A + Matrix B: \n {A+B}')
print(f'Matrix A - Matrix B: \n {A-B}')
print(f'Matrix A * Matrix B (Element-wise multiplication): \n {A*B}')
print(f'Matrix A ÷ Matrix B (Element-wise division): \n {A/B}')
```

对于行向量或列向量，它们和某一实数的加、减、乘、除在NumPy中的实现和矩阵类似。两个形状一样的行向量或列向量对应元素的加、减、乘、除在NumPy中的实现也和矩阵类似，在此不再赘述。

NumPy中的矩阵运算和函数的调用常常需要使用**广播原则** (broadcasting)。运用广播原则，部分形状不同的ndarray矩阵对象可以进行数学运算。如图4-10的Case (1)所示为一个4×3的矩阵和一个1×3的行向量通过广播原则进行加法运算的例子。而图4-10的Case (2) 展示了一个行向量和列向量进行运算的例子。图4-11则展示了如何通过广播原则将一个矩阵和一个列向量进行运算的例子。

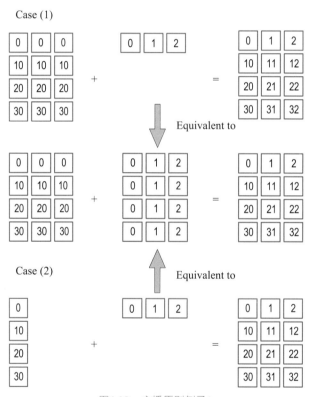

图4-10　广播原则例子1

以下代码展示了图4-10和图4-11的运行结果。

```
#Examples of matrix broadcasting
import numpy as np
A1 = np.array([E*10 for E in np.arange(4).tolist()*3]).reshape(4,3,order='F')
A2 = np.array(np.arange(3).tolist()*4).reshape(4,3)

b1 = np.array([0,1,2]) #b is a row vector
b2 =(np.array([0,1,2,3])*10).reshape(4,1)
print(f'Matrix A1 + Matrix A2 is: \n {A1+A2}')
print(f'Matrix A1 + vector b1 is: \n {A1+b1}')
```

```
print(f'Row vector b1 + column vector b2: \n {b1+b2}')
print(f'Matrix A1 + column vector b2: \n {A1+b2}')
```

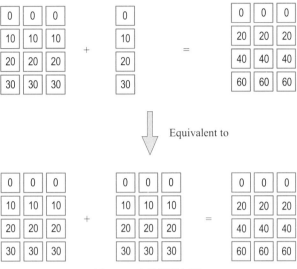

图4-11　广播原则例子2

广播原则甚至可以应用在轴向的运算上，如图4-12所示。

图4-12　沿着轴向广播

然而，并非所有的ndarray矩阵对象都可以应用广播原则进行运算。如图4-13所示为一个不符合广播原则的计算例子，在这个例子里，第一个矩阵的大小为4 × 3，而行向量的大小为 1 × 4，因此不能应用广播原则进行计算。

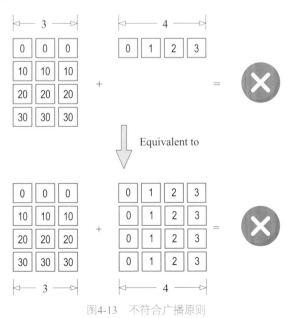

图4-13　不符合广播原则

常用的矩阵运算的维度最多为三维，为了便于理解在三维矩阵空间里的矩阵如何通过广播原则进行运算，读者可参阅图4-14。如矩阵 *A* 和矩阵 *B* 可以进行运算，这是因为两者的高度一样，同理，矩阵 *B* 和矩阵 *C* 均可以通过广播原则进行计算。

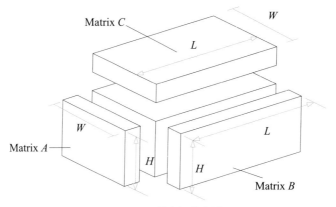

图4-14　三维空间的广播

此外，广播原则同样可以应用于元素的迭代遍历之中，如下例所示。

```python
import numpy as np
#1 Example 1: Apply Broadcasting array iteration
a = np.arange(3)
b = np.arange(9).reshape(3,3)
print('The result of the first example:')
for x, y in np.nditer([a,b]):
    print(f'{x}:{y}', end=' ')
#2 Example 2: cannot apply broadcasting
c = np.arange(2)
print('The result of the second example:')
for x, y in np.nditer([c,b]):
    print(f'{x}:{y}', end=' ')
```

运行结果如下。

```
The result of the first example:
0:0 1:1 2:2 0:3 1:4 2:5 0:6 1:7 2:8
The result of the second example:
ValueError: operands could not be broadcast together with shapes (2,) (3,3)
```

4.4 线性代数计算

本节将介绍如何在NumPy中进行各种常见的线性代数计算，包括向量点积、外积，计算矩阵行列式、矩阵乘积、矩阵求逆。如表4-4所示为常用的线性代数运算函数。

表4-4　常用的线性代数函数

计算	函数或运算符
向量外积	np.outer()
向量点积	np.vdot()或np.dot()
求行列式	np.linalg.det()
矩阵乘积	matmul() 或@
矩阵求逆	np.linalg.inv()

对于向量$\boldsymbol{a}$和向量$\boldsymbol{b}$:

$$\boldsymbol{a} = \begin{bmatrix} a_1 & a_2 & \cdots & a_n \end{bmatrix}$$
$$\boldsymbol{b} = \begin{bmatrix} b_1 & b_2 & \cdots & b_n \end{bmatrix} \tag{4-1}$$

向量点积 (dot product) 的计算公式是:

$$\boldsymbol{a} \cdot \boldsymbol{b} = \sum_{i=1}^{n} a_i b_i = a_1 b_1 + a_2 b_2 + \cdots a_n b_n \tag{4-2}$$

向量外积 (outer product) 的计算公式是:

$$\boldsymbol{a}^{\mathrm{T}} \otimes \boldsymbol{b} = \begin{bmatrix} a_1 \\ a_2 \\ \vdots \\ a_n \end{bmatrix} \begin{bmatrix} b_1 & b_2 & \cdots & b_n \end{bmatrix} = \begin{bmatrix} a_1 b_1 & a_1 b_2 & a_1 b_3 & a_1 b_4 \\ a_2 b_1 & a_2 b_2 & a_2 b_3 & a_2 b_4 \\ a_3 b_1 & a_3 b_2 & a_3 b_3 & a_3 b_4 \\ a_4 b_1 & a_4 b_2 & a_4 b_3 & a_4 b_4 \end{bmatrix} \tag{4-3}$$

以下例子展示了如何在NumPy中进行计算向量点积和向量外积。其中向量点积既可以使用a.dot(b),也可以使用np.dot (a,b) 来计算。具体代码如下。

```
import numpy as np
a,b=np.array([1,2,3]), np.array([4,5,6])
print(f'The dot product of vectors a and b is: {a.dot(b)}')
print(f'The dot product of vectors a and b is: {np.dot(a,b)}')
print(f'The dot product of vectors a and b is: {np.vdot(a,b)}')
print(f'The outer product of vectors a and b is: \n {np.outer(a,b)}')
```

上述代码运算结果如下。

```
The dot product of vectors a and b is: 32
The dot product of vectors a and b is: 32
The dot product of vectors a and b is: 32
The outer product of vectors a and b is:
 [[ 4  5  6]
 [ 8 10 12]
 [12 15 18]]
```

在以上展示的计算向量外积的例子中,向量$\boldsymbol{a}^{\mathrm{T}}$是列向量,而$\boldsymbol{b}$是行向量。outer() 函数同样可以用于计算列向量和列向量、行向量和行向量、行向量和列向量的外积,它们的外积计算结果均相同。请读者自行运行、学习如下代码。

```
import numpy as np
a,b=np.array([1,2,3]), np.array([4,5,6])
print(f'The outer product of row-vector form of a and row-vector form of b:\n {np.
outer(a,b)}')
print(f'The outer product of row-vector form of a and column-vector form of b:\n
{np.outer(a,b.reshape(3,1))}')
print(f'The outer product of column-vector form of a and row-vector form of b:\n
{np.outer(a.reshape(3,1),b)}')
print(f'The outer product of column-vector form.of a and column-vector form of b:\n
{np.outer(a.reshape(3,1),b.reshape(3,1))}')
```

以上代码对比了四种不同向量的外积：①行向量和行向量；②行向量和列向量；③列向量和行向量；④列向量和列向量。它们的外积计算结果均为：

$$\begin{bmatrix} 4 & 5 & 6 \\ 8 & 10 & 12 \\ 12 & 15 & 18 \end{bmatrix} \tag{4-4}$$

矩阵A的**行列式** (determinant)在数学上常常记作det(A) 或|A|。若矩阵A可逆，则：

$$AA^{-1} = I \tag{4-5}$$

其中，A^{-1}称作A的逆矩阵，I是单位矩阵。若矩阵A如式(4-6)所示：

$$A = \begin{bmatrix} 3 & 2 & 1 \\ 1 & 1 & 7 \\ 2 & 6 & 1 \end{bmatrix} \tag{4-6}$$

则通过命令np.linalg.det() 可以求得A的行列式值为-93，使用命令np.linalg.inv(A) 可以求得A的逆矩阵A^{-1}如式(4-7)所示：

$$A^{-1} = \begin{bmatrix} -0.44 & -0.04 & -0.14 \\ -0.14 & -0.01 & 0.22 \\ -0.04 & 0.15 & -0.01 \end{bmatrix} \tag{4-7}$$

如图4-15回顾了**矩阵乘积** (matrix multiplication)的计算过程；注意，图4-15中的乘号仅仅代表矩阵乘法。在NumPy中，可以使用matmul() 函数来计算矩阵乘积，使用格式为：np.matmul(A,B)。在Python 3.5版本后，用户还可以使用运算符@来计算两个矩阵的乘积。

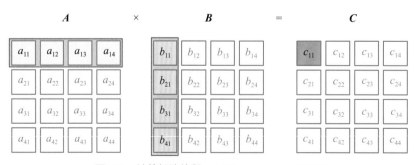

图4-15　计算矩阵外积，A@B or np.matmul(A,B)

以下代码展示了如何计算矩阵乘积。

```python
import numpy as np
A = np.random.randint(low=0,high=4,size=(4,4))
B = np.random.randint(low=0,high=3,size=(4,4))
print(f'The outer product of Matrix A and Matrix B is \n {A@B}')
```

```python
print(f'The outer product of Matrix A and Matrix B is \n {np.matmul(A,B)}')
```

运行结果如下：

```
The outer product of Matrix A and Matrix B is
[[ 0 14 11  9]
 [ 0  8  6  6]
 [ 0  5  1  8]
 [ 0  9  7  6]]
The outer product of Matrix A and Matrix B is
[[ 0 14 11  9]
 [ 0  8  6  6]
 [ 0  5  1  8]
 [ 0  9  7  6]]
```

矩阵运算常常应用于求解线性方程组，对于式(4-8)所示线性方程组，用户常常可以使用矩阵除法来求解。

$$\begin{cases} a_{11}x_1 + a_{12}x_2 + \cdots + a_{1n}x_n = b_1 \\ a_{21}x_2 + a_{22}x_2 + \cdots + a_{2n}x_n = b_2 \\ \cdots \\ a_{n1}x_1 + a_{n2}x_2 + \cdots + a_{mn}x_n = b_m \end{cases} \tag{4-8}$$

若用矩阵形式表示式(4-9)所示方程组为：

$$Ax = b \tag{4-9}$$

其中，A、x和b可以由式(4-10)所示矩阵形式表达。

$$A = \begin{bmatrix} a_{11} & a_{12} & \cdots & a_{1n} \\ a_{21} & a_{22} & \cdots & a_{2n} \\ \vdots & \vdots & \ddots & \vdots \\ a_{m1} & a_{m2} & \cdots & a_{mn} \end{bmatrix}, \; x = \begin{bmatrix} x_1 \\ x_2 \\ \vdots \\ x_n \end{bmatrix}, \; b = \begin{bmatrix} b_1 \\ b_2 \\ \vdots \\ b_m \end{bmatrix} \tag{4-10}$$

其中，A是$m \times n$的矩阵，x是$n \times 1$的列向量，b是$n \times 1$的列向量。使用矩阵左除可以求解式(4-10)所示线性方程组：$x = A \setminus b$。在NumPy中，矩阵左除可以使用solve() 函数、lstsq() 函数或者矩阵的逆来求解。

而矩阵右除常常用于求解式(4-11)所示线性方程组：

$$xA = b \tag{4-11}$$

其中:

$$A = \begin{bmatrix} a_{11} & a_{12} & \cdots & a_{1n} \\ a_{21} & a_{22} & \cdots & a_{2n} \\ \vdots & \vdots & \ddots & \vdots \\ a_{m1} & a_{m2} & \cdots & a_{mn} \end{bmatrix}^{\mathrm{T}}, \quad x = \begin{bmatrix} x_1 \\ x_2 \\ \vdots \\ x_n \end{bmatrix}^{\mathrm{T}}, \quad b = \begin{bmatrix} b_1 \\ b_2 \\ \vdots \\ b_m \end{bmatrix}^{\mathrm{T}} \tag{4-12}$$

A是$m \times n$的矩阵,x是$1 \times n$的行向量,b是$1 \times m$的行向量。以下例子中的代码采用矩阵左除求解线性方程组$Ax = b$。

$$Ax = b, \quad A = \begin{bmatrix} 1 & 1 & 1 \\ 1 & 2 & 3 \\ 1 & 3 & 6 \end{bmatrix}, \quad x = \begin{bmatrix} x_1 \\ x_2 \\ x_3 \end{bmatrix}, \quad b = \begin{bmatrix} 3 \\ 1 \\ 4 \end{bmatrix} \tag{4-13}$$

以下例子中的代码采用矩阵右除求解线性方程组$xA = b$。

$$xA = b, \quad A = \begin{bmatrix} 1 & 1 & 3 \\ 2 & 0 & 4 \\ -1 & 6 & -1 \end{bmatrix}, \quad x = \begin{bmatrix} x_1 \\ x_2 \\ x_3 \end{bmatrix}^{\mathrm{T}}, \quad b = \begin{bmatrix} 2 \\ 19 \\ 8 \end{bmatrix}^{\mathrm{T}} \tag{4-14}$$

具体代码如下。

B2_Ch4_2.py

```python
import numpy as np
from scipy.linalg import pascal
#Use left array division to solve
A = pascal(3)
B = np.array([3,1,4]).reshape(3,1,)
x1,resid,rank,s = np.linalg.lstsq(A,B)
print(f'Calculating left array division by lstsq() function: {x1}')
x2=np.linalg.solve(A,B)
print(f'Calculating left array division by solve() function: {x2}')
x3=(np.linalg.inv(A))@B
print(f'Calculating left array division by the inverse of the matrix: {x3}')
#Use right array division solve xA=b
A = np.array([[1,1,3], [2,0,4], [-1,6,-1]])
B = np.array([2,19,8])

x=B@np.linalg.inv(A)
print(f'Calculating right array division by the inverse of the matrix: {x}')
```

求解矩阵的**特征值** (eigenvalue) 和**特征向量** (eigenvector) 也是在金融建模中常用的矩阵运算。对于式(4-15)所示方程,A是m阶方阵,x称为矩阵A的特征向量,λ是一标量。

$$Ax = \lambda x \tag{4-15}$$

其中：

$$A = \begin{bmatrix} a_{11} & a_{12} & \cdots & a_{1m} \\ a_{21} & a_{22} & \cdots & a_{2m} \\ \vdots & \vdots & \ddots & \vdots \\ a_{m1} & a_{m2} & \cdots & a_{mm} \end{bmatrix}, \ x = \begin{bmatrix} x_1 \\ x_2 \\ \vdots \\ x_m \end{bmatrix} \tag{4-16}$$

以下代码可求解式(4-17)所示的三阶矩阵A的特征值和特征向量。

$$A = \begin{bmatrix} 3 & 2 & 4 \\ 2 & 0 & 2 \\ 4 & 2 & 3 \end{bmatrix} \tag{4-17}$$

B2_Ch4_3.py

```python
import numpy as np
A=np.array([[3,2,4],[2,0,2],[4,2,3]])
eigenvalues, eigenvectors = np.linalg.eig(A)
eigenvalues=eigenvalues.round(1)
index =['first','second','third']
for i, eigenvalue in enumerate(eigenvalues):
    print(f'The {index[i]} eigenvalue is \n {eigenvalue}')
      print(f'The eigenvectors for the {index[i]} eigenvalue are: \n
{eigenvectors[:,i]}')
    print('Validation:')
    print(f'Ax={A@eigenvectors[:,i]}')
    print(f'\u03BBx={eigenvalue*eigenvectors[:,i]}')
```

获得的特征值如式(4-18)所示：

$$\lambda = \begin{bmatrix} -1 & 8 & -1 \end{bmatrix} \tag{4-18}$$

运行结果如下。

```
The first eigenvalue is
 -1.0
The eigenvectors for the first eigenvalue are:
 [-0.74535599  0.2981424   0.59628479]
Validation:
Ax=[ 0.74535599 -0.2981424  -0.59628479]
λx=[ 0.74535599 -0.2981424  -0.59628479]
The second eigenvalue is
 8.0
The eigenvectors for the second eigenvalue are:
 [0.66666667 0.33333333 0.66666667]
Validation:
Ax=[5.33333333 2.66666667 5.33333333]
λx=[5.33333333 2.66666667 5.33333333]
```

```
The third eigenvalue is
 -1.0
The eigenvectors for the third eigenvalue are:
 [-0.20756326 -0.77602137  0.59557394]
Validation:
Ax=[ 0.20756326  0.77602137 -0.59557394]
λx=[ 0.20756326  0.77602137 -0.59557394]
```

4.5 矩阵分解

本节将会介绍如何在Python中计算几种常见的矩阵分解，包括**LU分解** (LU decomposition)、**Cholesky分解** (Cholesky decomposition)、**LDL分解** (LDL decomposition) 和**奇异值分解** (singular value decomposition)。

采用LU分解将矩阵A分解为一个下三角矩阵L和一个上三角矩阵U的乘积。

$$A = LU \tag{4-19}$$

其中：

$$A = \begin{bmatrix} a_{11} & a_{12} & \cdots & a_{1m} \\ a_{21} & a_{22} & \cdots & a_{2m} \\ \vdots & \vdots & \ddots & \vdots \\ a_{m1} & a_{m2} & \cdots & a_{mm} \end{bmatrix} = \begin{bmatrix} l_{11} & 0 & \cdots & 0 \\ l_{21} & l_{22} & \cdots & 0 \\ \vdots & \vdots & \ddots & \vdots \\ l_{m1} & l_{m2} & \cdots & l_{mm} \end{bmatrix} \begin{bmatrix} u_{11} & u_{12} & \cdots & u_{1m} \\ 0 & l_{22} & \cdots & u_{2m} \\ \vdots & \vdots & \ddots & \vdots \\ 0 & 0 & \cdots & 0 \end{bmatrix} \tag{4-20}$$

顾名思义，下三角矩阵指的是矩阵的主对角线下方的元素不全为0，而主对角线上方的元素全为0。上三角矩阵指的是矩阵主对角线上方的元素不全为0，而主对角线下方的元素全为0。若A是m阶矩阵，则L和U均是m阶矩阵。

若A是4阶矩阵，则通过LU分解可以将A分解为式(4-21)所示形式：

$$A = \begin{bmatrix} a_{11} & a_{12} & a_{13} & a_{14} \\ a_{21} & a_{22} & a_{23} & a_{24} \\ a_{31} & a_{32} & a_{33} & a_{34} \\ a_{41} & a_{42} & a_{42} & a_{44} \end{bmatrix} = \begin{bmatrix} l_{11} & 0 & 0 & 0 \\ l_{21} & l_{22} & 0 & 0 \\ l_{31} & l_{32} & l_{33} & 0 \\ l_{41} & l_{42} & l_{43} & l_{43} \end{bmatrix} \begin{bmatrix} u_{11} & u_{12} & u_{13} & u_{14} \\ 0 & u_{22} & u_{23} & u_{24} \\ 0 & 0 & u_{33} & u_{34} \\ 0 & 0 & 0 & u_{44} \end{bmatrix} \tag{4-21}$$

然而，读者需要注意的是，在Python中，实际上进行的是PLU分解，即：

$$PA = LU \tag{4-22}$$

其中，P是**置换矩阵** (permutation matrix)。置换矩阵的元素都是0或1，它的作用是用于交换矩阵A的某几行或某几列。相对于LU分解，PLU分解更为稳定，以式(4-23)所示矩阵为例：

$$\begin{bmatrix} 10^{-10} & 1 \\ 1 & 1 \end{bmatrix} = \begin{bmatrix} 1 & 0 \\ 10^{10} & 1 \end{bmatrix} \begin{bmatrix} 10^{-10} & 1 \\ 0 & 1-10^{10} \end{bmatrix} \tag{4-23}$$

由于矩阵A中有一个元素的数值特别小为10^{-10}，因此进行LU分解后得到的L和U矩阵出现数值特别大的数为10^{10}。

为了避免这种情况，可以通过一个置换矩阵，先对矩阵A进行变换，然后再进行LU分解。

$$\begin{bmatrix} 0 & 1 \\ 1 & 0 \end{bmatrix} \begin{bmatrix} 10^{-10} & 1 \\ 1 & 1 \end{bmatrix} = \begin{bmatrix} 1 & 1 \\ 10^{-10} & 1 \end{bmatrix} = \begin{bmatrix} 1 & 0 \\ 10^{-10} & 1 \end{bmatrix} \begin{bmatrix} 1 & 1 \\ 0 & 1-10^{-10} \end{bmatrix} \tag{4-24}$$

可见，在式(4-24)中，通过置换矩阵将矩阵A的第一行和第二行交换，再进行LU分解，这时可以避免矩阵L或者矩阵U中出现数值特别大的元素。

以下代码展示了如何对一个3×3的矩阵进行PLU分解。

$$\begin{bmatrix} 0 & 1 & 0 \\ 0 & 0 & 1 \\ 1 & 0 & 0 \end{bmatrix} \begin{bmatrix} 1 & 3 & 4 \\ 2 & 1 & 3 \\ 4 & 1 & 2 \end{bmatrix} = \begin{bmatrix} 1 & 0 & 0 \\ 0.25 & 1 & 0 \\ 0.5 & 0.18 & 1 \end{bmatrix} \begin{bmatrix} 4 & 1 & 2 \\ 0 & 2.75 & 3.5 \\ 0 & 0 & 1.36 \end{bmatrix} \tag{4-25}$$

```python
import scipy
import scipy.linalg
A = np.array([[1,3,4],[2,1,3],[4,1,2]])
P,L,U = scipy.linalg.lu(A)
print(f'Matrix A is \n {A}')
P,L,U = scipy.linalg.lu(A)
print(f'The lower triangular matrix is \n {L}')
print(f'The upper triangular matrix is \n {U}')
print(f'Validation: \n L×U =\n{P@L@U}')
```

运行结果如下。

```
Matrix A is
 [[1 3 4]
 [2 1 3]
 [4 1 2]]
The permutation matrix is
 [[0. 1. 0.]
 [0. 0. 1.]
 [1. 0. 0.]]
The lower triangular matrix is
 [[1.          0.          0.        ]
 [0.25        1.          0.        ]
 [0.5         0.18181818  1.        ]]
The upper triangular matrix is
 [[4.          1.          2.        ]
 [0.          2.75        3.5       ]
 [0.          0.          1.36363636]]
Validation:
 L×U =
[[1. 3. 4.]
 [2. 1. 3.]
 [4. 1. 2.]]
```

Cholesky分解是其中一种LU分解，它可以将矩阵A分解成一个下三角矩阵L和它的转置矩阵的乘积：

$$A = LL^{\mathrm{T}} \tag{4-26}$$

若A是一个4×4的矩阵，且能进行Cholesky分解，则矩阵A可以分解成式(4-27)所示形式：

$$A = \begin{bmatrix} a_{11} & a_{21} & a_{31} & a_{41} \\ a_{21} & a_{22} & a_{32} & a_{42} \\ a_{31} & a_{32} & a_{33} & a_{43} \\ a_{41} & a_{42} & a_{43} & a_{44} \end{bmatrix} = \begin{bmatrix} l_{11} & 0 & 0 & 0 \\ l_{21} & l_{22} & 0 & 0 \\ l_{31} & l_{32} & l_{33} & 0 \\ l_{41} & l_{42} & l_{43} & l_{43} \end{bmatrix} \begin{bmatrix} l_{11} & l_{21} & l_{31} & l_{41} \\ 0 & l_{22} & l_{32} & l_{42} \\ 0 & 0 & l_{33} & l_{43} \\ 0 & 0 & 0 & l_{44} \end{bmatrix} \tag{4-27}$$

然而，并非所有的矩阵都可以进行Cholesky分解。只有当矩阵A是正定矩阵时才可以进行Cholesky分解。正定矩阵的特征值和行列式均为正数，且正定矩阵一般是对称矩阵。以下代码展示了将一个正定矩阵进行Cholesky分解。

```python
import numpy as np
A = np.array([[2, -1, 0],
              [-1, 2, -1],
              [0, -1, 2]])
L = np.linalg.cholesky(A)
print(f'The lower triangular Cholesky matrix is:\n {L}')
print(f'Validation:\n L×L.T=\n {L@L.T}')
```

LDL分解是Cholesky分解的一种，分解后，矩阵L的对角线的元素均为1，并且包含一个对角矩阵D。对角矩阵D的非对角线上的元素全为0，而对角线上的元素不全为0。

$$A = LDL^{\mathrm{T}} \tag{4-28}$$

对于一个4 × 4的矩阵A而言，LDL分解后得到式(4-29)所示矩阵形式：

$$A = \begin{bmatrix} 1 & 0 & 0 & 0 \\ l_{21} & 1 & 0 & 0 \\ l_{31} & l_{32} & 1 & 0 \\ l_{41} & l_{42} & l_{43} & 1 \end{bmatrix} \begin{bmatrix} d_1 & 0 & 0 & 0 \\ 0 & d_{22} & 0 & 0 \\ 0 & 0 & d_{33} & 0 \\ 0 & 0 & 0 & d_{44} \end{bmatrix} \begin{bmatrix} 1 & l_{21} & l_{31} & l_{41} \\ 0 & 1 & l_{32} & l_{42} \\ 0 & 0 & 1 & l_{43} \\ 0 & 0 & 0 & 1 \end{bmatrix} \tag{4-29}$$

以下代码实现将式(4-30)所示的正定矩阵A进行LDL分解：

$$A = \begin{bmatrix} 2 & -1 & 0 \\ -1 & 2 & -1 \\ 0 & -1 & 2 \end{bmatrix} \tag{4-30}$$

得到的矩阵L和矩阵D分别是：

$$L = \begin{bmatrix} 1 & 0 & 0 \\ -0.5 & 1 & 0 \\ 0 & -0.67 & 1 \end{bmatrix}$$
$$D = \begin{bmatrix} 2 & 0 & 0 \\ 0 & 1.5 & 0 \\ 0 & 0 & 1.33 \end{bmatrix} \tag{4-31}$$

矩阵A的LDL分解为式(4-32)所示形式：

$$A = \begin{bmatrix} 2 & -1 & 0 \\ -1 & 2 & -1 \\ 0 & -1 & 2 \end{bmatrix} = \begin{bmatrix} 1 & 0 & 0 \\ -0.5 & 1 & 0 \\ 0 & -0.67 & 1 \end{bmatrix} \begin{bmatrix} 2 & 0 & 0 \\ 0 & 1.5 & 0 \\ 0 & 0 & 1.33 \end{bmatrix} \begin{bmatrix} 1 & -0.5 & 0 \\ 0 & 1 & -0.67 \\ 0 & 0 & 1 \end{bmatrix} \qquad (4\text{-}32)$$

`B2_Ch4_4.py`

```python
import numpy as np
from scipy.linalg import ldl
A = np.array([[2, -1, 0],
              [-1, 2, -1],
              [0, -1, 2]])
eigenvalues, eigenvectors = np.linalg.eig(A)
print(f'Check if Matrix A is positive- definite by using the eigenvalues: \n
{eigenvalues}')
print(f'Check if Matrix A is a Hermitian matrix or not: \n A.T=\n{A.T}')
L, D, P = ldl(A)
print(f'L matrix is: \n {L}')
print(f'D matrix is: \n {D}')
print(f'Check if A=LDL.T:\n {np.isclose(L@D@L.T-A,0)}')
```

代码生成的结果如下。

```
Check if Matrix A is positive-difinete by using the eigenvalues:
 [3.41421356 2.         0.58578644]
Check if Matrix A is a Hermitian matrix or not:
 A.T=
[[ 2 -1  0]
 [-1  2 -1]
 [ 0 -1  2]]
L matrix is:
 [[ 1.          0.          0.        ]
 [-0.5         1.          0.        ]
 [ 0.         -0.66666667  1.        ]]
D matrix is:
 [[2.         0.          0.        ]
 [0.         1.5         0.        ]
 [0.         0.          1.33333333]]
Check if A=LDL.T:
 [[ True  True  True]
 [ True  True  True]
 [ True  True  True]]
```

奇异值分解是一种重要的矩阵分解，常常可应用于**主成分分析** (principal component analysis) 和**正交回归** (orthogonal regression) 中。奇异值分解还可以应用于处理缺失数据。如式(4-33)所示，对矩阵A进行奇异值分解，得到结果为：

$$A = USV^{\mathrm{T}} \tag{4-33}$$

如图4-16所示为SVD分解过程。请再次注意图4-16所示的乘号 × 仅代表矩阵乘法，不代表叉乘。

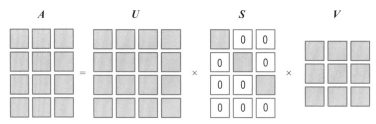

图4-16　奇异值分解实例

如下代码实现了将式(4-34)所示的3 × 3的矩阵A进行奇异值分解。

$$A = \begin{bmatrix} 1 & 0 & 0 \\ 1 & 1 & 0 \\ 0 & 0 & 1 \end{bmatrix} \tag{4-34}$$

分解后的矩阵U、S、V分别为：

$$U = \begin{bmatrix} -0.53 & 0 & -0.85 \\ -0.85 & 0 & 0.53 \\ 0 & 1 & 0 \end{bmatrix}$$

$$S = \begin{bmatrix} 1.62 & 0 & 0 \\ 0 & 1 & 0 \\ 0 & 0 & 0.62 \end{bmatrix} \tag{4-35}$$

$$V = \begin{bmatrix} -0.85 & -0.53 & 0 \\ 0 & 0 & 1 \\ -0.53 & 0.85 & 0 \end{bmatrix}$$

若将矩阵A的奇异值分解写成矩阵形式则为：

$$A = \begin{bmatrix} 1 & 0 & 0 \\ 1 & 1 & 0 \\ 0 & 0 & 1 \end{bmatrix} = \begin{bmatrix} -0.53 & 0 & -0.85 \\ -0.85 & 0 & 0.53 \\ 0 & 1 & 0 \end{bmatrix} \begin{bmatrix} 1.62 & 0 & 0 \\ 0 & 1 & 0 \\ 0 & 0 & 0.62 \end{bmatrix} \begin{bmatrix} -0.85 & -0.53 & 0 \\ 0 & 0 & 1 \\ -0.53 & 0.85 & 0 \end{bmatrix} \tag{4-36}$$

```python
import numpy as np
A = np.array([[1, 0, 0],
              [1, 1, 0],
              [0, 0, 1]])
u, s, vh = np.linalg.svd(A, full_matrices=True)
print(f'The U matrix is: \n {u.round(2)}')
print(f'The S matrix is: \n {np.diag(s.round(2))}')
print(f'The U matrix is: \n {vh.round(2)}')
print(f'Validation:\n A-u@s@vh=\n{np.round(A-u@np.diag(s)@vh)}'
```

运行结果如下。

```
The U matrix is :
 [[-0.53  0.   -0.85]
 [-0.85  0.    0.53]
 [ 0.    1.    0.  ]]
The S matrix is :
 [[1.62 0.   0.  ]
 [0.   1.   0.  ]
 [0.   0.   0.62]]
The U matrix is :
 [[-0.85 -0.53 -0.  ]
 [ 0.    0.    1.  ]
 [-0.53  0.85  0.  ]]
Validation:
 A-u@s@vh=
[[0. 0. 0.]
 [0. 0. 0.]
 [0. 0. 0.]]
```

更多有关矩阵运算内容，请读者参考MATLAB系列丛书第三本和第四本。

4.6 一元函数符号表达式

从本节到4.8节将会介绍符号变量、符号表达式和由符号变量及符号表达式构成的矩阵。使用这些符号对象并创建各种函数，可以用来在Python中求解很多数学问题，如求解代数方程、微分方程和进行矩阵运算。在Python中，读者可以借助第三方库SymPy创建符号对象，并使用这些符号对象来创建函数。本节将重点介绍符号对象的创建以及一元函数符号表达式在Python中的应用。

创建符号变量和符号表达式，并使用这些符号表达式，读者需要借助如表4-5所示的SymPy库中的函数。

表4-5 SymPy库常用的符号函数

操作	函数
创建符号变量	sym.symbol()
求表达式在某一点的数值	sym.evalf()
替换表达式中的变量	sym.subs()
展开符号表达式	sym.expand()
简化符号表达式	sym.simplify()
求极限	sym.limit()
求导数	sym.diff()
求积分	sym.integrate()
求线性方程组	sym.solve()

下面的代码采用SymPy库创建如式(4-37)所示的四个符号表达式。

$$
\begin{aligned}
&\sin(u_1)+4 \\
&3u_2+4 \\
&\log(u_3)+6v_1 \\
&3u_4+v_2
\end{aligned}
\tag{4-37}
$$

其中，u_1、u_2、u_3、u_4、v_1和v_2是符号变量。具体代码如下。

```
B2_Ch4_5.py
```

```python
from sympy import symbols, sympify
import sympy

u1, u2, u3, u4, v1, v2 = symbols('u1 u2 u3 u4 v1 v2')

equationsList = ["sin(u1)+4", "(u2*3)+4", "log(u3)+6*v1", "(u4*3)+v2"]

expressions = [sympify(expr) for expr in equationsList]

values = {u1: 1, u2: 2, u3: 3, u4: 4, v1: -1, v2: -2}

for expression in expressions:
    print('{:10s} ->  {:4d}'.format(str(expression),
int(expression.subs(values))))
```

在以上代码中，使用subs() 函数可以求解表达式的值。运算结果如下。

```
sin(u1) + 4 ->      4
3*u2 + 4   ->     10
6*v1 + log(u3) ->     -4
3*u4 + v2  ->     10
```

subs() 函数还可以用来替换表达式中的变量。

$$
\begin{aligned}
&f_1(x)=2\sin(x) \\
&f_2(x,y,z)=\sin(x)+y^2+\ln(z) \\
&f_3(x)=2\sin(x^2) \\
&f_4(x,y,z)=\sin(x^2)+\left(\cos(y)\right)^2+\ln\left(\tan(z)\right)
\end{aligned}
\tag{4-38}
$$

以下代码展示了如何使用subs() 函数构造复杂的符号表达式。

```
B2_Ch4_6.py
```

```python
import sympy as sym
x, y, z = sym.symbols("x y z")
f1 = 2*sym.sin(x)
f2 = sym.sin(x)+y**2+sym.log(z)
```

```
value1 =f1.evalf(subs={x: 2.4})
value2=f2.evalf(subs={x: 1,y:2,z:3})

f3 = f1.subs(x,x**2)
f4 = f2.subs({x:x**2,y:sym.cos(y),z:sym.tan(z)})
print(value1)
print(value2)
print(f3)
print(f4)
```

以上代码中使用evalf() 函数计算符号表达式在变量为某一数值时符号表达式的值。运行代码后的结果如下。

```
1.35092636110230
5.94008327347601
2*sin(x**2)
log(tan(z)) + sin(x**2) + cos(y)**2
```

expand()函数可以用来合并同类项，以下式子进行合并同类项后可得：

$$f(x,y) = (x+y)^2 + (2x-1)^2 + (2y-x)^2$$
$$= 5x^2 + 2xy - 4x + 5y^2 + 4y + 2 \tag{4-39}$$

simplify() 可以用来化简式子，如：

$$\frac{f(x,y)}{x} = 5x + 2x - 4 + 5\frac{y^2}{x} + 4\frac{y}{x} + \frac{2}{x} \tag{4-40}$$

如下代码给出上述合并同类项和简化式子的结果。

```
from sympy import *
x,y = symbols('x y')
expr=(x+y)**2+(2*x*y+2)**2
simp_expr=expand(expr)
epr2 = simplify(simp_expr/x)
print(simp_expr)
print(epr2)
```

求解函数的极限值也是常见的数学运算。当自变量x趋近于0时，式(4-41)所示函数的数值趋近于1，即：

$$\lim_{x \to 0} \left(\frac{\sin(x)}{x} \right) = 1 \tag{4-41}$$

如图4-17所示为函数$f(x)$ 在$-15 \leqslant x \leqslant 15$时的值。读者可以观察到，$x$趋近于0时，函数值趋近于0。读者可以使用SymPy库中的limit() 函数求解极限值。对于$f(x)$ 函数，使用以下命令可以求解x趋近于0时，函数的极限值：

```
sympy.limit(sympy.sin(x) / x, x, 0)
```

此外，当自变量x趋近于无穷大时，$f(x)$函数趋近于0，即：

$$\lim_{x \to \infty}\left(\frac{\sin(x)}{x}\right) = 0 \tag{4-42}$$

这一极限值可以通过图4-18和图4-19直观显示。读者使用以下代码可以进行求解。

```
sympy.limit(sympy.sin(x) / x, x, sym.oo)
```

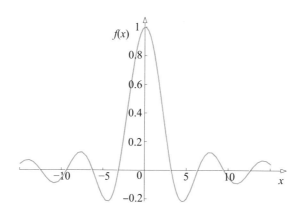

图4-17　$f(x) = \dfrac{\sin(x)}{x}, -15 \leqslant x \leqslant 15$

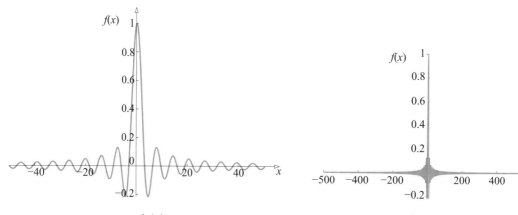

图4-18　$f(x) = \dfrac{\sin(x)}{x}, -50 \leqslant x \leqslant 50$　　　图4-19　$f(x) = \dfrac{\sin(x)}{x}, -500 \leqslant x \leqslant 500$

以下代码可以生成图4-17、图4-18和图4-19，并且计算函数$f(x)$的极限值。

B2_Ch4_7.py

```
From sympy import symbols
from sympy.plotting import plot
import sympy as sym
import matplotlib.pyplot as plt
x=symbols('x')

plot1=plot(sym.sin(x)/x,(x,-15,15),show=True)
```

```
plot1.xlabel='x'
plot1.ylabel='f(x)'
plot2=plot(sym.sin(x)/x,(x,-50,50),nb_of_points=1000,adaptive=False)

plot3=plot(sym.sin(x)/x,(x,-500,500),nb_of_points=1000,adaptive=False)
plot2.show()
plot3.show()
plot2.xlabel='x'
plot2.ylabel='f(x)'
plot3.xlabel='x'
plot3.ylabel='f(x)'
limit1=sym.limit(sym.sin(x)/x,x,0)
limit2=sym.limit(sym.sin(x)/x,x,sym.oo)
print(f'When x approaches 0, f(x) approaches {limit1}')
print(f'When x approaches ∞, f(x) approaches {limit2}')
```

代码的运行结果如下。

```
When x approaches 0, f(x) approaches 1
When x approaches ∞, f(x) approaches 0
```

在SymPy库中，函数的导数可以通过diff()函数实现。以下面的函数为例：

$$f(x) = 3\sin(x) - x \tag{4-43}$$

它的一阶导数和二阶导数分别是：

$$f'(x) = 3\cos(x) - 1$$
$$f''(x) = -3\sin(x) \tag{4-44}$$

图4-20、图4-21和图4-22分别绘制了$f(x)$、$f(x)$的一阶导数$f'(x)$、二阶导数$f''(x)$。在图4-20中，蓝色区域表示函数$f(x)$处于单调递增，橙色区域表示函数$f(x)$处于单调递减。对应地，在图4-21中，蓝色区域表示一阶导数大于零，橙色区域表示一阶导数小于零。

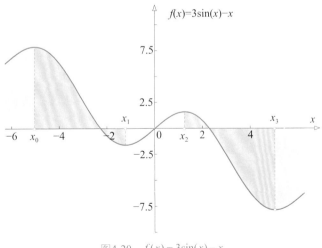

图4-20　$f(x) = 3\sin(x) - x$

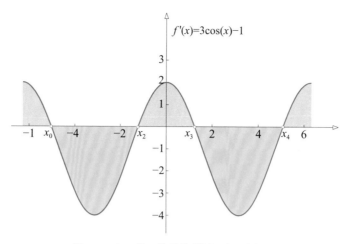

图4-21　$f(x)$ 的一阶导数 $f'(x) = 3\cos(x) - 1$

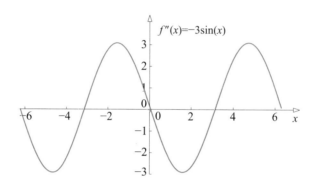

图4-22　$f(x)$ 的二阶导数 $f''(x) = -3\sin(x)$

运行以下代码可以生成图4-20、图4-21和图4-22。可见，这与前面直接计算得到的结果是一致的。

```
B2_Ch4_8.py

import sympy as sym
from sympy import *
from sympy import Eq, And
import math
import numpy as np
import matplotlib.pyplot as plt
from sympy.plotting import plot,PlotGrid
plt.close('all')

x,y = symbols('x y')

f_x = 3*sin(x)-x
f_x_diff = sym.diff(f_x,x)
f_x_diff2 = sym.diff(f_x,x,2)

p1 = sym.plot(f_x,(x,-2*sym.pi,2*sym.pi),show=False,title=f_x)
```

```python
p2 = sym.plot(f_x_diff,(x,-2*sym.pi,2*sym.pi),show=False,title=f_x_diff)
p3 = sym.plot(f_x_diff2,(x,-2*sym.pi,2*sym.pi),show=False,title=f_x_diff2)

zero_point = acos(1/3)
zero_point_v = [(-zero_point+2*math.pi),-(-zero_point+2*math.pi),zero_point,
-zero_point]
zero_point_v.sort()

for i in zero_point_v:
    p = sym.plot_implicit(Eq(x,i),(x,-6,6),(y,-8,8),show=False)
    p1.extend(p)
    p2.extend(p)

plot_range = [-6]+zero_point_v+[6]
for i in range(len(plot_range)-1):
    if f_x_diff.evalf(subs={x: plot_range[i]+0.1})>0:
        pp1 = sym.plot_implicit(And(y<f_x_diff,y>0),
(x,plot_range[i],plot_range[i+1]),
                                (y,-8,8),
                                line_color='blue',
                                show=False)
        pp2 = sym.plot_implicit(And(y<f_x,y>0),
                                (x,plot_range[i],
                                 plot_range[i+1]),
                                (y,-8,8),
                                line_color='blue',
                                show=False)
        pp3 = sym.plot_implicit(And(y>f_x,y<0),
(x,plot_range[i],plot_range[i+1]),
                                (y,-8,8),
                                line_color='blue',
                                show=False)
    else:
        pp1 = sym.plot_implicit(And(y>f_x_diff,y<0),
(x,plot_range[i],plot_range[i+1]),
                                (y,-8,8),
                                line_color='red',
                                show=False)
        pp2 = sym.plot_implicit(And(y<f_x,y>0),
(x,plot_range[i],plot_range[i+1]),
                                (y,-8,8),
                                line_color='red',
                                show=False)
        pp3 = sym.plot_implicit(And(y>f_x,y<0),
                                (x,plot_range[i],
                                 plot_range[i+1]),
                                (y,-8,8),
                                line_color='red',
```

```
                                    show=False)
    p2.extend(pp1)
    p1.extend(pp2)
    p1.extend(pp3)

p1.xlim=(-6,6)
p2.xlim=(-6,6)
p1.ylim=(-10,10)
p2.ylim=(-6,3)

p1.show()
p2.show()
p3.show()

def f1(x):
    return -3*math.sin(x)
def trap(f, n,start,end):
    h = (end-start) / float(n)
    intgr = 0.5 * h * (f(start) + f(end))
    for i in range(1, int(n)):
        intgr = intgr + h * f(i * h+start)
    return intgr

Integral_sympy = integrate(f_x_diff2,(x,0,2*math.pi))
Integral_trap = trap(f1,n=1000,start = 0,end=2*math.pi)
print(f'The integration of {f_x_diff2} by using SymPy integration function is:
{Integral_sympy}')
print(f'The integration of {f_x_diff2} by using trapezium rule is: {np.
round(Integral_trap)}')
```

以上代码中还采用了两种方法计算二阶导数 $f''(x)$ 的定积分，积分区域为 $[0, 2\pi]$，第一种方法是使用SymPy库中的integrate() 函数求解定积分，第二种方法是使用梯形积分法求解。以下是运行结果，这两种求解定积分的方法获得的结果是一样的。

```
The integration of -3*sin(x) by using SymPy integration function is: 0
The integration of -3*sin(x) by using trapezium rule is: 0.0
```

4.7 多元函数符号表达式

4.6节讨论了一元函数的符号表达式及其使用，本节将会介绍如何创建多元函数的符号表达式及其使用。一般而言，多元函数有两种方式，第一种方式是使用标准方程，第二种方式是使用参数方程。本节将重点介绍如何在Python中创建多元函数的标准方程及其使用。

以下方程是一个二元函数的标准方程，它包含两个自变量：x和y。

$$f(x, y) = x^2 y^2 \tag{4-45}$$

由于是二元函数，因此$f(x, y)$的一阶偏导数既可以是对x的偏导数，也可以是对y的偏导数，如式(4-46)所示。

$$\frac{\partial f(x, y)}{\partial x} = f_x = 2xy^2$$
$$\frac{\partial f(x, y)}{\partial y} = f_y = 2x^2 y \tag{4-46}$$
$$\frac{\partial f(x, y)}{\partial x \partial y} = f_y = 4xy$$

在Python里，使用SymPy库中的函数diff()可以求解多元函数的偏导数，使用格式是：

```
sympy.diff(expression, (x, m), (y, n))
```

其中，expression是二元函数$f(x, y)$的符号表达式，它包含x和y两个自变量，m表示对x的偏导数的阶数，n表示对y的偏导数的阶数。

对于上述的二元函数$f(x, y)$，它对x和y的定积分是：

$$\int_{-1}^{1} f(x, y)\,\mathrm{d}x = 2y^{\frac{2}{3}}$$
$$\int_{-1}^{1} f(x, y)\,\mathrm{d}y = 2x^{\frac{2}{3}} \tag{4-47}$$

在Python里，使用SymPy库中的integrate()函数可以求解多元函数的不定积分或定积分。具体的使用格式是：

```
sympy.integrate(expression, (x, a,b), (y, c,d))
```

其中，a和b分别是自变量x的定积分上下限，c和d分别是自变量y的定积分上下限。

使用SymPy库中的plot3d()函数可以绘制二元函数$f(x, y)$及其一阶偏导数和二阶偏导数，如图4-23～图4-26所示。

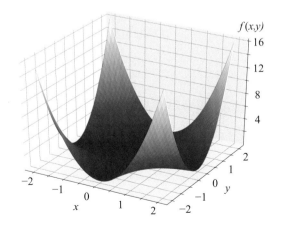

图4-23　二元函数$f(x,y) = x^2 y^2$

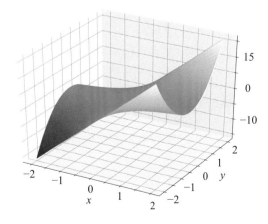

图4-24　二元函数$f(x,y)$对x一阶偏导数$\dfrac{\partial f(x, y)}{\partial x} = 2xy^2$

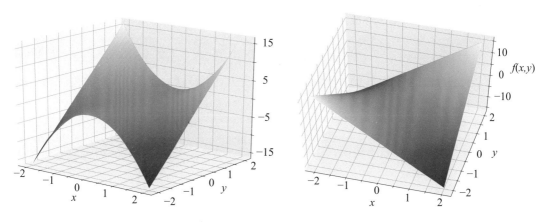

图4-25　二元函数$f(x,y)$对y一阶偏导数$\dfrac{\partial f(x,y)}{\partial y}=2x^2y$　　图4-26　二元函数$f(x,y)$二阶混合偏导数$\dfrac{\partial f(x,y)}{\partial x\partial y}=4xy$

以下代码展示了如何计算二元函数的一阶偏导数、二阶偏导数、定积分，以及绘制图4-23、图4-24、图4-25和图4-26。此外，更多有关多元函数和偏导微分在金融建模方面的应用，请读者参考本书第11章。

```python
B2_Ch4_9.py

import sympy as sym
from sympy import symbols
from sympy.plotting import plot3d, PlotGrid
import numpy as np
import matplotlib.pyplot as plt
x, y = symbols("x y")

plt.close('all')

f_xy = x**2*y**2
#Calculate df(x,y)/dx
f_xy_diff_x = sym.diff(f_xy,x)
#Calculate df(x,y)/dy
f_xy_diff_y = sym.diff(f_xy,y)
#Calculate df(x,y)/dxdy
f_xy_diff_xy = sym.diff(f_xy_diff_x,y)

print(f'f(xy)={f_xy}')
print(f'df/dx={f_xy_diff_x}')
print(f'df/dy={f_xy_diff_y}')
print(f'df/dxdy={f_xy_diff_xy}')

#Evaluate f(x,y) at x=1,y=1
value1=f_xy.evalf(subs={x: 1,y:1})
print(f'f(xy) at x=1,y=1 is equal to {value1}')

#Calculate the integration of f(x,y) along x = [-1,1]
```

```
Integration1 = sym.integrate(f_xy,(x,-1,1))
#Calculate the integration of f(x,y) along y = [-1,1]
Integration2 = sym.integrate(f_xy,(y,-1,1))
#Calculate the integration of f(x,y) along x = [-1,1] and y = [-1,1]
Integration3 = sym.integrate(f_xy,(x,-1,1),(y,-1,1))
print(f'Calculate the integration of f(x,y) along x = [-1,1] : {Integration1}')
print(f'Calculate the integration of f(x,y) along x = [-1,1] : {Integration2}')
print(f'Calculate the integration of f(x,y) along x = [-1,1] and y = [-1,1]:
{Integration3}')

p1=plot3d(f_xy,(x,-2,2),(y,-2,2),show=False)
p2=plot3d(f_xy_diff_x,(x,-2,2),(y,-2,2),show=False)
p3=plot3d(f_xy_diff_y,(x,-2,2),(y,-2,2),show=False)
p4=plot3d(f_xy_diff_xy,(x,-2,2),(y,-2,2),show=True)
PlotGrid(4,1,p1,p2,p3,p4)
```

运行结果如下。

```
f(x)=x**2*y**2
df/dx=2*x*y**2
df/dy=2*x**2*y
df/dxdy=4*x*y
f(xy) at x=1,y=1 is equal to 1.00000000000000
Calculate the integration of f(x,y) along x = [-1,1] and y = [-1,1]: 4/9
```

4.8 符号函数矩阵

在4.6节和4.7节的基础上，本节将会讨论如何使用SymPy库创建符号函数矩阵及其使用。

符号函数矩阵，顾名思义，矩阵的每个元素可以是符号函数表达式或常数。在以下例子中，M是一个3×3的符号函数矩阵，每个元素都是以x和y为自变量的一元函数或多元函数。

$$M(x,y) = \begin{bmatrix} xy & 1 & e^x + y \\ x^2 & y^2 & \sin(x) \\ e^x y & x^2 + y^2 & \ln(x) \end{bmatrix} \tag{4-48}$$

式(4-48)所示函数在$x = 1$，$y = 2$ 时，符号函数矩阵中每个符号函数的数值都可以求解，如式(4-49)所示：

$$M(x,y) = \begin{bmatrix} 2 & 1 & 2+e \\ 1 & 4 & \sin(1) \\ 2e & 5 & 0 \end{bmatrix} \tag{4-49}$$

式(4-49)所示符号函数矩阵还可以对指定的变量求解偏导数。比如，$M(x, y)$ 中每个元素对x求一阶偏导结果如下。

$$\frac{\partial M(x, y)}{\partial x} = \begin{bmatrix} y & 0 & e^x \\ 2x & 0 & \cos(x) \\ ye^x & 2x & \dfrac{1}{x} \end{bmatrix} \tag{4-50}$$

$M(x, y)$ 中每个元素对y求一阶偏导结果如下。

$$\frac{\partial M(x, y)}{\partial y} = \begin{bmatrix} x & 0 & 1 \\ 0 & 2y & 0 \\ e^x & 2y & 0 \end{bmatrix} \tag{4-51}$$

$M(x, y)$ 中每个元素对x和y求二阶混合偏导结果如下。

$$\frac{\partial M(x, y)}{\partial x \partial y} = \begin{bmatrix} 1 & 0 & 0 \\ 0 & 0 & 0 \\ e^x & 0 & 0 \end{bmatrix} \tag{4-52}$$

同样地，符号函数矩阵的每一个函数都可以计算不定积分或定积分。

下列为$M(x, y)$ 中每个元素对x的一重定积分。

$$\int_0^1 M(x, y)\,\mathrm{d}x = \begin{bmatrix} \dfrac{y}{2} & 1 & y-1+e \\ \dfrac{1}{3} & y^2 & 1-\cos(1) \\ -y+ey & y^2+\dfrac{1}{3} & -1 \end{bmatrix} \tag{4-53}$$

下列为$M(x, y)$ 中每个元素对x和y的二重定积分。

$$\int_0^1 \int_0^1 M(x, y)\,\mathrm{d}x\,\mathrm{d}y = \begin{bmatrix} \dfrac{1}{4} & 1 & e-\dfrac{1}{2} \\ \dfrac{1}{3} & \dfrac{1}{3} & 1-\cos(1) \\ \dfrac{e-1}{2} & \dfrac{2}{3} & -1 \end{bmatrix} \tag{4-54}$$

使用SymPy库中的subs() 函数、diff() 函数和integrate() 函数可以分别计算符号矩阵的数值、偏导数和不定积分或定积分。以下代码展示了如何具体使用这些函数获得以上偏导数和定积分计算结果。

B2_Ch4_10.py

```python
import sympy as sym
from sympy import symbols, Matrix
x,y=symbols('x y')
```

```python
f11,f12,f13=x*y,1,sym.exp(x)+y
f21,f22,f23=x**2,y**2,sym.sin(x)
f31,f32,f33=sym.exp(x)*y,x**2+y**2,sym.log(x)

M=Matrix([[f11,f12,f13],[f21,f22,f23],[f31,f32,f33]])
#Evaluate the values of the symbolic matrix at x = 1,y=2
points = {x:1,y:2}
values = M.subs(points)
print(f'The symbolic matrix at x=1,y=2 is equal to: \n {values}')


#Calculate the derivative of Matrix with respect to x
M_diff_x = sym.diff(M,x)
print(f'dM/dx is\n {M_diff_x}')


#Calculate the derivative of Matrix with respect to y
M_diff_y = sym.diff(M,y)
print(f'dM/dy is\n {M_diff_y}')
#Calculate the derivative of Matrix M with respect to x and then y
M_diff_xy = sym.diff(M_diff_x,y)
print(f'dM/dxdy is\n {M_diff_xy}')
#Calculate the indefinite integral of M with respect to x
M_integration_x = sym.integrate(M,(x,0,1))
print(f'The integral of M for x in the range of (1,2) is {M_integration_x}')

#Calculate the indefinite integral of M in the ranges of (0,1) for x and y
M_integration_xy = sym.integrate(M_integration_x,(y,0,1))
print(f'The integral of M for x and y in the range of (0,1) is {M_integration_
xy}')
```

　　本章讨论了如何使用NumPy、Scipy和SymPy进行常用的基本数学和矩阵运算，这些操作将会在本丛书的其他章节使用。

第5章 Pandas与数据分析 Ⅰ

> 我们只信奉上帝，其他人都必须携数据而来。
> *In God we trust, all others must bring data.*
>
> —— 威廉·爱德华兹·戴明 (William Edwards Deming)

正所谓"包"如其名，Pandas运算包在数据处理领域的受欢迎程度完全可与善于卖萌的大熊猫相媲美。当然，Pandas的名称其实来源于经济学术语——**面板数据** (panel data)。众所周知，金融领域存在海量的数据处理与分析，而Pandas运算包就是当时就职于AQR Capital Management的韦斯·麦金尼 (Wes McKinney) 为了金融数据的定量分析从2008年开始开发的，它本质上是在NumPy数组结构基础上构建的，并纳入了大量的包以及标准数据模型。在2009年底，Pandas实现了开源。如今它已经应用于众多领域的数据挖掘、筛选、处理、统计和输出。本章，我们会介绍Pandas运算包对数据以及文件的基本操作。

Biography: Wes McKinney is an open source software developer focusing on data analysis tools. He created the Python pandas project and is a co-creator of Apache Arrow, his current development focus. Previously, he worked for Two Sigma, Cloudera, and AQR Capital Management, and he was co-founder and CEO of the startup DataPad.

(Sources: https://wesmckinney.com/pages/about.html)

Core Functions and Syntaxes
本章核心命令代码

◄ `"+""-""×""/"` 和 `DataFrame.add()`、`DataFrame.sub()`、`DataFrame.mul()`、`DataFrame.div()` 对应四则运算

◄ `DataFrame.at[]` 和 `DataFrame.iat[]` 快速定位某一数据元素，前者是支持行列名称，后者则是支持行列索引号

◄ `DataFrame.ColumnName` 或者 `DataFrame['ColumnName']` 显示数据帧的一列或者多列

◄ `DataFrame.describe()` 和 `DataFrame.info()` 查看数据帧的统计信息和特征信息

◄ `DataFrame.dropna()` 舍去数据帧中所有包含NaN的值

◄ `DataFrame.fillna()` 把数据帧中的NaN填充为所需要的值

◄ `DataFrame.index.get_loc()` 根据行名称获得行索引号

◄ `Series/DataFrame.head()` 和 `Series/DataFrame.tail()` 选取序列或者数据帧前n个或者最后n个数据，默认为 5 个

◀　Import　导入运算包

◀　Series/DataFrame.index()和Series/DataFrame.values()　显示序列或者数据帧的索引或者
数据

◀　len()显示序列或者数据帧的数据数量；shape显示序列或者数据帧的维度；count显示每行或者列中非
NaN数据的个数；unique()显示序列非重复数据的个数；dtypes列出数据类型

◀　DataFrame.loc[]和DataFrame.iloc[]　选取数据帧的行，前者是通过行名称索引，而后者是通过行
号索引

◀　DataFrame.rename()　改变列名或者索引名

◀　DataFrame.set_index()　设定索引为任意与数据帧行数相同的数组

◀　DataFrame.reindex()　创建一个适应新索引的新对象，并通过这种方法根据新索引的顺序重新排序

◀　DataFrame.reset_index()　重建连续整数索引

◀　DataFrame.sort_index()和DataFrame.sort_values()　按数据帧索引和数值排序

◀　DataFrame.sum()，DataFrame.mean()，DataFrame.max()，DataFrame. min()以 及
DataFrame.median()　获得数据帧每一行或者列的和、平均值、最大值、最小值以及中值

◀　DataFrame.T 实现数据帧的行列转置

◀　pandas.DataFrame()　创建数据帧

◀　pandas.Series()　创建序列

◀　Pip install pandas/conda install pandas　安装pandas运算包

◀　s[] 选取序列中单个、多个或者片断数据值

5.1 Pandas的安装和导入

作为非常流行的运算包，Pandas一般都会跟随Python编译器的安装，而预装进计算机中，比如如果安装了本书使用的Anaconda，即不再需要单独安装Pandas。但是如果需要单独安装，也是非常容易的。在terminal program (苹果系统) 或者command line (Windows系统) 中，输入以下命令之一即可。

```
pip install pandas
conda install pandas
```

运行下面语句可以导入Pandas。因为Pandas会被频繁调用，一般会简记为pd，如下所示。在之后的介绍中，为节省篇幅，都将默认其已经导入，并被标记为pd。

```
import pandas as pd
```

5.2 序列及其创建

Pandas包含两种基本的数据结构：**序列** (series) 和**数据帧** (dataframe)。首先从序列开始介绍。

序列本质上就是对应**索引值** (index) 的一维数组。如下面的代码所示，用Series() 函数创建了一个包含4个数据元素的简单序列，并在图5-1展示了这个序列。因为没有为数据指定索引，Pandas会自动创建一个从0开始的整数索引，来对应数组中的每一个数据元素。通常在Python中，一维结构是代表一行的值，但值得注意的是，序列却是代表一列的值。来源于Numpy，序列也有**轴** (axis) 的概念，因为序列只有一维，它的轴为axis0。

```
s = pd.Series(['AAPL', 'TSLA', 'GOOG', 'SBUX'])
```

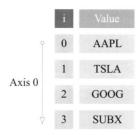

图5-1　序列样例

序列可以通过多种方式创建。比如上面的例子就是通过一个**列表** (list) 创建的，另外还可以通过一维numpy数组、字典等方式创建。

如下代码用numpy数组方式创建了一个从0到4包含5个整数的序列，其中首先利用了Numpy运算包来产生整数。

```
import numpy as np
n = np.arange(5)
pd.Series(n)
```

运行结果如下。

```
0    0
1    1
2    2
3    3
4    4
dtype: int32
```

如下代码则是用字典方式创建了一个包含四个元素的序列。代码的大括号中，是创建的字典。

```
pd.Series({'Symbol1':'AAPL', 'Symbol2':'TSLA', 'Symbol3':'GOOG',
'Symbol4':'SBUX'})
```

运行结果如下。

```
Symbol1    AAPL
Symbol2    TSLA
Symbol3    GOOG
Symbol4    SBUX
dtype: object
```

5.3 序列的数据选取

通过索引可以选取序列中的任意数据。下面的例子首先创建了一个包含50个随机数的序列。通过索引值，可以实现单个、多个及片段数据的选取。此外，通过head()和tail()函数，可以选取最前或者最后的数据元素，具体个数可以在括号中设定，默认值为5。

```
import numpy as np
np.random.seed(5)
s = pd.Series(np.random.randn(50))
pd.set_option('display.max_rows', 10)
s
```

以上代码创建了一个包含50个随机数的序列，运行结果如下。

```
0     0.441227
1    -0.330870
2     2.430771
3    -0.252092
4     0.109610

45    1.291963
46    1.139343
47    0.494440
48   -0.336336
```

```
49    -0.100614
Length: 50, dtype: float64
```

因为此序列数据过多，在代码中使用了set_option()函数，设定只显示10行数据(省略了中间部分)。

对于序列，可以直接根据索引值，选取对应的数据。下面的例子，展示了选取上面序列中索引值为1的数据元素，代码如下。

```
s[1]
```

运行结果如下。

```
0.2212541228509997
```

接下来这个例子则是选取了上面序列中索引值为2、3和48的数据元素，代码如下。

```
s[[2,3,48]]
```

运行结果如下。

```
2    -1.310773
3    -0.689565
48    0.493558
dtype: float64
```

下面，再介绍一个片段数据选取的例子。通过下面代码，可以选取索引值为4到6的数据。大家或许已经注意到了，这种片段数据选取是不包括结束索引值的，即例子中不包括索引值7。代码如下。

```
s[4:7]
```

运行结果如下。

```
4    -0.577513
5    1.152205
6    -0.107164
dtype: float64
```

如图5-2给出了上面几个例子的直观展示。

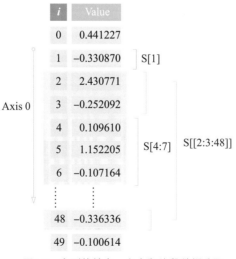

图5-2　序列的单个、多个和片段数据选取

head() 函数可以默认选取序列中前5个索引值对应的数据，如下面的例子，索引值从0到4的数据被选取出来。如图5-3所示为head() 函数对序列元素的选取示意。

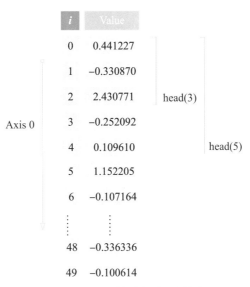

图5-3　head() 函数对序列元素的选取

代码如下。

```
s.head()
```

运行结果如下。

```
0     0.441227
1    -0.330870
2     2.430771
3    -0.252092
4     0.109610
dtype: float64
```

tail() 函数可以默认选取序列后5个索引值对应的数据，如下面的例子，索引值为45到49的数据被选取出来。tail() 函数与head() 函数非常类似，大家可以参照head() 函数的示意图加深对tail() 函数的理解。代码如下。

```
s.tail()
```

运行结果如下。

```
45    1.291963
46    1.139343
47    0.494440
48   -0.336336
49   -0.100614
dtype: float64
```

区别于列表，序列的一个特点是可以自定义索引。实际上，在前面章节利用字典创建序列就是自定义索引的例子。字典的**关键字** (key) 即为序列的索引。下面的代码对序列的索引进行了自定义。

```
s = pd.Series(['AAPL', 'TSLA', 'GOOG', 'SBUX'], index=['Symbol1', 'Symbol2',
'Symbol3', 'Symbol4'])
s
```

运行结果如下。

```
Symbol1    AAPL
Symbol2    TSLA
Symbol3    GOOG
Symbol4    SBUX
dtype: object
```

利用属性方法index() 和values() 可以列出前面创建的序列s的索引以及数据值。展示索引值的代码如下。

```
s.index
```

索引值如下。

```
Index(['Symbol1', 'Symbol2', 'Symbol3', 'Symbol4'], dtype='object')
```

展示数据值的代码如下。

```
s.values
```

数据值如下。

```
array(['AAPL', 'TSLA', 'GOOG', 'SBUX'], dtype=object)
```

Pandas也提供了许多有用的函数和属性方法以便获知序列的信息。例如，len() 函数可以获知序列的数据数量；shape方法可以获知维度；count() 方法可以获知非NaN数据的个数；unique() 函数可获知非重复数据的个数；dtypes() 方法可以列出其数据类型。

下面的代码创建了一个包含10个数据的序列，用来说明前面提及的函数以及属性方法。

```
s = pd.Series([8, np.nan, 9, 6, 3, 2, 2, 5, np.nan, 4])
s
```

上面代码产生的序列为。

```
0    8.0
1    NaN
2    9.0
3    6.0
4    3.0
5    2.0
6    2.0
7    5.0
8    NaN
9    4.0
dtype: float64
```

运行命令len(s)，可以得到序列s的元素个数。

```
10
```

运行命令s.shape，可以得到序列s的维度为10行0列。

```
(10,)
```

运行命令s.count，可以得到序列s的非NaN数据的个数为8。

```
<bound method Series.count of 0     8.0
1     NaN
2     9.0
3     6.0
4     3.0
5     2.0
6     2.0
7     5.0
8     NaN
9     4.0
dtype: float64>
```

运行命令s.unique()，可以得到序列s非重复的元素。

```
array([ 8., nan,  9.,   6.,   3.,   2.,   5.,   4.])
```

运行命令s.dtypes，可以得到序列s的元素的数据类型为float64。

```
dtype('float64')
```

前面的章节中介绍过Numpy中的ndarray矩阵对象，这里需要着重指出序列与之的一个不同：序列之间的操作是基于索引的。比如，两个ndarray矩阵对象的相加是相同位置的数据值直接相加，而两个序列的相加则是索引相同的数值相加，没有共同索引的则会被标记为NaN。为便于理解，利用以下例子说明。

对于Numpy的数组，是没有索引的，所以两个ndarray矩阵对象相加是相同位置的数据值直接相加，如图5-4所示。

图5-4　NumPy数组相加

具体代码如下。

```
a1 = np.array([1, 3, 5, 7])
a2 = np.array([2, 4, 6, 8])
a1 + a2
```

运行结果如下。

```
array([ 3,   7, 11, 15])
```

而两个序列的相加是索引相同的数值相加，没有共同索引的会被标记为NaN，如图5-5所示。

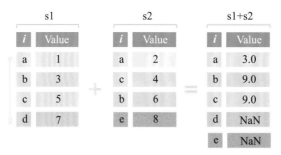

图5-5 序列相加

两个序列相加的代码如下。

```
s1 = pd.Series([1, 3, 5, 7], index=['a', 'b', 'c', 'd'])
s2 = pd.Series([2, 4, 6, 8], index=['a', 'c', 'b', 'e'])
s1 + s2
```

运行结果如下，可以发现是按照相同索引进行运算的。

```
a    3.0
b    9.0
c    9.0
d    NaN
e    NaN
dtype: float64
```

5.4 数据帧及其创建

接下来介绍pandas中另外一种基本的数据类型：**数据帧** (dataframe)。数据帧是一种类似于表格的二维数据结构，它的竖行称为**列** (columns)，横行称为**行** (row)，而每一列为一个单独的序列，因此也可以说数据帧是序列的"容器"。为了方便理解，如图5-6给出了简单的示例。数据帧既有索引，又有列名，另外，数据帧有两个轴：axis0和axis1，分别对应列和行。

Series		Series		Dataframe		
i	Value	*i*	Value	*i*	Value	Value
0	AAPL	0	222	0	AAPL	222
1	TSLA	1	333	1	TSLA	333
2	GOOG	2	444	2	GOOG	444
3	SUBX	3	555	3	SUBX	555

图5-6 数据帧与序列的关系示意图

由数据帧与序列之间的密切关系，可以很自然地推断出数据帧的创建也可以由Numpy数组、字典等方法实现。参见下面例子。

先创建一个序列a，然后用DataFrame() 函数转变为数据帧。

```
import numpy as np
a = pd.Series([['AAPL', 264.14], ['TSLA', 334.87], ['GOOG', 1289.92], ['SBUX', 84.57]])
df = pd.DataFrame(a)
df
```

运行结果如下。

```
0    [AAPL, 264.14]
1    [TSLA, 334.87]
2    [GOOG, 1289.92]
3    [SBUX, 84.57]
```

先创建一个字典d，然后用DataFrame() 函数转变为数据帧。

```
d = {'AAPL':[264.14],
     'TSLA':[334.87],
     'GOOG':[1289.92],
     'SBUX':[84.57]
    }
df = pd.DataFrame(d)
df
```

运行结果如下。

```
     AAPL      GOOG    SBUX    TSLA
0  264.14   1289.92   84.57  334.87
```

而对于序列的一些函数和属性方法，也同样适用于数据帧，譬如len()、shape、count、index、values等，这里不再赘述，建议读者自行练习。

5.5 数据帧的数据选择

数据帧中的行、列及任意数据都可以通过索引值灵活地调取。下面用pandas_datareader包从雅虎财经数据库下载苹果公司从2018年12月1日到2019年12月1日一年之间的股价数据来构建一个数据帧。为了避免喧宾夺主，这里暂且不对这个数据包做详细介绍。并利用head(10) 命令展示前十个股价记录。紧接着，使用index和columns属性方法，分别展示了这个数据帧的行索引值和列索引值 (列名)。

在如下代码中，因为列比较多，代码会自动省略中间的列名，所以使用set_option() 函数来设定展示所有的列。

```
from pandas_datareader import data
df = data.DataReader('AAPL', 'yahoo', '2018-12-1', '2019-12-1')
pd.set_option('max_columns', None)
df.head(10)
```

前十个股价记录如下。

```
Date           High          Low           Open          Close         Volume        Adj Close
2018-12-03     184.940002    181.210007    184.460007    184.820007    40802500.0    181.653076
2018-12-04     182.389999    176.270004    180.949997    176.690002    41344300.0    173.662369
2018-12-06     174.779999    170.419998    171.759995    174.720001    43098400.0    171.726135
2018-12-07     174.490005    168.300003    173.490005    168.490005    42281600.0    165.602905
2018-12-10     170.089996    163.330002    165.000000    169.600006    62026000.0    166.693863
2018-12-11     171.789993    167.000000    171.660004    168.630005    47281700.0    165.740494
2018-12-12     171.919998    169.020004    170.399994    169.100006    35627700.0    166.202438
2018-12-13     172.570007    169.550003    170.490005    170.949997    31898600.0    168.020721
2018-12-14     169.080002    165.279999    169.000000    165.479996    40703700.0    162.644440
2018-12-17     168.350006    162.729996    165.449997    163.940002    44287900.0    161.130859
```

Index属性可以直接显示索引值，在下面的结果中的最后一行可以看到一共有250个索引值，而显示的则远少于250，这是因为中间的索引值在显示时已经被自动省略。

```
df.index
```

运行结果如下。

```
DatetimeIndex(['2018-12-03', '2018-12-04', '2018-12-06', '2018-12-07',
               '2018-12-10', '2018-12-11', '2018-12-12', '2018-12-13',
               '2018-12-14', '2018-12-17',
               ...
               '2019-11-15', '2019-11-18', '2019-11-19', '2019-11-20',
               '2019-11-21', '2019-11-22', '2019-11-25', '2019-11-26',
               '2019-11-27', '2019-11-29'],
              dtype='datetime64[ns]', name='Date', length=250, freq=None)
```

如下代码显示所有的列名。

```
df.columns
```

运行结果如下。

```
Index(['High', 'Low', 'Open', 'Close', 'Volume', 'Adj Close'], dtype='object')
```

选取前述数据帧df的后十个数据组成一个新的数据帧df_stock。

```
df_stock = df.tail(10)
df_stock
```

新的数据帧df_stock如下。

```
Date          High      Low       Open      Close     Volume        Adj Close
2019-11-15    265.77    263.01    263.67    265.76    25051600.0    265.13
2019-11-18    267.42    264.23    265.79    267.10    21675800.0    266.46
2019-11-19    268.00    265.39    267.89    266.29    19041800.0    265.65
2019-11-20    266.07    260.39    265.54    263.19    26558600.0    262.56
2019-11-21    264.01    261.17    263.69    262.01    30348800.0    261.38
2019-11-22    263.17    260.83    262.58    261.77    16331300.0    261.16
2019-11-25    266.44    262.51    262.70    266.36    21005100.0    265.73
```

```
2019-11-26    267.16    262.50    266.94    264.29    26301900.0    263.66
2019-11-27    267.98    265.30    265.57    267.83    16308900.0    267.20
2019-11-29    268.00    265.89    266.60    267.25    11654400.0    266.61
```

可以用**df_stock.Close**或**df_stock['Close']** 两种方法来显示这个数据帧的其中一列。从结果可以看到，它们得到的结果完全一致，都是数据帧中列名为Close的所有数据元素值。如图5-7展示了这两种方法对列的选取。代码如下。

```
df_stock.Close
```

运行结果如下。

```
Date
2019-11-15    265.760010
2019-11-18    267.100006
2019-11-19    266.290009
2019-11-20    263.190002
2019-11-21    262.010010
2019-11-22    261.779999
2019-11-25    266.369995
2019-11-26    264.290009
2019-11-27    267.839996
2019-11-29    267.250000
Name: Close, dtype: float64
```

代码如下。

```
df_stock['Close']
```

运行结果如下。

```
Date
2019-11-15    265.760010
2019-11-18    267.100006
2019-11-19    266.290009
2019-11-20    263.190002
2019-11-21    262.010010
2019-11-22    261.779999
2019-11-25    266.369995
2019-11-26    264.290009
2019-11-27    267.839996
2019-11-29    267.250000
Name: Close, dtype: float64
```

也可以同时显示若干列的元素数据值，下面的例子就同时显示了三列：Close、Volume和Adj Close的所有数据元素值。大家可以参见图5-7理解对于多列的同时选取。

```
df_stock[['Close','Volume','Adj Close']]
```

```
df_stock.Close or df_stock['Close']
```

Index	High	Low	Open	Close	Volume	Adj Close
2019-11-15	265.779999	263.010010	263.679993	265.760010	25051600.0	265.130768
2019-11-18	267.429993	264.230011	265.799988	267.100006	21675800.0	266.467590
2019-11-19	268.000000	265.390015	267.899994	266.290009	19041800.0	265.659515
2019-11-20	266.079987	260.399994	265.540009	263.190002	26558600.0	262.566864
2019-11-21	264.010010	261.179993	263.690002	262.010010	30348800.0	261.389648
2019-11-22	263.179993	260.839996	262.589996	261.779999	16331300.0	261.160187
2019-11-25	266.440002	262.519989	262.709991	266.369995	21005100.0	265.739319
2019-11-26	267.160004	262.500000	266.940002	264.290009	26301900.0	263.664246
2019-11-27	267.980011	265.309998	265.579987	267.839996	16308900.0	267.205841
2019-11-29	268.000000	265.899994	266.600006	267.250000	11654400.0	266.617249

图5-7　数据帧列的选取示意图

具体代码如下。

```
df_stock[['Close', 'Volume', 'Adj Close']]
```

运行结果如下。

```
Date            Close        Volume      Adj Close
2019-11-15   265.760010   25051600.0    265.130768
2019-11-18   267.100006   21675800.0    266.467590
2019-11-19   266.290009   19041800.0    265.659515
2019-11-20   263.190002   26558600.0    262.566864
2019-11-21   262.010010   30348800.0    261.389648
2019-11-22   261.779999   16331300.0    261.160187
2019-11-25   266.369995   21005100.0    265.739319
2019-11-26   264.290009   26301900.0    263.664246
2019-11-27   267.839996   16308900.0    267.205841
2019-11-29   267.250000   11654400.0    266.617249
```

　　而对于行的选择，首先需要特别注意操作符 [] 不可以进行单个或多个行的选择，只可以进行切片选择。通常会使用loc和iloc来选取数据帧的行，其中前者是通过行名称索引，而后者是通过行号索引。这里的数据帧df_stock是以时间戳为索引的。使用df_stock.loc['2019-11-26'] 可以选取行索引名称为"2019-11-26"的行；df_stock.loc['2019-11-20' : '2019-11-25'] 则切片选取了从2019年11月20日到2019年11月25日的4行数据 (只有工作日有数据)。接着，通过使用df_stock.iloc[5] 选取了行号索引为5的数据，通过df_stock.iloc[2:6] 切片选取了行号索引从2到5的数据，注意此种情况下不选取最后一个索引号对应的行，在这里即索引号为6的行。如果想多行选取，可以使用命令df_stock. iloc[[2,6]]，这里选取的是索引号为2和6的数据，请注意与前面的切片选取进行区分。

　　按照行索引名称选取，具体代码如下。

```
df_stock.loc['2019-11-26']
```

运行结果如下。

```
High            2.671600e+02
Low             2.625000e+02
Open            2.669400e+02
Close           2.642900e+02
Volume          2.630190e+07
Adj Close       2.636642e+02
Name: 2019-11-26 00:00:00, dtype: float64
```

按照行索引名称切片选取。可以注意到，由于列数过多，显示结果自动省略了中间部分，但是在最下行，显示了完整结果为4行6列。下面有类似的省略，请读者注意，之后不再重复介绍。代码如下。

```
df_stock.loc['2019-11-20':'2019-11-25']
```

运行结果如下。

```
Date             High          Low     ...      Volume     Adj Close
2019-11-20  266.079987   260.399994   ...   26558600.0    262.566864
2019-11-21  264.010010   261.179993   ...   30348800.0    261.389648
2019-11-22  263.179993   260.839996   ...   16331300.0    261.160187
2019-11-25  266.440002   262.519989   ...   21005100.0    265.739319

[4 rows x 6 columns]
```

按照行号索引选取，具体代码如下。

```
df_stock.iloc[5]
```

运行结果如下。

```
High            2.631800e+02
Low             2.608400e+02
Open            2.625900e+02
Close           2.617800e+02
Volume          1.633130e+07
Adj Close       2.611602e+02
Name: 2019-11-22 00:00:00, dtype: float64
```

按照行号索引切片选取，具体代码如下。

```
df_stock.iloc[2:6]
```

运行结果如下。

```
Date             High          Low     ...      Volume     Adj Close
2019-11-19  268.000000   265.390015   ...   19041800.0    265.659515
2019-11-20  266.079987   260.399994   ...   26558600.0    262.566864
2019-11-21  264.010010   261.179993   ...   30348800.0    261.389648
2019-11-22  263.179993   260.839996   ...   16331300.0    261.160187

[4 rows x 6 columns]
```

按照行号索引多重选取，具体代码如下。

```
df_stock.iloc[[2,6]]
```

运行结果如下。

```
Date                 High          Low     ...      Volume     Adj Close
2019-11-19    268.000000   265.390015     ...   19041800.0    265.659515
2019-11-25    266.440002   262.519989     ...   21005100.0    265.739319

[2 rows x 6 columns]
```

通过函数get_loc()，可以根据行名称，获得行索引号。继续上例，如果想知道行索引名称为"2019-11-20"和"2019-11-26"的行索引号，可以分别使用df_stock.index.get_loc('2019-11-20')和df_stock. index. get_loc('2019-11-26')命令得知它们的行索引号为3和7。同样，可以通过列的名称获取列的索引号。下面例子中，得到了列名称"Close"和"Adj Close"的列索引号分别为3和5。其代码和结果如下。

代码如下。

```
df_stock.index.get_loc('2019-11-20')
```

运行结果如下。

```
3
```

代码如下。

```
df_stock.index.get_loc('2019-11-26')
```

运行结果如下。

```
7
```

代码如下。

```
df_stock.columns.get_loc('Close')
```

运行结果如下。

```
3
```

代码如下。

```
df_stock.columns.get_loc('Adj Close')
```

运行结果如下。

```
5
```

然后，再回到loc()和iloc()的介绍，这两个命令非常有用，它们还可以实现对行和列的同时选取。比如，可以用df_stock.loc['2019-11-20':'2019-11-25', 'Open':'Adj Close']选取行索引在2019年11月20日到2019年11月25日，而行名称在"Open"和"Adj Close"之间的数据。如果用df_stock.loc[: , 'Open':'Adj Close']，则会获得行名称在"Open"和"Adj Close"之间的所有列的数据。同样的，df_ stock.loc['2019-11-20':'2019-11-25', ：] 获得的是行索引在2019年11月20日到2019年11月25日之间的所有行的数据。

　　代码如下。

```
df_stock.loc['2019-11-20':'2019-11-25', 'Open':'Adj Close']
```

　　运行结果如下。

```
Date                Open         Close        Volume      Adj Close
2019-11-20    265.540009    263.190002    26558600.0    262.566864
2019-11-21    263.690002    262.010010    30348800.0    261.389648
2019-11-22    262.589996    261.779999    16331300.0    261.160187
2019-11-25    262.709991    266.369995    21005100.0    265.739319
```

　　代码如下。

```
df_stock.loc[ : , 'Open':'Adj Close']
```

　　运行结果如下。

```
Date                Open         Close        Volume      Adj Close
2019-11-15    263.679993    265.760010    25051600.0    265.130768
2019-11-18    265.799988    267.100006    21675800.0    266.467590
2019-11-19    267.899994    266.290009    19041800.0    265.659515
2019-11-20    265.540009    263.190002    26558600.0    262.566864
2019-11-21    263.690002    262.010010    30348800.0    261.389648
2019-11-22    262.589996    261.779999    16331300.0    261.160187
2019-11-25    262.709991    266.369995    21005100.0    265.739319
2019-11-26    266.940002    264.290009    26301900.0    263.664246
2019-11-27    265.579987    267.839996    16308900.0    267.205841
2019-11-29    266.600006    267.250000    11654400.0    266.617249
```

　　代码如下。

```
df_stock.loc['2019-11-20':'2019-11-25',  : ]
```

　　运行结果如下。

```
Date                High          Low     ...       Volume      Adj Close
2019-11-20    266.079987    260.399994    ...    26558600.0    262.566864
2019-11-21    264.010010    261.179993    ...    30348800.0    261.389648
2019-11-22    263.179993    260.839996    ...    16331300.0    261.160187
2019-11-25    266.440002    262.519989    ...    21005100.0    265.739319

[4 rows x 6 columns]
```

　　如前所述，iloc与loc非常类似，只不过前者是通过行号和列号索引选取，而后者是通过行名和列名选取。如果把前面例子中的行和列的名称换成行号以及列号，可见其结果完全一致。
　　代码如下。

```
df_stock.iloc[2:6, 2:6]
```

运行结果如下。

```
Date            Open        Close       Volume      Adj Close
2019-11-19    267.899994  266.290009   19041800.0   265.659515
2019-11-20    265.540009  263.190002   26558600.0   262.566864
2019-11-21    263.690002  262.010010   30348800.0   261.389648
2019-11-22    262.589996  261.779999   16331300.0   261.160187
```

代码如下。

```
df_stock.iloc[:, 2:6]
```

运行结果如下所示。

```
Date            Open        Close       Volume      Adj Close
2019-11-15    263.679993  265.760010   25051600.0   265.130768
2019-11-18    265.799988  267.100006   21675800.0   266.467590
2019-11-19    267.899994  266.290009   19041800.0   265.659515
2019-11-20    265.540009  263.190002   26558600.0   262.566864
2019-11-21    263.690002  262.010010   30348800.0   261.389648
2019-11-22    262.589996  261.779999   16331300.0   261.160187
2019-11-25    262.709991  266.369995   21005100.0   265.739319
2019-11-26    266.940002  264.290009   26301900.0   263.664246
2019-11-27    265.579987  267.839996   16308900.0   267.205841
2019-11-29    266.600006  267.250000   11654400.0   266.617249
```

代码如下。

```
df_stock.iloc[2:6, :]
```

运行结果如下。

```
Date            High        Low     ...      Volume      Adj Close
2019-11-19    268.000000  265.390015  ...    19041800.0   265.659515
2019-11-20    266.079987  260.399994  ...    26558600.0   262.566864
2019-11-21    264.010010  261.179993  ...    30348800.0   261.389648
2019-11-22    263.179993  260.839996  ...    16331300.0   261.160187

[4 rows x 6 columns]
```

另外，还可以用iloc实现对特定的多行或多列的选择，下面以两个简单的例子来做说明。df_stock.iloc[[2,6], 2] 选取了索引号对应2和6的行及列索引号对应2的数据。df_stock.iloc[2, [2,5]] 则选取了索引号对应2及列索引号对应2和5的数据。

代码如下。

```
df_stock.iloc[[2,6], 2]
```

运行结果如下。

```
Date
2019-11-19     267.899994
2019-11-25     262.709991
```

```
Name: Open, dtype: float64
```

代码如下。

```
df_stock.iloc[2, [2,5]]
```

运行结果如下。

```
Open         267.899994
Adj Close    265.659515
Name: 2019-11-19 00:00:00, dtype: float64
```

接下来，介绍另外一组可以快速定位某一数据元素的命令：at和iat。与loc和iloc类似，at支持行列名称，而iat支持行列索引号。因为，下面例子中的数据帧df_stock中的行索引值为数据戳，因此在使用at时需要注明其类型，或者用df_stock.index的形式。而iat则可以直接使用索引号。

代码如下。

```
df_stock.at[pd.Timestamp('2019-11-25'), 'Adj Close']
```

运行结果如下。

```
265.73931884765625
```

代码如下。

```
df_stock.at[df_stock.index[5], 'Adj Close']
```

运行结果如下。

```
261.1601867675781
```

代码如下。

```
df_stock.iat[5, 5]
```

运行结果如下。

```
261.1601867675781
```

作为对比，下面给出了loc和iloc的示例，可以发现，它们可以获得同样的结果。

代码如下。

```
df_stock.loc['2019-11-25', 'Adj Close']
```

运行结果如下。

```
265.73931884765625
```

代码如下。

```
df_stock.iloc[5, 5]
```

运行结果如下。

```
261.1601867675781
```

布尔选择也常常用来处理序列或者数据帧。使用df_stock.Close > 265.0，可以判断所有记录的收盘价格是否高于265美元，而用df_stock[df_stock.Close > 265.0] 则可以产生一个所有收盘价格高于265

美元记录的新数据帧。

代码如下。

```
df_stock.Close > 265.0
```

运行结果如下。

```
Date
2019-11-15          True
2019-11-18          True
2019-11-19          True
2019-11-20          False
2019-11-21          False
2019-11-22          False
2019-11-25          True
2019-11-26          False
2019-11-27          True
2019-11-29          True
Name: Close, dtype: bool
```

代码如下。

```
df_stock[df_stock.Close > 265.0]
```

运行结果如下。

```
Date              High           Low    ...       Volume     Adj Close
2019-11-15   265.779999   263.010010    ...   25051600.0    265.130768
2019-11-18   267.429993   264.230011    ...   21675800.0    266.467590
2019-11-19   268.000000   265.390015    ...   19041800.0    265.659515
2019-11-25   266.440002   262.519989    ...   21005100.0    265.739319
2019-11-27   267.980011   265.309998    ...   16308900.0    267.205841
2019-11-29   268.000000   265.899994    ...   11654400.0    266.617249

[6 rows x 6 columns]
```

更复杂的多重限定可以应用这种形式，例如df_stock[(df_stock. Close > 263.0)&(df_stock.Close < 266.0)] 给出了收盘价格在263美元和266美元之间的所有记录。df_stock[(df_stock.Close > 263.0)&(df_stock. Close < 266.0)]['Open'] 则会显示此收盘价格区间中的开盘价格。

代码如下。

```
df_stock[(df_stock.Close > 263.0)&(df_stock.Close < 266.0)]
```

运行结果如下。

```
Date              High           Low    ...       Volume     Adj Close
2019-11-15   265.779999   263.010010    ...   25051600.0    265.130768
2019-11-20   266.079987   260.399994    ...   26558600.0    262.566864
2019-11-26   267.160004   262.500000    ...   26301900.0    263.664246
[3 rows x 6 columns]
```

代码如下。

```
df_stock[(df_stock.Close > 263.0)&(df_stock.Close < 266.0)]['Open']
```

运行结果如下。

```
Date
2019-11-15    263.679993
2019-11-20    265.540009
2019-11-26    266.940002
Name: Open, dtype: float64
```

5.6 序列和数据帧的基本运算

序列本质上是数据帧的一个列，因此本节将主要以数据帧为例介绍其基本的运算。

首先，构建两个数据帧df1和df2，其中df1是5行4列，列名分别是"A"，"B"，"C"，"D"；df2是4行3列，列名分别是"B"，"C"，"D"。数据元素均为随机数。

```
import pandas as pd
import numpy as np
np.random.seed(5)
df1 = pd.DataFrame(np.random.randn(5,4), columns=['A','B','C','D'])
df2 = pd.DataFrame(np.random.randn(4,3), columns=['B','C','D'])
```

数据帧df1，如下所示。

```
          A          B          C          D
0  0.441227  -0.330870   2.430771  -0.252092
1  0.109610   1.582481  -0.909232  -0.591637
2  0.187603  -0.329870  -1.192765  -0.204877
3 -0.358829   0.603472  -1.664789  -0.700179
4  1.151391   1.857331  -1.511180   0.644848
```

数据帧df2，如下所示。

```
          B          C          D
0 -0.980608  -0.856853  -0.871879
1 -0.422508   0.996440   0.712421
2  0.059144  -0.363311   0.003289
3 -0.105930   0.793053  -0.631572
```

数据帧与一个常数相加，可以直接用加法运算符。其运算为这个数据帧的所有元素与这个常数分别相加。下面的例子是用数据帧df1与常数1.0相加，可见结果是df1中所有的数据元素都与1.0相加。代码如下。

```
df1 + 1.0
```

运行结果如下。

```
          A          B          C          D
0  1.441227   0.669130   3.430771   0.747908
1  1.109610   2.582481   0.090768   0.408363
2  1.187603   0.670130  -0.192765   0.795123
3  0.641171   1.603472  -0.664789   0.299821
4  2.151391   2.857331  -0.511180   1.644848
```

　　而对于两个数据帧的相加，也可以用加号运算符，数据帧的相加遵循相同行索引和列名的元素格相加的原则，对于没有相对应元素的数据格，其结果为NaN。下面的例子，是把创建的两个数据帧df1和df2相加，得到一个新的数据帧df，可见有相同索引和列名的元素之间相加，其余的则为NaN。

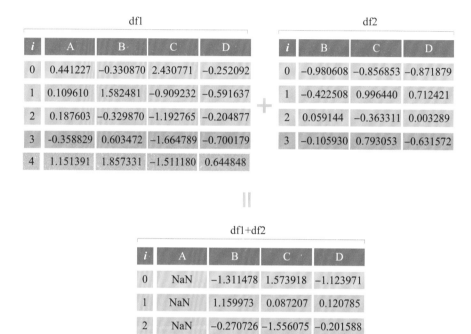

图5-8　数据帧相加示意图

代码如下。

```
df = df1 + df2
```

运行结果如下。

```
    A          B          C          D
0 NaN -1.311478   1.573918  -1.123971
1 NaN  1.159973   0.087207   0.120785
2 NaN -0.270726  -1.556075  -0.201588
3 NaN  0.497541  -0.871735  -1.331751
4 NaN        NaN        NaN        NaN
```

　　另外，add也可以实现相加，例如df1.add(1.0)可以实现所有数据帧中的元素加上常数1.0的运算。

代码如下。

```
df1.add(1.0)
```

运行结果如下。

```
          A         B         C         D
0  1.441227  0.669130  3.430771  0.747908
1  1.109610  2.582481  0.090768  0.408363
2  1.187603  0.670130 -0.192765  0.795123
3  0.641171  1.603472 -0.664789  0.299821
4  2.151391  2.857331 -0.511180  1.644848
```

df1.add(df2) 可以进行两个数据帧的相加运算，其结果与前述方法相同。其区别为这种方法更加灵活，可以支持参数，例如df1.add(df2, fill_value=0.0)，在计算前会自动把数据帧中没有对应的元素格填充为指定的数值。在下面例子中，设定填充值为0.0。

代码如下。

```
df1.add(df2, fill_value=0.0)
```

运行结果如下。

```
          A         B         C         D
0  0.441227 -1.311478  1.573918 -1.123971
1  0.109610  1.159973  0.087207  0.120785
2  0.187603 -0.270726 -1.556075 -0.201588
3 -0.358829  0.497541 -0.871735 -1.331751
4  1.151391  1.857331 -1.511180  0.644848
```

序列可以添加进数据帧。下面的例子，首先构建了一个序列s，然后用append() 函数把它添加进由以上两个数据帧df1和df2相加得到的数据帧df，组成了一个新的数据帧dfa。

代码如下。

```
s = pd.Series([0.793053, 0.631572, 0.006195, 0.101068],
index=['A','B','C','D'])
dfa = df.append(s, ignore_index=True)
```

运行结果如下。

```
          A         B         C         D
0       NaN -1.311478  1.573918 -1.123971
1       NaN  1.159973  0.087207  0.120785
2       NaN -0.270726 -1.556075 -0.201588
3       NaN  0.497541 -0.871735 -1.331751
4       NaN       NaN       NaN       NaN
5  0.793053  0.631572  0.006195  0.101068
```

使用fillna() 可以把数据帧中的NaN填充为所需要的值。使用dropna() 可以舍去数据帧中所有包含NaN的行。

代码如下。

```
dfa.fillna(0.0)
```

运行结果如下。

```
          A          B          C          D
0  0.000000  -1.311478   1.573918  -1.123971
1  0.000000   1.159973   0.087207   0.120785
2  0.000000  -0.270726  -1.556075  -0.201588
3  0.000000   0.497541  -0.871735  -1.331751
4  0.000000   0.000000   0.000000   0.000000
5  0.793053   0.631572   0.006195   0.101068
```

代码如下。

```
dfa.dropna()
```

运行结果如下。

```
          A          B          C          D
5  0.793053   0.631572   0.006195   0.101068
```

下面是用iloc[]选择数据帧的一行，然后用此数据帧减去这一行，注意这种情况下，这个数据帧中的每一行都会减去这一行。

代码如下。

```
dfa.iloc[0]
```

运行结果如下。

```
A         NaN
B   -1.311478
C    1.573918
D   -1.123971
Name: 0, dtype: float64
```

代码如下。

```
dfa - dfa.iloc[0]
```

运行结果如下。

```
     A          B          C          D
0  NaN   0.000000   0.000000   0.000000
1  NaN   2.471451  -1.486711   1.244756
2  NaN   1.040752  -3.129994   0.922384
3  NaN   1.809019  -2.445653  -0.207779
4  NaN        NaN        NaN        NaN
5  NaN   1.943050  -1.567723   1.225039
```

数据帧之间的相减同样遵循相同行索引和列名的元素格相减的原则，而没有相对应元素的数据格，其结果为NaN。下面例子中截取了数据帧df的第1到第3行和列名为"B"和"C"的列构建了新的数据帧df_sub，然后df与其做相减运算。

代码如下。

```
df_sub = df[1:4][['B','C']]
```

```
df_sub
```

运行结果如下。

```
          B         C
1  1.159973  0.087207
2 -0.270726 -1.556075
3  0.497541 -0.871735
```

代码如下。

```
df - df_sub
```

运行结果如下。

```
    A    B    C    D
0 NaN  NaN  NaN  NaN
1 NaN  0.0  0.0  NaN
2 NaN  0.0  0.0  NaN
3 NaN  0.0  0.0  NaN
4 NaN  NaN  NaN  NaN
```

与加法类似，sub() 也可以实现减法运算，但因为可以使用参数，所以增加了灵活性。例如，下面例子中的参数axis＝0指定了进行列的相减。

代码如下。

```
df.sub(df['B'], axis=0)
```

运行结果如下。

```
    A    B         C         D
0 NaN  0.0  2.885396  0.187507
1 NaN  0.0 -1.072766 -1.039189
2 NaN  0.0 -1.285350  0.069138
3 NaN  0.0 -1.369276 -1.829292
4 NaN  NaN       NaN       NaN
```

对于乘法与除法运算，也是类似的。可以用乘法或者除法运算符以及mul() 或者div() 来实现。读者可以参见下面的例子。

代码如下。

```
df * 2.0
```

运行结果如下。

```
    A         B         C         D
0 NaN -2.622956  3.147836 -2.247943
1 NaN  2.319946  0.174415  0.241569
2 NaN -0.541451 -3.112151 -0.403175
3 NaN  0.995082 -1.743470 -2.663501
4 NaN       NaN       NaN       NaN
```

代码如下。

```
df.mul(2.0)
```

运行结果如下。

```
     A         B         C         D
0  NaN -2.622956  3.147836 -2.247943
1  NaN  2.319946  0.174415  0.241569
2  NaN -0.541451 -3.112151 -0.403175
3  NaN  0.995082 -1.743470 -2.663501
4  NaN       NaN       NaN       NaN
```

代码如下。

```
df1.mul(df2)
```

运行结果如下。

```
     A         B         C         D
0  NaN  0.324454 -2.082814  0.219794
1  NaN -0.668611 -0.905995 -0.421495
2  NaN -0.019510  0.433344 -0.000674
3  NaN -0.063926 -1.320266  0.442213
4  NaN       NaN       NaN       NaN
```

代码如下。

```
df/2.0
```

运行结果如下。

```
     A         B         C         D
0  NaN -0.655739  0.786959 -0.561986
1  NaN  0.579987  0.043604  0.060392
2  NaN -0.135363 -0.778038 -0.100794
3  NaN  0.248771 -0.435868 -0.665875
4  NaN       NaN       NaN       NaN
```

代码如下。

```
df.div(2.0)
```

运行结果如下。

```
     A         B         C         D
0  NaN -0.655739  0.786959 -0.561986
1  NaN  0.579987  0.043604  0.060392
2  NaN -0.135363 -0.778038 -0.100794
3  NaN  0.248771 -0.435868 -0.665875
4  NaN       NaN       NaN       NaN
```

代码如下。

```
df1.div(df2)
```

运行结果如下。

```
     A         B          C          D
0  NaN   0.337413  -2.836859    0.289137
1  NaN  -3.745447  -0.912481   -0.830459
2  NaN  -5.577381   3.283041  -62.294404
3  NaN  -5.696867  -2.099214    1.108630
4  NaN       NaN        NaN         NaN
```

Pandas本身还内嵌了许多属性与方法来对数据帧进行统计分析。仍然使用前面数据帧df的例子，首先用df.fillna(0.0, inplace=True) 直接将数据帧上的NaN替换为0.0。其中参数inplace = True是设定替换发生在原来的数据帧上。

代码如下。

```
df.fillna(0.0, inplace=True)
```

数据帧df，如下所示。

```
     A         B          C          D
0  0.0  -1.311478   1.573918  -1.123971
1  0.0   1.159973   0.087207   0.120785
2  0.0  -0.270726  -1.556075  -0.201588
3  0.0   0.497541  -0.871735  -1.331751
4  0.0   0.000000   0.000000   0.000000
```

为了了解一个数据帧，通常首先会使用describe() 和info() 来查看其基本的统计信息和特征信息。当然，前面已经介绍过，使用index、columns、values等属性命令，可以查看其行索引、列名称以及数据值等。这里不再赘述。

代码如下。

```
df.describe()
```

运行结果如下。

```
          A         B          C          D
count   5.0  5.000000   5.000000   5.000000
mean    0.0  0.015062  -0.153337  -0.507305
std     0.0  0.919948   1.177769   0.671808
min     0.0 -1.311478  -1.556075  -1.331751
25%     0.0 -0.270726  -0.871735  -1.123971
50%     0.0  0.000000   0.000000  -0.201588
75%     0.0  0.497541   0.087207   0.000000
max     0.0  1.159973   1.573918   0.120785
```

代码如下。

```
df.info()
```

运行结果如下。

```
<class 'pandas.core.frame.DataFrame'>
Int64Index: 5 entries, 0 to 4
```

```
Data columns (total 4 columns):
A    5 non-null float64
B    5 non-null float64
C    5 non-null float64
D    5 non-null float64
dtypes: float64(4)
memory usage: 200.0 bytes
```

另外，还可以使用sum()、mean()、max()、min() 及median() 函数来获得数据帧每一列的和、平均值、最大值、最小值及中值。这几个函数，其参数axis默认为列，即axis=0。如果设定axis=1，则所有操作均是对于行。

代码如下。

```
df.sum()
```

对列求和，结果如下。

```
A    0.000000
B    0.075311
C   -0.766685
D   -2.536525
dtype: float64
```

代码如下。

```
df.sum(axis=1)
```

对行求和，结果如下。

```
0   -0.861531
1    1.367965
2   -2.028389
3   -1.705945
4    0.000000
dtype: float64
```

对列求平均值，代码如下。

```
df.mean()
```

运行结果如下。

```
A    0.000000
B    0.015062
C   -0.153337
D   -0.507305
dtype: float64
```

对行求平均值，代码如下。

```
df.mean(axis=1)
```

运行结果如下。

```
0    -0.215383
1     0.341991
2    -0.507097
3    -0.426486
4     0.000000
dtype: float64
```

对列求最大值，代码如下。

```
df.max()
```

运行结果如下。

```
A    0.000000
B    1.159973
C    1.573918
D    0.120785
dtype: float64
```

对行求最大值，代码如下。

```
df.max(axis=1)
```

运行结果如下。

```
0    1.573918
1    1.159973
2    0.000000
3    0.497541
4    0.000000
dtype: float64
```

对列求最小值，代码如下。

```
df.min()
```

运行结果如下。

```
A    0.000000
B   -1.311478
C   -1.556075
D   -1.331751
dtype: float64
```

对行求最小值，代码如下。

```
df.min(axis=1)
```

运行结果如下。

```
0   -1.311478
1    0.000000
2   -1.556075
```

```
3    -1.331751
4     0.000000
dtype: float64
```

对列求中值，代码如下。

```
df.median()
```

运行结果如下。

```
A     0.000000
B     0.000000
C     0.000000
D    -0.201588
dtype: float64
```

对行求中值，代码如下。

```
df.median(axis=1)
```

运行结果如下。

```
0    -0.561986
1     0.103996
2    -0.236157
3    -0.435868
4     0.000000
dtype: float64
```

Pandas中数据帧的行列转置可以通过属性T实现。代码如下。

```
df.T
```

运行结果如下。

```
          0         1         2         3    4
A  0.000000  0.000000  0.000000  0.000000  0.0
B -1.311478  1.159973 -0.270726  0.497541  0.0
C  1.573918  0.087207 -1.556075 -0.871735  0.0
D -1.123971  0.120785 -0.201588 -1.331751  0.0
```

rename() 提供了改变列名或者索引名的方便方法。下面例子把列名"A"和"B"分别改为"AA"和"BB"。类似地，另外一个例子把索引0和1分别改为了"a"和"b"。代码如下。

```
df.rename(columns={'A':'AA', 'B':'BB'})
```

运行结果如下。

```
    AA        BB        C         D
0  0.0 -1.311478  1.573918 -1.123971
1  0.0  1.159973  0.087207  0.120785
2  0.0 -0.270726 -1.556075 -0.201588
3  0.0  0.497541 -0.871735 -1.331751
4  0.0  0.000000  0.000000  0.000000
```

代码如下。

```
df.rename(index={0:'a', 1:'b'})
```

运行结果如下。

```
    A         B         C         D
a  0.0 -1.311478  1.573918 -1.123971
b  0.0  1.159973  0.087207  0.120785
2  0.0 -0.270726 -1.556075 -0.201588
3  0.0  0.497541 -0.871735 -1.331751
4  0.0  0.000000  0.000000  0.000000
```

对于数据帧，可以通过sort_index() 或sort_values() 实现对其按照索引或数值排序。第一个例子，设定参数ascending=False，实现了对索引从大到小的排序。第二个例子，是按照列名为'B'的列进行了从大到小的排序。代码如下。

```
df.sort_index(ascending=False)
```

运行结果如下。

```
    A         B         C         D
4  0.0  0.000000  0.000000  0.000000
3  0.0  0.497541 -0.871735 -1.331751
2  0.0 -0.270726 -1.556075 -0.201588
1  0.0  1.159973  0.087207  0.120785
0  0.0 -1.311478  1.573918 -1.123971
```

代码如下。

```
df.sort_values(by=['B'], ascending=False)
```

运行结果如下。

```
    A         B         C         D
1  0.0  1.159973  0.087207  0.120785
3  0.0  0.497541 -0.871735 -1.331751
4  0.0  0.000000  0.000000  0.000000
2  0.0 -0.270726 -1.556075 -0.201588
0  0.0 -1.311478  1.573918 -1.123971
```

5.7 设定索引，重新索引与重建索引

索引是Pandas中非常重要的一个概念。通过前面的介绍，相信大家已经有了一些感触。无论是对于数据帧的行、列或者元素数据格的获取，还是对于序列和数据帧的运算，都会牵涉到对于索引的理解。在本节中，会通过具体的例子，帮助大家更好地掌握相关知识。同时，还会介绍三个重要的函数**设定索引** (set_index())、**重新索引** (reindex()) 和**重建索引** (reset_index())。

首先，用下面代码构建一个5行3列，以随机数为数据元素的数据帧，其列名为A、B、C，而其索引为默认产生的从0开始的整数。

```
import pandas as pd
import numpy as np
np.random.seed(5)
df = pd.DataFrame(np.random.randn(5,3), columns=['A','B','C'])
```

数据帧df展示如下。

```
          A         B         C
0  0.441227 -0.330870  2.430771
1 -0.252092  0.109610  1.582481
2 -0.909232 -0.591637  0.187603
3 -0.329870 -1.192765 -0.204877
4 -0.358829  0.603472 -1.664789
```

可以利用set_index(df.A) 把索引设定为A列的数据，这样其索引变为了A列的数据，此时索引为浮点数；也可以通过df.set_index (pd.Index(['a','b','c','d','e'])) 把索引设定为指定的数组，但是这个数组的元素个数必须与数据帧的行数相同。

代码如下。

```
df.set_index(df.A)
```

运行结果如下。

```
          A         B         C         D
 0.441227  0.441227 -0.330870  2.430771
-0.252092 -0.252092  0.109610  1.582481
-0.909232 -0.909232 -0.591637  0.187603
-0.329870 -0.329870 -1.192765 -0.204877
-0.358829 -0.358829  0.603472 -1.664789
```

代码如下。

```
df.set_index(pd.Index(['a','b','c','d','e']))
```

运行结果如下。

```
          A         B         C
a  0.441227 -0.330870  2.430771
b -0.252092  0.109610  1.582481
c -0.909232 -0.591637  0.187603
d -0.329870 -1.192765 -0.204877
e -0.358829  0.603472 -1.664789
```

重新索引是指创建一个适应新索引的新对象，Pandas会通过这种方法根据新索引的顺序重新排序，如果新的索引中存在原索引中不存在的索引，将会使用NaN值进行填充。下面的例子中，新索引值包含1、2、3、a和b，其中1, 2, 3是原数据帧中已有的索引，所以新数据帧会直接调取，而a和b则在原索引中不存在，所以会以NaN值填充。另外，也可以通过参数fill_value来设定填充值。在下面的例子中设定0.0来进行填充。类似地，通过设定参数axis='columns'，也可以对列索引 (列名) 进行重新索引操作，大家可以参看下面的例子。

代码如下。

```
df.reindex([1,2,3,'a','b'])
```

运行结果如下。

```
          A         B         C
1 -0.252092  0.109610  1.582481
2 -0.909232 -0.591637  0.187603
3 -0.329870 -1.192765 -0.204877
a       NaN       NaN       NaN
b       NaN       NaN       NaN
```

代码如下。

```
df.reindex([1,2,3,'a','b'], fill_value=0.0)
```

运行结果如下。

```
          A         B         C
1 -0.252092  0.109610  1.582481
2 -0.909232 -0.591637  0.187603
3 -0.329870 -1.192765 -0.204877
a  0.000000  0.000000  0.000000
b  0.000000  0.000000  0.000000
```

代码如下。

```
df.reindex(['A','B','C','D','E'], axis='columns')
```

运行结果如下。

```
          A         B         C  D   E
0  0.441227 -0.330870  2.430771 NaN NaN
1 -0.252092  0.109610  1.582481 NaN NaN
2 -0.909232 -0.591637  0.187603 NaN NaN
3 -0.329870 -1.192765 -0.204877 NaN NaN
4 -0.358829  0.603472 -1.664789 NaN NaN
```

在实际运用当中，由于行的添加、删除等操作，序列及数据帧经常会遇到索引不再连续的情况，此时，重建索引的方法可以帮助重置它们的索引，以便后续的操作。在下面的例子中，首先创建一个索引不连续的数据帧df。然后利用reset_index()重建连续整数的索引，其默认值依然保存原有的索引。如果只想保留重建后的索引，可以设定参数drop=True。

代码如下。

```
import pandas as pd
import numpy as np
np.random.seed(5)
df = pd.DataFrame(np.random.randn(5,3), index=[1,3,6,8,10],
columns=['A','B','C'])
```

数据帧df展示如下。

```
         A         B         C
1   0.441227 -0.330870  2.430771
3  -0.252092  0.109610  1.582481
6  -0.909232 -0.591637  0.187603
8  -0.329870 -1.192765 -0.204877
10 -0.358829  0.603472 -1.664789
```

代码如下。

```
df.reset_index()
```

运行结果如下。

```
   index         A         B         C
0      1  0.441227 -0.330870  2.430771
1      3 -0.252092  0.109610  1.582481
2      6 -0.909232 -0.591637  0.187603
3      8 -0.329870 -1.192765 -0.204877
4     10 -0.358829  0.603472 -1.664789
```

代码如下。

```
df.reset_index(drop=True)
```

运行结果如下。

```
          A         B         C
0  0.441227 -0.330870  2.430771
1 -0.252092  0.109610  1.582481
2 -0.909232 -0.591637  0.187603
3 -0.329870 -1.192765 -0.204877
4 -0.358829  0.603472 -1.664789
```

　　本章介绍了Pandas数据包的安装和导入，其基本的数据结构——序列和数据帧。在此基础上主要以数据帧为例子，探讨了一些基本的操作和运算。另外，着重介绍了与索引有关的几个操作，即设定索引、重新索引和重建索引，希望加深读者对索引概念的理解。第6章会继续讨论Pandas其他的一些重要概念。

第6章

Pandas and Data Analysis Ⅱ
Pandas与数据分析 Ⅱ

拷问数据，它会坦白一切。

Torture the data, and it will confess to anything.

——罗纳德 • 哈里 • 科斯 (Ronald Harry Coase)

  Pandas运算包不但涵盖的内容涉及广泛，而且功能上也普遍非常强大。不得不说，它完全具备"功夫熊猫"的身手。在第5章中，介绍了Pandas运算包的安装与导入，针对序列和数据帧的数据选择，序列与数据帧的基本操作，以及与索引有关的几种操作。在本章中，会继续对其进行介绍。

  数据的可视化极大地帮助我们实现了对数据的理解。不需要借助额外的运算包，Pandas本身即拥有实现数据可视化的能力，在本章中将首先进行介绍。接着，本章会介绍Pandas运算包对不同格式文件强大的写出与读入能力。在实际的数据分析处理中，单一数据源往往无法提供所需要的完整的数据，因此经常会利用不同的数据源来获取完整数据，这样就需要合并、拼接等后续操作来整合这些不同来源的数据。另外，对于不同的数据应用，常常也要对所得到的数据进行再构、重组等操作。因此，本章的最后，将详细探讨这些数据操作。

Core Functions and Syntaxes
本章核心命令代码

- ◀ `dataFrame.groupby()` 数据分组分析
- ◀ `dataFrame.groupby().aggregate()` 数据分组后的聚合
- ◀ `dataFrame.groupby().apply()` 数据分组后对某数值的单独操作
- ◀ `dataFrame.join()` 通过列索引合并数据帧
- ◀ `dataFrame.pivot()` 和 `Pandas.pivot_table()` 实现数据透视表的功能
- ◀ `dataFrame.plot()` 可视化数据帧
- ◀ `dataFrame.to_csv()`，`Pandas.read_csv()` 写出、读入CSV文件
- ◀ `dataFrame.to_excel()`，`Pandas.read_excel` 写出、读入EXCEL文件
- ◀ `dataFrame.to_hdf()`，`Pandas.read_hdf()` 写出、读入HDF文件
- ◀ `dataFrame.to_json()`，`Pandas.read_json()` 写出、读入JSON文件
- ◀ `pandas.concat()` 拼接数据帧
- ◀ `pandas.merge()` 合并数据帧
- ◀ `pandas.pivot_table().query()` 从数据透视表中检索

6.1 数据的可视化

毫无疑问，Python数据可视化最为常用的是Matplotlib运算库，但是实际上Pandas本身即可实现数据可视化，相对于Matplotlib运算库来说，不但更加简单，而且功能足够强大，可以应付实际工作中绝大部分的可视化工作。

下面通过实际的应用例子进行介绍。首先，使用以下代码从雅虎金融数据库中选取2019年全年苹果股票的数据。

```
from pandas_datareader import data
df = data.DataReader('AAPL', 'yahoo', '2019-1-1', '2019-12-31')
```

对于此类数据量相对较大的数据帧，如果只单纯地观察数据，往往会无从下手，还会很容易遗漏一些关键信息，而可视化则有助于快速准确地形成对数据总体的了解，因此显得非常必要。如图6-1所示即为对一个数据帧的可视化。

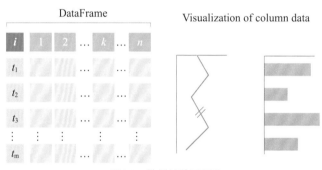

图6-1　数据帧的可视化

下面的代码，仅有一行，但是功能却非常强大，它实现了对数据帧df的日成交量 (Volume) 一列的可视化，运行结果如图6-2所示。

```
df['Volume'].plot()
```

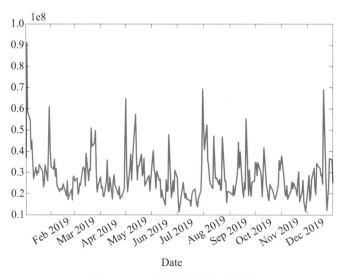

图6-2　2019年苹果股票日成交量

如果希望进一步完善图形，可以通过设定plot() 函数的参数来实现。下面的代码，设定了显示网格线，以及添加了标题，运行结果如图6-3所示。

```
df['Volume'].plot(grid=True, title='Volume of AAPL in 2019')
```

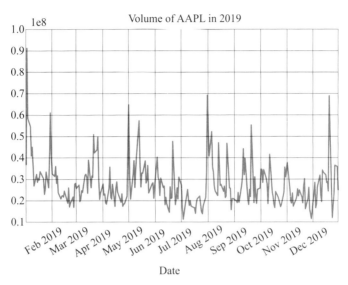

图6-3　2019年苹果股票日成交量(包含标题与网格)

显然，plot() 函数默认为绘制线型图，如果想绘制其他类型的图像，只需对参数kind进行设定。例如，可以设定kind='hist'来得到柱状图。运行下列代码，结果如图6-4所示。

```
df['Volume'].plot(kind='hist', grid=True, title='Volume of AAPL in 2019')
```

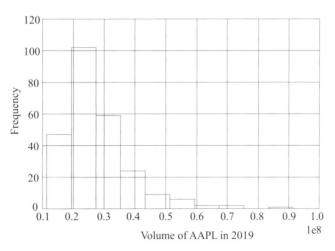

图6-4　2019年苹果股票日成交量柱状图

实际上也可以对整个数据帧的所有列同时绘图，但是因为此时共用坐标轴，为了能把所有的列都在同一坐标系上更清晰地展示出来，各列的值不能相差过大 (如果相差几个数量级，显然在同一坐标系上，较小的值将无法适当地显示)，因此在这里会预先移除列"Volume"，只保留跟价格有关的其他各列，从而创建一个新的数据帧df_Price。下面的代码可以实现创建一个只包含价格的新数据帧，并对整个数据帧实现可视化。代码运行结果显示，以索引为横坐标，所有五列以不同颜色的线同时显示在了一幅图中，如图6-5所示。

```
df_Price = df.drop('Volume', axis=1)
df_Price.plot()
```

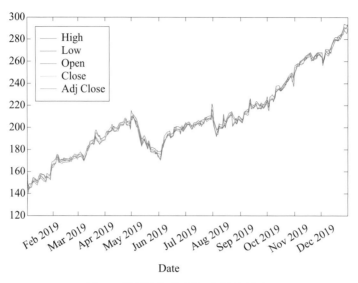

图6-5　数据帧多列在同一幅图中显示

　　如果需要把所有的列显示到同一幅大图的不同小图中，可以通过设定参数subplots=True来实现。代码如下所示。

```
df.plot(kind='line', subplots=True, layout=(3,2), rot=90, title='AAPL Stock in 2019')
```

　　在这个例子中，还使用参数layout指定了6幅图的排列方式为3行2列，并且用rot设定横坐标的标识为旋转90度的竖排，以避免标识重叠。代码运行后，结果如图6-6所示。

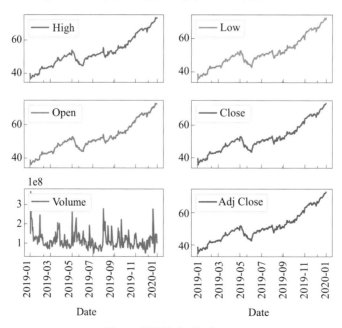

图6-6　数据帧分列组合图

6.2 Pandas文件写出和读入

Pandas是文件操作的"多面手"，可以支持现在流行的绝大多数文件格式，将不同格式的文件读取为数据帧，或者将数据帧写出为不同格式的文件。本节将选取介绍几种格式的文件：CSV、TXT、EXCEL、JSON和HDF。

对于Pandas文件操作的讲解，将牵涉到多种不同格式的数据文件。毫无疑问，让大家能非常容易地创建与本书完全相同的文件例子对于更快更好地理解Pandas对文件操作非常重要。因此区别于多数书籍的先讲读入再讲写出的顺序，本书将首先介绍写出。通过写出操作，读者将会把不同格式的文件写出到自己计算机的指定位置存储，这样，读者将会得到每种格式的文件例子。这些文件随后会用于对文件读入的讲解。

逗号分隔值(Comma-Separated Values, CSV)，因其简单，并且可以用于不同程序之间的数据交互，从而在金融、商业、科研等领域被广泛应用。这种文件是一个字符序列，以纯文本形式存储表格数据 (数字和文本)，即这种文件不含诸如二进制数字那样需要被解读的数据。CSV文件可以由任意数目的记录组成，而每一行都是一个数据记录。每个记录则由一个或多个字段组成，用逗号分隔。这也是逗号分隔符名称的来源，但是实际上其分隔字符并非必须是逗号，因此有时也被称为字符分隔值。

在这里，选取2019年1月1日到7日苹果股票的数据作为例子。

```
df = data.DataReader('AAPL', 'yahoo', '2020-1-1', '2020-1-7')
```

数据帧df展示如下。

```
Date        High         Low          ...   Volume       Adj Close
2020-01-02  300.600006   295.190002   ...   33870100     299.638885
2020-01-03  300.579987   296.500000   ...   36580700     296.725769
2020-01-06  299.959991   292.750000   ...   29596800     299.090149
2020-01-07  300.899994   297.480011   ...   27218000     297.683533


[4 rows x 6 columns]
```

使用下面简单的命令就可以把这个包含苹果股票数据的数据帧写出到计算机中指定的位置，并存储为CSV格式文件。

```
df.to_csv('C:\FileExample\StockPrice.csv')
```

在这个文件夹中会出现新生成的文件StockPrice.csv。用记事本打开这个文件，很明显地可以看到此文件包含苹果股票2020年前七天的数据。

写出命令to_csv也包含丰富的参数，可以对写出格式以及内容等进行控制。比如下面的代码，参数columns限定只写出"Open""Close"和"Volume"三列；参数sep标定分隔符不再是默认的逗号，而为空格符；参数index设定不再是默认的True，而是False，即不会在文件中写出索引 ('Date')。

```
df.to_csv('C:\FileExample\StockPrice_2.csv', columns=['Open', 'Close', 'Volume'],
sep=' ', index=False)
```

同样的，用记事本打开刚刚写出的文件StockPrice_2.csv，可见只有写出时限定的三列，作为索引的日期没有写出，并且分隔符由逗号变成了空格。

对于csv格式的文件，下面的代码可以对其读入，并保存为数据帧df_csv。

```
df_csv = pd.read_csv('C:\FileExample\StockPrice.csv')
```

数据帧df_csv展示如下。

```
     Date          High      Low     ...    Close    Volume    Adj Close
0    2020-01-02    300.60    295.19  ...    300.35   33870100  299.64
1    2020-01-03    300.58    296.50  ...    297.43   36580700  296.73
2    2020-01-06    299.96    292.75  ...    299.80   29596800  299.09
3    2020-01-07    300.90    297.48  ...    298.39   27218000  297.68

[4 rows x 7 columns]
```

可见，读入的数据帧的索引不再是日期。利用参数的设定，可以选择需要读入的数据帧。下面的例子通过参数usecols限定只读入"Date""High""Low""Open"和"Close"五列，并且参数index_col指定用"Date"列作为索引，同时设定参数skiprows不读入第1行和第3行。

```
df_csv = pd.read_csv('C:\FileExample\StockPrice.csv', index_col='Date',
usecols=['Date', 'High', 'Low', 'Open', 'Close'], skiprows=[1,3])
```

数据帧df_csv展示如下。

```
Date         High      Low     Open      Close
2020-01-03   300.58    296.50  297.15    297.43
2020-01-07   300.90    297.48  299.84    298.39
```

而要读入分隔符不是逗号的文件，例如前面创建的StockPrice_2.csv，需要对参数sep进行相应的设定。代码如下。

```
df_csv = pd.read_csv('C:\FileExample\StockPrice_2.csv', sep=' ')
```

数据帧df_csv展示如下。

```
     Open      Close     Volume
0    296.24    300.35    33870100
1    297.15    297.43    36580700
2    293.79    299.80    29596800
```

TXT即文本文件，它实质上并不是一种格式，而是指只有字符原生编码构成的二进制计算机文件，它不包含格式等富文件所包含的信息，因此能够被最简单的文本编辑器直接读取。其最大的特点就是结构简单，因此成为最常使用的数据格式之一。

对于TXT文件的写出，与CSV格式文件其实完全相同，只不过文件的后缀名变为txt，如下面代码所示。

```
df.to_csv('C:\FileExample\StockPrice.txt')
```

可以用记事本打开创建的StockPrice.txt文件。文件读入的代码和结果展示如下，可见，同样地与CSV格式完全一致。

```
df_txt = pd.read_csv('C:\FileExample\StockPrice.txt')
```

数据帧df_txt如下所示。

```
   Date        High      Low     ...   Close    Volume     Adj Close
0  2020-01-02  300.60   295.19   ...   300.35   33870100   299.64
1  2020-01-03  300.58   296.50   ...   297.43   36580700   296.73
2  2020-01-06  299.96   292.75   ...   299.80   29596800   299.09
3  2020-01-07  300.90   297.48   ...   298.39   27218000   297.68

[4 rows x 7 columns]
```

对于写出和读入参数的设定，也是与CSV格式文件完全一样的，大家可以自行尝试。

EXCEL是Microsoft Office Excel的简称，它是微软公司开发的一款办公表格软件，因为其快捷方便，所以非常受欢迎并广泛流行。根据不同的版本和用途，EXCEL文件的后缀名包括XLSX、XLSM、XLS等。这里以XLSX为例进行介绍。当然，Python有Xlwings和Openpyxl等专门的运算包处理EXCEL文件，但是在这里只介绍Pandas包对XLSX文件的写出和读入。

下面的例子即是把数据帧df写出到文件StockPrice.xlsx中。运行下面的代码后，到路径指定的位置找到文件，用EXCEL软件打开，可以看到数据已经写出到了文件的"Sheet1"页面。

```
df.to_excel('C:\FileExample\StockPrice.xlsx')
```

通过设定参数，可以更加精确地控制写出过程。如下例所示，可以设定参数sheet_name指定写出XLSX文件的页面名称为"StockPrice"，参数columns指定只读取"Open""Close"和"Volume"三列，参数index设定不写出索引，参数startrow和startcol设定从表的第2行和第3列开始写出。其代码和结果展示如下。

```
df.to_excel('C:\FileExample\StockPrice2.xlsx', sheet_name='StockPrice',
columns=['Open', 'Close', 'Volume'], index=False, startrow=2, startcol=3)
```

使用read_excel() 函数可以读入XLSX文件，并保存为数据帧。

```
df_excel = pd.read_excel('C:\FileExample\StockPrice.xlsx')
```

数据帧df_excel展示如下。

```
   Date       High      Low     ...   Close    Volume     Adj Close
0  2020-01-02  300.60   295.19   ...   300.35   33870100   299.64
1  2020-01-03  300.58   296.50   ...   297.43   36580700   296.73
2  2020-01-06  299.96   292.75   ...   299.80   29596800   299.09
3  2020-01-07  300.90   297.48   ...   298.39   27218000   297.68

[4 rows x 7 columns]
```

而通过设定参数，也可以顺利读入前面保存的文件StockPrice2.xlsx。具体代码如下。

```
df_excel = pd.read_excel('C:\FileExample\StockPrice2.xlsx', sheet_name='StockPrice',
skiprows=2, usecols=['Open','Close','Volume'])
```

数据帧df_excel展示如下。

```
       Open        Close       Volume
0   296.239990   300.350006   33870100
1   297.149994   297.429993   36580700
2   293.790009   299.799988   29596800
3   299.839996   298.390015   27218000
```

JSON (JavaScript Object Notation)，即JavaScript对象表示法，是由道格拉斯·克罗克福特 (Douglas Crockford) 构想和设计的一种简便的适用于网络传输的数据交换格式。相比于当时通用的XML格式，JSON有着简洁清晰的层次结构，语法也更简单，故而更加便于阅读和编写，也便于机器解析和生成，因此有效地提升了网络传输效率，很快便在网络数据传输领域得到了广泛应用。JSON格式在语法上与创建JavaScript对象的代码相同，但JSON本质上是一堆字符串，采用完全独立于编程语言的文本格式来存储和表示数据，因此它是一种独立于语言的文本格式。

下面就是把数据帧df写出文件的命令，文件的名字为StockPrice.json。用记事本打开，可以看到记录的内容。

```
df.to_json('C:\FileExample\StockPrice.json')
```

对于上面的命令，其默认的JSON的字符串格式为column，即遵从以下格式 {column→{index→value}}。也可以通过设定参数orient来选择不同的字符串格式，比如下面的例子中我们选择了"split"格式，即{'index'→[index], 'columns'→[columns], 'data'→[values]}。打开文件StockPrice2.json，可以明显地看到两种字符串格式的区别。

```
df.to_json('C:\FileExample\StockPrice2.json', orient='split')
```

通过read_json函数可以读入json文件，并保存为数据帧。参见下面代码及结果数据帧。

```
df_json = pd.read_json('C:\FileExample\StockPrice.json')
```

数据帧df_json展示如下。

```
              Adj Close          Close  ...         Open     Volume
2020-01-02   299.638885     300.350006  ...   296.239990   33870100
2020-01-03   296.725769     297.429993  ...   297.149994   36580700
2020-01-06   299.090149     299.799988  ...   293.790009   29596800
2020-01-07   297.683533     298.390015  ...   299.839996   27218000

[4 rows x 6 columns]
```

如果写出时的字符串格式非默认，就需要选择相应的orient参数。因此，对于StockPrice2.json文件，只有正确地设定orient='split'，才能正确地读入。

```
df_json = pd.read_json('C:\FileExample\StockPrice2.json', orient='split')
```

数据帧df_json展示如下。

```
                   High            Low  ...     Volume    Adj Close
2020-01-02   300.600006     295.190002  ...   33870100   299.638885
2020-01-03   300.579987     296.500000  ...   36580700   296.725769
2020-01-06   299.959991     292.750000  ...   29596800   299.090149
2020-01-07   300.899994     297.480011  ...   27218000   297.683533

[4 rows x 6 columns]
```

HDF (Hierarchical Data Format) 是用于存储和分发科学数据的一种层级式、类似文件系统的格式，它最初由美国国家超级计算应用中心 (NCSA) 开发，旨在满足不同领域科学家对于不同工程项目的需求，目前流行的版本是HDF5。这种格式文件是为了储存和处理大数据而设计，因此具有极高的压缩率，另外还具有自述性、通用性、灵活性、扩展性及跨平台性。HDF5文件由两种基本数据对象，即dataset和 group 组成。dataset代表数据集，一个文件当中可以存放不同种类的数据集，这些数据集利用group进行管理。对其理解可以类比文件系统的目录层次结构，dataset表示的是不同分类的具体数据，而group表示目录，根目录可包含其他子目录，节点目录里存放相应的数据集，从而对这些数据集进行管理和区分。

下面的代码可以把数据帧df以HDF5格式写出到文件StockPrice.h5。在这里，指定其标识为"AAPL"，指定写出模式为"w"，即直接创建一个新的文件 (在此模式下，如果已经存在同名文件，则其将被覆盖)。另外，如果指定模式为"r+"，则要求文件必须已经存在。默认的模式为"a"，即追加读写，如果文件尚未存在，则首先会进行创建。

```
df.to_hdf('C:\FileExample\StockPrice.h5', key='AAPL', mode='w')
```

读入HDF5格式的文件可以用下面的代码。

```
df_hdf = pd.read_hdf('C:\FileExample\StockPrice.h5')
```

数据帧df_hdf展示如下。

```
Date          High          Low          ...    Volume      Adj Close
2020-01-02    300.600006    295.190002    ...    33870100    299.638885
2020-01-03    300.579987    296.500000    ...    36580700    296.725769
2020-01-06    299.959991    292.750000    ...    29596800    299.090149
2020-01-07    300.899994    297.480011    ...    27218000    297.683533

[4 rows x 6 columns]
```

6.3 数据帧的合并

Pandas中提供的合并操作方法可以根据一个或多个列的数据值 (连接键) 将两个数据帧中的其他列合并，组成一个新的数据帧，这个新的数据帧包含原来两个数据帧的所有列，但是作为连接键的列只出现一次。

而两个数据帧的合并可以有以下四种方式：内合并、外合并、左合并和右合并。内合并和外合并分别指通过连接键选取两个数据帧的交集和合集，而左合并和右合并是指以左数据帧或右数据帧的连接键为基准对两个数据帧执行合并操作。如图6-7所示为这四种合并方式。

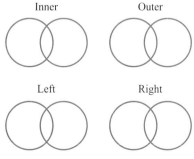

图6-7　四种合并方式

这里仍然是从雅虎金融数据库中选取苹果股票的数据对这些合并方式进行讲解。首先使用下面的代码创建两个数据帧df_AAPL1和df_AAPL2。

```
from pandas_datareader import data
df_AAPL1 = data.DataReader('AAPL', 'yahoo', '2019-12-15', '2019-12-21')[['High',
'Low']]
df_AAPL2 = data.DataReader('AAPL', 'yahoo', '2019-12-18', '2019-12-24')[['Open',
'Close']]
```

第一个数据帧df_AAPL1包含从2019年12月15日到21日一周时间里苹果股票的最高价与最低价，第二个数据帧df_AAPL2包含从2019年12月18日到24日一周时间内苹果股票的开盘价和收盘价。

数据帧df_AAPL1如下所示。

```
Date        High         Low
2019-12-16  280.790009   276.980011
2019-12-17  281.769989   278.799988
2019-12-18  281.899994   279.119995
2019-12-19  281.179993   278.950012
2019-12-20  282.649994   278.559998
```

数据帧df_AAPL2如下所示。

```
Date        Open         Close
2019-12-18  279.799988   279.739990
2019-12-19  279.500000   280.019989
2019-12-20  282.230011   279.440002
2019-12-23  280.529999   284.000000
2019-12-24  284.690002   284.269989
```

这两个数据帧的索引是日期，把索引日期变为数据帧中的一列。代码如下。

```
df_AAPL1.reset_index(inplace=True)
df_AAPL2.reset_index(inplace=True)
```

数据帧df_AAPL1如下所示。

```
  index       Date          High          Low
0     0 2019-12-16   280.790009   276.980011
1     1 2019-12-17   281.769989   278.799988
2     2 2019-12-18   281.899994   279.119995
3     3 2019-12-19   281.179993   278.950012
4     4 2019-12-20   282.649994   278.559998
```

数据帧df_AAPL2如下所示。

```
  index       Date          Open         Close
0     0 2019-12-18   279.799988   279.739990
1     1 2019-12-19   279.500000   280.019989
2     2 2019-12-20   282.230011   279.440002
3     3 2019-12-23   280.529999   284.000000
4     4 2019-12-24   284.690002   284.269989
```

然后执行下面这个最简单的合并操作。

```
df_AAPL = pd.merge(df_AAPL1, df_AAPL2)
```

合并后的数据帧df_AAPL如下所示。

```
     Date       High         Low        Open        Close
0 2019-12-18  281.899994  279.119995  279.799988  279.739990
1 2019-12-19  281.179993  278.950012  279.500000  280.019989
2 2019-12-20  282.649994  278.559998  282.230011  279.440002
```

从结果中可以看到此种情况的合并，默认的连接键为共同的列"Date"，默认的合并方式为内合并。第一个数据帧的列"High"和"Low"，与第二个数据帧的列"Open"和"Close"合并在一起，同时，共同的连接键"Date"只保留一个。并且只有具有相同连接键值日期的2019年12月18日、19日和20日三行被保留了下来。

如图6-8所示是数据帧内合并过程示意图。

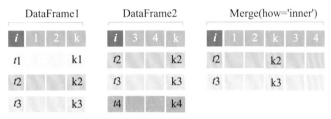

图6-8　数据帧的内合并

在合并操作中，可以通过参数on和how来指定连接键以及合并方式。所以上面的合并操作等同于下面的命令。

```
df_AAPL = pd.merge(df_AAPL1, df_AAPL2, how='inner', on='Date')
```

内合并后的数据帧df_AAPL如下所示。

```
Date              High         Low
2019-12-16   280.790009  276.980011
2019-12-17   281.769989  278.799988
2019-12-18   281.899994  279.119995
2019-12-19   281.179993  278.950012
2019-12-20   282.649994  278.559998
```

如图6-9所示为外合并，对应的代码如下。

```
df_AAPL = pd.merge(df_AAPL1, df_AAPL2, how='outer', on='Date')
```

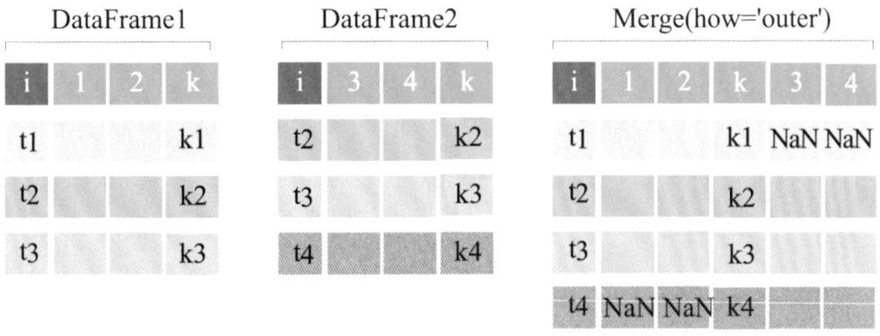

图6-9　数据帧的外合并

外合并后的数据帧df_AAPL如下所示。

```
     Date        High         Low        Open        Close
0  2019-12-16  280.790009  276.980011         NaN         NaN
1  2019-12-17  281.769989  278.799988         NaN         NaN
2  2019-12-18  281.899994  279.119995  279.799988  279.739990
3  2019-12-19  281.179993  278.950012  279.500000  280.019989
4  2019-12-20  282.649994  278.559998  282.230011  279.440002
5  2019-12-23         NaN         NaN  280.529999  284.000000
6  2019-12-24         NaN         NaN  284.690002  284.269989
```

如图6-10所示为左合并，对应的代码如下。

```
df_AAPL = pd.merge(df_AAPL1, df_AAPL2, how='left', on='Date')
```

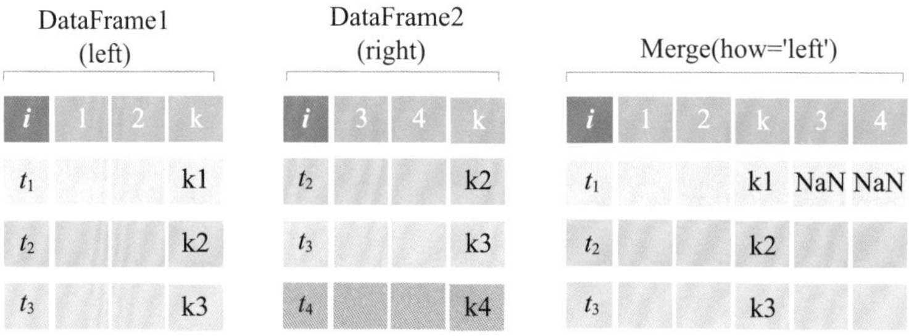

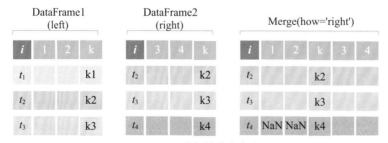

图6-10　数据帧的左合并

左合并后的数据帧df_AAPL如下所示。

```
     Date        High         Low        Open        Close
0  2019-12-16  280.790009  276.980011         NaN         NaN
1  2019-12-17  281.769989  278.799988         NaN         NaN
2  2019-12-18  281.899994  279.119995  279.799988  279.739990
3  2019-12-19  281.179993  278.950012  279.500000  280.019989
4  2019-12-20  282.649994  278.559998  282.230011  279.440002
```

如图6-11所示为右合并，对应的代码如下。

```
df_AAPL = pd.merge(df_AAPL1, df_AAPL2, how='right', on='Date')
```

图6-11　数据帧的右合并

右合并后的数据帧df_AAPL如下所示。

```
     Date        High         Low        Open        Close
0  2019-12-18  281.899994  279.119995  279.799988  279.739990
```

```
1  2019-12-19    281.179993   278.950012   279.500000   280.019989
2  2019-12-20    282.649994   278.559998   282.230011   279.440002
3  2019-12-23          NaN          NaN   280.529999   284.000000
4  2019-12-24          NaN          NaN   284.690002   284.269989
```

另外，也可以任意指定两个数据帧的不同名的列作为连接键。用下面的代码，把前面用到的数据帧df_AAPL1和df_AAPL2的列名"Date"分别改称为"Date1"和"Date2"，作为例子讲解。

```
df_AAPL1.rename(columns={"Date" : "Date1"}, inplace=True)
df_AAPL2.rename(columns={"Date" : "Date2"}, inplace=True)
```

数据帧df_AAPL1如下所示。

```
       Date1         High          Low
0  2019-12-16   280.790009   276.980011
1  2019-12-17   281.769989   278.799988
2  2019-12-18   281.899994   279.119995
3  2019-12-19   281.179993   278.950012
4  2019-12-20   282.649994   278.55999
```

数据帧df_AAPL2如下所示。

```
       Date2         Open        Close
0  2019-12-18   279.799988   279.739990
1  2019-12-19   279.500000   280.019989
2  2019-12-20   282.230011   279.440002
3  2019-12-23   280.529999   284.000000
4  2019-12-24   284.690002   284.269989
```

然后，以每一个数据帧的"Date1"和第二个数据帧的"Date2"作为连接键进行合并。结果显示这两个数据帧的所有列都得到了保留，而因为是内合并，所以合并后的新数据帧只保留了2019年12月18日、19日和20日三行。

如图6-12所示是不同名的列作为连接键的数据帧合并的示意图。

```
df_AAPL = pd.merge(df_AAPL1, df_AAPL2, how='inner', left_on='Date1', right
on='Date2')
```

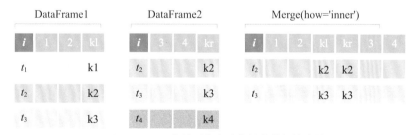

图6-12　不同名的列作为连接键的数据帧合并

合并后的数据帧df_AAPL如下所示。

```
      Date1      High      Low     Date2       Open    Close
0  2019-12-18   281.89   279.11   2019-12-18   279.79   279.73
1  2019-12-19   281.17   278.95   2019-12-19   279.50   280.01
```

```
2 2019-12-20   282.64   278.55 2019-12-20   282.23   279.44
```

Pandas的合并操作也可以基于多个连接键，这时只需要把这些连接键组成列表传入参数即可。首先构建示例数据帧，通过下列代码把前面的数据帧df_AAPL1和df_AAPL2各加入名为"DayOfWeek"的一列。这里用到了Pandas的一个关于星期的属性dt.weekday，当它应用于一个序列时，会返回对应于星期几的一个数字，星期一为0，星期日为6，其他以此类推。

```python
from pandas_datareader import data
df_AAPL1 = data.DataReader('AAPL', 'yahoo', '2019-12-15', '2019-12-21')[['High',
'Low']]
df_AAPL2 = data.DataReader('AAPL', 'yahoo', '2019-12-18', '2019-12-24')[['Open',
'Close']]
df_AAPL1.reset_index(inplace=True)
df_AAPL2.reset_index(inplace=True)
df_AAPL1['DayOfWeek'] = df_AAPL1['Date'].dt.weekday
df_AAPL2['DayOfWeek'] = df_AAPL2['Date'].dt.weekday
```

然后，执行以下代码，实现基于两个连接键的合并。如图6-13所示为这种合并方式。

```python
df_AAPL_2Keys = pd.merge(df_AAPL1, df_AAPL2, how='inner', on=['Date', 'DayOfWeek'] )
```

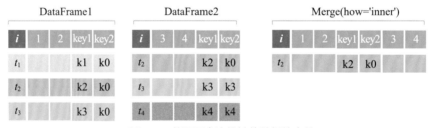

图6-13　基于两个连接键的数据帧合并

基于两个连接键的合并后的数据帧df_AAPL_2Keys如下所示。

```
   Date         High      Low    DayOfWeek    Open     Close
0 2019-12-18   281.90   279.12           2   279.80   279.74
1 2019-12-19   281.18   278.95           3   279.50   280.02
2 2019-12-20   282.65   278.56           4   282.23   279.44
```

6.4 数据帧的列连接

列连接 (join) 方法是用于将两个数据帧中的不同的列索引合并成为一个新数据帧的简便方法，除去其默认连接为左连接外，其参数的意义与合并 (merge) 方法中的参数意义基本一样。

本节，继续以6.3节中用到的苹果股票的例子来讲解，两个数据帧如下所示。

```python
from pandas_datareader import data
df_AAPL1 = data.DataReader('AAPL', 'yahoo', '2019-12-15', '2019-12-21')[['High',
```

```
'Low']]
df_AAPL2 = data.DataReader('AAPL', 'yahoo', '2019-12-18', '2019-12-24')[['Open',
'Close']]
```

数据帧df_AAPL1如下所示。

```
Date            High        Low
2019-12-16  280.790009  276.980011
2019-12-17  281.769989  278.799988
2019-12-18  281.899994  279.119995
2019-12-19  281.179993  278.950012
2019-12-20  282.649994  278.559998
```

数据帧df_AAPL2如下所示。

```
Date            Open        Close
2019-12-18  279.799988  279.739990
2019-12-19  279.500000  280.019989
2019-12-20  282.230011  279.440002
2019-12-23  280.529999  284.000000
2019-12-24  284.690002  284.269989
```

如果执行下面的代码，结果表明数据帧df_AAPL1和df_AAPL2连接成为一个新的数据帧。这个连接是以默认的左连接，即基于左数据帧df_AAPL1的索引进行的，连接后缺失的数据以NaN填充，如图6-14所示。

```
df_AAPL = df_AAPL1.join(df_AAPL2)
```

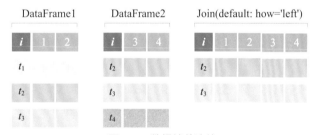

图6-14　数据帧的连接

连接后的数据帧df_AAPL如下所示。

```
Date        High        Low         Open        Close
2019-12-16  280.790009  276.980011         NaN         NaN
2019-12-17  281.769989  278.799988         NaN         NaN
2019-12-18  281.899994  279.119995  279.799988  279.739990
2019-12-19  281.179993  278.950012  279.500000  280.019989
2019-12-20  282.649994  278.559998  282.230011  279.440002
```

之所以前面提到join方法是一种简便的合并方法，是因为使用merge，可以得到与上面完全相同的结果。大家可以运行下面的代码，结果与前面完全一致。

```
df_AAPL = pd.merge(df_AAPL1, df_AAPL2, left_index=True, right_index=True,
how='left')
```

下面展示使用其他连接方式将数据帧连接的例子，其代码和连接结果如下。

先讲右连接。基于右边数据帧df_AAPL2的索引，与左边数据帧df_AAPL1连接，这两个数据帧所有的列组成新的数据帧，缺失的数据用NaN补足，代码如下。

```
df_AAPL = df_AAPL1.join(df_AAPL2, how='right')
```

右连接后的数据帧df_AAPL如下所示。

```
Date            High          Low          Open          Close
2019-12-18   281.899994   279.119995   279.799988   279.739990
2019-12-19   281.179993   278.950012   279.500000   280.019989
2019-12-20   282.649994   278.559998   282.230011   279.440002
2019-12-23         NaN          NaN   280.529999   284.000000
2019-12-24         NaN          NaN   284.690002   284.269989
```

对于内连接，基于两个数据帧df_AAPL1和df_AAPL2索引的交集，将这两个数据帧所有的列连接组成新的数据帧，代码如下。

```
df_AAPL = df_AAPL1.join(df_AAPL2, how='inner')
```

内连接后的数据帧df_AAPL如下所示。

```
Date            High          Low          Open          Close
2019-12-18   281.899994   279.119995   279.799988   279.739990
2019-12-19   281.179993   278.950012   279.500000   280.019989
2019-12-20   282.649994   278.559998   282.230011   279.440002
```

外连接是基于两个数据帧df_AAPL1和df_AAPL2索引的并集，将这两个数据帧所有的列连接组成新的数据帧，缺失的数据用NaN补足，代码如下。

```
df_AAPL = df_AAPL1.join(df_AAPL2, how='outer')
```

外连接后的数据帧df_AAPL如下所示。

```
Date            High          Low          Open          Close
2019-12-16   280.790009   276.980011         NaN          NaN
2019-12-17   281.769989   278.799988         NaN          NaN
2019-12-18   281.899994   279.119995   279.799988   279.739990
2019-12-19   281.179993   278.950012   279.500000   280.019989
2019-12-20   282.649994   278.559998   282.230011   279.440002
2019-12-23         NaN          NaN   280.529999   284.000000
2019-12-24         NaN          NaN   284.690002   284.269989
```

列连接方法默认的连接是基于索引的，但是当然也可以连接除索引外的其他列，这时可以用参数on指明作为连接键的列名。用下面的例子进行说明。首先通过对数据帧df_AAPL1重设索引构建一个包含列名为"Date"的数据帧df_AAPL3，然后设置on='Date'指明其与df_AAPL2连接时以"Date"列作为连接键，而df_AAPL2的连接键依然为索引，其代码如下。

```
df_AAPL3 = df_AAPL1.reset_index()
```

数据帧df_AAPL3如下所示。

```
        Date          High           Low
0 2019-12-16    280.790009    276.980011
1 2019-12-17    281.769989    278.799988
2 2019-12-18    281.899994    279.119995
3 2019-12-19    281.179993    278.950012
4 2019-12-20    282.649994    278.559998
```

使用的代码如下。

```
df_AAPL = df_AAPL3.join(df_AAPL2, on='Date')
```

连接后的数据帧df_AAPL如下所示。

```
        Date          High           Low          Open          Close
0 2019-12-16    280.790009    276.980011           NaN            NaN
1 2019-12-17    281.769989    278.799988           NaN            NaN
2 2019-12-18    281.899994    279.119995    279.799988     279.739990
3 2019-12-19    281.179993    278.950012    279.500000     280.019989
4 2019-12-20    282.649994    278.559998    282.230011     279.440002
```

如果要连接df_AAPL3和df_AAPL1两个数据帧，因为这两个数据帧有列名相同的列"High"和"Low"，这时需要通过设定参数lsuffix和rsuffix来进行区分，然后才能连接。

```
df_AAPL = df_AAPL3.join(df_AAPL1, on='Date', lsuffix='_3', rsuffix='_1')
```

连接后的数据帧df_AAPL如下所示。

```
        Date        High_3        Low_3        High_1        Low_1
0 2019-12-16    280.790009    276.980011    280.790009    276.980011
1 2019-12-17    281.769989    278.799988    281.769989    278.799988
2 2019-12-18    281.899994    279.119995    281.899994    279.119995
3 2019-12-19    281.179993    278.950012    281.179993    278.950012
4 2019-12-20    282.649994    278.559998    282.649994    278.559998
```

6.5 数据帧的拼接

有些情况下只会对数据帧进行简单的拼接，这时可以使用concat() 函数。concat() 函数可以通过设定轴参数axis来指定按行或者按列将多个对象拼接到一起，组成新的数据帧。如图6-15所示为这种拼接方法的默认方式，即行拼接且为外拼接的示意图。

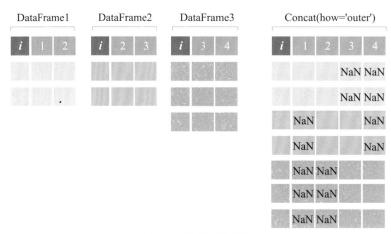

DataFrame1			DataFrame2			DataFrame3			Concat(how='outer')				

图6-15　数据帧的拼接

这里仍然以苹果股票的例子来讲解，用下述代码产生三个数据帧。

```
from pandas_datareader import data
df_AAPL1 = data.DataReader('AAPL', 'yahoo', '2019-12-15', '2019-12-21')[['High',
'Low', 'Open', 'Close']]
df_AAPL2 = data.DataReader('AAPL', 'yahoo', '2019-12-17', '2019-12-23')[['Open',
'Close', 'Adj Close']]
df_AAPL3 = data.DataReader('AAPL', 'yahoo', '2019-12-19', '2019-12-25')[['Open',
'Close', 'Adj Close']]
```

数据帧df_AAPL1含有"High""Low""Open""Close"四列，而df_AAPL2和df_AAPL3包含"Open""Close""Adj Close"三列。

数据帧df_AAPL1如下所示。

```
Date                High         Low        Open        Close
2019-12-16   280.790009   276.980011   277.000000   279.859985
2019-12-17   281.769989   278.799988   279.570007   280.410004
2019-12-18   281.899994   279.119995   279.799988   279.739990
2019-12-19   281.179993   278.950012   279.500000   280.019989
2019-12-20   282.649994   278.559998   282.230011   279.440002
```

数据帧df_AAPL2如下所示。

```
Date                Open        Close    Adj Close
2019-12-17   279.570007   280.410004   279.746094
2019-12-18   279.799988   279.739990   279.077667
2019-12-19   279.500000   280.019989   279.356995
2019-12-20   282.230011   279.440002   278.778381
2019-12-23   280.529999   284.000000   283.327576
```

数据帧df_AAPL3如下所示。

```
Date                Open        Close    Adj Close
2019-12-19   279.500000   280.019989   279.356995
2019-12-20   282.230011   279.440002   278.778381
```

```
2019-12-23   280.529999   284.000000   283.327576
2019-12-24   284.690002   284.269989   283.596924
```

用下面的代码可以对上述三个数据帧进行拼接。

```
df_AAPL = pd.concat([df_AAPL1, df_AAPL2, df_AAPL3], sort=False)
```

对于concat() 函数，轴参数默认axis=0，是指行拼接，拼接方式默认join='outer'，是外拼接。另外一个参数sort是指定是否对拼接后的列进行排序，这里的例子选择了不排序。从结果可见，所有三个数据帧的行单纯地全部拼接在一起，对于缺失的数据，用NaN进行了补足。

拼接后的数据帧df_AAPL如下所示。

```
Date          High      Low     Open    Close    Adj Close
2019-12-16   280.79   276.98   277.00   279.86      NaN
2019-12-17   281.77   278.80   279.57   280.41      NaN
2019-12-18   281.90   279.12   279.80   279.74      NaN
2019-12-19   281.18   278.95   279.50   280.02      NaN
2019-12-20   282.65   278.56   282.23   279.44      NaN
2019-12-17    NaN      NaN     279.57   280.41    279.75
2019-12-18    NaN      NaN     279.80   279.74    279.08
2019-12-19    NaN      NaN     279.50   280.02    279.36
2019-12-20    NaN      NaN     282.23   279.44    278.78
2019-12-23    NaN      NaN     280.53   284.00    283.33
2019-12-19    NaN      NaN     279.50   280.02    279.36
2019-12-20    NaN      NaN     282.23   279.44    278.78
2019-12-23    NaN      NaN     280.53   284.00    283.33
2019-12-24    NaN      NaN     284.69   284.27    283.60
```

参数keys可以指明拼接后的数据帧中数据的来源，具体说明可以看下面的例子。

```
df_AAPL = pd.concat([df_AAPL1, df_AAPL2, df_AAPL3], axis=0, sort=False,
keys=['df_AAPL1', 'df_AAPL2', 'df_AAPL3'])
```

拼接后的结果与前一个例子唯一的区别就是指明了数据的来源。

如果设定轴参数axis=1，连接方式join='inner'，此时将拼接所有的列，并且只取行索引的交集。

```
df_AAPL = pd.concat([df_AAPL1, df_AAPL2, df_AAPL3], axis=1, join='inner')
```

结果显示三个数据帧所有的列都被拼接起来，而只取了行的交集2019-12-19和2019-12-20。

内拼接后的数据帧df_AAPL如下所示。

```
Date          High      Low    ...   Close    Adj Close
2019-12-19   281.18   278.95   ...   280.02    279.36
2019-12-20   282.65   278.56   ...   279.44    278.78
[2 rows x 10 columns]
```

6.6 数据帧的分组分析

在实际应用中，经常需要对数据进行分组处理。groupby() 函数就是Pandas提供的一个数据分组分析的利器。它可以根据指定的一个或多个键值，对数据帧进行分组，然后依照需要，进行诸如记数、均值、标准差、极值，甚至自定义函数等统计操作。如图6-16所示即为数据分组分析的流程示意图。

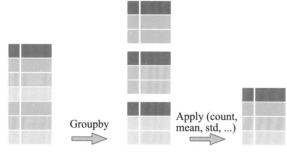

图6-16　数据帧的分组分析

下面用具体的例子来说明，首先创建一个数据帧。这个数据帧包含苹果、特斯拉和谷歌三个公司在2020年1月1日到7日的股票数据。之后将用这个数据帧对分组分析函数进行讲解。

```python
from pandas_datareader import data
import pandas as pd

#extract stock data from Yahoo
df_AAPL = data.DataReader('AAPL', 'yahoo', '2020-1-1', '2020-1-6')
df_GOOG = data.DataReader('GOOG', 'yahoo', '2020-1-1', '2020-1-6')
#add 'Symbol' column
df_AAPL['Symbol'] = 'AAPL'
df_TSLA['Symbol'] = 'TSLA'
df_GOOG['Symbol'] = 'GOOG'
#concat three dataframes, and drop 'Volume' column
df = pd.concat([df_AAPL, df_TSLA, df_GOOG])
df.drop('Volume', axis=1, inplace=True)
```

创建的数据帧df如下所示。

```
Date                High          Low    ...     Adj Close    Symbol
2020-01-02    300.600006   295.190002    ...    299.638885      AAPL
2020-01-03    300.579987   296.500000    ...    296.725769      AAPL
2020-01-06    299.959991   292.750000    ...    299.090149      AAPL
2020-01-02    430.700012   421.709991    ...    430.260010      TSLA
2020-01-03    454.000000   436.920013    ...    443.010010      TSLA
2020-01-06    451.559998   440.000000    ...    451.540009      TSLA
2020-01-02   1368.140015  1341.550049    ...   1367.369995      GOOG
2020-01-03   1372.500000  1345.543945    ...   1360.660034      GOOG
2020-01-06   1396.500000  1350.000000    ...   1394.209961      GOOG

[9 rows x 6 columns]
```

下面用groupby() 函数按照公司(即列 "Symbol") 进行分组。在这里需要着重指出，groupby() 函数返回的结果是DataFrameGroupBy对象，而不是数据帧或者序列对象，因此无法直接调用数据帧或者序列的属性及函数。

为了更加直观方便，用plot() 函数可以快速展示按照公司分组后的每个公司的股票数据，如图6-17所示。

```
df.groupby('Symbol').plot()
```

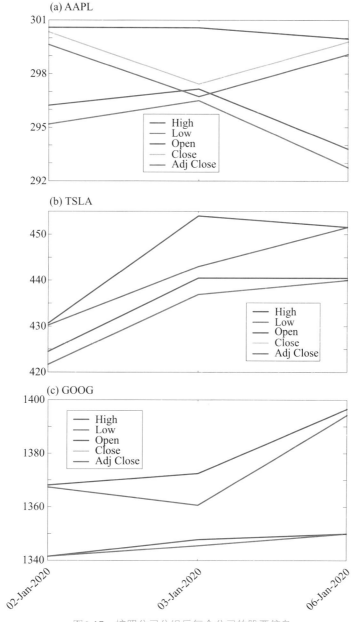

图6-17　按照公司分组后每个公司的股票信息

对于使用groupby() 函数分组后的数据，可以方便地进行多种统计分析。下面的例子给出了代码及结果。

分组后记数的代码如下。

```
df.groupby('Symbol').count()
```

运行结果如下。

Symbol	High	Low	Open	Close	Adj Close
AAPL	3	3	3	3	3
GOOG	3	3	3	3	3
TSLA	3	3	3	3	3

分组后计算均值的代码如下。

```
df.groupby('Symbol').mean()
```

运行结果如下。

Symbol	High	Low	Open	Close	Adj Close
AAPL	300.38	294.81	295.73	299.19	298.48
GOOG	1379.05	1345.70	1346.47	1374.08	1374.08
TSLA	445.42	432.88	435.16	441.60	441.60

分组后寻找最大值的代码如下。

```
df.groupby('Symbol').max()
```

运行结果如下。

Symbol	High	Low	Open	Close	Adj Close
AAPL	300.60	296.5	297.15	300.35	299.64
GOOG	1396.50	1350.0	1350.00	1394.21	1394.21
TSLA	454.00	440.0	440.50	451.54	451.54

分组后寻找最小值的代码如下。

```
df.groupby('Symbol').min()
```

运行结果如下。

Symbol	High	Low	Open	Close	Adj Close
AAPL	299.96	292.75	293.79	297.43	296.73
GOOG	1368.14	1341.55	1341.55	1360.66	1360.66
TSLA	430.70	421.71	424.50	430.26	430.26

分组后计算标准方差的代码如下。

```
df.groupby('Symbol').std()
```

运行结果如下。

Symbol	High	Low	Open	Close	Adj Close
AAPL	0.36	1.90	1.74	1.55	1.55
GOOG	15.27	4.23	4.39	17.75	17.75
TSLA	12.81	9.79	9.23	10.71	10.71

当然，可以用plot()函数可视化这些统计结果，在这里只展示标准方差，具体如图6-18所示，代码如下。

```
df.groupby('Symbol').std().plot()
```

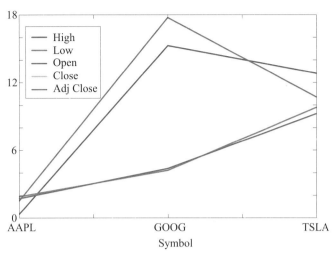

图6-18　按照分司分组后每个公司的股票数据的标准差

groupby()函数经常会与聚合函数aggregate()结合使用，实现对每一列的特定操作。下面的代码就是对数据帧df先用groupby()函数按照"Symbol"进行分组，然后传递Numpy的各个函数分别对其各列进行取最大值、最小值、平均值、中值以及求和操作。最后，对得到的结果可视化，如图6-19所示。

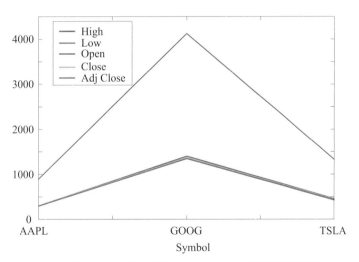

图6-19　分组后应用聚合函数aggregate()产生的数据帧的可视化

```
import numpy as np
dfga = df.groupby('Symbol').aggregate({
                                        'High': np.max,
                                        'Low': np.min,
                                        'Open': np.mean,
                                        'Close': np.median,
```

```
                                          'Adj Close': np.sum
                                    })
dfga.plot()
```

数据帧**dfga**如下所示。

```
Symbol      High      Low   Adj Close   Close      Open
AAPL      300.60   292.75    895.45     299.80    295.73
GOOG     1396.50  1341.55   4122.24    1367.37   1346.47
TSLA      454.00   421.71   1324.81     443.01    435.16
```

aggregate() 函数实现的是对某列中所有的数值的一个整体的操作，而要对每个数值进行单独的操作，则需要用到apply() 函数。比如下面的例子，利用apply() 函数将分组后"Close"列的所有数据值变为2倍。并将结果可视化，如图6-20所示。

```
dfgp = df.groupby('Symbol').apply(lambda x: x['Close']*2.0)
dfgp.plot()
```

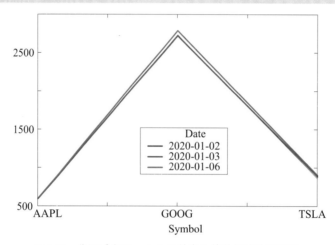

图6-20　分组后应用apply() 函数产生的数据帧的可视化

数据帧**dfgp**如下所示。

```
Date        2020-01-02    2020-01-03    2020-01-06
Symbol
AAPL        600.700012    594.859985    599.599976
GOOG       2734.739990   2721.320068   2788.419922
TSLA        860.520020    886.020020    903.080017
```

接下来这个例子则对分组后"Close"列进行了排序。其结果为包含双重索引的一个序列，代码如下。

```
dfgp = df.groupby('Symbol').apply(lambda x: x['Close'].sort_values(ascending=False))
```

数据帧**dfgp**如下所示。

```
Symbol   Date
AAPL     2020-01-02     300.350006
         2020-01-06     299.799988
```

```
              2020-01-03     297.429993
GOOG    2020-01-06    1394.209961
              2020-01-02    1367.369995
              2020-01-03    1360.660034
TSLA    2020-01-06     451.540009
              2020-01-03     443.010010
              2020-01-02     430.260010
Name: Close, dtype: float64
```

6.7 数据透视表

　　数据透视表 (pivot table) 是一种统计列表，它可以对数据进行分组并统计分析和计算，使其可以灵活清晰地展示相关的数据分类汇总结果。如果你使用过微软的Excel软件，或许已经体会过其强大功能。在Pandas中，同样可以实现此类数据透视表的功能，它是通过pivot() 或者pivot_table() 函数来实现。图6-21为将数据帧的O和C列按照S进行分类的示意图。

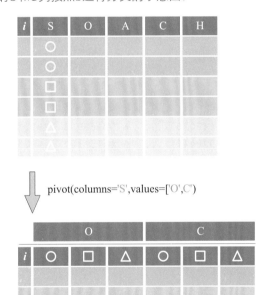

pivot(columns='S',values=['O','C')

图6-21　Pivot() 示意图

　　接下来，继续用6.6节创建的数据帧df，使用pivot() 函数，可以对这个数据帧中的 "Open" 和 "Close" 的列值依照 "Symbol" 进行分类，这里没有指定索引，所以会用原数据帧的索引。

```
df.pivot(columns='Symbol', values=['Open', 'Close'])
```

　　分类汇总后结果如下所示。

```
              Open              ...     Close
```

```
Symbol          AAPL      GOOG    ...      GOOG      TSLA
Date                                ...
2020-01-02    296.24   1341.55    ...   1367.37    430.26
2020-01-03    297.15   1347.86    ...   1360.66    443.01
2020-01-06    293.79   1350.00    ...   1394.21    451.54

[3 rows x 6 columns]
```

而使用pivot_table() 函数，可以实现完全相同的功能。

```
table = pd.pivot_table(df, values=['Open', 'Close'], index='Date',
columns=['Symbol'])
```

但是pivot() 函数所能处理的数据相同索引值只能对应唯一的数据值，否则会报错。pivot_table()
函数则更加灵活，它提供了aggfunc参数，其默认为取平均值，即如果有非唯一的数据值，pivot_
table() 函数可以进行默认的取平均或者其他设定的运算。

下面的例子就展示了通过设置aggfunc参数实现更加丰富的数据统计操作。对数据中的"Open"
列分别进行了取最小值、最大值和平均值操作；对"Close"列则进行求和、取中值和标准方差的操
作。其代码如下。

```
table = pd.pivot_table(df, values=['Open', 'Close'], index='Date',
aggfunc={'Open': [min, max, np.mean], 'Close': [sum, np.median, np.std]})
```

分类汇总后结果如下所示。

```
                Close                  ...        Open
                median        std      ...        mean        min
Date                                   ...
2020-01-02    430.260010   582.177434  ...   687.430013   296.239990
2020-01-03    443.010010   576.445029  ...   695.169993   297.149994
2020-01-06    451.540009   592.928447  ...   694.753337   293.790009

[3 rows x 6 columns]
```

在得到了所需的数据透视表之后，如果想访问或者过滤数据，可以利用query() 函数进行。下面
的例子就是从上面创建的透视表中，选取了日期为"2020-01-03"的分析数据。这种方法对于存在大
量数据的透视表，会大大提高检索效率。

```
table.query('Date == ["2020-01-03"]')
```

检索结果如下所示。

```
                Close                  ...        Open
                median        std      ...        mean        min
Date                                   ...
2020-01-03    443.01001   576.445029   ...   695.169993   297.149994

[1 rows x 6 columns]
```

本章延续了第5章，继续探索Pandas的应用。首先介绍了Pandas对数据的可视化功能。其次，以几种常见的文件格式为例，讨论了Pandas对文件的写入和读出操作。再次，详细讲述了数据的合并、连接以及拼接等操作。最后，介绍了数据处理分析中常用的分组、透视表等功能。至此，已经用了两章的篇幅与"功夫熊猫"周旋，相信大家已经对它的强大有了初步的认识。但是这也仅仅是管中窥豹，希望这两章的知识，为大家继续挑战"功夫熊猫"提供扎实的基础。

## 第 7 章

Data Visualization with Python
数据可视化

如果说Matplotlib让绘制简单的图形变得容易，绘制复杂的图形变得可能，那么seaborn则使复杂图形的绘制变得简单。

If Matplotlib tries to make easy things easy and hard things possible, seaborn tries to make a well-defined set of hard things easy too.

——迈克尔·瓦斯科姆(Michael Waskom)

Core Functions and Syntaxes
本章核心命令代码

◀ `pandas.Series.autocorr(A)` 计算自相关性，并绘制火柴杆状图

◀ `ax.grid(linewidth=0.5,linestyle='--')` 设置绘图网格

◀ `ax.tick_params(which='major', length=7,width = 0.5)` 设置坐标轴主刻度值

◀ `ax.tick_params(which='minor', length=4,width = 0.5)` 设置坐标轴次刻度值

◀ `ax2=ax1.twinx()` 添加第二根x轴

◀ `ax2=ax1.twiny()` 添加第二根y轴

◀ `axs[0,1].axhline(3)` 绘制水平参考线

◀ `axs[0,1].axvline(5)` 绘制垂直参考线

◀ `axs[1,0].vlines([3, 7],[0],[5],'r',linestyle = ':')` 绘制垂直参考线

◀ `axs[1,0].hlines([1, 4],[0],[10],'b',linestyle = '--')` 绘制水平参考线

◀ `axs[1,1].axhspan(2.5,3, color = 'r')` 添加水平填充区域

◀ `axs[1,0].vlines([3, 7],[0],[5],'r',linestyle = ':')` 添加垂直填充区域

◀ `ax[0].bar(x - width/2, goog_means, width, label='Google')` 使用Matplotlib绘制条形图

◀ `axs[1].scatter(normal_2D_data[:, 0], normal_2D_data[:, 1], s=10, c=T, edgecolors = 'none',alpha=.6, cmap='Set1')` 绘制散点图

◀ `ax.axis('off')` 不显示坐标轴

◀ `ax2=fig.add_axes([left,bottom,width,height])` 添加第二根轴

◀ `ax[0].errorbar(x, y_sin, 0.2)` 绘制线图时添加错误曲线

◀ `C1 = ax[0].contour(X,Y,f1(X,Y),cmap = 'cool')` 绘制等温线图

◀ `df.plot.bar(rot=0,color={'Google':'red','Amazon':'blue'},ax=ax[0])` 使用pandas绘制条形图

◀ `fig, axs = plt.subplots(1, 2,figsize=(8,5))` 添加子图

◀ `fig_title = r'$\frac{1}{3\sqrt{\2pi}}e^{-\frac{1}{2}(\frac{\mathit{x}-10}{3})^2$'` 在图里添加公式

◀ `fig.subplots_adjust(hspace=0.4,wspace=.3)` 调整子图之间的空间

◀ `ax1.pie(sizes, labels=labels, autopct='%1.1f%%',shadow=True, startangle=90)` 绘制饼图

◀ `markerline2, stemlines2, baseline2 =ax[1].stem(x2, np.cos(x2), use_line_collection=False)` 绘制火柴杆图

◀ `plt.subplot(211)` 添加子图

◀ `plt.yticks([-5,0,5])` 设置纵轴刻度值

◀ `plt.hist(x,bins=50,color=colors)` 绘制直方图

◀ `plt.legend(['White noise 1', 'White noise 2'],edgecolor = 'none', facecolor = 'none',loc='upper center')` 添加图例

◀ `sns.barplot(x='Quarter', y='Adjusted closing price',hue='Stock',data=df,ci=None,palette="Set2",ax=ax[0])` 使用seaborn库绘制条形图

◀ `numpy.random.normal(5,2,200*(1+i*10))` 生成随机数

7.1 Matplotlib绘图库

Python有众多的开源绘图库，可以满足不同Python用户的数据可视化需求。在这些Python绘图库中，以Matplotlib历史最悠久。Matplotlib的作者是美国神经生物学家John Hunter，他具有长期使用MATLAB进行数据分析和数据可视化的经验，因此Matplotlib与MATLAB的绘图命令十分类似，熟悉MATLAB的读者在使用Matplotlib时很快就能上手。Matplotlib的第一个稳定版本发布于2003年。

John Hunter, (1968-2012), American neurobiologist, original author of Matplotlib.

Matplotlib主要用于绘制二维图或三维图，它的重要性体现在它是众多其他Python绘图库的基础，如seaborn等。Matplotlib主要使用Python语言编写。它还大量地使用NumPy中的代码作为基础，因此Matplotlib的绘图功能在处理大型矩阵数据时性能良好。正是因为这个原因，Matplotlib和NumPy、pandas、SciPy等其他库的联系紧密，一并成为Python的基础库。

读者使用Matplotlib库能较为方便地绘制各种常见的二维图和三维图，如线图、条形图、直方图、饼图和散点图等。本章的前八节将对其进行详细介绍。本章的第九节将会介绍如何在Matplotlib中进行交互式绘图。

7.2 绘制二维线图

如图7-1所示是一个典型的二维线图，它包含很多主要的绘图元素，包括坐标轴、坐标轴刻度、坐标轴名称、图的名称、图例、图形元素的颜色和线型、图中字体的样式和字体大小等。用户需要掌握如何使用Matplotlib实现这些绘图功能。

以下代码可以绘制图7-1。

`B1_Ch7_1.py`

```python
import numpy as np
import matplotlib as mp
import matplotlib.pyplot as plt
from matplotlib.ticker import (MultipleLocator, FormatStrFormatter,
                               AutoMinorLocator)
#Fixing random state for reproducibility
np.random.seed(19680801)

t = np.arange(0, 30, 0.01)
nse1 = np.random.randn(len(t))          #white noise 1
```

```
nse2 = np.random.randn(len(t))                    #white noise 2

#Two signals with a coherent part at 2Hz and a random part
s1 = np.sin(2 * np.pi * 2 * t) + nse1
s2 = np.sin(2 * np.pi * 2 * t) + nse2

fig,ax = plt.subplots(figsize=(11/2.54,7/2.54))
plt.plot(t, s1, t, s2)

font = {'family':'Times New Roman','weight':'normal', 'size'   : 8}
mp.rc('font', **font)
mp.rcParams['axes.linewidth'] = 0.5
ax.set_xlim(0,2)
ax.set_ylim(-4,4)
ax.set(xlabel='Time [s]', ylabel='Magnitude',title='Figure Title: White Noise')
ax.xaxis.set_major_locator(MultipleLocator(0.5))
ax.xaxis.set_minor_locator(MultipleLocator(0.25))
ax.yaxis.set_major_locator(MultipleLocator(1))
ax.yaxis.set_minor_locator(MultipleLocator(0.5))
ax.tick_params(which='major', length=7,width = 0.5)
ax.tick_params(which='minor', length=4,width = 0.5)
ax.grid(linewidth=0.5,linestyle='--')
plt.legend(['White noise 1', 'White noise 2'],edgecolor = 'none', facecolor = 'none',
loc='upper center')
plt.show()
```

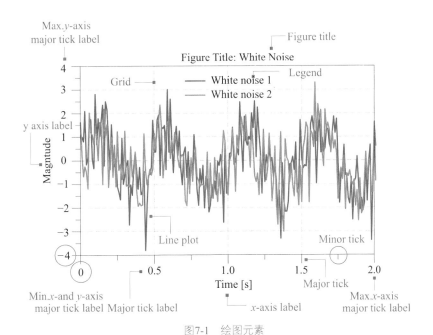

图7-1　绘图元素

　　线图可以使用Matplotlib中的plot() 函数进行绘制，还可以指定线图中线的各种属性，如线的透明度、颜色、线型、线宽、数据点标记的类型等。这些属性对应的代码如表7-1所示。

表7-1　线图属性设置

代码	描述
alpha	透明度
color	颜色
label	每根线的标签，用于生成图例
linestyle	线型
linewidth	线宽
marker	数据点标记的类型
markeredgecolor	数据点标记边的颜色
markerwidth	数据点标记的线宽
makerfacecolor	数据点标记面的颜色
markersize	数据点标记大小

Matplotlib支持实现多种线型，包括实线、短线、短点虚间线和虚线。这些线型对应的代码符号如表7-2所示。

表7-2　线型选择

线型	代码符号	描述
实线	'-'	
短线	'—'	
短点虚间线	'-.'	
虚线	':'	

线图的基本颜色可以使用代码符号来指定，如红色可以使用'r'来指定，其他颜色对应的代码符号如图7-2所示。

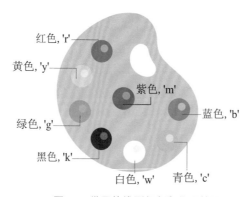

图7-2　常见的线型颜色和代码符号

线图中数据点的标记可以是各种不同的图形，读者可以通过表7-3所示的代码符号来指定数据点标记的符号。

表7-3　数据点标记对应的代码符号

代码	标记	代码	标记
'.'	点	'H'	六边形
'+'	加号	'p'	五边形
'o'	圆圈	'^'	上三角形
's'	正方形	'v'	下三角形
'D'	大四边形	'<'	左三角形
'd'	小四边形	'>'	右三角形
'x'	交叉	'*'	星星

在绘制多根线条时，若这些线条的*x*坐标范围类似，但*y*坐标范围相差较大时，读者可以考虑使用双*y*轴用以表示不同线条对应的不同的*y*坐标范围。运行以下代码可以生成图7-3中的双*y*轴的例子。

B1_Ch7_2.py

```python
import numpy as np
import matplotlib.pyplot as plt
import math
import matplotlib as mp

x1 = np.linspace(0, 6, 20)
x2 = np.linspace(0,4*math.pi,60)
y1 = np.exp(x1)-5
y2 = np.sin(x2)*5

fig,ax1 = plt.subplots(figsize=(11/2.54,7/2.54))
ax1.plot(x1, y1,'b',linewidth = 1)
ax1.set_xlabel('X',color = 'b')
ax1.set_ylabel('Y1',color='b')
#Add the second y axis
ax2=ax1.twinx()
ax2.set_ylabel('Y1',color='r')
ax2.plot(x2, y2,'r:')
plt.show()
```

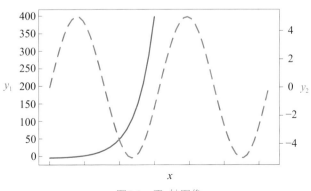

图7-3　双*y*轴图像

同样地，读者可以使用twiny() 函数来实现创建双x轴的功能，运行以下代码可以生成图7-4中的双x轴的例子。

```
B1_Ch7_3.py

import numpy as np
import matplotlib.pyplot as plt
import math

x1 = np.linspace(0, 6, 20)
x2 = np.linspace(0,4*math.pi,60)
y1 = np.exp(x1)-5
y2 = np.sin(x2)*5

fig,ax1 = plt.subplots(figsize=(11/2.54,7/2.54))
ax1.plot(x1, y1,'b',linewidth = 1)
ax1.set_xlabel('X1',color = 'b')
ax1.set_ylabel('Y1',color='b')
#Add the second y axis
ax2=ax1.twiny()
ax2.set_xlabel('X2',color='r')
ax2.plot(x2, y2,'r:')

plt.show()
```

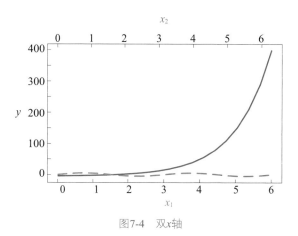

图7-4　双x轴

7.3 子图绘制

在绘制图像时，常常需要在同一页面中放置多张子图，用来对比多张子图中的数据和图像。根据不同的场合，这些子图可以是如图7-5所示的不同的布置，它们可以是两张子图左右平行布置，如

图7-5(a) 所示；可以是上下两张子图，如图7-5 (b) 所示；也可以是四张子图均匀分布，如图7-5 (c) 所示。读者甚至可以根据需要灵活地布置子图排列方式，如图7-5 (d) 到图7-5 (f) 所示。

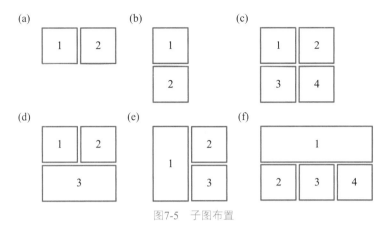

图7-5　子图布置

创建子图通常可以用三种方法。第一种方法使用subplots() 函数创建子图，这时候搭配子图的轴对象来创建子图，生成的例子包括如图7-6所示的左右布置两个子图和图7-7所示的上下布置的三个子图。

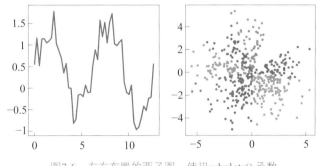

图7-6　左右布置的两子图，使用subplots() 函数

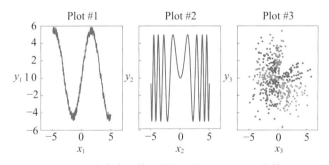

图7-7　左右布置的三子图，使用subplots() 函数

第二种创建子图的方法是使用subplot() 函数，这时候不需要调用子图的轴对象来绘制子图。此外，调用subplot() 函数时需要给定一个三位数，用来表示子图的布置和当前绘制的子图的序号。如图7-8展示了如何使用subplot() 函数创建子图，绘制第一张子图时需要使用plt.subplot(211)，表示绘制2×1布置的图，即2行1列，参数"211"的第三个数字1表示当前绘制的是第一张子图。同理，绘制图7-8的第二张子图时，需要使用plt.subplot(212)，表示当前绘制的是2 × 1布置的第二张子图。

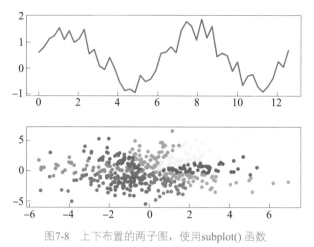

图7-8　上下布置的两子图，使用subplot() 函数

第三种绘制子图的方法是使用add_subplot() 函数，生成的例子如图7-9所示。

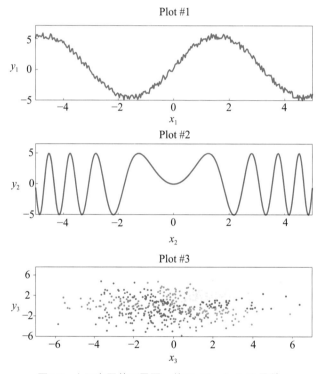

图7-9　上下布置的三子图，使用add_subplot() 函数

　　此外，当某一图中的数据较多、图像较为复杂时，读者可以添加局部放大图来显示图像的局部细节，使用add_subplot() 函数可以创建局部放大图。使用add_subplot()函数时需要给定局部放大图的位置、宽度和高度。局部放大图的例子如图7-10所示。生成图7-10时，add_subplot() 函数中的参数设定为：left, bottom, width, height = 0.3, 0.65, 0.25, 0.2，这些参数用来指定局部放大图的位置和大小：0.3表示局部放大图的左下角的横轴x坐标的位置是在全局图的0.3倍图像宽度的位置；0.65表示局部放大图的左下角的纵轴y坐标的位置是全局图的0.65倍图像高度的位置；0.25和0.2用来表示局部放大图的宽度和高度分别是全局图的宽度和高度的0.25倍和0.2倍。

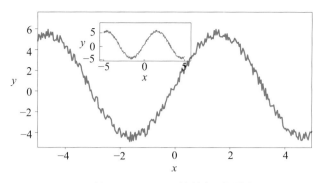

图7-10　使用add_axes() 函数创建局部放大图

以下代码可绘制图7-6～图7-10。

B1_Ch7_4.py

```python
import numpy as np
import matplotlib.pyplot as plt
import matplotlib as mp

plt.close('all')
font = {'family':'Times New Roman','weight':'normal', 'size'    : 10}
mp.rc('font', **font)

t = np.linspace(-5,5,300)
y1 = np.sin(t)+np.random.ranf(size = t.size)*0.2
y2 = np.sin(t ** 2)
n = 500
normal_2D_data =  np.random.normal(0, 2, (n, 2))
T = np.arctan2(normal_2D_data[:, 0],normal_2D_data[:, 1]) #for color value

#plot #1
fig, axs = plt.subplots(1, 2,figsize=(8,5))
axs[0].plot(t,y1)
axs[0].set_xlim(-6,6)
axs[0].set_ylim(-1,2)
axs[0].set_xlabel(r'$\mathit{x}_1$')
axs[0].set_ylabel(r'$\mathit{y}_1$')
axs[0].set_title('Plot#1')
axs[0].set_yticks([-1.5,-1,0,1,1.5])
axs[1].scatter(normal_2D_data[:, 0], normal_2D_data[:, 1], s=10, c=T, edgecolors =
'none',alpha=.6, cmap='Set1')
axs[1].set_xlim(-7,7)
axs[1].set_ylim(-6,6)
axs[1].set_xlabel(r'$\mathit{x}_2$')
axs[1].set_ylabel(r'$\mathit{y}_2$')
axs[1].set_title('Plot#2')
```

```
#plot #2
plt.figure(2,figsize=(8,6))
plt.subplot(211)
plt.xlim(-6,6)
plt.ylim(-1.5,1.5)
plt.xlabel(r'$\mathit{x}_1$')
plt.ylabel(r'$\mathit{y}_1$')
plt.title('Plot#1')
plt.plot(t,y1)
plt.show()

plt.subplot(212)
plt.scatter(normal_2D_data[:, 0], normal_2D_data[:, 1], s=10, c=T, edgecolors =
'none',alpha=.6, cmap='Set1')
plt.show()
plt.xlim(-7,7)
plt.ylim(-6,6)
plt.xlabel(r'$\mathit{x}_2$')
plt.ylabel(r'$\mathit{y}_2$')
plt.title('Plot#2')

#plot #3
fig, axs = plt.subplots(1, 3,sharex=True,sharey=True,figsize=(8,5))
axs[0].plot(t,y1*5)
axs[0].set_xlim(-6,6)
axs[0].set_ylim(-7,7)
axs[0].set_xlabel(r'$\mathit{x}_1$')
axs[0].set_ylabel(r'$\mathit{y}_1$')
axs[0].set_title('Plot#1')

axs[1].plot(t,y2*5)
axs[1].set_xlim(-6,6)
axs[1].set_ylim(-6,6)
axs[1].set_xlabel(r'$\mathit{x}_2$')
axs[1].set_ylabel(r'$\mathit{y}_2$')
axs[1].set_title('Plot#2')

axs[2].scatter(normal_2D_data[:, 0], normal_2D_data[:, 1], s=10, c=T, edgecolors
= 'none',alpha=.6, cmap='Set1')
axs[2].set_xlim(-7,7)
axs[2].set_ylim(-6,6)
axs[2].set_xlabel(r'$\mathit{x}_3$')
axs[2].set_ylabel(r'$\mathit{y}_3$')
axs[2].set_title('Plot#3')
```

```
#plot #4
fig,ax=plt.s*ubplots(figsize=(8,8))
ax.axis('off')
fig.add_subplot(3,1,1)
plt.plot(t,y1*5)
plt.xlim(-5,5)
plt.ylim(-5,5)
plt.yticks([-5,0,5])
plt.xlabel(r'$\mathit{x}_1$')
plt.ylabel(r'$\mathit{y}_1$')
plt.title('Plot#1')

fig.add_subplot(3,1,2)
plt. plot(t,y2*5)
plt.xlim(-5,5)
plt.ylim(-5,5)
plt.yticks([-5,0,5])
plt.xlabel(r'$\mathit{x}_2$')
plt.ylabel(r'$\mathit{y}_2$')
plt.title('Plot#2')

fig.add_subplot(3,1,3)
plt.scatter(normal_2D_data[:, 0], normal_2D_data[:, 1], s=10, c=T, edgecolors =
'none',alpha=.6, cmap='Set1')
plt.xlim(-7,7)
plt.ylim(-6,6)
plt.xlabel(r'$\mathit{x}_3$')
plt.ylabel(r'$\mathit{y}_3$')
plt.yticks([-6,-2,2,6])
plt.title('Plot#3')

#plot #5
fig,ax=plt.subplots()
fig.add_subplot()
ax.axis('off')
ax.set_xlabel('x')
ax.set_ylabel('y')
plt.plot(t,y1*5)
plt.xlim(-5,5)
plt.title('Plot')
left, bottom, width, height = 0.3, 0.65, 0.25, 0.2
ax2=fig.add_axes([left,bottom,width,height])
ax2.plot(t,y1*5)
ax2.set_xlabel('x')
ax2.set_ylabel('y')
```

7.4 绘制参考线

绘制参考线是绘图时常用的操作，这些参考线包括水平参考线、垂直参考线、垂直参考区域和纵轴参考区域。对于绘制水平参考线和垂直参考线，共有三种方法绘制。第一种方法是使用plot()函数。

如图7-11(a)所示为使用plot()函数绘制水平参考线和垂直参考线。其中，水平参考线由plot([0, 10], [2, 2])绘制，[0, 10]表示水平参考线的起始点和终止点对应的横坐标分别时0和10，[2, 2]表示水平参考线的起始点和终止点的纵坐标都是2。同样地，图7-11(a)中的垂直参考线由命令axs[0,0].plot([3, 3], [0, 5])产生，[3,3]表示垂直参考线的起始点和终止点的横坐标都是3，而[0, 5]表示垂直参考线的起始点和终止点的纵坐标分别为0和5。需要注意的是，使用这种方法绘制水平参考线和垂直参考线时需要搭配设置图像x和y坐标的取值范围。

第二种绘制水平参考线或竖直参考线的方法是分别使用axhline()函数和axvline()函数，这种方法较为简单，只需要分别给定水平参考线的纵轴坐标或垂直参考线的横轴坐标。如图7-11(b)所示，使用axhline(3)和axvline(5)即可绘制$y = 3$的水平参考线和$x = 5$的垂直参考线。

第三种绘制参考线的方法是使用vlines()函数和hlines()函数。这种方法适用于同时绘制多条水平参考线或垂直参考线。图7-11(c)是使用这两个函数绘制的图像。代码命令hlines([1, 4],[0],[10])中，[1,4]表示绘制两条水平参考线$y = 1$和$y = 4$，[0]和[10]表示水平参考线的起始点和终止点的横坐标分别是0和10。同理，vlines([3, 7],[0],[5])中，[3,7]表示绘制两条垂直参考线$x = 3$和$x = 7$，[0]和[5]表示垂直参考线的起始点和终止点的纵坐标分别是0和5。

图7-11(d)展示了如何绘制水平和垂直参考填充区域，其中水平区域是使用代码命令axhspan(2.5,3)绘制，2.5和3表示填充纵轴范围是2.5到3之间的区域；垂直区域是使用代码命令axvspan(5,6)绘制，5和6表示填充横轴范围为5到6之间的区域。

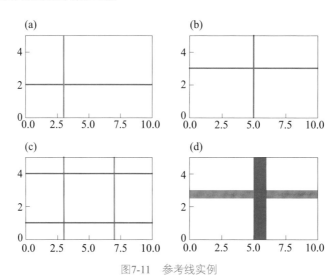

图7-11　参考线实例

运行以下代码可以生成图7-11。

B1_Ch7_5.py

```python
import matplotlib.pyplot as plt

fig, axs = plt.subplots(2, 2)
```

```
axs[0,0].plot([0, 10], [2, 2])
axs[0,0].plot([3, 3], [0, 5])
axs[0,0].set_xlim([0,10])
axs[0,0].set_ylim([0,5])

axs[0,1].axhline(3)
axs[0,1].axvline(5)
axs[0,1].set_xlim([0,10])
axs[0,1].set_ylim([0,5])

axs[1,0].vlines([3, 7],[0],[5],'r',linestyle = ':')
axs[1,0].hlines([1, 4],[0],[10],'b',linestyle = '--')
axs[1,0].set_xlim([0,10])
axs[1,0].set_ylim([0,5])

axs[1,1].axhspan(2.5,3, color = 'r')
axs[1,1].axvspan(5,6,color = 'b')
axs[1,1].set_xlim([0,10])
axs[1,1].set_ylim([0,5])
```

如图7-12所示为Google和Amazon在2020年全年的股价变化，图中的两条参考线分别为Google和Amazon的年平均股价。

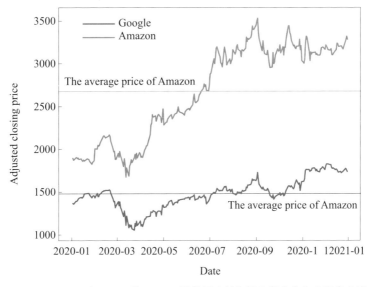

图7-12　2020年Google和Amazon股价图中的年平均股价作为水平参考线

以下代码可绘制图7-12。

`B1_Ch7_6.py`

```
import pandas_datareader as pdr
import numpy as np
import matplotlib.pyplot as plt
plt.close('all')
```

```
tickers = ['goog', 'amzn']
df = pdr.DataReader(tickers, data_source='yahoo', start='2020-01-01', end='2020-
12-30')
fig, ax = plt.subplots()
ax.plot(df.index,df['Adj Close']['goog'],label='Google')
ax.plot(df.index,df['Adj Close']['amzn'],label='Amazon')
goog_mean= np.mean(df['Adj Close']['goog'])
amzn_mean = np.mean(df['Adj Close']['amzn'])
ax.set_xlabel('Date')
ax.set_ylabel('Adjusted closing price')
[ax.axhline(y=i, color = j) for i,j in zip([goog_mean,amzn_mean],
['blue','orange']) ]
fig.text(0.15,0.62,'The average price of Amazon')
fig.text(0.67,0.22,'The average price of Google')
ax.legend(loc='upper left')
```

此外，图例的位置可以通过位置字符来指定。图7-12中的图例是通过legend(loc='upper left') 命令来指定图例的位置在图的左上方。读者也可以通过其他位置字符或数字代码来指定图例的位置，具体细节请查看表7-4。

表7-4　图例的位置字符和数字代码

位置字符	数字代码
'best'	0
'upper right'	1
'upper left'	2
'lower left'	3
'lower right'	4
'right'	5
'center left'	6
'center right'	7
'lower center'	8
'upper center'	9
'center'	10

7.5 添加数学公式

在绘制图像时，常常需要在图中插入数学公式。由于数学公式中常常包含希腊字母和数学符号，使用常规的文本很难准确地显示它们。此外，数学公式中常常有一些约定俗成的字体格式，如字体常常是 Times New Roman和斜体。读者可以使用Matplotlib自带的Tex表达式解释器和公式布局引擎来方便地在Matplotlib图中显示需要的数学公式。

一个完整的数学公式包括以下部分：(a) 常规文本，如x、y等英文字母；(b) 数学符号，如积分符号、开根、无穷大等；(c) 特殊字符，如希腊字母；(d) 公式布局，如n次方、分数、积分上下限等；(e) 字体格式。

在Matplotlib中，读者可以使用一些特定的代码来表示数学符号、特殊字符、公式布局和字体格式，具体如表7-5～表7-7所示。

表7-5　数学符号

数学表达	代码	数学表达	代码
∞	\infty	一重积分	\int
求和	\sum	二重积分	\iint
求积	\prod	三重积分	\iiint
求极限值	\lim	开根号	\sqrt{}
开n次方	\sqrt[n]	开立方	\sqrt[3]

表7-6　常用希腊字母对应的书写符号

希腊字母符号	代码	希腊字母符号	代码
α	\alpha	γ	\gamma
θ	\theta	ρ	\rho
β	\beta	χ	\chi
π	\pi	λ	\lambda
σ	\sigma	υ	\upsilon
τ	\tau	ω	\omega
η	\eta	φ	\phi

表7-7　字体和格式

字体或格式	代码	字体或格式	代码
分数	\frac	下标	_
上标	^	字体斜体	\mathit{}
		罗马字体	\mathrm{}

表7-5～表7-7所示的各种数学公式符号对应的代码表达常常需要和常规符号搭配使用，使用时需要在字符串的引号前添加r，用来告诉Matplotlib随后的字符串需要使用Tex表达式解释器来解释，在引号里还需要使用两个美元符号($)来包围这些数学文本，如以下字符串。

```
R'$\alpha > \beta$'
```

Matplotlib将会使用Tex表达式解释器解释为$\alpha > \beta$。

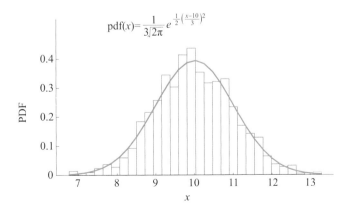

图7-13　正态分布及其概率密度函数

在图7-13中，将如下的正态分布的概率密度函数公式显示在图的标题中。

$$\text{pdf}(x) = \frac{1}{3\sqrt{2\pi}}e^{-\frac{1}{2}\left(\frac{x-10}{3}\right)^2} \tag{7-1}$$

式(7-1)对应的代码如下。

```
fig_title = r'$\frac{1}{3\sqrt{2\pi}}e^{-\frac{1}{2}(\frac{\mathit{x}-10}{3})^2}$'
```

其中\frac{1}{3}表示分数三分之一，\sqrt{2}表示根号2，^2表示某个数的平方。类似地，在图7-14中，将式(7-2)学生t-分布的概率密度函数显示在公式标题中。

$$\text{pdf}(x) = \frac{\Gamma\left(\frac{v+1}{2}\right)}{\sqrt{v\pi}\Gamma\left(\frac{v}{2}\right)}\left(1+\frac{x^2}{v}\right)^{-\frac{v+1}{2}} \tag{7-2}$$

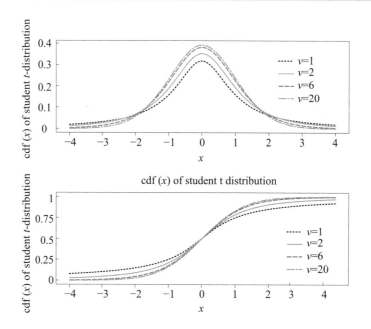

图7-14　学生t-分布的概率密度函数公式表达

运行以下代码可以生成图7-13和图7-14。

```
B1_Ch7_7.py

import numpy as np
import matplotlib.pyplot as plt
import scipy.stats
import matplotlib as mp
plt.close('all')

font = {'family':'Times New Roman','weight':'normal', 'size'    : 10}
mp.rc('font', **font)
```

```
plt.figure(1)
plt.subplot()
data = np.random.normal(10, 3, 1200)
_, bins, _ = plt.hist(data, 20, density=1, alpha=1,fill=0)
mu, sigma = scipy.stats.norm.fit(data)
best_fit_line = scipy.stats.norm.pdf(bins, mu, sigma)
plt.plot(bins, best_fit_line,'b--')
plt.xlabel('x')
plt.ylabel('PDF of a Normal Distribution')
fig_title = r'$\frac{1}{3\sqrt{2\pi}}e^{-\frac{1}{2}(\frac{\mathit{x}-10}{3})^2}$'
plt.title(fig_title)

df_list = [1,2,6,20]
linstyles = ['k:','-b','r--','g-.']
x = np.linspace(-4,4,100)
fig, axs = plt.subplots(2, 1)
pdf_title =
(r'$pdf(x)=\frac{\Gamma(\frac{\nu+1}{2})}{\sqrt{\nu\pi}\Gamma(\f
rac{\nu}{2})}(1+\frac{x^2}{\nu})^{-(\frac{\nu+1}{2})}$')
axs[0].set_xlabel(r'$\mathit{x}$')
axs[0].set_ylabel('pdf(x) of student t distribution')
axs[0].set_title(pdf_title)
ax_legend=[r'$\nu=1$',r'$\nu=2$',r'$\nu=6$',r'$\nu=20$']
axs[1].set_xlabel (r'$\mathit{x}$')
axs[1].set_title('cdf(x) of student t distribution')
axs[1].set_ylabel('cdf(x) of student t distribution')
fig.tight_layout(pad=1)
for mu,line,legend in zip(df_list,linstyles,ax_legend):
    norm_pdf = scipy.stats.t.pdf(x, mu)
    axs[0].plot(x, norm_pdf,line,label=legend)
    norm_cdf = scipy.stats.t.cdf(x, mu)
    axs[1].plot(x, norm_cdf,line,label=legend)

axs[0].legend(loc="upper right")
axs[1].legend(loc="lower right")
```

7.6 常见二维图像

在7.1节中重点介绍了如何创建基本的线图。本节中将会介绍如何创建一些常见的二维图像，包括包含误差曲线的线图和包含图形填充的线图、火柴杆图、等温线图和散点图。

使用errorbar() 函数和fill_between() 函数可以分别用来创建包含误差曲线的线图和包含图形填充的线图，如图7-15所示。

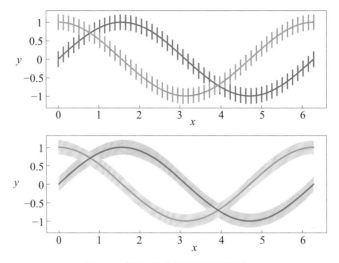

图7-15 添加误差曲线和图形填充

运行以下代码可以生成图7-15。

```
B1_Ch7_8.py

import numpy as np
import matplotlib.pyplot as plt
import matplotlib
plt.close('all')
fig,ax = plt.subplots(2,1,figsize=(13/2.54,2*7/2.54))
font = {'family':'Times New Roman','weight':'normal', 'size'    : 8}
matplotlib.rc('font', **font)
x = np.linspace(0, 2 * np.pi)
y_sin = np.sin(x)
y_cos = np.cos(x)
#subplot_1
ax[0].errorbar(x, y_sin, 0.2)
ax[0].errorbar(x, y_cos, 0.2)
ax[0].set(xlabel='X', ylabel='Y')
#subplot_2
ax[1].plot(x,y_sin,x,y_cos)
ax[1].fill_between(x,y_sin+0.2, y_sin-0.2,alpha=0.2)
ax[1].fill_between(x,y_cos+0.2, y_cos-0.2,alpha=0.2)
ax[1].set(xlabel='X', ylabel='Y')
```

火柴杆图 (stem plot) 常常用来表示一些离散的数据点，用以强调数据点之间的离散关系。在Matplotlib中，读者可以使用stem()函数绘制火柴杆图，离散数据点的标记符号同样可以指定，这些标记符号对应的代码和线图类似，具体见表7-3。如图7-16是一个火柴杆图的例子。

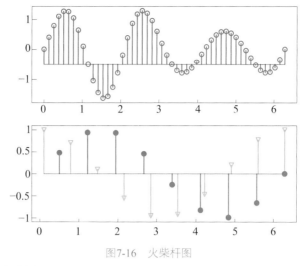

图7-16　火柴杆图

运行以下代码可以生成图7-16。

```python
import matplotlib.pyplot as plt
import numpy as np
import matplotlib

plt.close('all')
x1 = np.linspace(0, 2 * np.pi, 50)
y1 = np.exp(0.5*np.sin(x1))*np.sin(3*x1)

fig,ax = plt.subplots(2,1,figsize=(13/2.54,2*7/2.54))
font = {'family':'Times New Roman','weight':'normal', 'size'   : 8}
matplotlib.rc('font', **font)

#subplot#1
markerline1, stemlines1, baseline1 =ax[0].stem(x1, y1, use_line_
collection=False,bottom = -0.5)
plt.setp(markerline1, fillstyle = 'none',mec = 'g')
plt.setp(stemlines1, color = 'b',linewidth = 1)
plt.setp(baseline1,color = 'r',linestyle = '--')

#subplot#2
x2 = np.linspace(0.1,2*np.pi,10)
x3 = np.linspace(0.5,2*np.pi,9)
markerline2, stemlines2, baseline2 =ax[1].stem(x2, np.cos(x2), use_line_
collection=False)
markerline3, stemlines3, baseline2 =ax[1].stem(x3, np.sin(x3), use_line_
collection=False)
plt.setp(markerline2, marker = 'v',fillstyle = 'none',mec = 'c')
plt.setp(stemlines2, color = 'm',linewidth = 1)
```

等值线图是一种特殊的二维图，它是在一个二维平面上将数值相等的各点连成的闭合曲线；等值线图可以看作三维图的平面化显示。在Matplotlib中，读者可以使用contour() 函数绘制等值线图。如图7-17所示是一个等值线图的例子。

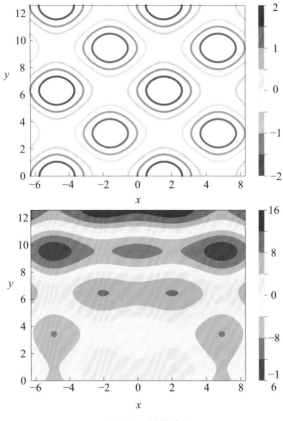

图7-17　等值线图

运行以下代码可以生成图7-17。

`B1_Ch7_10.py`

```python
import matplotlib.pyplot as plt
import numpy as np
import math
import matplotlib
plt.close('all')
dx = 0.01; dy = 0.01
x = np.linspace(-2*math.pi,2*math.pi,100)
y = np.linspace(0,4*math.pi,100)
X,Y = np.meshgrid(x,y)
def f1(x,y):
    return (np.sin(x)+np.cos(y))
def f2(x,y):
    return (x*np.sin(x)+y*np.cos(y))
fig,ax = plt.subplots(2,1,figsize=(13/2.54,2*7/2.54))
#subplot #1
```

```
C1 = ax[0].contour(X,Y,f1(X,Y),cmap = 'cool')
#plt.clabel(C, inline=1, fontsize=10)
ax[0].set(xlabel='X', ylabel='Y')
#The following code is used to plot the continuous colorbar
norm= matplotlib.colors.Normalize(vmin=C1.cvalues.min(), vmax=C1.cvalues.max())
sm = plt.cm.ScalarMappable(norm=norm, cmap = C1.cmap)
sm.set_array([])
fig.colorbar(sm, ax=ax[0],ticks=C1.levels)
#subplot #2
C2 = ax[1].contourf(X,Y,f2(X,Y),cmap = 'RdBu_r')
ax[1].set(xlabel='X', ylabel='Y')
fig.colorbar(C2,ax=ax[1])
```

7.7 常见三维图像

本节将会介绍如何绘制一些常见的三维图，包括线图、散点图、火柴杆图、曲面图、线框图和三维向二维投影图。在Matplotlib中，这些三维图的绘制和二维图绘制有一些类似之处。

类似于二维线图，三维空间线图同样需要使用plot() 函数，但使用时有两个不同之处。第一个是创建空白图时需要指定图的属性projection='3d'，此外绘制三维线图时需要给定每个数据点的三维坐标，即x、y和z。如图7-18所示是两个三维空间线图的例子。

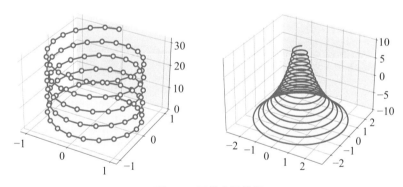

图7-18　三维空间线图

运行以下代码可以生成图7-18。

B1_Ch7_11.py

```
import matplotlib as mpl
from mpl_toolkits.mplot3d import Axes3D
import numpy as np
import matplotlib.pyplot as plt
import math

mpl.rcParams['legend.fontsize'] = 10
```

```
fig = plt.figure(figsize=plt.figaspect(0.5))
ax1 = fig.add_subplot(1, 2, 1, projection='3d')
t = np.linspace(0, 10*math.pi, 100)
x = np.sin(t)
y = np.cos(t)
ax1.plot(x, y, t, 'o-',markerfacecolor='#D9FFFF')
ax1.set_xticks([-1,0,1])
ax1.set_yticks([-1,0,1])
ax1.set_zticks([0,10,20,30])

ax2 = fig.add_subplot(1, 2, 2, projection='3d')
t = np.linspace(-10, 10, 1000)
x = np.exp(-1*t/10)*np.sin(5*t)
y = np.exp(-1*t/10)*np.cos(5*t)
ax2.plot(x, y, t, markerfacecolor='#D9FFFF')
ax2.set_xticks([-2,-1,0,1,2])
ax2.set_yticks([-2,-1,0,1,2])
ax2.set_zticks([-10,-5,0,5,10])
plt.show()
```

　　创建如图7-19所示的三维散点图和火柴杆图时需要分别使用scatter() 和art3d.Line3D() 函数，创建这些图像时同样需要指定图的属性，即projection='3d'。

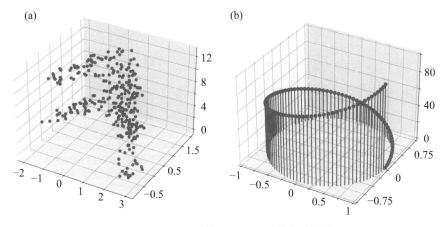

图7-19　(a) 三维散点图，(b) 三维火柴杆图

　　以下代码可以生成图7-19。

B1_Ch7_12.py

```
import matplotlib.pyplot as plt
import numpy as np
import mpl_toolkits.mplot3d.art3d as art3d

z = np.linspace(0,4*np.pi,300)
x = 2*np.cos(z) + np.random.rand(1,300)
y = np.cos(x) + np.random.rand(1,300)
```

```
fig = plt.figure()
ax = fig.add_subplot(121, projection='3d')
ax.scatter(x, y, z)

ax = fig.add_subplot(1, 2, 2, projection='3d')
N = 100
theta = np.linspace(0, 2*np.pi, N, endpoint=False)
x = np.cos(theta)
y = np.sin(theta)
z = range(N)
for xi, yi, zi in zip(x, y, z):
    line=art3d.Line3D(*zip((xi, yi, 0), (xi, yi, zi)), marker='o',
markevery=(1, 1))
    ax.add_line(line)
ax.set_xlim3d(-1, 1)
ax.set_ylim3d(-1, 1)
ax.set_zlim3d(0, N)
plt.show()
```

三维的曲面图和线框图能更好地展示三维数据。这两种图像最大的不同之处在于三维曲面图的颜色往往代表对应数据点z轴数值的大小，而线框图的线的颜色不代表z轴数值。这两种三维图分别可以使用plot_surface() 函数和plot_wireframe() 函数实现。如图7-20所示对比了使用三维曲面图和三维线框图来展示欧式看涨/看跌期权Gamma随到期时间和标的物价格的变化。使用三维曲面图和三维线框图往往能够更形象地展示三维数据。

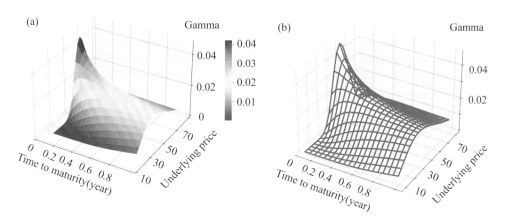

图7-20 (a) 三维曲面图，(b)三维线框图

此外，三维曲面图还可以向某二维平面投影。如图7-21(a) 展示了三维曲面图投影到垂直于Time to maturity轴的二维平面上。这时候使用的函数是contour()，并且使用这个函数时指定zdir='x'，表示投影平面垂直于x轴，即Time to maturity轴。为了更清楚地展示，图7-21(b) 绘制出了这个投影图。绘制这个投影图时需要给定视角的方向，这时候需要使用view_init()函数，并分别通过elev参数和azim 参数将视角的仰角和方位角传入view_init() 函数中。

图7-22给出了某一视角下的仰角θ和方位角α的定义。view_init(elev=0, azim=0) 表示视角为沿着x轴反方向，view_init(elev=0, azim=90) 表示视角为沿着y轴反方向，view_init(elev=90, azim=0) 表示视角为沿着z轴反方向。对于其他视角，读者可以通过改变elev和azim的参数，灵活设定。

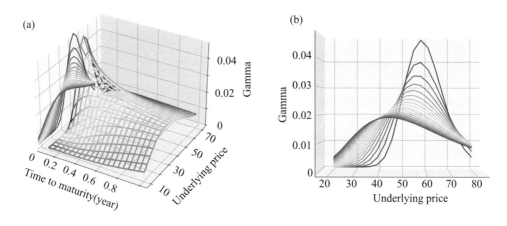

图7-21　(a) 三维曲面图向二维平面投影，(b) 二维投影图

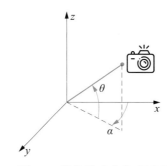

图7-22　仰角θ和方位角α示意图

运行以下代码可以生成图7-20和图7-21。

```
B1_Ch7_13.py
```

```python
import math
import numpy as np
import matplotlib as mpl
import matplotlib.pyplot as plt
from scipy.stats import norm
from mpl_toolkits.mplot3d import axes3d
from matplotlib import cm,ticker

plt.close('all')
#Gamma of European option

def blsgamma(St, K, tau, r, vol, q):
    d1 = (math.log(St / K) + (r - q + 0.5 * vol ** 2)\
        *tau) / (vol * math.sqrt(tau));

    Gamma = math.exp(-q*tau)*norm.pdf(d1)/St/vol/math.sqrt(tau);

    return Gamma

#Initialize
```

```python
tau_array = np.linspace(0.1,1,20);
St_array  = np.linspace(20,80,20);
tau_Matrix,St_Matrix = np.meshgrid(tau_array,St_array)

Delta_call_Matrix = np.empty(np.size(tau_Matrix))
Delta_put_Matrix  = np.empty(np.size(tau_Matrix))

K = 60;     #strike price
r = 0.025;  #risk-free rate
vol = 0.45; #volatility
q = 0;      #continuously compounded yield of the underlying asset

blsgamma_vec = np.vectorize(blsgamma)
Gamma_Matrix = blsgamma_vec(St_Matrix, K, tau_Matrix, r, vol, q)

fig = plt.figure(figsize=(8,12))
ax1 = fig.add_subplot(2, 1, 1, projection='3d')
sur=ax1.plot_surface(tau_Matrix, St_Matrix, Gamma_Matrix, cmap='coolwarm')
sur.set_facecolor((0,0,0,0))
cb = fig.colorbar(sur,ax=ax1, shrink=0.4, aspect=10)
tick_locator = ticker.MaxNLocator(nbins=5)
cb.locator = tick_locator
cb.update_ticks()

ax1.set_xticks([0,0.2,0.4,0.6,0.8])
ax1.set_yticks([10,30,50,70,90])
ax1.set_zticks([0,0.02,0.04])
ax1.set_xlabel('Time to maturity (year)')
ax1.set_ylabel('Underlying price')
ax1.set_zlabel('Gamma')

ax2 = fig.add_subplot(2, 1, 2, projection='3d')
ax2.plot_wireframe(tau_Matrix, St_Matrix, Gamma_Matrix, linewidth=1)
ax2.set_xlabel('Time to maturity (year)')
ax2.set_ylabel('Underlying price')
ax2.set_zlabel('Gamma')
#%%
fig = plt.figure(figsize=(8,12))
ax1 = fig.add_subplot(2, 1, 1, projection='3d')
ax1.contour(tau_Matrix, St_Matrix, Gamma_Matrix, levels = 20, zdir='x', \
            offset=0.2, cmap=cm.coolwarm)
ax1.view_init(azim=0, elev=0)
ax1.set_xticks([])
ax1.w_xaxis.line.set_lw(0.)
ax1.set_ylabel('Underlying price')
ax1.set_zlabel('Gamma')

norm = plt.Normalize(Gamma_Matrix.min(), Gamma_Matrix.max())
```

```
colors = cm.coolwarm(norm(Gamma_Matrix))
ax2 = fig.add_subplot(2, 1, 2, projection='3d')
sur=ax2.plot_surface(tau_Matrix, St_Matrix, Gamma_Matrix,
facecolors=colors, shade=False)
sur.set_facecolor((0,0,0,0))
ax2.contour(tau_Matrix, St_Matrix, Gamma_Matrix, levels = 20, zdir='x', \
            offset=0, cmap=cm.coolwarm)
ax2.set_xlabel('Time to maturity (year)')
ax2.set_ylabel('Underlying price')
ax2.set_zlabel('Gamma')
```

7.8 统计数据可视化

本节介绍统计数据中饼图、柱状图和直方图的绘制。饼图可以使用Matplotlib中的pie() 函数来绘制。通过pie() 函数中的explode参数可以指定生成的饼图是否为爆炸图，如图7-23所示。

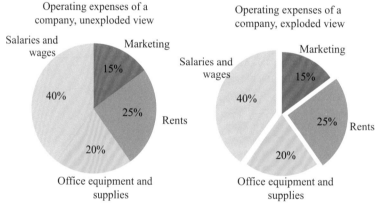

图7-23　饼图

运行以下代码可以生成图7-23。

```
import matplotlib.pyplot as plt
#Pie chart, where the slices will be ordered and plotted counter-clockwise:
labels = 'Salaries and Wages', 'Office Equipment and Supplies', 'Rents',
'Marketing'
sizes = [40, 20, 25, 15]
explode = (0.1, 0.1, 0, 0)   #only "explode" the 2nd slice (i.e. 'Hogs')

fig1, ax1 = plt.subplots()
ax1.pie(sizes, labels=labels, autopct='%1.1f%%',
        shadow=True, startangle=90)
```

```
ax1.axis('equal')  #Equal aspect ratio ensures that pie is drawn as a circle.
ax1.set_title('Operating Expenses of a company, unexploded')
plt.show()

fig1, ax1 = plt.subplots()
ax1.pie(sizes, explode=explode, labels=labels, autopct='%1.1f%%',
        shadow=True, startangle=90)
ax1.axis('equal')  #Equal aspect ratio ensures that pie is drawn as a circle.
ax1.set_title('Operating Expenses of a company, partially exploded')
plt.show()
```

　　柱状图也是一类常见的统计绘图，柱状图的高度表示数据的数量，宽度则没有实际意义。柱状图的柱子可以是垂直的，也可以是水平的。Matplotlib、Pandas和Seaborn均可以绘制柱状图。如图7-24展示了使用Matplotlib或者Pandas绘制的柱状图，而图7-25则展示了使用Seaborn绘制的柱状图。这是因为相对于Matplotlib，使用Pandas或Seaborn绘制的柱状图更为简单，使用的代码行数更少；此外，Seaborn绘制的柱状图更为美观。另外，对比图7-24和图7-25的两张水平柱状图，不难发现，柱状图的纵坐标是季度，图7-24和图7-25季度的排序是相反的。

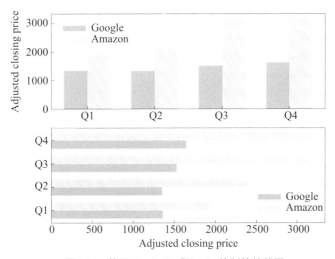

图7-24　使用Matplotlib或Pandas绘制的柱状图

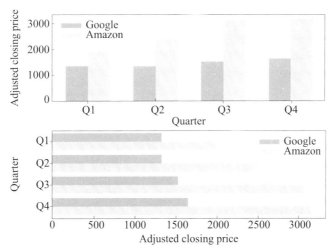

图7-25　使用Seaborn绘制的柱状图

Seaborn是另外一个经常使用的Python绘图库，它建立在Matplotlib的基础上，但是，相对于Matplotlib，Seaborn可以使用更少的代码绘制更为美观的图像。此外，Seaborn高度地兼容其他Python基础库，如NumPy、Pandas和SciPy等。Seaborn是由神经学专家Michael Waskom于2012年创建并发布第一个稳定版本。

Michael Waskom, postdoctoral researcher in the Center for Neural Science at New York University, creator of the Seaborn package.
(Source: https://www.cns.nyu.edu/~mwaskom/)

运行以下代码可生成图7-24和图7-25。

```
B1_Ch7_15.py
```

```python
import matplotlib
import matplotlib.pyplot as plt
import numpy as np
import pandas as pd
import seaborn as sns
import pandas_datareader as pdr
plt.close('all')

tickers = ['goog', 'amzn']
df = pdr.DataReader(tickers, data_source='yahoo', start='2020-01-01', end='2020-12-30')

goog_Q1_mean= np.mean(df['Adj Close']['goog']['2020-01-02':'2020-03-31'])
goog_Q2_mean= np.mean(df['Adj Close']['goog']['2020-04-01':'2020-06-30'])
goog_Q3_mean= np.mean(df['Adj Close']['goog']['2020-07-01':'2020-08-30'])
goog_Q4_mean= np.mean(df['Adj Close']['goog']['2020-09-01':'2020-12-30'])
amzn_Q1_mean= np.mean(df['Adj Close']['amzn']['2020-01-02':'2020-03-31'])
amzn_Q2_mean= np.mean(df['Adj Close']['amzn']['2020-04-01':'2020-06-30'])
amzn_Q3_mean= np.mean(df['Adj Close']['amzn']['2020-07-01':'2020-08-30'])
amzn_Q4_mean= np.mean(df['Adj Close']['amzn']['2020-09-01':'2020-12-30'])

labels = ['Q1', 'Q2', 'Q3', 'Q4']
goog_means = [goog_Q1_mean, goog_Q2_mean, goog_Q3_mean, goog_Q4_mean]
amazn_means = [amzn_Q1_mean, amzn_Q2_mean, amzn_Q3_mean, amzn_Q4_mean]

x = np.arange(len(labels))  #the label locations
width = 0.35  #the width of the bars

#Bar chart using Matplotlib
fig, ax = plt.subplots(2,1)
ax[0].bar(x - width/2, goog_means, width, label='Google')
```

```
ax[0].bar(x + width/2, amazn_means, width, label='Amazon')
ax[0].set_ylabel('Adjusted closing price')
ax[0].set_xticks(x)
ax[0].set_xticklabels(labels)
ax[0].legend()

ax[1].barh(x - width/2, goog_means, width, label='Google')
ax[1].barh(x + width/2, amazn_means, width, label='Amazon')
ax[1].set_xlabel('Adjusted closing price')
ax[1].set_yticks(x)
ax[1].set_yticklabels(labels)
ax[1].legend()
#%% bar chart by using seaborn
plt.subplot
price = goog_means + amazn_means
stock = ['Google']*4 + ['Amazon']*4
Quarter = labels*2
df = pd.DataFrame({'Quarter':Quarter,'Adjusted closing
price':price,'Stock':stock})
fig, ax = plt.subplots(2,1)
sns.barplot(x='Quarter', y='Adjusted closing price',hue='Stock',data=df,ci=None,
palette="Set2",ax=ax[0])
sns.barplot(y='Quarter', x='Adjusted closing price',hue='Stock',data=df,ci=None,
palette="Set2",ax=ax[1])
#%% bar chart by using pandas
df = pd.DataFrame({'Google':goog_means,'Amazon':amazn_means},index=labels)
fig, ax = plt.subplots(2,1)
df.plot.bar(rot=0,color={'Google':'red','Amazon':'blue'},ax=ax[0])
ax[0].set_ylabel("Adjusted closing price")
df.plot.barh(rot=0,color={'Google':'red','Amazon':'blue'},ax=ax[1])
ax[1].set_xlabel("Adjusted closing price")
```

　　直方图也是一类常见的统计绘图。直方图用于展示数据的分布情况，类似柱状图，直方图的柱子高度表示数据的大小。但不同于柱状图的是，直方图的宽度有实际的意义。直方图的宽度表示一个数据区间，直方图的高度或长度常常用于表示出现在该区间的数据的频数或者频率。如图7-26所示，每一个子图表示某种分布的随机数，子图中每一个柱子表示随机数的一个区间，而纵轴则表示出现在该区间的频数。

　　运行以下代码可以生成图7-26。

```
B1_Ch7_16.py
```

```
import numpy as np
import matplotlib.pyplot as plt
dist_list = ['uniform','normal','exponential','lognormal','chisquare','beta']
param_list = ['-2,2','0,1','1','0,1','2','0.5,0.9']
colors_list = ['green','blue','yellow','cyan','magenta','pink']
fig,ax = plt.subplots(nrows=2, ncols=3,figsize=(12,7))
plt_ind_list = np.arange(6)+231
```

```
for dist, plt_ind, param, colors in zip(dist_list, plt_ind_list, param_list,
colors_list):
    x = eval('np.random.'+dist+'('+param+',5000)')
    plt.subplot(plt_ind)
    plt.hist(x,bins=50,color=colors)
    plt.title(dist)

fig.subplots_adjust(hspace=0.4,wspace=.3)
plt.suptitle('Random Data from Various Distributions',fontsize=20)
plt.show()
```

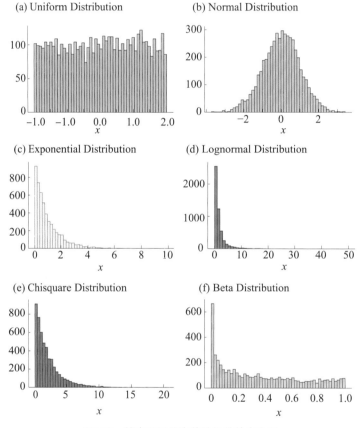

图7-26　符合不同分布的随机数的直方图

7.9 交互式绘图简介

　　本章前边介绍的绘图功能都是用于生成非交互式的图像，也就是说图像一旦通过代码生成后，用户不能交互式地改变图像。对于**交互式绘图** (interactive plot)，在图像生成后，用户仍可以通过图像界面的操作来修改图像中的细节。交互式绘图是Python进行数据可视化的一个重要特点，因此本节将会以几个例子来展示Python交互式绘图。在这些例子中，用户可以实时地调节函数的某些参数并绘制出新的曲线。

如图7-27所示，余弦曲线的幅值、频率、相位角和偏移量均可以通过图像中的滑条实时地调节，曲线也会实时地更新，这样用户即可方便地调整参数来更好地观察曲线随参数的变化而变化的情况。

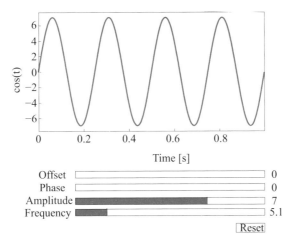

图7-27　余弦曲线交互式绘图

运行以下代码可以生成图7-27。

```
B1_Ch7_17.py
```

```python
import numpy as np
import matplotlib.pyplot as plt
import math
from matplotlib.widgets import Slider, Button, RadioButtons

fig, ax = plt.subplots()
plt.subplots_adjust(bottom=0.4)
t = np.arange(0.0, 1.0, 0.001)
a0,f0,fi0,p0 = 7,4,0,0
delta_f = 5.0
s = a0 * np.sin(2 * np.pi * f0 * t + fi0) + p0
l, = plt.plot(t, s, lw=2)
ax.margins(x=0)
plt.xlabel('Time [s]')
plt.ylabel(r'$\it{sin(t)}$')

axcolor = 'lightgoldenrodyellow'
axfreq = plt.axes([0.25, 0.1, 0.65, 0.03], facecolor=axcolor)
axamp = plt.axes([0.25, 0.15, 0.65, 0.03], facecolor=axcolor)
axfi = plt.axes([0.25, 0.2, 0.65, 0.03], facecolor=axcolor)
axp = plt.axes([0.25, 0.25, 0.65, 0.03], facecolor=axcolor)

sfreq = Slider(axfreq, 'Frequency', 0.1, 30.0, valinit=f0, valstep=delta_f)
```

```
samp = Slider(axamp, 'Amplitude', 0.1, 10.0, valinit=a0,valstep = 0.5)
sfi = Slider(axfi,'Phase',0,2*math.pi,valinit=fi0,valstep = math.pi/20)
sp = Slider(axp,'Offset',0,4,valinit=p0,valstep = 0.5)

def update(val):
    amp = samp.val
    freq = sfreq.val
    fi = sfi.val
    p = sp.val
    l.set_ydata(amp*np.cos(2*np.pi*freq*t+fi)+p)
    fig.canvas.draw_idle()
sfreq.on_changed(update)
samp.on_changed(update)
sfi.on_changed(update)
sp.on_changed(update)

resetax = plt.axes([0.8, 0.025, 0.1, 0.04])
button = Button(resetax, 'Reset', color=axcolor, hovercolor='0.975')

def reset(event):
    sfreq.reset()
    samp.reset()
button.on_clicked(reset)
plt.show()
```

如图7-28展示了欧式看涨/看跌期权价值的二维线图，横坐标是标的物价值S、纵轴是欧式看涨或看跌期权价值。在图7-28中，可以通过调整执行价格K、到期时间τ、无风险利率r、波动率vol和连续红利q实时地更新线图。

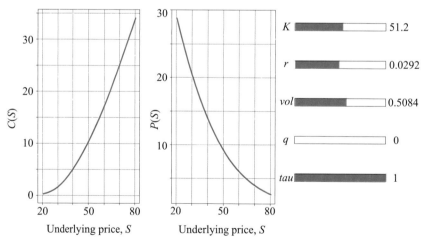

图7-28　欧式看涨/看跌期权价值随标的物价值S、执行价格K、到期时间τ、无风险利率r、波动率vol和连续红利q变化

如图7-29展示了欧式看涨/看跌期权价值的等值线图。横坐标是标的物价值S，纵坐标是到期时间τ。同样地，用户通过滑条可以调整多个参数的数值，等值线图可以实时地获得更新。

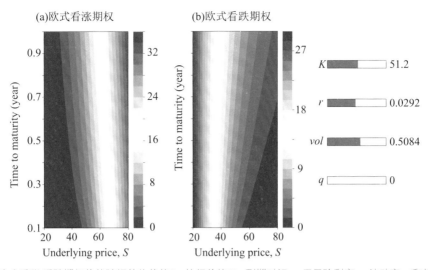

(a)欧式看涨期权 (b)欧式看跌期权

图7-29　欧式看涨/看跌期权价值随标的物价值S、执行价格K、到期时间τ、无风险利率r、波动率vol和红利q变化

运行以下代码可以生成图7-28和图7-29。

B1_Ch7_18.py

```python
import matplotlib.pyplot as plt
from matplotlib.widgets import Slider, Button
import math
import numpy as np
from scipy.stats import norm
from matplotlib.font_manager import FontProperties

font = FontProperties()
font.set_family('serif')
font.set_name('Times New Roman')
font.set_size(12)

S0 = 50;    #spot price
S_array  = np.linspace(20,80,26);
delta_S = S_array[1]-S_array[0];

K0 = 50;    #strike price
K_array  = np.linspace(20,80,26);
delta_K = K_array[1]-K_array[0];

r0 = 0.03; #risk-free rate
r_array  = np.linspace(0.01,0.05,26);
delta_r = r_array[1]-r_array[0];

vol0 = 0.5; #volatility
vol_array  = np.linspace(0.01,0.9,26);
delta_vol = vol_array[1]-vol_array[0];
```

```
q0 = 0;        #continuously compounded yield of the underlying asset
q_array  = np.linspace(0,0.02,26);
delta_q = q_array[2]-q_array[1];


tau0 = 1;      #time to maturity
tau_array  = np.linspace(0.1,1,26);
delta_tau = tau_array[2]-tau_array[1];


#Delta of European option

def blsprice(St, K, tau, r, vol, q):

    d1 = (math.log(St / K) + (r - q + 0.5 * vol ** 2)\
          *tau) / (vol * math.sqrt(tau));
    d2 = d1 - vol*math.sqrt(tau);

    Call = norm.cdf(d1, loc=0, scale=1)*St*math.exp(-q*tau) - \
        norm.cdf(d2, loc=0, scale=1)*K*math.exp(-r*tau)

    Put  = -norm.cdf(-d1, loc=0, scale=1)*St*math.exp(-q*tau) + \
        norm.cdf(-d2, loc=0, scale=1)*K*math.exp(-r*tau)


    return Call, Put

def plot_curve(S_array,Call_array,Put_array,text):

    fig, axs = plt.subplots(1,3,figsize=(13,7))

    a1, = axs[0].plot(S_array, Call_array)
    x_label = '$\it{' + text + '}$'
    axs[0].set_xlabel(x_label, fontname="Times New Roman", fontsize=12)
    y_label = '$\it{C}$($\it{' + text + '}$)'
    axs[0].set_ylabel(y_label, family="Times New Roman", fontsize=12)
    axs[0].grid(linestyle='--', linewidth=0.25, color=[0.5,0.5,0.5])

    a2,=axs[1].plot(S_array, Put_array)
    axs[1].set_xlabel(x_label, family="Times New Roman", fontsize=12)
    y_label = '$\it{P}$($\it{' + text + '}$)'
    axs[1].set_ylabel(y_label, fontname="Times New Roman", fontsize=12)
    axs[1].grid(linestyle='--', linewidth=0.25, color=[0.5,0.5,0.5])
    axs[2].axis('off')
    return fig,a1,a2,axs[2]


def plot_contour(S_array,Call_array,Put_array,label1,label2):

    fig, axs = plt.subplots(1,3,figsize=(13,7))
    cntr1 = axs[0].contourf(S_Matrix, tau_Matrix, Call_Matrix, levels = 20,
cmap="RdBu_r")
```

```
        cntr2 = axs[1].contourf(S_Matrix, tau_Matrix, Put_Matrix, levels = 20,
cmap="RdBu_r")
    fig.colorbar(cntr2, ax=axs[1])
    fig.colorbar(cntr1, ax=axs[0])
    axs[2].axis('off')
    x_label1 = '$\it{' + label1 + '}$'
    axs[0].set_xlabel(x_label1, fontname="Times New Roman", fontsize=12)
    y_label1 = '$\it{C}$($\it{' + label1+','+label2+ '}$)'
    axs[0].set_ylabel(y_label1, family="Times New Roman", fontsize=12)
    x_label2 = '$\it{' + label2 + '}$'
    axs[1].set_xlabel(x_label2, fontname="Times New Roman", fontsize=12)
    y_label1 = '$\it{P}$($\it{' + label1+','+label2+ '}$)'
    axs[1].set_ylabel(y_label1, family="Times New Roman", fontsize=12)
    plt.show()
    return fig,axs[0],axs[1],axs[2]


blsprice_vec = np.vectorize(blsprice)
#%% option vs S


plt.close('all')


Call_array, Put_array = blsprice_vec(S_array, K0, tau0, r0, vol0, q0)


S_plot,S_ax1,S_ax2,a3 = plot_curve(S_array,Call_array,Put_array,'S')


axcolor = 'lightgoldenrodyellow'
ax_K = plt.axes([0.7, 0.7+0.1, 0.2, 0.03], facecolor=axcolor)
ax_r = plt.axes([ 0.7,0.55+0.1, 0.2, 0.03], facecolor=axcolor)
ax_vol = plt.axes([ 0.7,0.4+0.1, 0.2, 0.03], facecolor=axcolor)
ax_q = plt.axes([ 0.7, 0.25+0.1,0.2, 0.03], facecolor=axcolor)
ax_tau = plt.axes([ 0.7, 0.1+0.1,0.2, 0.03], facecolor=axcolor)


K_slider = Slider(ax_K, r'$\it{K}$', K_array[0], K_array[-1], valinit=K0,
valstep=delta_K)
r_slider = Slider(ax_r, r'$\it{r}$', r_array[0], r_array[-1], valinit=r0,
valstep=delta_r)
vol_slider = Slider(ax_vol, r'$\it{vol}$', vol_array[0], vol_array[-1],
valinit=vol0, valstep=delta_vol)
q_slider = Slider(ax_q, r'$\it{q}$', q_array[0], q_array[-1], valinit=q0,
valstep=delta_q)
tau_slider = Slider(ax_tau,  r'$\it{tau}$', tau_array[0], tau_array[-1],
valinit=tau0, valstep=delta_tau)


def update(val):
    K = K_slider.val
    tau = tau_slider.val
    r = r_slider.val
    vol = vol_slider.val
```

```python
    q = q_slider.val
    Call_array, Put_array = blsprice_vec(S_array, K, tau, r, vol, q)
    S_ax1.set_ydata(Call_array)
    S_ax2.set_ydata(Put_array)
    S_plot.canvas.draw_idle()


K_slider.on_changed(update)
tau_slider.on_changed(update)
r_slider.on_changed(update)
q_slider.on_changed(update)
vol_slider.on_changed(update)

resetax = plt.axes([0.75, 0.1, 0.1, 0.04])
button = Button(resetax, 'Reset', color=axcolor, hovercolor='0.975')

def reset(event):
    K_slider.reset()
    tau_slider.reset()
    r_slider.reset()
    vol_slider.reset()
    q_slider.reset()


button.on_clicked(reset)
#%%
S_Matrix,tau_Matrix = np.meshgrid(S_array,tau_array)
Call_Matrix, Put_Matrix = blsprice_vec(S_Matrix, K0, tau_Matrix, r0, vol0, q0)
C_plot,C_ax1,C_ax2,C_ax3 = plot_contour(S_array,Call_Matrix,Put_Matrix,'S','Tau')


ax_K2 = plt.axes([0.7, 0.7+0.1, 0.2, 0.03], facecolor=axcolor)
ax_r2 = plt.axes([ 0.7,0.55+0.1, 0.2, 0.03], facecolor=axcolor)
ax_vol2 = plt.axes([ 0.7,0.4+0.1, 0.2, 0.03], facecolor=axcolor)
ax_q2 = plt.axes([ 0.7, 0.25+0.1,0.2, 0.03], facecolor=axcolor)

K_slider2 = Slider(ax_K2, r'$\it{K}$', K_array[0], K_array[-1], valinit=K0,
valstep=delta_K)
r_slider2 = Slider(ax_r2, r'$\it{r}$', r_array[0], r_array[-1], valinit=r0,
valstep=delta_r)
vol_slider2 = Slider(ax_vol2, r'$\it{vol}$', vol_array[0], vol_array[-1],
valinit=vol0, valstep=delta_vol)
q_slider2 = Slider(ax_q2, r'$\it{q}$', q_array[0], q_array[-1], valinit=q0,
valstep=delta_q)

def update(val):
    K = K_slider2.val
    r = r_slider2.val
    vol = vol_slider2.val
```

```
    q = q_slider2.val
    Call_Matrix, Put_Matrix = blsprice_vec(S_Matrix, K, tau_Matrix, r, vol, q)
C_ax1.cla()
    C_ax2.cla()
    C_ax1.contourf(S_Matrix, tau_Matrix, Call_Matrix, levels = 20, cmap="RdBu_r")
    C_ax2.contourf(S_Matrix, tau_Matrix, Put_Matrix, levels = 20, cmap="RdBu_r")

K_slider2.on_changed(update)
r_slider2.on_changed(update)
q_slider2.on_changed(update)
vol_slider2.on_changed(update)

resetax = plt.axes([0.75, 0.2, 0.1, 0.04])
button = Button(resetax, 'Reset', color=axcolor, hovercolor='0.975')

def reset(event):
    K_slider2.reset()
    r_slider2.reset()
    vol_slider2.reset()
    q_slider2.reset()
button.on_clicked(reset)
```

  本章重点介绍了如何使用Matplotlib绘制各种常见图像，这些绘图功能将会在本书其他章节中被大量使用。此外，还简单地介绍了如何在Python中进行交互式绘图，感兴趣的读者可以进一步深入地了解和学习。

Probability and Statistics Ⅰ
第8章 概率与统计 Ⅰ

用数据来撒谎很容易，不用数据就想阐述真理却很难。

It is easy to lie with statistics. It's hard to tell the truth without statistics.

——安德尔斯·唐克尔斯 (Andrejs Dunkels)

    概率和统计经常被放在一起讨论，二者有着紧密的联系，但是却是截然不同的两个概念。通俗地说，概率是已知规律，去推测结果；统计则是已知结果，去找到规律。Python在概率论与数理统计中的运算，以及与可视化相结合方面，具有简单并且强大的功能，相关的运算包括Scipy、Numpy、Matplotlib和Seaborn等。

Biography: Gerolamo (24 September 1501 – 21 September 1576) was an Italian polymath, whose interests and proficiencies ranged from being a mathematician, physician, biologist, physicist, chemist, astrologer, astronomer, philosopher, writer, and gambler. He was one of the most influential mathematicians of the Renaissance, and was one of the key figures in the foundation of probability and the earliest introducer of the binomial coefficients and the binomial theorem in the western world. He wrote more than 200 works on science. (Sources: https://peoplepill.com/people/gerolamo-cardano/)

Biography: Jacob Bernoulli (6 January 1655—16 August 1705) Bernoulli greatly advanced algebra, the infinitesimal calculus, the calculus of variations, mechanics, the theory of series, and the theory of probability. He was self-willed, obstinate, aggressive, vindictive, beset by feelings of inferiority, and yet firmly convinced of his own abilities. With these characteristics, he necessarily had to collide with his similarly disposed brother. He nevertheless exerted the most lasting influence on the latter.Bernoulli was one of the most significant promoters of the formal methods of higher analysis. Astuteness and elegance are seldom found in his method of presentation and expression, but there is a maximum of integrity. (Sources: https://www.thocp.net/biographies/bernoulli.html and http://mathshistory.st-andrews.ac.uk/Biographies/Bernoulli_Jacob.html)

- ◀ `ax.hlines()` 绘制垂直线
- ◀ `ax.spines[].set_visible()` 设定是否显示某边框
- ◀ `ax.vlines()` 绘制水平线
- ◀ `cmf()` 产生累积密度函数
- ◀ `matplotlib.pyplot.bar()` 绘制柱状图
- ◀ `matplotlib.pyplot.gca().spines[].set_visible()` 设定是否显示某边框
- ◀ `matplotlib.pyplot.scatter()` 绘制散点图
- ◀ `numpy.average()` 得到平均值
- ◀ `pdf()` 产生概率密度函数
- ◀ `pmf()` 产生概率质量函数
- ◀ `ppf()` 产生分位数函数（累积密度函数的逆函数）
- ◀ `random.expovariate()` 产生服从指数分布的随机数
- ◀ `random.gauss()` 产生服从正态分布的随机数
- ◀ `random.randint()` 产生随机整数
- ◀ `random.random()` 产生随机浮点数
- ◀ `random.randrange()` 返回指定递增基数集合中的一个随机数
- ◀ `random.seed()` 初始化随机状态
- ◀ `random.shuffle()` 将序列的所有元素重新随机排序
- ◀ `random.uniform()` 产生服从均匀分布的随机数
- ◀ `set_major_formatter()` 设置主坐标轴刻度的具体格式
- ◀ `set_major_locator()` 设置主坐标轴刻度的数值定位方式
- ◀ `stats( , moments='mvsk')` 产生期望、方差、偏度和峰度

8.1 概率与随机事件

概率是日常生活中经常说起的一个概念，比如明天下雨的概率是多少；投资某股票赚钱的概率有多大；路上堵车的概率有多大；等等。这个看似简单的概念，实际上对其本质一直存在着争论，有兴趣的读者可以了解其中的贝叶斯学派和客观概率学派各自的观点。这些争论，或许要更多地留给哲学家们去探讨。在这里，我们聚焦在没有争议的部分：概率是用0到1之间的实数对随机事件发生的可能性进行的度量。

所谓**随机事件** (event)，是指在一定条件下，可能不发生，也可能发生的试验结果。如果此随机事件不可能发生，那么概率为0；如果一定发生，则概率为1。如图8-1描述了随机事件发生的概率。猪能上天，作为不可能发生的事件，概率为0。太阳每天都会升起，它是一定发生事件，概率为1。掷硬币会有相同的概率得到正面或者反面，概率各为0.5。抛色子则只有1/6的概率得到某个确定数字。从装着3个白球和1个黑球的袋子中，抓到白球的概率是3/4。

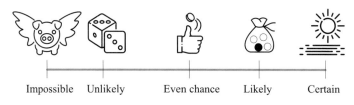

| Impossible | Unlikely | Even chance | Likely | Certain |

图8-1　随机事件

讨论概率时，常用掷色子作为例子，每掷一次色子为一次**试验** (trial)。每次掷出的结果，为随机事件。很明显，这里的随机事件包括掷出数字为1、2、3、4、5和6。掷出的结果不可能是这6个数字之外的任何数字，这称为不可能事件。不可能事件也是随机事件，用概率度量，其概率为0；而其结果一定是从1到6中的六个数字之一，所以掷出1到6中六个数字之一为必然事件，其概率为1。那么掷到某特定数字，比如3的概率是多少呢？理论认为掷出这六个数字任意一个的概率是相同的，都是1/6。我们可以亲自掷色子进行试验，但是这个过程人为地执行起来非常费时费力，而用Python则可以模拟这个过程快速地进行验证。

`B1_Ch8_1.py`

```python
import random
import pandas as pd

#total trial number
trials_total = 1000
#number of outcome 3
outcome_freq = 0
#define seed random number generator
random.seed(1)
#generate random integer in [1,6]
outcomes=pd.Series([], dtype=int)
for _ in range (trials_total):
    outcome = random.randint(1,6)
    if outcome == 3:
        outcome_freq = outcome_freq + 1
print('Probability of outcome 3: ', outcome_freq/trials_total)
```

上面的代码就是这个过程的模拟，从1000次模拟可以得出，掷出数字3的概率为0.165，接近1/6。这是基于概率的频率定义进行的模拟，得到的概率值为近似值。代码中用到了random.seed(1) 来初始化随机状态，通过设定同样的种子，可以保证产生的随机数可以重现，random.randint(1,6) 用来产生从1到6的随机整数。

想必大家都听说过**蒙提霍尔问题** (Monty Hall problem)，即**三门问题**。作为概率史上最有争议的问题之一，它看似简单，但是结论却是非常反常识的。

这个问题是以Monty Hall命名的，因为其来源是他在美国CBS电视台一档名为"Let's Make a Deal"节目中的一个游戏。参加游戏的嘉宾面前有三扇关闭的门，其中一扇门的后面是一辆汽车，另外两扇门后面则各有一只山羊，如果嘉宾选中后面是汽车的那扇门，可赢得该汽车。游戏开始后，当嘉宾选定了一扇门，但尚未开启时，主持人Monty Hall会开启剩下两扇门中后面是山羊的一扇门。接着，Monty Hall会给嘉宾一个换选另一扇仍然关着的门的机会。于是，"换"与"不换"就成为了一个问题。哪种选择，得到汽车的概率大？如果只凭直觉，似乎这是筛除了一个后面是山羊的门，那么剩下两个门一个是汽车，一个是山羊，概率都是1/2，所以换与不换没有区别。

但是，如果仔细思考，我们可以分成下面几种情况分析。嘉宾最初选中汽车的概率是1/3，选中山羊的概率是2/3，而如果嘉宾最初选择了山羊，Monty Hall打开后面有山羊的门后，嘉宾只要换，就可以选中汽车，因此换后，得到汽车的概率为2/3。因此，"换"得到汽车的概率要远大于"不换"。图8-2可以帮助我们更直观地理解这个问题。

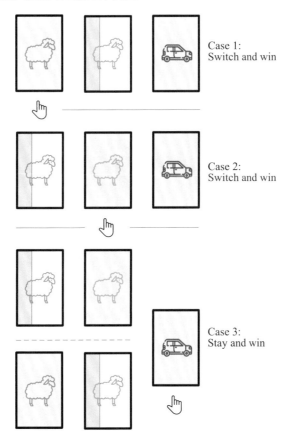

图8-2　蒙提霍尔问题

Python也可以用来解决蒙提霍尔问题，下面的代码用了1000次模拟，得到"不换"和"换"赢得汽车的概率分别为0.334和0.666，这与前面的分析结果是一致的。

```
B1_Ch8_2.py

import random

trials = 1000 #total number of simulations/trials

wins_stick = 0   #number of wins if stick to the door picked initially
wins_switch = 0 #number of wins if switch the door

random.seed(1)

for _ in range(trials):
    #0: door with goat behind
    #1: door with car behind
    doors = [1,0,0]             #one car and two goats
    random.shuffle(doors)       #shuffling doors randomly

    initial_pick = random.randrange(3) #picking a random door

    door_initial_pick = doors[initial_pick] #storing initially picked door

    del(doors[initial_pick]) #remaining doors (excluding initial pick)

    counter = 0
    for door in doors:
        if door == 0:
            del(doors[counter]) #deleting a door if a goat behind: door == 0
            break
        counter+=1

    if door_initial_pick == 1: #wins_stick adds 1 if initial pick is 1 (goat)
        wins_stick+=1

    if doors[0] == 1: #wins_switch adds 1 if it is goat after switch
        wins_switch+=1

print("Probability of Stay to Win =", wins_stick/trials)
print("Probability of Switch to Win = ", wins_switch/trials)
```

8.2 贝叶斯定理

前面通过直观的分析解释了蒙提霍尔问题，其实这个问题用**贝叶斯定理** (Bayes' theorem) 也可以进行解释。

 Thomas Bayes (1702—1761) was an English clergyman who set out his theory of probability in 1764. His conclusions were accepted by Laplace in 1781, rediscovered by Condorcet, and remained unchallenged until Boole questioned them. Since then Bayes' techniques have been subject to controversy. (Sources: https://mathshistory.st-andrews. ac.uk/Biographies/Bayes/)

统计学中的贝叶斯定理是关于两个随机事件条件概率的一个定理，它是描述在已知一些条件下，某事件发生的概率。其公式为：

$$P(A|B) = P(A)\frac{P(B|A)}{P(B)} \tag{8-1}$$

其中，A和B代表两个随机事件，并且$P(B)$不为零。$P(A)$被称为事件A的**先验概率**（prior probability），或**边缘概率**，之所以称为"先验"是因为它与事件B是否发生无关。同样的，$P(B)$是事件B的先验概率。$P(A|B)$是指在事件B发生的情况下事件A发生的概率，因为事件A发生于事件B后面，所以被称作事件A的**后验概率**（posterior probability），后验概率可以理解为在事件B发生之后，对事件A发生概率的重新评估。同样的，$P(B|A)$被称作事件B的后验概率。

为了得到事件A的后验概率，需要用到调整因子$P(B|A)/P(B)$，对其先验概率进行调整，这个因子被称为**标准似然度**（standardised likelihood），即要通过这个与事件B相关的标准似然度对先验概率进行调整。从这个角度，贝叶斯定理可以通俗地写成如下关系式。

$$\text{Posterior probability} = \text{Prior probability} \times \text{Standardised likelihood} \tag{8-2}$$

分析式(8-2)，如果标准似然度大于1，意味着先验概率得到增强，事件A发生的可能性变大，也就是在事件B已经发生的情况下，事件A的后验概率要大于先验概率；如果标准似然度恰好为1，则事件A的先验概率与后验概率相同，表明事件B是否发生，对事件A发生的概率无影响；如果标准似然度小于1，说明事件B的发生使得事件A的先验概率被削弱，事件A发生的可能性变小。如图8-3直观地阐释了先验概率、后验概率以及标准似然度之间的关系。

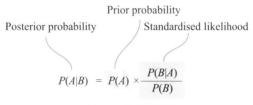

图8-3　贝叶斯原理

在蒙提霍尔问题中，在A、B和C三扇门中，打开任意一扇门，后面是汽车的概率是相同的，即P(CarA)、P(CarB)和P(CarC)均为1/3。

假如，嘉宾选择A门，而B门后面为羊，主持人打开的是B门，那么A门后面是汽车的概率为：

$$P(CarA|B) = P(B|CarA) \times P(CarA)/P(B) \tag{8-3}$$

在嘉宾已经选择了A门的情况下，主持人打开B门的概率为：

$$\begin{aligned}P(B) = &P(B|CarA) \times P(CarA) \\ &+ P(B|CarB) \times P(CarB) \\ &+ P(B|CarC) \times P(CarC)\end{aligned} \tag{8-4}$$

其中，P(B|CarA) 为A门后面为汽车，主持人打开B门的概率，因为这种情况下，主持人可以从B门和C门中任选一个打开，所以概率为1/2。P(B|CarB) 为B门后面为汽车，主持人打开B门的概率，主持人不可能打开后面为汽车的B门，所以其概率为0。P(B|CarC) 为C门后面为汽车，主持人打开B门的概率，这种情况下，主持人只有一种选择，只能打开门后为羊的C门，所以概率为1。

由上面的分析，可以得到：

$$\begin{aligned} P(B) &= P(B|CarA) \times P(CarA) \\ &+ P(B|CarB) \times P(CarB) \\ &+ P(B|CarC) \times P(CarC) \\ &= 1/2 \times 1/3 + 0 \times 1/3 + 1 \times 1/3 \\ &= 1/2 \end{aligned}$$

(8-5)

因此，有下面的结果。

$$P(CarA|B) = P(CarA) \frac{P(B|CarA)}{P(B)} = \frac{1}{3} \times \frac{1/2}{1/2} = 1/3$$

(8-6)

利用同样的分析方法，如果嘉宾选择A门，主持人打开B门，而C门后面为汽车的概率P(CarC|B) = 2/3。因此，有同样的结论，"换"得到汽车的概率要远大于"不换"。

用下面的代码也可得到与前述分析完全一样的结果。

B1_Ch8_3.py

```python
#calculate the probability of Monty Hall problem

#function of Bayes theorem
def bayes_theorem(p_x, p_y_given_x, p_y):
    p_x_given_y = p_x * (p_y_given_x / p_y)
    return p_x_given_y

#P(CarA) P(CarB) P(CarC)
p_a = 1/3
p_b = 1/3
p_c = 1/3

#P(B|CarA) P(B|CarB) P(B|CarC)
p_b_given_a = 1/2
p_b_given_b = 0
p_b_given_c = 1

#calculate P(B)
p_b = p_b_given_a*p_a + p_b_given_b*p_b + p_b_given_c*p_c

#calculate P(A|B)
p_a_given_b = bayes_theorem(p_a, p_b_given_a, p_b)

#calculate P(C|B)
p_c_given_b = bayes_theorem(p_c, p_b_given_c, p_b)
```

```
#summary
print('Probability of Stay to Win : P(A|B) = %.3f%%' % (p_a_given_b * 100))
print('Probability of Switch to Win : P(C|B) = %.3f%%' % (p_c_given_b * 100))
```

运行结果如下。

```
Probability of Stay to Win : P(A|B) = 33.333%
Probability of Switch to Win : P(C|B) = 66.667%
```

8.3 随机变量

从样本空间的元素到实数域进行映射，这个实数的值根据样本空间中的元素不同而随机产生，这就引入了**随机变量** (random variable) 的概念。也就是说随机变量就是样本空间对应的一个实值的单值的函数。简单地理解，随机变量就是随机现象结果的数量表现。如图8-4展示了随机事件、随机变量以及其取值的关系。

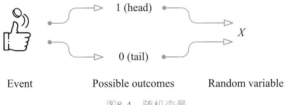

图8-4　随机变量

随机变量分为两种基本类型：**离散型随机变量** (discrete random variable) 和**连续型随机变量** (continuous random variable)。离散型随机变量是指其取值只能为有限的数量。比如掷色子，结果只能从1到6的六个数中选择。而连续型随机变量则可以在给定区间内取任意的实数值，其取值的数量是无限的。比如金融中的回报率，理论上它可以取任何值。如图8-5对比了这两种类型的随机变量。

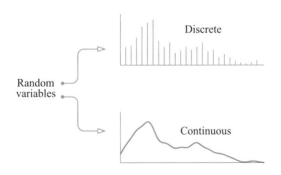

图8-5　离散型随机变量和连续型随机变量

Python有多个可以生成随机变量的运算包，比如Random、NumPy和Scipy等。它们在产生随机变量的功能上是类似的，这里以Random为例进行介绍。

Random是最常用的产生随机数的运算包之一。其中的randint() 函数可以产生随机整数。下面的代码模拟了掷10次色子的结果。

```
B1_Ch8_4_A.py

import random
import pandas as pd

#define seed random number generator
random.seed(1)
#generate random integer in [1,6]
outcomes=pd.Series([], dtype=int)
for _ in range (10):
    outcome = random.randint(1,6)
    print(outcome)
    outcomes[len(outcomes)] = outcome
```

在代码中，如前所述，通过random.seed(1) 来初始化随机状态。randint(1,6) 则限定生成 [1, 6] 内的随机整数。通过运行上述代码，每次掷色子的结果显示如下；这里创建了一个序列outcomes，用来存储产生的结果 (随机数)。

```
2
5
1
3
1
4
4
4
6
4
```

为了更加直观地展示结果，这里用柱状、散点和线型三种方式绘制了结果图形，其代码如下所示，如图8-6所示为运行后产生的图形，供大家参考。

```
B1_Ch8_4_B.py

import matplotlib.pyplot as plt
import numpy as np

plt.figure(figsize=(14, 3))
toss = ('1st','2nd','3rd','4th','5th','6th','7th','8th','9th','10th')
#bar graph
plt.subplot(131)
plt.xticks(np.arange(10), toss)
plt.bar(np.arange(10), outcomes)
#scatter graph
plt.subplot(132)
plt.scatter(np.arange(10), outcomes)
```

```
plt.xticks(np.arange(10), toss)
#line graph
plt.subplot(133)
plt.plot(outcomes)
plt.xticks(np.arange(10), toss)
#graph title
plt.suptitle('Outcome of 10 Tosses')
plt.show()
```

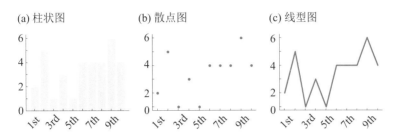

(a) 柱状图　　　　(b) 散点图　　　　(c) 线型图

图8-6　掷10次色子结果显示

同样的，如果需要生成区间 [0,1] 上的随机浮点数，只需要用random.random() 函数即可。需要产生服从均匀分布的随机数，可以使用random.uniform() 函数得到；需要生成服从正态分布的随机数，可以使用random.gauss() 函数得到；需要生成服从指数分布的随机数，可以用random.expovariate() 函数得到。读者可以根据前面随机整数产生及可视化的代码，请自行练习。

对于离散型随机变量，通常用**概率质量函数** (Probability Mass Function, PMF) 去描述，其反映的是离散随机变量在各特定取值上的概率。对于连续型随机变量，则用**概率密度函数** (Probability Density Function, PDF) 描述随机变量的输出值在某个特定取值点附近的可能性。另外，**累积分布函数** (Cumulative Distribution Function, CDF)，即概率密度函数的积分，常被用来描述一个随机变量的完整的概率分布。

以掷色子为例，每次试验结果为1到6的六个整数之一。如果定义变量X为试验结果，那么六个可能的结果为$x_1 = 1, x_2 = 2, \cdots, x_6 = 6$。各自的概率为$P(X = x_i) = 1/6$，$i = 1,2,\cdots,6$。于是PMF和CDF可以表示为：

$$f(x) = \begin{cases} 1/6, & x = 1 \\ 1/6, & x = 2 \\ 1/6, & x = 3 \\ 1/6, & x = 4 \\ 1/6, & x = 5 \\ 1/6, & x = 6 \\ 0, & \text{otherwise} \end{cases} \Rightarrow F(x) = \begin{cases} 0, & -\infty < x < 1 \\ 1/6, & 1 \leqslant x < 2 \\ 2/6, & 2 \leqslant x < 3 \\ 3/6, & 3 \leqslant x < 4 \\ 4/6, & 4 \leqslant x < 5 \\ 5/6, & 5 \leqslant x < 6 \\ 1, & 6 \leqslant x < \infty \end{cases}$$

下面的代码对PMF和CDF进行了更加直观的可视化展示。

B1_Ch8_5.py

```
import pandas as pd
import matplotlib.ticker as mticker
import matplotlib.pyplot as plt
```

```
f = pd.Series()
F = pd.Series()
F.at[0] = 0.0
for x in range(1, 7):
    f.at[x]= 1/6
    F.at[x] = F.at[x-1] + f[x]


fig, (ax1, ax2) = plt.subplots(nrows=1, ncols=2, figsize=(14, 5))
#set up positions and labels for y ticks
positions = [1/6, 2/6, 3/6, 4/6, 5/6, 1]
labels = ['1/6', '2/6', '3/6', '4/6', '5/6', '1']

#PDF figure
ax1_xticks = range(1,7)

ax1.plot(ax1_xticks, f, 'bo')
ax1.vlines(ax1_xticks, 0, f, color='blue')

ax1.set_xlabel('x')
ax1.set_ylabel('f(x)')
ax1.set_ylim(0.0, 1.0)

ax1.yaxis.set_major_locator(mticker.FixedLocator(positions))
ax1.yaxis.set_major_formatter(plt.FixedFormatter(labels))
ax1.set_title('PMF')

#CDF figure
ax2_xticks = range(0,8)

ax2.hlines(y=F, xmin=ax2_xticks[:-1], xmax=ax2_xticks[1:], color='red', zorder=1)
ax2.vlines(x=ax2_xticks[1:-1], ymin=F[:-1], ymax=F[1:], color='red',
linestyle='dashed', zorder=1)

ax2.scatter(ax2_xticks[1:-1], F[1:], color='red', s=20, zorder=2)
ax2.scatter(ax2_xticks[1:-1], F[:-1], color='white', s=20, zorder=2,
edgecolor='red')

ax2.set_xlabel('x')
ax2.set_ylabel('F(x)')

ax2.yaxis.set_major_locator(mticker.FixedLocator(positions))
ax2.yaxis.set_major_formatter(plt.FixedFormatter(labels))
ax2.set_title('CDF')
```

　　如图8-7(a) 所示的概率质量函数图形显示了每次掷色子得到1到6之间某一数字的概率均为1/6，而图8-7 (b) 累积分布函数则可以看到累积的概率依次增加，如果掷得的数字为1到6之间任一数字，其概率为1。

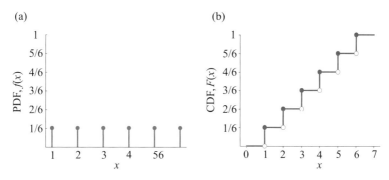

图8-7 掷色子试验的概率质量函数和累积分布函数

对于随机变量，利用其概率分布函数可以精确地进行描述。然而，因为概率分布函数包含所有的信息，所以通常比较复杂。举个通俗的例子，假若把某人的身材当作一个随机变量，并对这个随机变量进行描述。这个人的三维立体图就相当于分布函数，可以对这个人的身材进行精确描述，但是分布函数包含着太多的细节，比如这个人的四肢、发型、头型，甚至五官的大小等。但是只需要选择其中一些最关键的描述，比如身高、体重，就可以对这个人的身材有大概的了解，从而大大简化描述过程。这里的身高、体重就相当于这个随机变量的期望、方差等数字特征。

随机变量的**期望** (expectation) 指以概率值为权重，加权平均随机变量所有可能的取值。对于随机变量X的期望$E(X)$，通常用$\mu = E(X)$来表示，它描述了随机变量分布的中心位置。对于离散型随机变量，其表示式为：

$$E(X) = \sum_i x_i p(x_i) \tag{8-7}$$

其中，X指离散型随机变量，x_i指随机变量的取值，$p(x_i)$指随机变量取值x_i对应的概率。

举个例子，假如有一只股票，赚100块钱的概率是10%，赔10块钱的概率是90%，那么这只股票赚钱的期望是多少？首先，把买这只股票赚钱作为一个随机变量，那么赚100块和赔10块这两个事件，映射成为随机变量的可能取值，接着把这两个事件对应于一个关于收益的线性函数，即收益为100或者-10，其各自对应的概率为10%和90%，因此，对于这个离散分布，其期望为：

$$\begin{aligned} E &= 100 \times 10\% + (-10) \times 90\% \\ &= 1 \end{aligned} \tag{8-8}$$

即这个随机变量对应的收益期望为赚1块钱。

可以借用Numpy里的average()函数来计算这种情况下的期望。

```
import numpy as np
mu = np.average([100, -10], weights=[0.1, 0.9])
```

期望值为。

```
1.0
```

对于连续型随机变量，其表示式为：

$$E(X) = \int_{-\infty}^{+\infty} x f(x) \mathrm{d}x \tag{8-9}$$

其中，X指连续型随机变量，$f(x)$指概率密度函数。

例如，有如下一个连续型随机变量，其概率密度函数为：

$$f(x) = \begin{cases} \dfrac{1}{6}, & 0 \leq x \leq 6 \\ 0, & \text{otherwise} \end{cases} \tag{8-10}$$

根据上述定义可以得到：

$$\begin{aligned} E(X) &= \int_{-\infty}^{+\infty} x f(x) \mathrm{d}x \\ &= \int_{-\infty}^{0} x f(x) \mathrm{d}x + \int_{0}^{6} x f(x) \mathrm{d}x + \int_{6}^{+\infty} x f(x) \mathrm{d}x \\ &= 0 + \int_{0}^{6} \frac{1}{6} x \mathrm{d}x + 0 \\ &= \left[\frac{1}{6} \cdot \frac{1}{2} \cdot x^2 \right]_0^6 \\ &= 3 \end{aligned} \tag{8-11}$$

随机变量的**方差** (variance) 是用来度量随机变量与其期望之间偏离程度的一个量。它反映的是随机变量的离散程度，方差越大，说明随机变量的取值分布越不均匀；方差越小，说明随机变量的取值越趋近于期望值 (均值)。

随机变量的方差数学表示式为：

$$\mathrm{var}(X) = E\left[\left(X - E[X] \right)^2 \right] \tag{8-12}$$

其中，X 为随机变量。

对于离散型变量，方差可以表示为：

$$\mathrm{var}(X) = \sum_{i=1}^{n} \left[x_i - E(X) \right]^2 p_i \tag{8-13}$$

其中，X 为离散型随机变量，$E(X)$ 为该随机变量的期望，p_i 为每一随机变量的取值对应的概率。

对于连续型随机变量，方差的表示为：

$$\mathrm{var}(X) = \int_{-\infty}^{+\infty} \left[x_i - E(X) \right]^2 f(x) \mathrm{d}x \tag{8-14}$$

其中，X 为连续型随机变量，$E(X)$ 为该随机变量的期望，p_i 为每一随机变量的取值对应的概率，$f(x)$ 为概率密度函数。

方差的算术平方根叫作**标准差** (standard deviation) 或者**均方差**。同样的，标准差也是用来衡量随机变量的离散程度的一个度量。之所以在方差基础上引入标准差，是因为方差与原数据的量纲是不同的，虽然可以描述数据与期望的偏离程度，但是并不符合直观思维，而标准差则可二者兼顾。随机变量的标准差的数学表示式为：

$$\sigma = \sqrt{\mathrm{var}(X)} \tag{8-15}$$

其中，X 为随机变量，$\mathrm{var}(X)$ 为该随机变量的方差。

在数理统计中，还会经常遇到一个概念——**矩** (moment)。这个概念是源于物理学的力矩，大家或许都会想起**阿基米德** (Archimedes) 的那句名言"给我一个支点，我可以翘起地球 (Give me a lever long enough and a fulcrum on which to place it, and I shall move the world.)"，他最初用的是moving power，在后来不同语言的翻译及演化中，就变成了现在英文中的moment。物理学中，力矩为力与力臂的乘积，比如，两个力F_1和F_2作用于同一点的力臂分别为r_1和r_2，那么其力矩为$F_1 \times r_1 + F_2 \times r_2$。对于统计学，假设有一个随机变量，其两个取值$x_1$和$x_2$的概率分别为$w_1$和$w_2$，那么其期望为$x_1 \times w_1 + x_2 \times w_2$，相信读者看到了与力矩的相似之处。

下面的数学公式有助于读者进一步的理解。以一个概率密度函数为$p(x)$的随机变量为例，那么相对于值μ的n阶矩为：

$$m_n = \int_{-\infty}^{+\infty} (x - \mu) p(x) \mathrm{d}x \tag{8-16}$$

其一阶原点距 (相对于原点) 为

$$E(X) = \int_{-\infty}^{+\infty} x \cdot p(x) \mathrm{d}x \mathrm{z} \tag{8-17}$$

这实际上就是该随机变量的期望。期望也被称为随机变量的中心，显然，任何随机变量的一阶中心矩皆为0。

随机变量的二阶中心矩即为方差：

$$\mathrm{var}(x) = \int_{-\infty}^{+\infty} \left[x - E(x) \right]^2 p(x) \mathrm{d}x \tag{8-18}$$

随机变量的三阶中心矩为**偏态** (skewness)，描述的是分布偏离对称的程度，即分布的歪斜情况。

$$S(x) = \int_{-\infty}^{+\infty} \left[x - E(x) \right]^3 p(x) \mathrm{d}x \tag{8-19}$$

如果偏度小于0，称为**负偏** (negative skewness)，则分布在均值左侧的离散度比右侧大，其分布图形的左侧有长尾；如果偏度大于0，称为**正偏** (positive skewness)，则分布在均值左侧的离散度比右侧小，其分布图形的右侧有长尾。对于严格对称的分布 (例如正态分布)，偏度为0。如图8-8展示了这两种情况的对比。

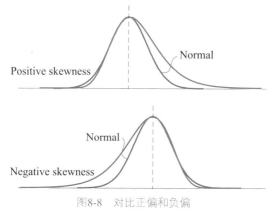

图8-8　对比正偏和负偏

随机变量的四阶中心矩为**峰态** (kurtosis)，描述的是分布的尖峰程度，亦即对峰值尖锐或者平坦情况的描述。

$$K(x) = \int_{-\infty}^{+\infty} \left[x - E(x) \right]^4 p(x) \mathrm{d}x \tag{8-20}$$

正态分布的峰态为3，为了更方便地描述，一般用分布的峰态与正态分布的峰态之差来标准化 (减去3）。如果分布的峰态标准化后大于0，表示这种分布相对正态分布更**平坦** (flatness)；如果分布的峰态标准化后小于0，则表示这种分布相对正态分布更**尖锐** (peakedness)。如图8-9所示为高峰态与低峰态，并与标准正态分布进行了对比。

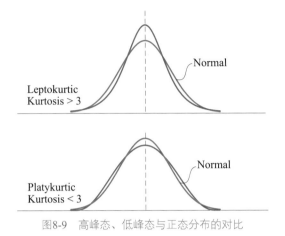

图8-9　高峰态、低峰态与正态分布的对比

8.4 离散型随机变量的概率分布

随机变量的概率分布可以说是所有量化金融的基础。无论是离散型随机变量还是连续型随机变量，对它们的分析处理，所依据的原理是相同的。基于随机变量的模型在金融领域占据着重要的地位，这是因为金融领域中诸如利率、股价、股票的回报率等，都无法通过确定性模型予以解释，而随机模型则可以进行很好地分析和预测。比如股价，其价格的波动往往是无法通过确定性模型给出合理的解释的。所以通常会用随机模型，即通过随机变量来表示。在随机模型中，在单个时间单位上对随机变量进行采样，根据这些采样结果得到随机模型的参数，即对这种模型进行校准，从而将这种模型作为一种金融工具来预测股价的变动。

首先从几种常用的离散型随机变量的概率分布讲起。在讲解中，会主要借助Scipy运算包的统计运算子包Stats。表8-1列举了Stats子包中部分函数名及分布对照表。表8-2则列举了部分通用函数。

表8-1　Scipy运算包Stats子包部分函数名及分布对照表

函数	对应分布	PDF	CDF
norm()	正态分布		
bernoulli()	伯努利分布		
poisson()	泊松分布		

函数	对应分布	PDF	CDF
uniform()	均匀分布		
expon()	指数分布		
binom()	二项分布		
beta()	贝塔分布		
gamma()	伽马分布		
Lognorm()	对数正态分布		

表8-2　Scipy运算包部分通用函数

函数	作用
pdf()	概率密度函数
cdf()	累计分布函数
ppf()	分位点函数 (CDF的逆)
rvs()	产生服从指定分布的随机数
sf()	残存函数 (1 – CDF)
isf()	逆残存函数 (sf的逆)
fit()	对一组随机取样进行拟合，最大似然估计方法找出最适合取样数据的概率密度函数系数

均匀分布 (uniform distribution) 或许是最简单的概率分布类型。离散型均匀分布分配给所有结果相等的权重。如果一个离散型随机变量X有 k 个可能的取值$x_1, x_2, \cdots, x_k$，并且其质量密度函数为：

$$P\left(X = x_i\right) = \frac{1}{k}, \ \forall i = 1, 2, 3, \cdots, k \tag{8-21}$$

通俗地说，如果这个随机变量有k个取值，每个取值的概率为$1/k$，其他取值的概率均为0，那么这个随机变量遵从离散均匀分布。这种分布的期望、方差为：

$$E\left(X\right) = \frac{k+1}{2}$$
$$\mathrm{var}\left(X\right) = \frac{1}{12}\left(k^2 - 1\right) \tag{8-22}$$

下面的例子用两种途径产生了从1到6的6个数字随机取值的均匀离散分布的密度质量函数。

```
B1_Ch8_6.py

from scipy.stats import randint
import numpy as np
import matplotlib.pyplot as plt

fig, (ax1, ax2) = plt.subplots(nrows=1, ncols=2, figsize=(14, 5))

low, high = 1, 7
mean, var, skew, kurt = randint.stats(low, high, moments='mvsk')

x = np.arange(low, high)

#plot from a "frozen" object (holding the given parameters fixed) of discrete uniform
random variable
rv = randint(low, high)
ax1.plot(x, rv.pmf(x), 'ro', label='frozen PMF')
ax1.set_xlabel('x')
ax1.set_ylabel('p(x)')
ax1.set_title('PMF--frozen object')
ax1.spines['right'].set_visible(False)
ax1.spines['top'].set_visible(False)
ax1.yaxis.set_ticks_position('left')
ax1.xaxis.set_ticks_position('bottom')

#plot from random variates
ax2.plot(x, randint.pmf(x, low, high), 'bo', label='randint PMF')
ax2.set_xlabel('x')
ax2.set_ylabel('p(x)')
ax2.set_title('PMF--randint')
ax2.spines['right'].set_visible(False)
ax2.spines['top'].set_visible(False)
ax2.yaxis.set_ticks_position('left')
ax2.xaxis.set_ticks_position('bottom')
```

如图8-10(a) 是用randint() 函数先创建一个按照给定参数产生的离散均匀随机数的固定对象rv，然后用pmf() 产生这个固定对象的概率质量函数，并作图。如图8-10 (b) 则是直接用randint.pmf() 产生离散均匀随机数，并同时作图。两种途径得到的图是完全一致的。

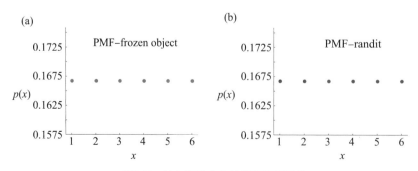

图8-10　均匀离散分布的概率质量函数

伯努利分布 (Bernoulli distribution)，也叫**两点分布**或者**0−1分布**，是为纪念瑞士科学家**雅各布·伯努利** (Jakob Bernoulli) 而命此名。它是一种离散型概率分布，其形式同样非常简单，因为其取值只有两个：0或者1，不同伯努利分布的差别只是取到这两个值的概率不同。伯努利分布概率质量函数为：

$$P\left(X=x_i\right)=\begin{cases}1-p, & x_0=0 \\ p, & x_1=1\end{cases} \tag{8-23}$$

或者写为：

$$P\left(X\right)=p^x\left(1-p\right)^{1-x} \tag{8-24}$$

其中，概率p满足$0<p<1$。

其期望和方差为：

$$\begin{aligned}E\left(X\right)&=p \\ \mathrm{var}\left(x\right)&=p\left(1-p\right)\end{aligned} \tag{8-25}$$

最常见的伯努利分布的例子大概就是抛硬币了。比如，定义硬币正面朝上为1，反面朝上为0。那么对于均匀硬币，其任意一面朝上的概率均为0.5。其质量密度函数可以写为：

$$P(X=x_i)=\begin{cases}0.5, & x_0=0 \\ 0.5, & x_1=1\end{cases} \tag{8-26}$$

用下面的代码可以绘制其概率质量函数，只有取值为0或者1时的概率为0.5，取其他任何值则为0。同时，利用内建函数stats(p, moments='mvsk')可以非常容易地得到它的期望、方差、偏度和峰度。

B1_Ch8_7.py

```python
from scipy.stats import bernoulli
import numpy as np
import matplotlib.pyplot as plt

p = 0.5
mean, var, skew, kurt = bernoulli.stats(p, moments='mvsk')
print('Expectation, Variance, Skewness, Kurtosis: ', mean, var, skew, kurt)

x = np.linspace(0, 1, 6)
plt.plot(x, bernoulli.pmf(x, p), '*')
plt.title('PMF--Bernoulli Distribution (p=0.5)')
plt.xlabel('x')
plt.ylabel('P(x)')
plt.gca().spines['right'].set_visible(False)
plt.gca().spines['top'].set_visible(False)
plt.gca().yaxis.set_ticks_position('left')
plt.gca().xaxis.set_ticks_position('bottom')
```

抛硬币问题的各阶矩 (期望、方差、偏度和峰度) 分别如下。

```
Expectation, Variance, Skewness, Kurtosis:   0.5 0.25 0.0 -2.0
```

如图8-11所示为抛硬币试验的概率质量函数，在六次抛硬币的尝试中，每次都会随机的出现正面或者反面。

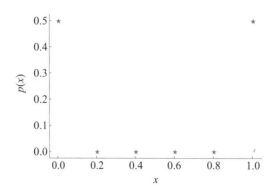

图8-11　抛硬币试验 (伯努利分布) 的概率质量函数 ($p = 0.5$)

二项分布 (binomial distribution) 是与伯努利分布有密切关系的一种离散随机分布，是指在n次独立的伯努利试验中，所期望的结果出现次数的概率分布。如果定义伯努利试验的两种结果分别为成功和失败，在单次伯努利试验中，成功的概率为p，失败的概率则为$1 - p$。如果进行n次独立的试验，想研究成功k次的概率 (k为从0到n的整数)，这就是二项分布涉及的研究内容。它的数学表达式为：

$$P(X = k) = \binom{n}{k} p^k (1-p)^{n-k} \quad (k = 0, 1, \cdots, n) \tag{8-27}$$

其中，X为离散随机变量。通常把这种遵循二项分布的随机变量写为$X \sim B(n; p)$，它的期望和方差为：

$$\begin{array}{c} E(X) = n \cdot p \\ \mathrm{var}(x) = n \cdot p(1-p) \end{array} \tag{8-28}$$

假定股票的价格在某一时刻只有上升与下降两种可能，上升的概率为p，那么下降的概率相应地为$1 - p$。如果上一时刻股票价格对下一时刻股票价格没有任何影响，即每一次交易都是独立的，而在一段时间内股票价格变化是由n个价格变化阶段构成，那么就可以把股票价格变化作为一个n重伯努利试验。如果用随机变量X来代表股票价格上升的次数，那么出现k次上升的概率就服从二项分布。假设股票上升的概率为0.6，在一段时间内有250次价格变化，那么每种上升次数的概率是多少？可以用下面的代码帮助解决这个问题。

B1_Ch8_8.py

```python
from scipy.stats import binom
import matplotlib.pyplot as plt
import numpy as np

n = 250
p = 0.6
```

```
mean,var,skew,kurt = binom.stats(n,p,moments='mvsk')
print('Expectation, Variance, Skewness, Kurtosis: ', mean, var, np.around(skew,4),
np.around(kurt,4))

x = np.arange(0, 251)
#scatter graph
plt.plot(x, binom.pmf(x, n, p),'o')

plt.title('Binomial Distribution (n=250, p=0.6)')
plt.xlabel('Number of Stock Price Increase')
plt.ylabel('Probability of Stock Price Increase')
plt.gca().spines['right'].set_visible(False)
plt.gca().spines['top'].set_visible(False)
plt.gca().yaxis.set_ticks_position('left')
plt.gca().xaxis.set_ticks_position('bottom')
```

期望、方差、偏度和峰度如下。

```
Expectation, Variance, Skewness, Kurtosis:  150.0 60.0 -0.0258 -0.0073
```

从图8-12可以看出，不同的股票价格上升的天数对应着不同的概率，股票价格上升天数为150天的概率最大。

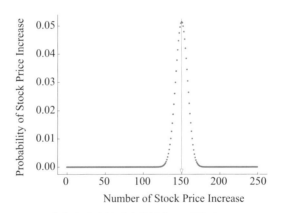

图8-12　股票价格上升次数对应的概率 (二项分布：$n = 250$，$p = 0.6$)

几何分布 (geometric distribution) 是在n次伯努利试验中，第k次试验才得到首次成功的概率分布，换句话说，是前$k-1$次均失败，在第k次成功的概率分布。如果X为服从参数为p的几何分布的随机变量，那么其概率质量函数的表达式为：

$$P(X=k)=(1-p)^{k-1}p, \quad k=1,2,3,\cdots \tag{8-29}$$

其期望和方差分别为：

$$E(X)=1/p$$
$$\mathrm{var}(X)=1/p\times(1/p-1) \tag{8-30}$$

这里仍然以抛硬币为例。通过下面的代码，可以绘制出图形并得到抛第几次可以首次得到正面的概率分布。

```
B1_Ch8_9.py

from scipy.stats import geom
import matplotlib.pyplot as plt
import numpy as np

p = 0.5

mean,var,skew,kurt = geom.stats(p,moments='mvsk')
print('Expectation, Variance, Skewness, Kurtosis: ', mean, var, skew, kurt)

x = np.arange(geom.ppf(0.01, p), geom.ppf(0.99, p))

plt.plot(x, geom.pmf(x, p),'o')
plt.title('Geometric Distribution (p=0.5)')
plt.xlabel('x')
plt.ylabel('Probability')
plt.gca().spines['right'].set_visible(False)
plt.gca().spines['top'].set_visible(False)
plt.gca().yaxis.set_ticks_position('left')
plt.gca().xaxis.set_ticks_position('bottom')
```

期望、方差、偏度和峰度如下。

```
Expectation, Variance, Skewness, Kurtosis:  2.0 2.0 2.12 6.5
```

如图8-13展示了首次抛得正面的概率分布，可见，第一次抛得正面的概率最高，为0.5。而通过更多次尝试，首次抛得正面的概率越来越小。

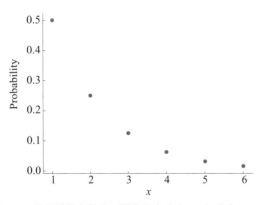

图8-13　抛硬币首次抛得正面的概率分布 (几何分布：$p = 0.5$)

如果二项分布的试验次数n非常大，事件每次发生的概率p非常小，并且它们的乘积np存在有限的极限λ，则这个二项分布趋近于另一种分布——**泊松分布** (Poisson distribution)。泊松分布是离散型分布，它是由法国著名数学家和物理学家**莫恩·德尼·泊松** (Siméon-Denis Poisson) 在1837年首先提出来的，它可以用来描述某段时间或者某个空间内随机事件发生的概率，因此适用于预测某些事件的发生，因此在金融、物理、经济、工程等领域得到广泛应用。泊松分布的概率质量函数为：

$$P(X = x) = \frac{\lambda^x}{x!}\exp(-\lambda) \quad (x = 0,1,2,\cdots) \tag{8-31}$$

经常把这种分布写作$X \sim Po(\lambda)$，泊松随机变量的期望和方差是一样的：

$$\begin{aligned} E(x) &= \mathrm{var}(x) \\ &= \lambda \end{aligned} \tag{8-32}$$

假设有一个投资组合包含1000项资产，在一年之中违约的可能性为0.2%，那么下面的代码，用泊松分布，可以得到在一年之中各个违约个数的概率。

`B1_Ch8_10.py`

```python
from scipy.stats import poisson
import matplotlib.pyplot as plt
import numpy as np

lamb = 2
mean,var,skew,kurt = poisson.stats(lamb, moments='mvsk')

x = np.arange(0, 15)

plt.plot(x, poisson.pmf(x, lamb), 'ro', label=r'$\mathit{\lambda}=%i$' % lamb)
plt.title('Poisson Distribution'+r' ($\mathit{\lambda}=%i$)' % lamb)
plt.xlabel('x')
plt.ylabel('Probability')
plt.gca().spines['right'].set_visible(False)
plt.gca().spines['top'].set_visible(False)
plt.gca().yaxis.set_ticks_position('left')
plt.gca().xaxis.set_ticks_position('bottom')
```

如图8-14展示了参数$\lambda = 2$的泊松分布的概率分布图。图中展示了这个投资组合在一年中的违约个数为1和2的概率最大，随后迅速下降，违约个数从8开始会越来越接近于0。

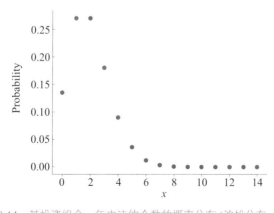

图8-14　某投资组合一年中违约个数的概率分布 (泊松分布：$\lambda = 2$)

8.5 连续型随机变量的概率分布

连续型随机变量与离散型随机变量相比，最大的不同是连续型随机变量在某个区间内连续取值，但是取任何一个特定的值的概率都等于0，也就是说无法列出每一个值及其相应的概率，而只能讨论它在某一个区间上的概率。因此连续型随机变量用概率密度函数来表征，而概率密度函数在某个区间上的积分对应的就是随机变量的取值落进这个区间的概率。

前面介绍过离散型均匀分布，其实均匀分布也可能是连续的。如果一个随机变量在一个区间 $[a, b]$ 上取得任意一个值的概率相同，则可以称这个随机变量在此区间上服从均匀分布，其概率密度函数可以定义为：

$$p(x) = \begin{cases} \dfrac{1}{b-a}, & a \leqslant x \leqslant b \\ 0, & 其他 \end{cases} \tag{8-33}$$

通常标记为 $X \sim U(a, b)$，其期望和方差分别为：

$$E(x) = \frac{a+b}{2}$$
$$\mathrm{var}(x) = \frac{(b-a)^2}{12} \tag{8-34}$$

由式(8-34)可知，其概率密度函数与取值区间实际上构成了一个面积为1的矩形，而高度则是宽度的倒数，在考虑某个区间内取值的概率时，只需要计算这个区间对应的矩形面积即可。

前面的绘图一般使用Matplotlib运算包。大家或许有些审美疲劳了。这里结合概率分布的例子，引入另一个常用的运算包——Seaborn。Seaborn是基于Matplotlib运算包的扩展包，尤其针对统计数据的可视化。

下面来使用Seaborn的distplot() 函数绘制连续均匀分布的概率密度函数和累积概率函数。Seaborn的distplot() 函数可以接受多个参数自定义绘图。在下面的代码中，首先创建一个线型绘图**斧头对象** (ax object)，其中指定了概率密度函数以及线的颜色。然后对这个线型包含的区域填充颜色。接着，绘制累积概率函数图形。最后使用set_title()、set_xlabel() 和set_ylabel() 函数设定了标题以及x轴和y轴的标签，使用spines[].set_visible() 和set_ticks_position() 选择隐去了顶部和右边的边框以及刻度。如图8-15 (a) 和 (b) 分别展示了绘制完成的连续均匀分布的概率密度函数和累积概率函数图形。

`B1_Ch8_11.py`

```python
from scipy.stats import uniform
import numpy as np
import seaborn as sns

mean,var,skew,kurt = uniform.stats(moments='mvsk')
print('Expectation, Variance, Skewness, Kurtosis: ', mean, np.around(var,2),
skew, kurt)

x = np.linspace(-0.5, 1.5, 1000)
ax = sns.lineplot(x=x, y=uniform.pdf(x), color='dodgerblue', label='PDF')
```

```
ax.fill_between(x,uniform.pdf(x), color='lightblue', alpha=0.5)

ax = sns.lineplot(x=x, y=uniform.cdf(x), color='red', label='CDF')

ax.set_title('Continuous Uniform Distribution')
ax.set_xlabel('x')
ax.set_ylabel('Probability')

ax.spines['right'].set_visible(False)
ax.spines['top'].set_visible(False)
ax.yaxis.set_ticks_position('left')
ax.xaxis.set_ticks_position('bottom')
```

期望、方差、偏度和峰度如下。

```
Expectation, Variance, Skewness, Kurtosis:  0.5 0.08 0.0 -1.2
```

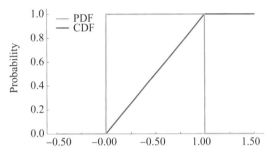

图8-15　连续均匀分布的概率密度函数和累积密度函数

指数分布 (exponential distribution) 描述了泊松点过程中的事件之间的时间的概率分布。与泊松分布相比，其最大的差异就是指数分布是针对连续随机变量，即时间这个变量进行定义。时间必须是连续的。而泊松分布是针对随机事件发生次数定义的，发生次数是离散的。粗略地可以认为这两个分布之间有一种"倒数"的关系。指数分布有一个参数λ，称为**速率参数** (rate parameter)，其概率密度函数的描述为：

$$P_{\exp}\left(x\,|\,\lambda\right)=\begin{cases}\lambda \mathrm{e}^{-\lambda x}, & x\geqslant 0 \\ 0, & x\leqslant 0\end{cases} \tag{8-35}$$

通常标记为$X\sim\exp(\lambda)$，其期望和方差分别为：

$$E\left(x\right)=\frac{1}{\lambda}$$
$$\mathrm{var}\left(x\right)=\frac{1}{\lambda^{2}} \tag{8-36}$$

指数函数的累积概率函数为：

$$P_{\exp}\left(x\,|\,\lambda\right)=\begin{cases}1-\mathrm{e}^{-\lambda x}, & x\geqslant 0 \\ 0, & x\leqslant 0\end{cases} \tag{8-37}$$

假定某银行的营业厅平均每小时光临顾客的人数为10人。如果想知道在接下来的5分钟内有至少一位顾客光临的概率，这就可以用指数分布来解决。于是问题转化为在少于5分钟时间内，下一位顾客光临的指数等待时间。因为平均每小时10位顾客光临，则其速率参数λ = 60/10 = 6。因此概率为1 − exp(−6 × 5)。下面的代码可以产生该情况下的概率密度函数和累积密度函数，并绘制图8-16。

```python
from scipy.stats import expon
import numpy as np
import seaborn as sns


lam = 6
loc = 0
scale = 1.0/lam

mean,var,skew,kurt = expon.stats(loc, scale, moments='mvsk')
print('Expectation, Variance, Skewness, Kurtosis: ', np.around(mean,2),
np.around(var,2), skew, kurt)

x = np.linspace(0,2,1000)
ax = sns.lineplot(x=x, y=expon.pdf(x, loc, scale), color='dodgerblue',
label='PDF')
ax.fill_between(x,expon.pdf(x, loc, scale), color='lightblue', alpha=0.5)

ax = sns.lineplot(x=x, y=expon.cdf(x, loc, scale), color='red', label='CDF')

ax.set_title('Exponential Distribution -- $\lambda=$' + str(lam))
ax.set_xlabel('x')
ax.set_ylabel('Probability')

ax.spines['right'].set_visible(False)
ax.spines['top'].set_visible(False)
ax.yaxis.set_ticks_position('left')
ax.xaxis.set_ticks_position('bottom')
```

期望、方差、偏度和峰度如下。

```
Expectation, Variance, Skewness, Kurtosis:  0.17 0.03 2.0 6.0
```

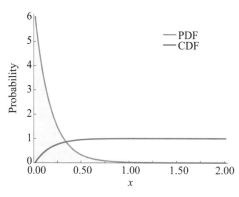

图8-16　某银行营业厅5分钟内有至少一位顾客光临的概率密度和累积密度函数 (指数分布：λ = 6)

贝塔分布 (beta distribution)，也称 B 分布，是一种取值在区间 (0,1) 上的连续概率分布，它有两个形态参数α和β。取决于这两个参数的取值，贝塔分布会表现出差异非常大的不同形状。贝塔分布在金融领域有着重要的应用，尤其是在评估信用风险时的**回收率** (recovery rate) 建模中。

简短地说，贝塔分布是一个概率的概率分布，在预先不知道具体概率时，它反映的是所有概率出现的可能性大小。贝塔分布的概率密度函数为：

$$p(x) = \frac{1}{\beta(a,b)} x^{a-1}(1-x)^{b-1} \tag{8-38}$$

其中：

$$\beta(a,b) = \int_0^1 x^{a-1}(1-x)^{b-1}\,\mathrm{d}x \tag{8-39}$$

观察式8-39，$1/\beta(a, b)$ 为归一化常数；如果把$a-1$看成成功的次数，把$b-1$看成失败的次数，大家或许注意到这个函数与二项分布十分相像，只不过二项分布讨论的是成功个数的分布，而贝塔函数讨论的则是成功概率的分布。另外，很显然，如果$a = b = 1$，则贝塔分布会转化为均匀分布。随机变量X服从参数为α和β的贝塔分布通常可以记为：$X \sim Be(\alpha, \beta)$。其期望和方差分别为：

$$E(X) = \frac{\alpha}{\alpha+\beta}$$
$$\mathrm{var}(X) = \frac{\alpha\beta}{(\alpha+\beta)^2(\alpha+\beta+1)} \tag{8-40}$$

下面的代码根据不同的α和β组合，绘制出了贝塔分布的概率密度函数。如图8-17所示，可以看到贝塔函数对应着"千奇百怪"的图形。

`B1_Ch8_13.py`

```python
from scipy.stats import beta
import numpy as np
import seaborn as sns


x = np.linspace(0, 1.0, 100)
#varying alpha and beta
beta1 = beta.pdf(x, 0.5, 0.5)
beta2 = beta.pdf(x, 2.0, 2.0)
beta3 = beta.pdf(x, 1.0, 5.0)
beta4 = beta.pdf(x, 5.0, 1.0)
beta5 = beta.pdf(x, 5.0, 5.0)
ax = sns.lineplot(x=x, y=beta1, label=r'$\alpha=0.5, \beta=0.5$')
ax = sns.lineplot(x=x, y=beta2, label=r'$\alpha=2.0, \beta=2.0$')
ax = sns.lineplot(x=x, y=beta3, label=r'$\alpha=1.0, \beta=5.0$')
ax = sns.lineplot(x=x, y=beta4, label=r'$\alpha=5.0, \beta=1.0$')
ax = sns.lineplot(x=x, y=beta5, label=r'$\alpha=5.0, \beta=5.0$')

ax.set_title('Beta Distribution')
ax.set_xlabel('x')
ax.set_ylabel('PDF')
```

```
ax.spines['right'].set_visible(False)
ax.spines['top'].set_visible(False)
ax.yaxis.set_ticks_position('left')
ax.xaxis.set_ticks_position('bottom')
```

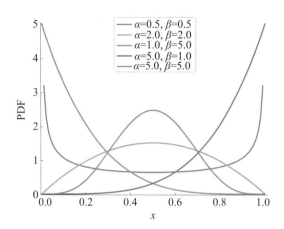

图8-17　贝塔分布的概率密度函数

伽马分布 (gamma distribution) 是一种非常重要的连续概率分布。其参数α称为**形状参数**，β称为**尺度参数**。伽马分布与指数分布有着极其密切的关系。指数分布解决的问题是直到第一个随机事件发生的等待时间；而伽马分布解决的问题是直到第n个随机事件发生的等待时间。所以，伽马分布可以看作n个指数分布的独立随机变量的和的分布。

如果一个非负的连续随机变量的概率密度函数为：

$$P_\gamma(x\,|\,\alpha,\beta) = \frac{\beta^\alpha}{\Gamma(\alpha)}x^{(\alpha-1)}e^{-\beta x},\ \alpha > 0\ \&\ \beta > 0 \tag{8-41}$$

则其服从伽马分布，它的期望和方差分别为：

$$E(X) = \frac{\alpha}{\beta}$$
$$\mathrm{var}(X) = \frac{\alpha}{\beta^2} \tag{8-42}$$

下面的代码产生了两组不同参数的伽马分布，并绘制了相应图形，如图8-18所示。

B1_Ch8_14.py

```
from scipy.stats import gamma
import numpy as np
import seaborn as sns

x = np.linspace(0, 10.0, 100)
#varying alpha and beta
gamma1 = gamma.pdf(x, 1.0, 0.0, 1.0)
gamma2 = gamma.pdf(x, 2.0, 0.0, 1/0.5)

ax = sns.lineplot(x=x, y=gamma1, label=r'$\alpha=1.0, \beta=1.0$')
```

```
ax = sns.lineplot(x=x, y=gamma2, label=r'$\alpha=2.0, \beta=0.5$')

ax.set_title('Gamma Distribution')
ax.set_xlabel('x')
ax.set_ylabel('PDF')
ax.spines['right'].set_visible(False)
ax.spines['top'].set_visible(False)
ax.yaxis.set_ticks_position('left')
ax.xaxis.set_ticks_position('bottom')
```

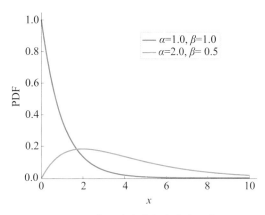

图8-18　伽马分布的概率密度函数

8.6 正态分布和对数正态分布

　　正态分布 (normal distribution)，又名**高斯分布** (Gauss distribution)，是最重要、最基本也是应用最广泛的一种概率分布。其概念是由德国数学家和天文学家**亚伯拉罕·棣莫弗** (Abraham de Moivre) 于1733年首先提出的。正态分布的概率密度函数可以写为：

$$p(x) = \frac{1}{\sigma\sqrt{2\pi}}\exp\left(-\frac{(x-\mu)^2}{2\sigma^2}\right) \tag{8-43}$$

其中，参数μ为其期望，参数σ^2为其方差。正态分布一般可以记为$X \sim N(\mu, \sigma^2)$。正态分布的期望值μ决定了其位置，其标准差σ决定了分布的幅度。

　　当$\mu = 0$，$\sigma = 1$时，正态分布被称为**标准正态分布** (standard normal distribution)。为了应用方便，常对正态分布$N(\mu, \sigma^2)$做如下的变换：

$$Z = \frac{X-\mu}{\sigma} \sim N(0,1) \tag{8-44}$$

该变换可以使正态分布转化为标准正态分布，这种变换也被称为Z变换。如图8-19所示为Z变换的示意图。

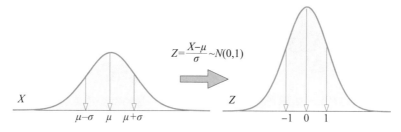

$$Z = \frac{X-\mu}{\sigma} \sim N(0,1)$$

图8-19　正态分布的Z变换

下面的代码产生了一个标准正态分布的概率密度函数，并绘制了如图8-20所示的分布图形。

B1_Ch8_15.py

```python
from scipy.stats import norm
import seaborn as sns
import numpy as np

mean,var,skew,kurt = norm.stats(moments='mvsk')
print('Expectation, Variance, Skewness, Kurtosis: ', mean, var, skew, kurt)

x = np.linspace(-4,4,1000)
ax = sns.lineplot(x=x, y=norm.pdf(x), color='dodgerblue')
ax.fill_between(x,norm.pdf(x), color='lightblue', alpha=0.2)

ax.set_title('Normal Distribution')
ax.set_xlabel('x')
ax.set_ylabel('PDF')
ax.spines['right'].set_visible(False)
ax.spines['top'].set_visible(False)
ax.yaxis.set_ticks_position('left')
ax.xaxis.set_ticks_position('bottom')
```

标准正态分布的期望、方差、偏度和峰度如下。

```
Expectation, Variance, Skewness, Kurtosis:  0.0 1.0 0.0 0.0
```

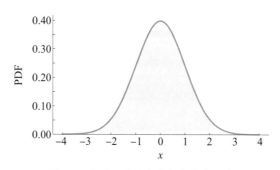

图8-20　标准正态分布的概率密度函数

从图8-20可以看出，正态分布概率密度函数的形状为中间高两边低的钟形，其高峰位于正中央，即期望值所在的位置，并以期望值为中心，左右对称，曲线向左右两侧呈逐渐均匀下降趋势，其两端与横轴无限接近，但永不相交。

对于一般的正态分布$N(\mu, \sigma^2)$，μ是正态分布的位置参数，描述正态分布的集中趋势位置，正态分布是以$X = \mu$为对称轴，左右完全对称的。与μ越邻近，其取值的概率越大，反之，离μ越远，其取值的概率越小。正态分布的期望、均数、中位数、众数相同，均等于μ。σ描述了正态分布资料数据分布的离散程度，σ越大，数据分布越分散，σ越小，数据分布越集中。σ也被称为正态分布的形状参数，σ越大，曲线越扁平；反之，σ越小，曲线越瘦高。

正态分布有所谓的**68-95-99.7法则** (68-95-99.7 Rule)，具体是指约68.3%、95.4%和99.7%的分布是在距平均值1个、2个和3个标准差范围之内。下面的代码产生了如图8-21所示的图形，来解释这个法则。

```
B1_Ch8_16.py

from scipy.integrate import quad
import numpy as np
import matplotlib.pyplot as plt
from scipy.stats import norm
import seaborn as sns

#integrate pdf to 68%, 95%, and 99.7%
percent68, _ = quad(norm.pdf, -1, 1, limit = 1000)
percent95, _ = quad(norm.pdf, -2, 2, limit = 1000)
percent99, _ = quad(norm.pdf, -3, 3, limit = 1000)

#plot normal profile
x = np.linspace(-3.5, 3.5)
y = norm.pdf(x)

fig, ax = plt.subplots(figsize=(14, 8))
ax.plot(x, y, 'k', linewidth=.5)
ax.set_ylim(ymin=0, ymax=0.53)
ax = sns.lineplot(x=x, y=y, color='#3C9DFF')
ax.vlines(0, 0, norm.pdf(0), color='coral')

#68% region
a, b = -1, 1

#make shaded region
ix = np.linspace(-1, 1)
iy = norm.pdf(ix)
ax = sns.lineplot(x=ix, y=iy, color='#3C9DFF')
ax.fill_between(ix,norm.pdf(ix), color='#DBEEF4', alpha=0.5)

textheight = 0.41
ax.text(0.0, textheight+0.01, r'{0:.2f}%'.format((percent68)*100),
        horizontalalignment='center', fontsize=18);

ax.annotate(r'',
            xy=(-1, textheight), xycoords='data',
            xytext=(1, textheight), textcoords='data',
            arrowprops=dict(arrowstyle="<|-|>",
```

```
                                    connectionstyle="arc3",
                                    mutation_scale=20,
                                    fc="w")
                );
ax.vlines(a, 0, textheight+0.025, color='coral')
ax.vlines(b, 0, textheight+0.025, color='coral')


#95% region
a, b = 1, 2
#make shaded region
ix = np.linspace(1, 2)
iy = norm.pdf(ix)
ax.fill_between(ix,norm.pdf(ix), color='#DBEEF4', alpha=0.5)


a, b = -2, -1
#make shaded region
ix = np.linspace(-2, -1)
iy = norm.pdf(ix)
ax.fill_between(ix,norm.pdf(ix), color='#DBEEF4', alpha=0.5)


textheight = 0.45
ax.text(0.0, textheight+0.01, r'{0:.2f}%'.format((percent95)*100),
        horizontalalignment='center', fontsize=18);


ax.annotate(r'',
            xy=(-2, textheight), xycoords='data',
            xytext=(2, textheight), textcoords='data',
            arrowprops=dict(arrowstyle="<|-|>",
                            connectionstyle="arc3",
                            mutation_scale=20,
                            fc="w")
                );
ax.vlines(-2, 0, textheight+0.025, color='coral')
ax.vlines(2, 0, textheight+0.025, color='coral')


#95% region
a, b = 2, 3
#make shaded region
ix = np.linspace(2, 3)
iy = norm.pdf(ix)
ax.fill_between(ix,norm.pdf(ix), color='#DBEEF4', alpha=0.5)


a, b = -3, -2
#make shaded region
ix = np.linspace(-3, -2)
iy = norm.pdf(ix)
ax.fill_between(ix,norm.pdf(ix), color='#DBEEF4', alpha=0.5)
```

```
textheight = 0.49
ax.text(0.0, textheight+0.01, r'{0:.2f}%'.format((percent99)*100),
        horizontalalignment='center', fontsize=18);

ax.annotate(r'',
            xy=(-3, textheight), xycoords='data',
            xytext=(3, textheight), textcoords='data',
            arrowprops=dict(arrowstyle="<|-|>",
                            connectionstyle="arc3",
                            mutation_scale=20,
                            fc="w")
            );

ax.vlines(-3, 0, textheight+0.025, color='coral')
ax.vlines(3, 0, textheight+0.025, color='coral')

#title, labels and ticks
ax.set_title(r'68-95-99.7 Rule', fontsize = 24)
ax.set_ylabel(r'Probability Density', fontsize = 18)

xTickLabels = ['',
               r'$\mu - 3\sigma$',
               r'$\mu - 2\sigma$',
               r'$\mu - \sigma$',
               r'$\mu$',
               r'$\mu + \sigma$',
               r'$\mu + 2\sigma$',
               r'$\mu + 3\sigma$']

ax.set_xticklabels(xTickLabels, fontsize = 16)

ax.spines['right'].set_visible(False)
ax.spines['top'].set_visible(False)
ax.yaxis.set_ticks_position('left')
ax.xaxis.set_ticks_position('bottom')
```

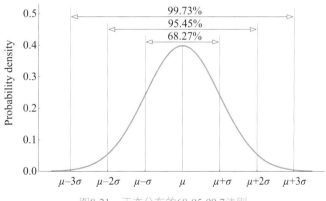

图8-21 正态分布的68-95-99.7法则

如图8-21所示，灰色区域是距平均值一个标准差范围之内分布的数值，此范围约占整个正态分布的68%，相应的，两个标准差之内的分布占比约为95%，三个标准差之内的占比约为99.7%。

如果一个随机变量的对数服从正态分布，则该随机变量服从**对数正态分布** (logarithmic normal distribution)。对数正态分布的随机变量取值只能为正值，它的分布图形总是右偏的，从短尺度来看，与正态分布十分接近；但在长尺度上，其取值的概率比正态分布更大。也就是说，对数正态分布向上波动的可能性要大于向下。

对数正态分布的概率密度函数为：

$$p(x) = \frac{1}{x\sigma\sqrt{2\pi}} \exp\left(-\frac{\left[\ln(x) - \mu\right]^2}{2\sigma^2}\right) \tag{8-45}$$

期望和方差为：

$$E(X) = \exp\left(\mu + \frac{\sigma^2}{2}\right)$$
$$\mathrm{var}(X) = \left[\exp(\sigma^2) - 1\right]\exp(2\mu + \sigma^2) \tag{8-46}$$

大家或许会对对数正态分布的存在产生疑问：已经有了正态分布，为什么还需要对数正态分布？这是因为对数正态分布在许多情况下能更直观地解释客观现象。以股票投资的长期收益率为例，虽然它每天的增长速度或许非常缓慢，但是对于长期过程来说，每次增长都是在前面增长基础上的乘积，如果用对数来表示，则可以更明显地感受到这种增长效果。

下面的代码可以产生对数正态分布的概率密度函数和累积密度函数，并绘制相应的分布图形，如图8-22所示。

```python
B1_Ch8_17.py

from scipy.stats import lognorm
import numpy as np
import seaborn as sns

#shape parameter
s = 0.9

mean,var,skew,kurt = lognorm.stats(s, moments='mvsk')
print('Expectation, Variance, Skewness, Kurtosis: ', mean, var, skew, kurt)

x = np.linspace(0,4,1000)
ax = sns.lineplot(x=x, y=lognorm.pdf(x, s), color='dodgerblue', label='PDF')
ax.fill_between(x, lognorm.pdf(x, s), color='lightblue', alpha=0.5)
ax = sns.lineplot(x=x, y=lognorm.cdf(x, s), color='red', label='CDF')

ax.set_title('Lognormal Distribution')
ax.set_xlabel('x')
ax.set_ylabel('Probability')
ax.spines['right'].set_visible(False)
ax.spines['top'].set_visible(False)
```

```
ax.yaxis.set_ticks_position('left')
ax.xaxis.set_ticks_position('bottom')
```

期望、方差、偏度和峰度如下。

```
Expectation, Variance, Skewness, Kurtosis:
   1.5762648  3.688679  5.464256  81.305834
```

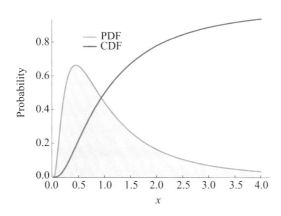

图8-22　对数正态分布的概率密度函数和积累密度函数

　　本章从概率论最基本的随机事件谈起，介绍了随机变量及其产生，接着对多种常用的离散型和连续型概率分布进行了讨论。在讲解过程中，结合了Python对这些过程和分布的实现。这些内容是概率和统计这座大厦的基石。

统计是科学的语法。
Statistics is the grammar of science.

——卡尔·皮尔森 (Karl Pearson)

通过随机变量的数字特征，可以去粗取精、由表及里地快速了解各种随机变量。在统计学中，总体和样本是两个重要的概念，在对总体进行研究时，往往只能通过样本去预测总体，因此在从总体中抽取样本时，选取适合的抽样方法非常重要。

现代统计学奠基人**罗纳德·艾尔默·费舍** (Ronald Aylmer Fisher) 曾经把抽样分布、参数估计和假设检验作为统计推断的三大中心内容。在本章中，将详细讲述卡方分布、t-分布、F-分布这三大抽样分布，并且也对参数估计和假设检验进行了探讨，并尝试让大家深入理解置信区间和*p*值的概念。

本章还将介绍大数定理和中心极限定理，这两个定理赋予了我们可以"管中窥豹"而知"豹"，"盲人摸象"而知"象"的"神奇"能力。

Karl Pearson (1857—1936) was the founder of biometrics and Biometrika and a principal architect of the mathematical theory of statistics. He developed measures of correlation and discovered the chi- square distribution and used it for tests of goodness of fit and association in contingency tables. (Sources: https://www.researchgate.net/publication/316221761_Pearson_Karl_His_Life_and_Contribution_to_Statistics)

Ronald Aylmer Fisher (1890—1962). British mathematician and biologist who invented revolutionary techniques for applying statistics to natural sciences. In particular, he discovered methods to optimize the evaluation of empirical results. Among his many important discoveries were the analysis of variance technique (ANOVA), extreme value theory, and the P-value. (Sources: http://scienceworld.wolfram.com/biography/FisherRonald.html)

◄   `ax.fill_between()` 区域填充颜色
◄   `DataFrame.corr()` 计算相关系数
◄   `DataFrame.cov()` 计算方差
◄   `DataFrame.pct_change()` 数据帧当前元素与其前一个元素的百分比变化
◄   `DataFrame.sort_values()` 排序
◄   `matplotlib.colors.LinearSegmentedColormap.from_list()` 产生指定的颜色映射图
◄   `matplotlib.pyplot.gca().get_yticklabels().set_color()` 设定 y 轴标签颜色
◄   `matplotlib.pyplot.yticks()` 设定 y 轴刻度
◄   `scipy.stats.binom_test()` 计算二项分布的 p 值
◄   `scipy.stats.norm.interval()` 产生区间估计结果
◄   `seaborn.heatmap()` 产生热图
◄   `seaborn.lineplot()` 绘制线型图
◄   `seaborn.set_palette()` 设定调色板
◄   `scipy.stats.ttest_ind()` 两个独立样本平均值的 t- 检验

9.1 随机变量的数字特征

遇到复杂的随机变量的概率分布函数，往往会有无从下手的感觉，而通过它们的数字特征，则可以快速了解这个随机变量。大家或许会联想到第8章中对期望、方差以及各阶矩的介绍。的确，前面介绍过的期望、方差和各阶矩实际上均为一维随机变量的数字特征。下面将介绍描述多维随机变量的另外两个重要的数字特征——**协方差** (covariance) 和**相关系数** (correlation)。

以两个随机变量X和Y为例，它们的协方差的数学表达式为：

$$\text{cov}(X,Y) = E\Big[\big(X - E(X)\big)\big(Y - E(Y)\big)\Big] \tag{9-1}$$

协方差反映了两个随机变量X与Y的相关关系，通俗地说，就是这两个变量是"同方向"变化还是"反方向"变化以及"同向"和"反向"的程度，如果同向变化，协方差为正，如果反向变化，则协方差为负；而协方差的数值反映了这两个变量同向或反向的程度。

当然，类似于前面对于期望和方差等的讨论，多维随机变量之间的联系也可以由联合密度或联合分布来给出，但协方差仅用一个数字就直观地展示出了随机变量之间的联系，在变量数目超过二维时，则可以使用协方差矩阵来方便地展示它们之间的联系。

但是，协方差$\text{cov}(X,Y)$有明显的缺点。如果X和Y同时增大n倍，$\text{cov}(X,Y)$会相应增大n^2倍，这显然不是它们之间关系的正确反映。因此，引入了另外一个概念——相关系数$\text{corr}(X,Y)$，相关系数实际上是X与Y标准化后的协方差，亦即协方差的标准化，其数学表示式为：

$$\rho(X,Y) = \frac{\text{cov}(X,Y)}{\sqrt{\text{var}(X) \cdot \text{var}(Y)}} \tag{9-2}$$

如图9-1展示了几种典型相关系数对应的点分布示意图。由图可见，对于相关系数为负的情况，其规律是你大我小，你小我大；对于相关系数为正的情况，是你大我大，你小我小。"完美"的负相关和正相关，相关系数分别为-1和1，点的分布接近于一条直线。而如果相关系数接近于零，则是你大小与我无关，整个图形的点分布显得杂乱无章。

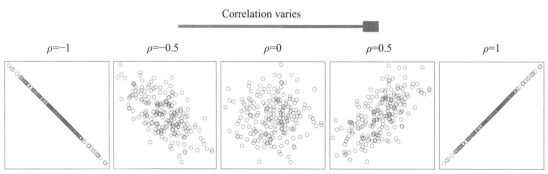

图9-1　几种相关系数对应点分布示意图

与协方差一样，相关系数反映的是两个随机变量X与Y的线性关系，相关系数越大，线性关系越强。但是要着重注意相关系数只涉及变量间的线性关系。如果相关系数为0，这并不说明X与Y之间没有关系，而是它们之间没有线性关系。

相关性分析是量化交易的重要工具，下面以几种股票价格为例讨论协方差和相关系数。用下面的代码可以得到这一组股票间的协方差和相关系数。

```
B1_Ch9_1_A.py

from pandas_datareader import data
import pandas as pd
import matplotlib.pyplot as plt
import numpy as np


stocks = ['FB', 'NFLX', 'AMZN', 'GLD', 'GE', 'NKE', 'FORD']
df = data.DataReader(stocks, 'yahoo', '2019-1-1', '2019-12-31')['Adj Close']
dflog = np.log(df)
stockreturn= dflog.pct_change()
stockreturn = stockreturn[1:]

#covariance and correlation
stockcov = stockreturn.cov()
stockcorr = stockreturn.corr()
pd.options.display.float_format = '${:,.6f}'.format
print(stockcov)
print(stockcorr)
```

股票间的协方差如下。

Symbols	FB	NFLX	AMZN	...	GE	NKE	FORD
FB	$0.000011	$0.000005	$0.000004	...	$0.000009	$0.000003	$0.000154
NFLX	$0.000005	$0.000014	$0.000004	...	$0.000011	$0.000004	$-0.000140
AMZN	$0.000004	$0.000004	$0.000004	...	$0.000007	$0.000003	$-0.000126
GLD	$-0.000001	$-0.000001	$-0.000001	...	$-0.000002	$-0.000001	$0.000033
GE	$0.000009	$0.000011	$0.000007	...	$0.000129	$0.000011	$-0.000978
NKE	$0.000003	$0.000004	$0.000003	...	$0.000011	$0.000009	$-0.000097
FORD	$0.000154	$-0.000140	$-0.000126	...	$-0.000978	$-0.000097	$1.125541

[7 rows x 7 columns]

股票间的相关系数如下。

Symbols	FB	NFLX	AMZN	...	GE	NKE	FORD
FB	$1.000000	$0.422516	$0.621185	...	$0.246980	$0.270951	$0.042725
NFLX	$0.422516	$1.000000	$0.535234	...	$0.263703	$0.347122	$-0.034686
AMZN	$0.621185	$0.535234	$1.000000	...	$0.334641	$0.449719	$-0.061021
GLD	$-0.108412	$-0.172222	$-0.186858	...	$-0.143800	$-0.287697	$0.020320
GE	$0.246980	$0.263703	$0.334641	...	$1.000000	$0.339714	$-0.080767
NKE	$0.270951	$0.347122	$0.449719	...	$0.339714	$1.000000	$-0.030633
FORD	$0.042725	$-0.034686	$-0.061021	...	$-0.080767	$-0.030633	$1.000000

[7 rows x 7 columns]

脸书 (Facebook) 股票与其他股票之间的相关系数降序排序代码如下。

```
stockreturn.corr()['FB'].sort_values(ascending=False)
```

排序结果如下。

```
Symbols
FB      1.000000
AMZN    0.621185
NFLX    0.422516
NKE     0.270948
GE      0.246979
FORD    0.042725
GLD    -0.108412
Name: FB, dtype: float64
```

下面的代码计算了各股票之间的相关系数，并绘制了如图9-2所示的热图。

`B1_Ch9_1_B.py`

```
#generate heat map
from matplotlib.colors import LinearSegmentedColormap
import seaborn as sns

cmap=LinearSegmentedColormap.from_list('rb',["r", "w", "b"], N=256)

sns.heatmap(stockreturn.corr(), cmap=cmap, vmax=1.0, vmin=-1.0)
plt.yticks(rotation=0)
plt.xticks(rotation=90)
```

图9-2的热图显示，脸书、网飞、亚马逊等互联网公司的股票之间有较高的相关性，而与黄金价格的相关性较低，这也与直观的理解一致。

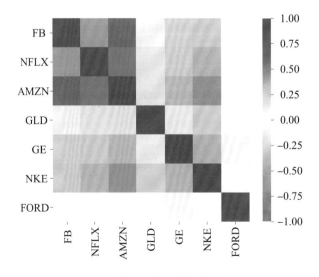

图9-2　相关系数热图

9.2 总体和样本

在概率与统计中，研究对象的全体称为**总体** (population)，总体是由**个体** (individual) 组成。如果个体的数目为有限个，称为有限总休，否则称为无限总体。从总体中选取一部分个体，称为**样本** (sample)。

样本数量是指有多少个样本。样本多少又叫样本容量，是指每个样本里包含多少个个体。每次试验的结果都是一个个体，而样本是抽取自总体的许多个有代表性的个体的集合。样本通常被认为具有两重性，即样本既可看成具体的数,又可以看成随机变量。在抽样前，样本可以被看成随机变量；而在抽样后，样本可以用具体的数表示。一般用大写的英文字母表示随机变量，小写字母表示具体的观察值。

总体和样本对于某些特征具有不同的表述，比如均值、方差，在总体中它们被称为**参数** (parameters)，而在样本中被称为**统计量** (statistics)。虽然最终分析的对象是总体，但是由于总体往往过大，通常无法直接对总体进行分析，因此需要通过样本分析和统计推断来研究总体。如图9-3展示了这个过程。

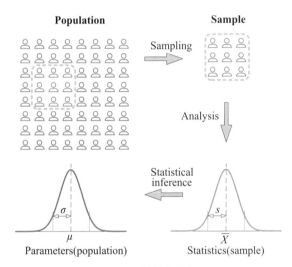

图9-3　总体与样本

在对于总体研究的实际操作中，很显然无法对总体中所有个体逐一分析，只能通过从总体中按一定方式抽取一部分个体作为样本进行研究。但是，样本能否精确地反映总体，会受制于总体的不均匀性和样本的随机性，这就造成由样本推断总体结论出现差错。从理论上来讲，可以通过使样本尽量均匀以及确保抽样的代表性来使样本客观地反映总体。因此，样本的抽取方法就显得尤其重要。对于不同的情况，需要选定适当的抽样方法。常见的抽样方法包括简单随机抽样、分层抽样、整群抽样、系统抽样等。

最常用的一种抽样方法叫作**简单随机抽样** (Simple Random Sampling, SRS)，也称为**单纯随机抽样**，是通过随机过程进行抽样选取，在每次抽样中，总体中每一个个体被抽入样本的可能性都相同。也就是，样本中每个个体与总体具有相同分布。因此，任一样本中的个体都具有代表性。另外，样本中的每个个体需要具有独立性，即样本中个体均为相互独立的随机变量。由简单随机抽样获得的样本，称为**简单随机样本**。简单随机抽样是最基本，也是理论上最完美的抽样形式。如图9-4所示为简单随机抽样示意图。但是，如果某些重要因素在总体中的分布不均匀，并且其在总体中所占比例较少，简单随机抽样有可能会遗漏，从而导致较大的抽样偏差。

图9-4　简单随机抽样示意图

　　在简单随机抽样的具体操作时，有**重复抽样** (sampling with replacement) 和**不重复抽样** (sampling without replacement) 两种方式。重复抽样是指被抽选的个体，会被重新放回总体中，在之后的抽样中有可能会被再次抽取。不重复抽样则是指被抽选个体，不会重新放回总体，即每个个体只有一次被抽取的机会。如图9-5和图9-6所示分别为重复抽样和不重复抽样的示意图。随着抽样的进行，不重复抽样中，被抽取个体增多，相应地，剩余个体被抽中的概率会变大。但是不重复抽样相对于重复抽样会有更小的抽样误差。

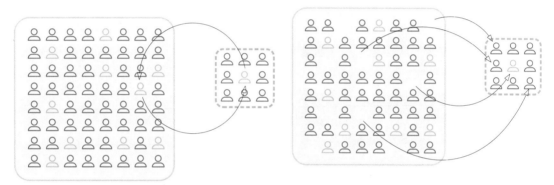

图9-5　重复抽样 (个体被抽中后，放回总体)　　　　图9-6　不重复抽样 (个体被抽中后，不放回总体)

　　分层抽样 (stratified sampling) 是将总体依照某种规则划分为不同的层，每一层的个体之间具有相似性，而与其他层尽可能不同，然后从分好的不同层中对每一层进行简单随机抽样，从而使样本与总体尽量保持结构相近，减少样本的偏移。如图9-7所示为一个最简单的分为两层的分层抽样示意图。分层抽样产生的样本代表性较好，因此抽样误差也比较小。分层抽样方法适用于总体较大，而且个体之间差异也较大的复杂情况。

图9-7　分层抽样示意图

整群抽样 (systematic sampling)，也叫**分组抽样**，是指将总体按某规则划分为群，使每个群都与其他群尽量相似，然后通过简单地随机抽样，抽取若干群，被抽取的群所包含的所有个体作为样本。如图9-8所示为整群抽样示意图。这种抽样方法比较方便简单，相对耗费较低。但是受限于不同群的差异状况，尤其对差异较大的情况，容易引起较大的抽样误差。

系统抽样 (systematic sampling) 也称**等距抽样**，是将总体中的所有个体排序，并在规定的范围内随机地抽取某个个体作为初始个体，然后按等距原则依次选取其他个体。例如，从已排序的个体1到n之间随机抽取k作为初始个体，然后依次取$k + n$、$k + 2n$等个体。如图9-9所示为一个系统抽样的示意图，从第3个开始，每隔6个抽取一个个体，最终得到一个样本。这种方法相对于简单随机抽样，操作简便，在时间和花费上更经济。但是，如果总体存在某些周期性变化，而恰好抽样间隔与变化周期吻合，则可能会使得样本偏差很大。系统抽样适合对总体有较好的了解，可以用已有信息对个体进行排队的情况。

 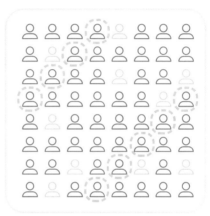

图9-8 整群抽样示意图　　　　图9-9 系统抽样示意图 (从第3个开始，每隔6个取样一次)

总体的方差即为**总体方差** (population variance)，常记为σ^2，其计算方法就是对总体运用方差的计算方法：

$$\sigma^2 = \frac{1}{N}\sum_{i=1}^{N}(X_i - \mu)^2 \tag{9-3}$$

其中，μ代表总体均值，N代表总体的个数。

但实际情况是，通常无法得到总体方差，需要利用**样本方差** (sample variance) 来估计总体方差。为了使估计样本是无偏的，其计算方法为：

$$s^2 = \frac{1}{n-1}\sum_{i=1}^{n}(X_i - \bar{X})^2 \tag{9-4}$$

其中，$\bar{X}$代表样本均值，n代表样本容量。

大家或许注意到了，这里的分母是$n-1$而不是更符合直觉的n。这是因为在样本方差的计算中，样本均值的引入使得差异性减小，原本无偏的数据出现偏差，从而使样本方差小于总体方差，而通过使用$n-1$，对自由度进行补偿，可以使该估计无偏，这个校正被称为**贝塞尔校正** (Bessel's correction)。

同样地，总体和样本的方差取平方根，可以得到**总体标准差** (population standard deviation) 和**样本标准差** (sample standard deviation)，一般习惯用σ和s分别标记。如图9-10所示为总体标准差和样本标准差的直观展示。

$$
\text{Population} \atop \text{standard deviation} \qquad\qquad\qquad \text{Sample} \atop \text{standard deviation}
$$

$$
\sigma = \sqrt{\dfrac{\displaystyle\sum_{i=1}^{N}(X_i-\mu)^2}{N}} \quad\Longleftarrow\quad S = \sqrt{\dfrac{\displaystyle\sum_{i=1}^{n}(X_i-\overline{X})^2}{n-1}}
$$

图9-10　总体标准差和样本标准差

在对总体进行抽样时，每一次抽样都会得到一个均值 $\overline{X}$，那么这个均值本身也会成为一个随机变量，有着自己的总体和样本。而 $\overline{X}$ 的总体方差被称为**抽样方差** (sampling variance)，总体标准差被称为**标准误** (standard error)，常记作 SE(X)。

抽样的均值标准差和标准差有着紧密的联系，参见式(9-5)：

$$
\sigma_{\overline{X}}^2 = \sigma_X^2 \Big/ n \tag{9-5}
$$

其中，σ_x 为总体的标准差，n 为样本大小。

抽样均值的标准误，可以用来衡量样本平均值的波动大小，其表示式为：

$$
SE(\overline{X}) = \sigma_X \Big/ \sqrt{n} \tag{9-6}
$$

在实际中，一般用样本的标准差来代替总体的标准差，即有式(9-7)：

$$
SE(\overline{X}) \approx s \Big/ \sqrt{n} \tag{9-7}
$$

标准误越大，$\overline{X}$ 的分布就越离散，因而对总体均值的估计误差就会越大。从公式也可以看出，当样本容量趋近无穷大时，根据大数定理，$\overline{X}$ 趋近总体均值，那么标准误就会趋近于0。

为便于理解，如图9-11展示了总体和样本及标准差。如图9-12展示了抽样均值的分布及标准误。总体的标准差反映了个体观察值的分散程度，标准误是关于采样分布，反映了对于总体参数估计的准确程度。另外，大家或许已经注意到图9-12抽样均值为正态分布，而总体的分布并非正态分布。在随后的中心极限定理一节，对此有更详细的讲述。

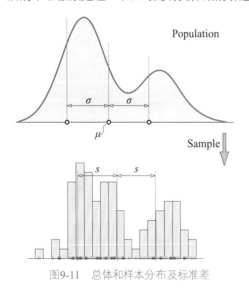

图9-11　总体和样本分布及标准差

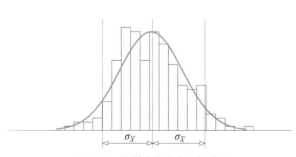

图9-12　抽样均值分布及标准误

9.3 抽样分布

抽样分布 (sampling distribution) 是指对总体的多次抽样得到的统计量的分布。在统计学中，卡方分布、t-分布和F-分布以其重要性并称为"三大抽样分布"，它们均是建立在正态分布的基础之上。如图9-13所示。而这三大抽样分布与正态分布共同构筑了数理统计的基础，深刻影响着现代社会的诸多领域。

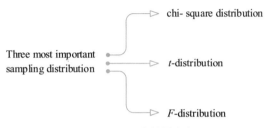

图9-13　三大抽样分布

卡方分布 (chi-square distribution or χ^2-distribution) 最早是由德国统计学家**赫尔默特** (Friedrich Robert Helmert) 在1875年发表的文章中首先提出。后来，英国数学家**皮尔森** (Karl Pearson) 在1900年发表的文章中也独立提出了这个分布。卡方分布的具体表述如下。

若n个相互独立的随机变量ξ_1、ξ_2、$\cdots$、ξ_n均服从标准正态分布，则这n个随机变量的平方和构成一个新的随机变量，并且服从卡方分布。

$$\sum_{i=1}^{n} \xi_i^2 \sim \chi_n^2 \tag{9-8}$$

其中n称为自由度，卡方分布一般标记为χ_n^2。可见，卡方分布是由正态分布构造而成，而随着自由度n逐渐增大，卡方分布趋近于正态分布。

下面的代码绘制了自由度分别为1、5、10、30和50时，卡方分布对应的概率密度分布。

`B1_Ch9_2.py`

```python
from scipy.stats import chi2
import numpy as np
import seaborn as sns

listn = [1, 5, 10, 30, 50]
x = np.linspace(0, 70, 500)
sns.set_palette('pastel')

for n in listn:
    ax = sns.lineplot(x=x, y=chi2.pdf(x, n), label='n = '+str(n))
    ax.fill_between(x, chi2.pdf(x, n), alpha=0.58)

ax.set_title('Chi-square Distribution')
ax.legend(frameon=False)
ax.set_ylim(0.0, 0.2)
```

```
ax.set_yticks([0.0, 0.1, 0.2])
ax.spines['right'].set_visible(False)
ax.spines['top'].set_visible(False)
ax.yaxis.set_ticks_position('left')
ax.xaxis.set_ticks_position('bottom')

ax.spines['left'].set_position('zero')
ax.spines['bottom'].set_position('zero')
```

从图9-14可以看出，卡方分布的值均为正值，且呈现右偏态，随着自由度n的增大，卡方分布趋近于正态分布。当自由度大于30时，已经非常类似于正态分布。

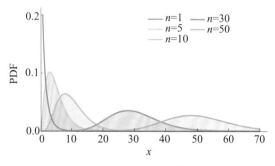

图9-14　卡方分布图

t−分布 (t-distribution) 也称**学生分布**，是由**戈赛特** (William Sealy Gosset)以Student为笔名于1908年发表的论文上首先提出的。具体描述如下。

假设有两个相互独立的随机变量X和Y，它们分别服从标准正态分布和卡方分布，即$X \sim N(0,1)$，$Y \sim \chi^2(n)$，那么其比率服从自由度为n的t-分布，常常标记为$t(n)$，如式(9-9)所示。

$$\frac{X}{\sqrt{Y/n}} \sim t(n) \tag{9-9}$$

其中，n为自由度。

自由度n为1的t-分布又被称为**柯西分布** (Cauchy distribution)。随着自由度n的增加，t-分布的密度函数越来越趋近于标准正态分布的密度函数。当自由度大于30时，t-分布与标准正态分布就已非常接近。

下面的代码生成的图9-15展示了**自由度** (degree of freedom, df) 分别为1、5、10、30、50和100时，t-分布对应的概率密度分布，并且与标准正态分布做了对照。

`B1_Ch9_3.py`

```python
from scipy.stats import t, norm
import matplotlib.pyplot as plt
import numpy as np
import seaborn as sns

listn = [1, 5, 10, 30, 50, 100]
x = np.linspace(-6, 6, 1000)

rows = 2
```

```
cols = 3
fig, ax = plt.subplots(rows, cols, figsize=(14,8))
fign = 0

for i in range(0, rows):
    for j in range(0, cols):
        sns.lineplot(x=x, y=t.pdf(x, listn[fign]), label='t', ax=ax[i, j],
color='b', alpha=0.58)
        ax[i, j].fill_between(x, t.pdf(x, listn[fign]), alpha=0.58,
color='lightblue')
        sns.lineplot(x=x, y=norm.pdf(x, 0, 1), label='Std Norm', ax=ax[i, j],
color='red')
        ax[i, j].set_xticks([-4, 0, 4])
        ax[i, j].set_xticklabels(['-4', '0', '4'])
        ax[i, j].set_yticks([0.0, 0.4, 0.2])
        ax[i, j].set_title(label= "df = " + str(listn[fign]))
        fign+=1

fig.suptitle('t Distribution')
```

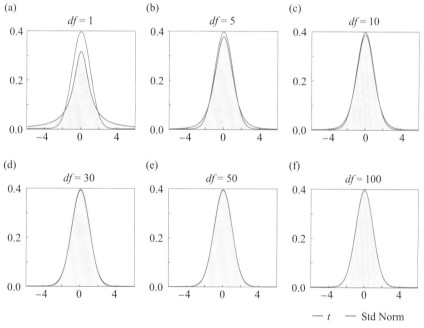

图9-15　t-分布图

F-分布 (F-distribution) 是英国统计学家**罗纳德·艾尔默·费舍** (Ronald.A.Fisher)于1924年提出，并以其姓氏的第一个字母命名。其具体描述如下。

假如X、Y为两个相互独立的随机变量，它们分别服从自由度为m和n的χ^2分布，那么这两个随机变量除以各自的自由度后的比率，服从自由度为 (m, n) 的F-分布，常常标记为$F_{m,n}$，如式(9-10)所示。

$$\frac{X/m}{Y/n} \sim F_{m,n} \tag{9-10}$$

F-分布的自由度 m 和 n 是有顺序的，一般分别称为第一自由度和第二自由度。下面的代码绘制了对于几种不同自由度组合的F-分布的概率分布图。

```
B1_Ch9_4.py

from scipy.stats import f
import numpy as np
import seaborn as sns

listmn = [[5,10], [10,5], [50, 50], [100, 100]]

customized_palette = ["#3C9DFF","#B7DEE8", "#0070C0","#313695"]
sns.set_palette(customized_palette)

x = np.linspace(0, 5, 1000)
for mn in listmn:
    ax = sns.lineplot(x=x, y=f.pdf(x, mn[0], mn[1]), label='m='+str(mn[0])+',
n='+str(mn[1]))

ax.set_title('F Distribution')
ax.legend(frameon=False)
ax.spines['right'].set_visible(False)
ax.spines['top'].set_visible(False)
ax.yaxis.set_ticks_position('left')
ax.xaxis.set_ticks_position('bottom')

ax.spines['left'].set_position('zero')
ax.spines['bottom'].set_position('zero')
```

如图9-16所示，如果F-分布的第一自由度 m 和第二自由度 n 不相等，当把它们顺序互换时，会得到两个完全不同的F-分布。另外，F-分布是不对称的，分布图形也不会随着样本容量增加而趋近正态分布。

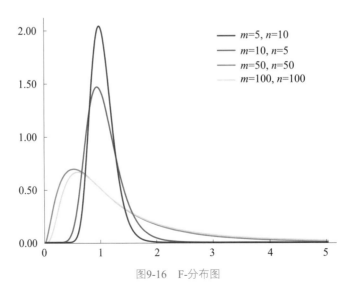

图9-16　F-分布图

9.4 大数定律及中心极限定理

在抛硬币试验中，如果只尝试几次，那么结果会明显不同，甚至会出现全部都为正面或反面的情况，但是，如果抛足够多次呢？**大数定律** (law of large numbers) 可以帮助解答这个问题。大数定律最早由**伯努利** (Daniel Bernoulli) 在他的著作《推测术》中提出，并给出了证明。大数定律本质上是由"频率收敛于概率"引申而来的，其原因是，大量的观察试验，可以使得各个单个试验中个别的、偶然的因素产生的差异相抵消，从而使现象的必然规律显示出来。如果用统计的语言，可以表达为当样本数据无限大时，样本均值趋于总体均值。

在现实生活中，由于无法进行无限多次试验，因此很难估计出总体的参数。而通过大数定律，可以用频率近似代替概率，用样本均值近似代替总体均值。

还是继续以抛硬币为例说明大数定律。模拟抛硬币1到500次的试验，并绘制了正面朝上的概率分布，如图9-17所示。可见，当抛的次数较小时，结果显示出很大的不稳定性，而随着次数的增加，结果会慢慢收敛，当次数增加到"足够"多后，正面朝上的概率趋近于期望值0.5。

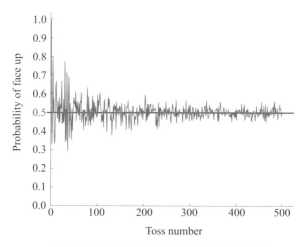

图9-17 掷硬币正面朝上的概率随次数的趋势

下面代码模拟抛硬币试验，并绘制概率分布。

`B1_Ch9_5.py`

```python
from scipy.stats import bernoulli
import numpy as np
import matplotlib.pyplot as plt

#maximum toss number
N = 500
#list of trial numbers
trials_total = []
#list of faceup probability in each trial
prob_faceup = []
for trialnumber in range(1, N+1):
    faceup = 0
```

```
    for _ in range(trialnumber):
        if bernoulli.rvs(0.5, size=1) == 1:
            faceup = faceup + 1
    prob_faceup.append(faceup/trialnumber)
    trials_total.append(trialnumber)
#plot
plt.plot(trials_total, prob_faceup, linewidth = 0.5)

plt.gca().spines['left'].set_position('zero')
plt.gca().spines['bottom'].set_position('zero')
#draw y=0.5 red line
plt.axhline(y=0.5, xmin=0.03, xmax=1, color='r', linestyle='--')
plt.yticks(np.arange(0.0, 1.1, step=0.1))
plt.gca().get_yticklabels()[5].set_color('r')

plt.title('Probability of face up in coin toss')
plt.xlabel('Toss number')
plt.ylabel('Probability of face up')

plt.gca().spines['right'].set_visible(False)
plt.gca().spines['top'].set_visible(False)
plt.gca().yaxis.set_ticks_position('left')
plt.gca().xaxis.set_ticks_position('bottom')
```

　　自然界是非常奇妙的，**中心极限定理** (central limit theorem) 就是一个典型的例子。通俗地理解，中心极限定理就是在一定条件下，对于大量独立随机变量，无论它们本身服从何种分布，它们的平均数会趋向于正态分布。也就是说，在一个总体中抽取样本，不需要考虑总体的分布，只要样本的数量足够大，那么这些样本的平均值会呈现以总体平均值为中心的正态分布。正是这种特性，使得可以通过分析样本，而对总体进行估计。如图9-18展示了对于几种不同分布的总体，在进行大量取样后，其平均值的分布均为正态分布。

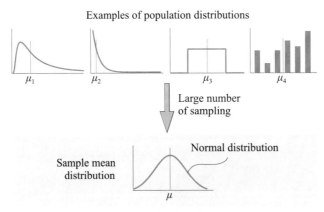

图9-18　中心极限定理

　　下面的例子中，总体服从均匀分布，样本大小设定为30，分别采样10、50、100、500、1000和5000次，计算每个样本的平均值，并绘制如图9-19所示的样本均值的分布图。可以看到随着采样次数的增加，其平均值的分布趋向于正态分布。

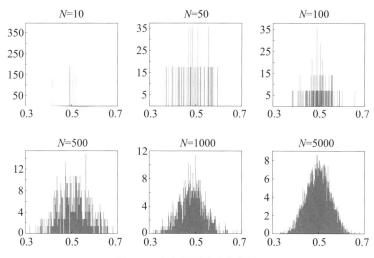

图9-19 中心极限定理演化图

以下代码可以绘制图9-19。

```python
#Central Limit Theorem
import matplotlib.pyplot as plt
import scipy.stats as stats

#sample size
samplesize = 30

#different number of sampling
numofsample = [10,50,100,500,1000,5000]
#a list of sample mean
meansample = []

#for each number of sampling (10 to 5000)
for i in numofsample:
    #collect mean of each sample
    eachmeansample = []
    #for each sampling
    for j in range(0,i):
        #sampling 30 sample
        rvs = stats.uniform.rvs(size=samplesize)
        #collect mean of each sample
        eachmeansample.append(sum(rvs)/len(rvs))
    #add mean of each sampling to the list
    meansample.append(eachmeansample)

#draw the graphs
rows = 2
cols = 3
```

```
fig, ax = plt.subplots(rows, cols, figsize=(14,8))
n = 0

for i in range(0, rows):
    for j in range(0, cols):
        ax[i, j].hist(meansample[n], bins=200, density=True, alpha=0.2)
        ax[i, j].set_title(label="N: " + str(numofsample[n]))
        n+=1
```

9.5 参数估计

在统计学中，统计推断是指基于样本数据推断出总体的特征。**参数估计** (parameter estimation) 就是一种重要的统计推断方法，它是根据从总体中抽取的样本的统计量 (样本指标) 来对总体分布的未知参数 (总体指标) 进行估计的过程。统计量是基于样本的，其取值会随样本而变化，因此统计量本身也是一个随机变量，它的概率分布称为取样分布。根据参数估计的形式不同，参数估计可以分成两种类型：**点估计** (point estimation) 和**区间估计** (interval estimation)。

点估计，顾名思义，是指用样本统计量的某单一具体数值直接作为某未知总体参数的最佳估值。举个通俗的例子，在对某学校男生身高的研究中，全部男生即为总体，从中随机抽取100名男生作为样本，对此样本进行研究，可以得到这个样本的平均身高为1.75米。那么直接用这个单一的统计数值1.75米来代表这所学校所有男生总体的平均身高，这种估计方法就是点估计。

对总体参数进行点估计常用的方法有两种：**矩估计**(method of moments) 和**最大似然估计** (Maximum Likelihood Estimation, MLE)。

在第8章中介绍过**矩**的定义，它是一些可以表征随机变量特征的数字。矩估计本质就是简单的"替换"，用样本矩代替总体矩，比如均值为一阶矩，用样本均值$\bar{X}$可以估得总体均值。标准差为二阶矩，用样本标准差s可以估得总体标准差σ。前面提到的推估某校男生身高的例子，就利用了**矩估计**。这种估计非常简单，甚至不需要知道总体是如何分布的，但是其缺点也很明显，因为它仅能通过样本体现总体的部分信息，很难体现总体的分布特征，一般适用于大样本容量的情形。

如图9-20体现了最大似然估计的概念思想。有两个完全相同的袋子A和B，在袋子A中只有一个黑球，其余全是白球，在袋子B中只有一个白球，其余全是黑球。如果任选一个袋子，摸出了一个黑球，那么有很大理由可以估计选的袋子为B。这就是最大似然估计的朴素理解。

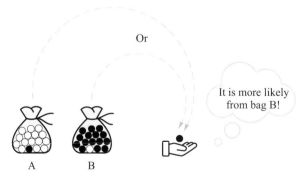

图9-20 最大似然估计概念图

在概率论中，最大似然估计是估测概率模型参数又一种经典的点估计，但与矩估计不同，它需要已知总体的分布，即它是应用于"模型已定，参数未知"的情况。简单理解，就是已经知道了样本的结果，然后以此反推最可能导致这个样本结果出现的模型参数。其具体操作过程为，把样本点代入含有未知参数的模型，然后将它们相乘，得到**似然函数** (likelihood function)，求得使这个函数取得最大值的参数取值，即为参数的最大似然估计。一言概之，参数的最大似然估计就是使似然函数得到最大值的参数取值。

以抛一枚不均匀硬币为例，假设抛了10次，结果分别是"正""正""正""反""反""正""反""反""正""正"。那么，抛这个不均匀硬币得到正面的概率是多少呢？大家可能会很自然地回答，抛得正面的概率是6/10 = 60%。

那么如果打破砂锅问到底，继续问：为什么用抛到正面的次数除以总次数就是抛得正面的概率呢？最大似然法可以帮助回答这个问题。把每次抛硬币作为一个抽样。那么在10次抽样中，6次为正面，4次为反面。假定抛得正面的概率为p，问题可以转化为需要找到这个概率p，从而产生所得到的试验结果，即抛10次6正4反。这10次抽样结果的概率，就是似然函数，表达式为：

$$
\begin{aligned}
\mathrm{P}(X \mid p) &= \mathrm{P}\left(x_1, x_2, \cdots, x_{10} \mid p\right) \\
&= \mathrm{P}\left(x_1 \mid p\right) \mathrm{P}\left(x_2 \mid p\right) \cdots \mathrm{P}\left(x_{10} \mid p\right) \\
&= p^6 (1-p)^4
\end{aligned}
\tag{9-11}
$$

很明显，参数p可以取不同的数值，似然函数则会相应有不同的取值。但是通过试验得到了抛10次有6正4反的结果，完全有理由认为这个结果出现的可能性是最大的，因此使似然函数得到最大值的p取值，就是估得的这枚不均匀硬币抛得正面的概率。对这个似然函数求导，可以很容易得到当参数$p = 0.6$时，似然函数的值最大。

区间估计 (interval estimate) 是指在推断总体参数时，不同于点估计仅估出一个数值，而是根据统计量的抽样分布特征，估算出总体参数的一个区间范围，并且估算出总体参数落在这一区间的概率。往往在点估计的基础上附加**误差限** (margin of error) 来构造区间估计。这个区间，称为**置信区间** (confidence interval)，而这个概率，被称为**置信度** (confidence level)。

还是用前面点估计时使用的某校男生身高的例子来做说明。假如估计得到的结论为：根据抽取的100个男生的身高，估计此学校男生身高在1.70米到1.80米之间的概率为90%，那么这就是用区间估计的方法进行的推断。结合点估计，这个区间估计的误差限为0.5，置信区间为 [1.70, 1.80]，置信度为90%。

区间估计可以用式(9-12)更准确地表达。

$$
\mu = \bar{x} \pm Z_{\alpha/2} \frac{\sigma}{\sqrt{n}}
\tag{9-12}
$$

其中，$\bar{x}$是均值，$Z_{\alpha/2}$为临界值，α为信心水平，σ为标准差，n为样本大小。

下面的例子探讨了区间估计。首先计算了苹果股票在2019年全年的对数增长率，假设其服从正态分布，接着用norm.interval() 函数方便地得到了在68%、95%、99.7%置信度下的区间估计。

```
B1_Ch9_7.py
```

```python
from  pandas_datareader import data
import matplotlib.pyplot as plt
import numpy as np
from scipy.stats import norm
```

```python
df = data.DataReader('AAPL', 'yahoo', '2019-1-1', '2019-12-31')['Adj Close']
#log return
dflog = np.log(df)
stockreturn = dflog.pct_change()
stockreturn = stockreturn[1:]
#mean and std
mean, sigma = np.mean(stockreturn), np.std(stockreturn, ddof=1)


confidence_level_list = [0.68, 0.95, 0.997]
customized_palette = ["#3C9DFF","#B7DEE8", "#0070C0"]
i=0
for confidence_level in confidence_level_list:
    confidence_interval = norm.interval(confidence_level, loc=mean, scale=sigma)
    interval_label = str(confidence_level_list[i])+' confidence interval:
['+str(r'{0:.3f}'.format(confidence_interval[0]))+','+str(r'{0:.3f}'.
format(confidence_interval[1]))+']'
    plt.plot((confidence_interval[0], confidence_interval[0]), (0, norm.
pdf(confidence_interval[0], loc=mean, scale=sigma)), color=customized_palette[i],
linestyle='--')


    plt.plot((confidence_interval[1], confidence_interval[1]), (0, norm.
pdf(confidence_interval[1], loc=mean, scale=sigma)), color=customized_palette[i],
linestyle='--')
    plt.annotate(interval_label,
                xy=(confidence_interval[0], norm.pdf(confidence_interval[1],
loc=mean, scale=sigma)), xycoords='data',
                xytext=(confidence_interval[1], norm.pdf(confidence_
interval[1], loc=mean, scale=sigma)), textcoords='data',
                arrowprops=dict(arrowstyle="<|-|>",
                               connectionstyle="arc3",
                               mutation_scale=20,
                               fc="w")
                )


    i+=1

    print(str(confidence_level*100)+"% "+"Confidence Interval:
["+ str(round(confidence_interval[0],3))+","+str(round(confidence_
interval[1],3))+"]")


x = np.linspace(norm.ppf(0.0001, loc=mean, scale=sigma),
               norm.ppf(0.9999, loc=mean, scale=sigma), 1000)
plt.plot(x, norm.pdf(x, loc=mean, scale=sigma), color='r', label='norm pdf')

plt.gca().spines['right'].set_visible(False)
plt.gca().spines['top'].set_visible(False)
plt.gca().yaxis.set_ticks_position('left')
```

```
plt.gca().xaxis.set_ticks_position('bottom')
plt.gca().spines['bottom'].set_position('zero')
```

上面代码可以计算得到在68%、95%、99.7%置信度下的区间估计分别为 [−0.004, 0.005]、[−0.008, 0.009]、[−0.012, 0.014]，并绘制图9-21，直观展示上述区间估计的结果。

```
68.0% Confidence Interval: [-0.004,0.005]
95.0% Confidence Interval: [-0.008,0.009]
99.7% Confidence Interval: [-0.012,0.014]
```

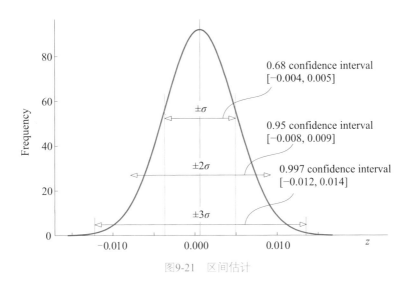

图9-21　区间估计

9.6 假设检验

假设检验 (hypothesis testing) 是除参数估计外，统计推断的另外一种重要方式。前面讨论过的参数估计是用样本的统计量去估计总体的参数，而假设检验则是首先对总体的某个特征提出一个假设，然后再利用样本统计量对其进行验证是否合理。假设检验又分为**参数假设检验** (parametric testing) 和**非参数假设检验** (non-parametric testing)。参数假设检验是在总体的分布已知的情况下，对总体的未知参数进行的假设检验；非参数假设检验是未知总体分布，而对其分布函数进行假设检验。

假设检验的原理非常简单，是基于"小概率事件"原理，利用反证法进行的推断。首先假设总体参数的某项取值为真，即定义一个**原假设** [或称**零假设**(null hypothesis)，常常记为H_0]，同时定义一个和原假设完全对立的**备择假设** (alternate hypothesis，常常记为H_1)，然后通过抽取的一个样本进行检验，如果样本结果与假设差别很大，则认为这个原假设H_0不合理，据此可以拒绝原假设，需要接受备择假设成立，否则无法拒绝原假设，只能接受原假设。但是应当注意，这里的"不合理"并不是绝对的，而是基于统计上的"小概率事件"。所谓小概率事件是指几乎不可能发生的随机事件，即概率接近于0，这个概率值一般记为α，称为检验的**显著性水平** (significance level)，它并没有统一的界定标准，常取值0.1、0.05、0.01等，取决于具体的问题。

常用的假设检验方法包括Z-检验、卡方检验、t-检验、F-检验等，下面以一个简单的Z-检验为例，帮助理解假设检验。

在具体操作中，首先构建统计量，在原假设下，统计量往往有一个分布，当计算出的统计量处于这个分布的小概率区域中时，就可以认定原假设是小概率事件，可以拒绝原假设。对于一个如图9-22所示的抽样分布，如果总体的均值为10，可以设定如下。

◀ 原假设H_0：这个抽样的均值为10。
◀ 备择假设H_1：这个抽样的均值不为10。
◀ 显著性水平α：0.1。

抽取的样本的均值为16，那么从图9-22可知，其发生的概率小于显著性水平0.1，属于小概率事件，因此可推断原假设不合理，需要接受备择假设，即这个总体的均值不可能为10。

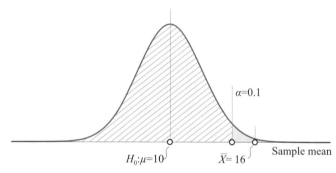

图9-22　Z-检验示意图

根据假设的形式不同，假设检验可以分为**双侧检验** (two-tail test) 和**单侧检验** (one-tail test)。假定总体的未知参数为θ (例如可以为均值μ等)，另有一个设定值θ_0。表9-1给予了具体说明。

表9-1　双侧检验与单侧检验对照表

类型	原假设	备择假设
双侧检验	$\theta = \theta_0$	$\theta = \theta_0$
左侧检验	$\theta \geq \theta_0$	$\theta < \theta_0$
右侧检验	$\theta \leq \theta_0$	$\theta > \theta_0$

根据统计量的理论概率分布，可以确定拒绝或接受原假设的检验统计量的临界值，而临界值会将统计量的取值区间划分为互不相交的拒绝域和不拒绝域。如图9-23所示，以一个正态分布的总体为例，对于总体均值的**双侧** (two-tail)、**右侧** (right-tail) 和**左侧** (left-tail) 假设检验。

有两组股票的回报率数据，如果要验证这两个样本的平均值是否显著不同，就会用到假设检验。假定这两组数据均为独立均匀分布，而且都是正态分布，具有相同的方差。假设检验可以设定如下。

◀ 原假设H_0：两个样本的平均值相同。
◀ 备择假设H_1：两个样本的平均值不相同。
◀ 显著性水平α：0.05。

Scipy运算包的Stats子包提供了大量的假设检验函数，可以方便地进行选取。这个例子适用双边t-检验，即可以使用ttest_ind() 函数，这个函数可以进行对于两个独立样本平均值的t-检验。

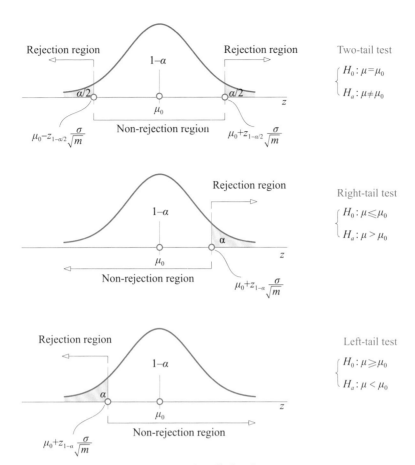

Two-tail test

$$\begin{cases} H_0 : \mu = \mu_0 \\ H_a : \mu \neq \mu_0 \end{cases}$$

Right-tail test

$$\begin{cases} H_0 : \mu \leqslant \mu_0 \\ H_a : \mu > \mu_0 \end{cases}$$

Left-tail test

$$\begin{cases} H_0 : \mu \geqslant \mu_0 \\ H_a : \mu < \mu_0 \end{cases}$$

图9-23　假设检验示意图

`B1_Ch9_8.py`

```python
from scipy.stats import ttest_ind, t

alpha = 0.05

stockreturn1 = [-0.020809663379123517, 0.00846703325245679,
-0.000447501087096569, 0.0037943429167992537, 0.00337077454971646,
0.0006366568709006426, -0.001967167012908333, -0.003026737458921125,
0.0040596182036833905, 0.0024232318939352293, 0.0011785909968373698,
0.0012210301746806707, -0.004508716349038044, 0.0008052363515955729,
0.006508926423269834]

stockreturn2 = [-0.001844371674326828, -0.002070621212762691,
0.01316396325231195, 0.0014103778581735504, 9.433813027959204e-05,
0.005497221072897629, 0.003311408623482226, 6.701621195870366e-05,
-0.0037197388299609058, 0.00022932086310833988, -0.0011259319781000698,
0.0016769041143169794, -0.0008123268983916132, 0.0007101444324377759,
-0.00043462154134144004]
```

```
#calculate cirtical value
df = len(stockreturn1)+len(stockreturn2)-2
critical_value = t.ppf(1.0-alpha, df)
print('critical_value=%.3f' % (critical_value))

#calculate t stastics and p value
t_stat, p = ttest_ind(stockreturn1, stockreturn2)
print('t-statistic=%.3f, p_value=%.3f' % (t_stat, p))

#conclusion via t statastics
if abs(t_stat) <= critical_value:
    print('Cannot reject Null Hypothesis -- The mean of these two samples are the
same.')
    else:
    print('Reject Null Hypothesis -- The mean of these two samples are
different.')

#conclusion via p value
if p <= alpha:
    print('Reject Null Hypothesis -- The mean of these two samples are
different.')
    else:
    print('Cannot reject Null Hypothesis -- The mean of these two samples
are the same.')
```

检验结果如下。

```
critical_value=1.701
t-statistic=-0.476, p_value=0.638
Cannot reject Null Hypothesis -- The mean of these two samples are the same.
```

在上述程序中，函数ttest_ind() 同时给出了t-检验值，通过对比t-检验值与t-检验关键值(可通过查表得到，在上述代码中，使用了ppf() 函数直接得到)，可知不能拒绝原假设，即这两个样本的平均值相同。函数ttest_ind() 也同时给出了p值，通过比较p值与显著性水平，也可以得到相同的结论。对于通过p值的判定，在本章后面，会有详细介绍。

由于假设检验是通过样本统计值对总体参数做出推断，而样本相对于总体会存在偏差，所以必须考虑假设检验中存在的判断错误情况。一般来说，假设检验有下面两类错误：

◀ **第一类错误** (Type I error)：也称为**拒真错误**，即拒了一个正确的原假设。显著性水平α是预先设定的允许犯第一类错误的最大概率，比如5%的显著性水平意味着此假设检验有5%的概率会拒绝原来为真的原假设。

◀ **第二类错误** (Type II error)：是指接受了一个错误的原假设，第二类错误的概率一般写为β。而Power $= 1 - \beta$被称为检验效力，代表拒绝一个错误原假设的概率。

表9-2具体说明了这两类错误。

表9-2　第一类错误与第二类错误

检验结果	原假设：真	原假设：伪
无法拒绝原假设	正确	第二类错误
拒绝原假设	第一类错误	正确

如图9-24展示了第一类错误和第二类错误的关系。该图以单边假设检验为例，显著性水平设定为α。当统计量大于Z时，因其落入了"小概率事件"区域，可以拒绝H_0，此时犯第一类错误的概率就是α，即原假设为"真"，但却被拒绝，即"拒真"。统计量小于Z，没有达到拒绝H_0的标准，但是其实原假设为"伪"，却没有被拒绝，这就是第二类错误，即"存伪"。此时，犯第二类错误的概率就是β。

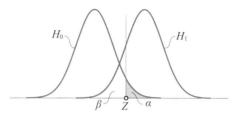

图9-24　第一类错误与第二类错误示意图

9.7　置信区间、p值与假设检验

在前面介绍参数估计时，讲述过置信区间，那么它与假设检验有何关系呢？首先，置信区间 (区间估计) 属于参数推断的一种，与假设检验均为统计推断的重要手段，置信区间是根据样本的统计量估计总体参数，而假设检验则利用样本统计量对预先假设的总体参数进行检验。

置信区间一般是以样本估计为中心的双侧形式，通常是以较高的置信水平给予保证，而假设检验通常以很小的显著性水平去检验对总体参数的先验假设是否成立。

置信区间与假设检验也存在明显的关系。在对同一参数进行推断时，二者可以互换，置信区间对应假设检验的非拒绝域，置信区间之外的区域则为假设检验的拒绝域。

p值的最早出现可以追溯到18世纪70年代，数学家**拉普拉斯** (Pierre-Simon Laplace) 计算了p值来探讨男孩和女孩出生率的差别。直到1914年，**皮尔逊** (Karl Pearson) 在卡方检验中正式介绍了p值。但是p值在统计领域的真正流行则是始于1925年，有着现代统计学之父之称的英国遗传学家、统计学家**罗纳德·艾尔默·费舍** (Ronald A. Fisher) 出版了《研究者的统计方法》 (*Statistical Methods for Research Workers*) 一书。从此，p值得到了更为广泛的关注和使用。

那么p值到底是什么呢？它是指在原假设条件为真的条件下，试验结果可能发生的概率。通过比较p值与显著性水平α，可以判定是否拒绝原假设。简单地讲，p值就是在原假设为真的前提下，得出的试验结果发生的概率，然后与显著性水平比较。如果p值较小，说明这个结果出现的概率为小概率事件，所以应当拒绝原假设；反之，则无法拒绝原假设。如图9-25所示为p值与假设检验示意图。

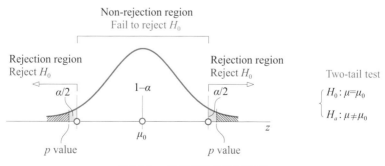

图9-25　p值与假设检验示意图

以抛硬币为例，如果想验证一枚硬币在材质上是否均匀，可以抛硬币无限次，如果正反面出现的概率相同，均为50%，那么就可以判断这枚硬币是均匀的。但是，在实际中，只能通过抛有限次的结果来进行判断。

下面这个简单的例子可以帮助了解什么是p值。

◀ 原假设H_0：此硬币材质均匀；
◀ 备则假设H_1：此硬币材质不均匀；
◀ 观察结果：抛硬币5次，全面正面朝上；
◀ 显著性水平α：0.05。

如果假定原假设为真，那么抛这枚硬币5次正面朝上的概率为$0.5^5 = 0.03125$，这个值即为p值，它小于显著性水平0.05。也就是说如果这枚硬币均匀，那么抛5次5次正面这个事件的发生为小概率事件，应当拒绝原假设。

Python的Scipy运算包提供了简单的命令计算p值。下面这个例子还是以抛硬币为例，但稍微复杂一点。在验证一枚硬币是否均匀的试验中，试验结果为抛20次，正面出现14次。

◀ 原假设H_0：此硬币材质均匀；
◀ 备则假设H_1：此硬币材质不均匀；
◀ 观察结果：抛硬币20次，14次正面朝上；
◀ 显著性水平α：0.05。

如果用右侧检验，p值为正面出现多于或等于14次的概率之和，根据二项分布的概率计算公式，利用下面的代码得到此时的p值。

B1_Ch9_9_A.py

```python
from scipy import stats

alpha = 0.05

p_value = stats.binom_test(14, n=20, p=0.5, alternative='greater')
print('p_value=%.3f' % p_value)

if p_value <= alpha:
    print('Reject Null Hypothesis -- Unfair coin')
else:
    print('Cannot reject Null Hypothesis -- Fair coin')
```

检验结果如下。

```
p_value=0.058
Cannot reject Null Hypothesis -- Fair coin
```

可见p值大于显著性水平α，即均匀硬币出现抛20次正面14次，并非极端情况，不能拒绝原假设。

当然，如果抛20次出现14次反面的情况也应当被考虑进去验证是否这枚硬币均匀。这就要用到双侧检验。此时，计算p值的代码如下。

`B1_Ch9_9_B.py`

```python
p_value = stats.binom_test(14, n=20, p=0.5, alternative='two-sided')
print('p_value=%.3f' % p_value)

if p_value <= alpha/2:
    print('Reject Null Hypothesis -- Unfair coin')
else:
    print('Cannot reject Null Hypothesis -- Fair coin')
```

检验结果如下。

```
p_value=0.115
Cannot reject Null Hypothesis -- Fair coin
```

计算得到的p值要小于显著性水平，因此无法拒绝硬币为均匀的原假设。

在本章中，介绍了协方差、相关系数等多维随机变量的数字特征。另外，还讲述了统计学中总体和样本，了解了抽取样本的抽样方法，以及通过样本去预测总体。紧接着，详细讨论了统计学中极为重要的大数定理和中心极限定理。然后，介绍了统计推断的三大中心内容：抽样分布、参数估计和假设检验。其中，着重讲述了卡方分布、t-分布、F-分布三大抽样分布，而对于统计推断的参数估计和假设检验也进行了深入探讨，大家可以参照图9-26系统地理解。

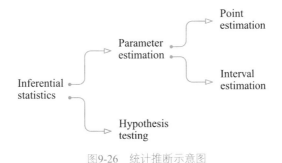

图9-26　统计推断示意图

Financial Calculations I

第 10 章

金融计算 I

从本章开始，将使用本书之前讲解过的Numpy、Scipy、Pandas、Matplotlib、Statsmodels、Math等工具包，和大家探讨常见数学方法在量化金融建模上的应用。此外，本章还将介绍使用Sympy进行符号计算。

> 如果不能用数学来推演，任何人类研究都不能称为真正的科学。
>
> ***No human investigation can be called real science if it cannot be demonstrated mathe matically.***
>
> ——列奥纳多·达·芬奇(Leonardo da Vinci)

Core Functions and Syntaxes
本章核心命令代码

- ◂ `matplotlib.axes.Axes.hist()` 绘制概率直方图
- ◂ `matplotlib.pyplot.axhline()` 绘制水平线
- ◂ `matplotlib.pyplot.axvline()` 绘制竖直线
- ◂ `matplotlib.pyplot.grid()` 绘制网格
- ◂ `matplotlib.pyplot.scatter()` 绘制散点图
- ◂ `nump.power()` 乘幂运算
- ◂ `numpy.irr()` 计算内部收益率
- ◂ `numpy.meshgrid()` 获得网格数据
- ◂ `numpy.multiply()` 向量或矩阵逐项乘积
- ◂ `numpy.roots()` 多项式求根
- ◂ `numpy.sqrt()` 计算平方根
- ◂ `numpy.squeeze()` 从数组形状中删除维度为1的条目
- ◂ `numpy.vectorize()` 将函数向量化
- ◂ `pandas.DataFrame.pct_change()` 计算简单收益率
- ◂ `pandas_datareader.data.get_data_yahoo()` 下载金融数据
- ◂ `scipy.interpolate.interp1d()` 一维插值
- ◂ `scipy.interpolate.interp2d()` 二维插值
- ◂ `scipy.stats.norm.cdf()` 正态分布累积概率分布 CDF
- ◂ `scipy.stats.norm.fit()` 拟合得到正态分布均值和均方差
- ◂ `scipy.stats.norm.pdf()` 正态分布概率分布 PDF
- ◂ `scipy.stats.probplot()` 计算概率分位并绘制直方图
- ◂ `sympy.Eq()` 定义符号等式
- ◂ `sympy.plot_implicit()` 绘制隐函数方程
- ◂ `sympy.symbols()` 创建符号变量

10.1 利率

量化金融建模中经常用到的利率类型有两种：**简单复利** (simple compounding) 和**连续复利** (continuous compounding)。如图10-1所示为用简单年复利y将**终值** (future value) FV转化为**现值** (present value) PV。

$$PV = FV\left(1 + \frac{y}{m}\right)^{-m \times T} \tag{10-1}$$

其中，m为**年复利频率** (annual compounding frequency)；T为期限长度，单位为年。常见的复利频率为：每年1次 (annually, $m = 1$)，半年/每年2次 (semi-annually, $m = 2$)，季度/每年4次 (quarterly, $m = 4$)，每月/每年12次 (monthly, $m = 12$)，每周/每年52次 (weekly, $m = 52$)，每天/每年252次或365次 (daily, $m = 252$或365)。

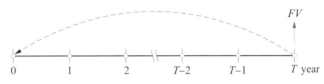

图10-1　将终值FV用简单复利转化为PV

如图10-2展示由简单复利y将现值PV转化为终值FV。

$$FV = PV\left(1 + \frac{y}{m}\right)^{m \times T} \tag{10-2}$$

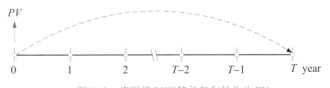

图10-2　将现值PV用简单复利转化为FV

通过**连续复利利率** (continuously compounded interest rate) r可以把FV折算为PV。

$$PV = FV \exp(-rT) \tag{10-3}$$

反之，利用连续复利利率r也可以将PV折算为FV。

$$FV = PV \exp(rT) \tag{10-4}$$

有效年利率 (effective rate of return) 指的是以给定的利率和复利频率计算利息时，产生每年复利一次的年利率。

$$r_{\text{eff}} = \left(1 + \frac{y}{m}\right)^m - 1 \tag{10-5}$$

连续复利利率也可以转化为有效年利率。

$$r_{eff} = \exp(r) - 1 \tag{10-6}$$

如图10-3所示将年利率为5%但不同复利频率 (m = 1, 2, 4, 12, 52, 252) 简单利率和连续复利转化为有效年利率。可以发现当复利频率m不断提高，其有效年利率会不断接近连续复利的有效年利率。

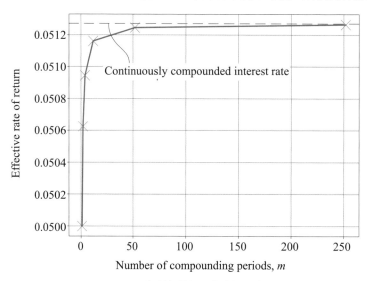

图10-3　将利率转化为有效年利率

以下代码可以获得图10-3。

```
B1_Ch10_1.py

import math
import numpy as np
import matplotlib.pyplot as plt

def eff_rr(r, m):

    '''
    r = annual rate, scalar numeric decimal
    m = number of compounding periods per year
    '''

    eff_rate = (1 + r/m)**m - 1;

    return eff_rate

m_array = [1, 2, 4, 12, 52, 252]
r = 0.05;


eff_rr_vec = np.vectorize(eff_rr)
```

```
eff_rr_array = eff_rr_vec(r,m_array)

eff_rr_from_continuous = math.exp(r) - 1;

fig, ax = plt.subplots()

plt.xlabel("Number of compounding periods, $\it{m}$")
plt.ylabel("Effective rate of return")
plt.plot(m_array,eff_rr_array,marker = 'x', markersize = 12, linewidth = 1.5)
plt.axhline(y=eff_rr_from_continuous, color='r', linestyle='--')
plt.rcParams["font.family"] = "Times New Roman"
plt.rcParams["font.size"] = 10

plt.show()
ax.grid(linestyle='--', linewidth=0.25, color=[0.5,0.5,0.5])
```

10.2 简单收益率

下面以股票为例讲解如何计算收益率。如图10-4所示为某几天股价走势，不考虑分红，股票日简单回报率y_i可以通过式(10-7)获得。

$$y_i = \frac{S_i - S_{i-1}}{S_{i-1}} = \frac{S_i}{S_{i-1}} - 1 \tag{10-7}$$

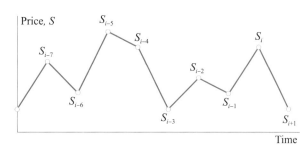

图10-4　股价几天走势

利用pandas_datareader运算包可以下载股票历史数据，并绘制如图10-5所示股价走势图。没有安装这个运算包的读者需要提前安装。

如图10-6展示的是基于图10-5股价数据计算得到的日简单回报率。图10-6中5条红色画线从上至下分别为：$\mu + 2\sigma$、$\mu + \sigma$、μ、$\mu - \sigma$和$\mu - 2\sigma$。μ为日简单回报率平均值，σ为日简单回报率均方差。如图10-7所示为日简单回报率分布直方图；可以发现回报率展现出类似正态分布的有趣现象。基于μ和σ，可以得到日简单回报率的正态拟合，如图10-8所示。图10-8直方图左尾展现出明显肥尾 (fat tail) 现象，或称**厚尾**。

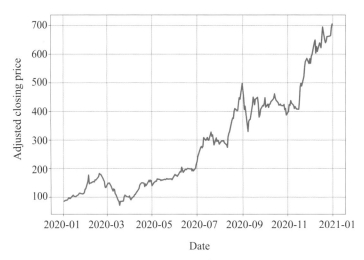

图10-5　股价过去一年走势

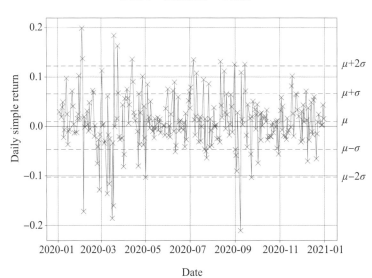

图10-6　日简单回报率

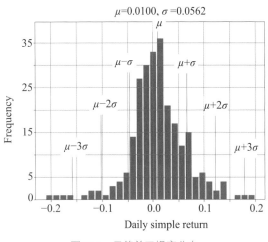

图10-7　日简单回报率分布

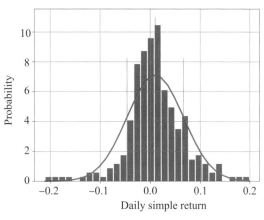

图10-8　日简单回报率分布和正态拟合

周简单回报率可以通过式(10-8)计算获得。

$$y_{i\_weekly} = \frac{S_i - S_{i-5}}{S_{i-5}} = \frac{S_i}{S_{i-5}} - 1 \tag{10-8}$$

周简单回报率和日简单回报率关系为：

$$
\begin{aligned}
y_{i\_weekly} &= \frac{S_i}{S_{i-5}} - 1 \\
&= \frac{S_i}{S_{i-1}} \frac{S_{i-1}}{S_{i-2}} \frac{S_{i-2}}{S_{i-3}} \frac{S_{i-3}}{S_{i-4}} \frac{S_{i-4}}{S_{i-5}} - 1 \\
&= (y_i+1)(y_{i-1}+1)(y_{i-2}+1)(y_{i-3}+1)(y_{i-4}+1) - 1
\end{aligned}
\tag{10-9}
$$

如图10-9所示为基于图10-5股价数据计算得到的周简单回报率。

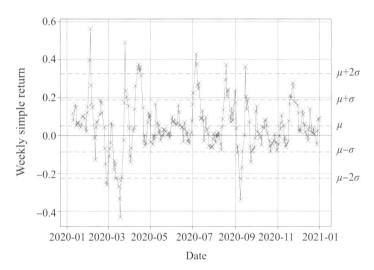

图10-9　周简单回报率

以下代码可以用来获得图10-5～图10-9。

B1_Ch10_2_A.py

```python
import pandas as pd
import numpy as np
import pandas_datareader as web
import matplotlib.pyplot as plt
import scipy.stats as stats
import statsmodels.api as sm
import pylab
import matplotlib.mlab as mlab


df = web.get_data_yahoo('TSLA', start = '2020-01-01', end = '2020-12-31')

#%% Plot price level of stock
plt.close('all')
```

```
fig, ax = plt.subplots()

df['Adj Close'].plot()
plt.xlabel('Date')
plt.ylabel('Adjusted closing price')
plt.show()
plt.rcParams["font.family"] = "Times New Roman"
plt.rcParams["font.size"] = 10


ax.grid(linestyle='--', linewidth=0.25, color=[0.5,0.5,0.5])

#%% simple return of stock price

#daily returns
daily_simple_returns_pct = df['Adj Close'].pct_change()
#daily returns are not in the format of percentage.
values = daily_simple_returns_pct[1:]
mu, sigma = stats.norm.fit(values)


fig, ax = plt.subplots()

ax.plot(daily_simple_returns_pct,marker='x')
plt.axhline(y=0, color='k', linestyle='-')
plt.axhline(y=mu, color='r', linestyle='--')
plt.axhline(y=mu + sigma, color='r', linestyle='--')
plt.axhline(y=mu - sigma, color='r', linestyle='--')
plt.axhline(y=mu + 2*sigma, color='r', linestyle='--')
plt.axhline(y=mu - 2*sigma, color='r', linestyle='--')
plt.xlabel('Date')
plt.ylabel('Daily simple return')
plt.show()
plt.rcParams["font.family"] = "Times New Roman"
plt.rcParams["font.size"] = 10


ax.grid(linestyle='--', linewidth=0.25, color=[0.5,0.5,0.5])

#%% Distribution of daily simple returns

label = '$\it{\mu}$ = %.4f, $\it{\sigma}$ = %.4f' % (mu, sigma)

fig, ax = plt.subplots()
ax.hist(values, bins=30, rwidth=0.85)
y_lim = ax.get_ylim()
plt.plot([mu,mu],y_lim,'r')
plt.plot([mu + sigma,mu + sigma],0.75*np.asarray(y_lim),'r')
plt.plot([mu - sigma,mu - sigma],0.75*np.asarray(y_lim),'r')
plt.plot([mu + 2.0*sigma,mu + 2.0*sigma],0.5*np.asarray(y_lim),'r')
```

```python
plt.plot([mu - 2.0*sigma,mu - 2.0*sigma],0.5*np.asarray(y_lim),'r')
plt.plot([mu + 3.0*sigma,mu + 3.0*sigma],0.25*np.asarray(y_lim),'r')
plt.plot([mu - 3.0*sigma,mu - 3.0*sigma],0.25*np.asarray(y_lim),'r')
plt.title(label)
ax.grid(linestyle='--', linewidth=0.25, color=[0.5,0.5,0.5])
plt.xlabel('Daily simple return')
plt.ylabel('Frequency')


#add a normal fit PDF curve

fig, ax = plt.subplots()
#the histogram of the data
n, bins, patches = plt.hist(values, 30, density=1, rwidth=0.85)
y_lim = ax.get_ylim()
best_fit_line = stats.norm.pdf(bins, mu, sigma)
plt.plot(bins, best_fit_line, 'r-', linewidth=2)

plt.plot([mu,mu],y_lim,'r')
plt.plot([mu + sigma,mu + sigma],0.75*np.asarray(y_lim),'r')
plt.plot([mu - sigma,mu - sigma],0.75*np.asarray(y_lim),'r')

plt.show()
plt.rcParams["font.family"] = "Times New Roman"
plt.rcParams["font.size"] = 10
plt.xlabel('Daily simple return')
plt.ylabel('Probability')
ax.grid(linestyle='--', linewidth=0.25, color=[0.5,0.5,0.5])

#%% weekly simple returns

wkly_simple_returns_pct = df['Adj Close'].pct_change(periods = 5)
#not percentage
values = wkly_simple_returns_pct[5:]
mu, sigma = stats.norm.fit(values)

fig, ax = plt.subplots()

ax.plot(wkly_simple_returns_pct,marker='x')
plt.axhline(y=0, color='k', linestyle='-')
plt.xlabel('Date')
plt.ylabel('Weekly simple return')

plt.axhline(y=mu, color='r', linestyle='--')
plt.axhline(y=mu + sigma, color='r', linestyle='--')
plt.axhline(y=mu - sigma, color='r', linestyle='--')
plt.axhline(y=mu + 2*sigma, color='r', linestyle='--')
plt.axhline(y=mu - 2*sigma, color='r', linestyle='--')
```

```
plt.show()
plt.rcParams["font.family"] = "Times New Roman"
plt.rcParams["font.size"] = 10

ax.grid(linestyle='--', linewidth=0.25, color=[0.5,0.5,0.5])
```

10.3 对数收益率

日对数回报率 (daily log return) r_i可以通过式(10-10)获得。

$$r_i = \ln\left(\frac{S_i}{S_{i-1}}\right) = \ln(S_i) - \ln(S_{i-1}) \tag{10-10}$$

如图10-10所示为基于图10-5股价数据计算得到的日对数回报率。如图10-11所示为日对数回报率的分布。QQ图也常用来比较不同分布，通常以正态分布作为参考分布。比如，如图10-12所示为日对数回报率QQ图；可以更容易发现左尾呈现的厚尾现象。

日简单回报率和日对数回报率关系为：

$$y_i = \frac{S_i}{S_{i-1}} - 1 \Leftrightarrow \frac{S_i}{S_{i-1}} = y_i + 1$$

$$r_i = \ln\left(\frac{S_i}{S_{i-1}}\right) = \ln(y_i + 1) \tag{10-11}$$

在本章后面还要通过极限和泰勒进一步讨论日简单回报率和日对数回报率之间的关系。

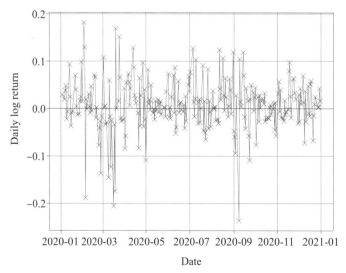

图10-10　日对数回报率

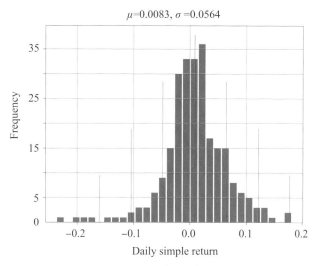

图10-11　日对数回报率分布

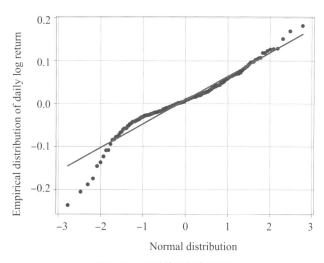

图10-12　日对数回报率QQ图

周对数回报率 (weekly log return) 可以通过式(10-12)计算获得。

$$r_{i\_\text{weekly}} = \ln\left(\frac{S_i}{S_{i-5}}\right) \tag{10-12}$$

周对数回报率和日对数回报率关系为：

$$
\begin{aligned}
r_{i\_\text{weekly}} &= \ln\left(\frac{S_i}{S_{i-5}}\right) = \ln\left(\frac{S_i}{S_{i-1}}\frac{S_{i-1}}{S_{i-2}}\frac{S_{i-2}}{S_{i-3}}\frac{S_{i-3}}{S_{i-4}}\frac{S_{i-4}}{S_{i-5}}\right) \\
&= \ln\left(\frac{S_i}{S_{i-1}}\right) + \ln\left(\frac{S_{i-1}}{S_{i-2}}\right) + \ln\left(\frac{S_{i-2}}{S_{i-3}}\right) + \ln\left(\frac{S_{i-3}}{S_{i-4}}\right) + \ln\left(\frac{S_{i-4}}{S_{i-5}}\right) \\
&= r_i + r_{i-1} + r_{i-2} + r_{i-3} + r_{i-4}
\end{aligned}
\tag{10-13}
$$

如图10-13所示为周对数回报率。

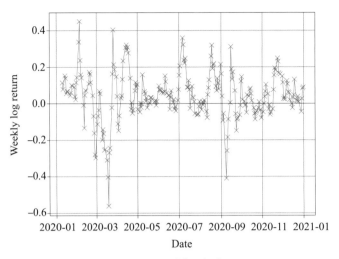

图10-13 周对数回报率

配合本节前面代码，以下代码可以获得图10-10～图10-13。

```
B1_Ch10_2_B.py

#%% daily log return of stock price


df_adj_close = df['Adj Close'];


#shift moves dates back by 1
#daily log returns
df_log_r = df.apply(lambda x: np.log(x) - np.log(x.shift(1)))
daily_log_returns = df_log_r['Adj Close'];


fig, ax = plt.subplots()


ax.plot(daily_log_returns,marker='x')
plt.axhline(y=0, color='k', linestyle='-')
plt.xlabel('Date')
plt.ylabel('Daily log return')
plt.show()
plt.rcParams["font.family"] = "Times New Roman"
plt.rcParams["font.size"] = 10


ax.grid(linestyle='--', linewidth=0.25, color=[0.5,0.5,0.5])


#%% distribution of daily log returns


values = daily_log_returns[1:]
mu, sigma = stats.norm.fit(values)


label = '$\it{\mu}$ = %.4f, $\it{\sigma}$ = %.4f' % (mu, sigma)


fig, ax = plt.subplots()
```

```
ax.hist(values, bins=30, rwidth=0.85)
y_lim = ax.get_ylim()
plt.plot([mu,mu],y_lim,'r')
plt.plot([mu + sigma,mu + sigma],0.75*np.asarray(y_lim),'r')
plt.plot([mu - sigma,mu - sigma],0.75*np.asarray(y_lim),'r')
plt.plot([mu + 2.0*sigma,mu + 2.0*sigma],0.5*np.asarray(y_lim),'r')
plt.plot([mu - 2.0*sigma,mu - 2.0*sigma],0.5*np.asarray(y_lim),'r')
plt.plot([mu + 3.0*sigma,mu + 3.0*sigma],0.25*np.asarray(y_lim),'r')
plt.plot([mu - 3.0*sigma,mu - 3.0*sigma],0.25*np.asarray(y_lim),'r')
plt.title(label)
ax.grid(linestyle='--', linewidth=0.25, color=[0.5,0.5,0.5])
plt.xlabel('Daily log return')
plt.ylabel('Frequency')


fig, ax = plt.subplots()

stats.probplot(values, dist="norm", plot=pylab)
pylab.show()
ax.grid(linestyle='--', linewidth=0.25, color=[0.5,0.5,0.5])
plt.xlabel('Normal distribution')
plt.ylabel('Empirical distribution of daily log return')
#%% shift moves dates back by 5
#weekly log returns
df_log_r_wkly = df.apply(lambda x: np.log(x) - np.log(x.shift(5)))
wkly_log_returns = df_log_r_wkly['Adj Close'];

fig, ax = plt.subplots()

ax.plot(wkly_log_returns,marker='x')
plt.axhline(y=0, color='k', linestyle='-')
plt.xlabel('Date')
plt.ylabel('Weekly log return')
plt.show()
plt.rcParams["font.family"] = "Times New Roman"
plt.rcParams["font.size"] = 10

ax.grid(linestyle='--', linewidth=0.25, color=[0.5,0.5,0.5])
```

10.4 多项式函数

多项式函数 (polynomial function) 是最常见的函数。量化金融建模中离不开多项式函数。如图10-14所示为一次函数，也称**线性函数** (linear polynomial)；远期合约收益函数便是一次函数，因此远期合约是一种线性金融产品。

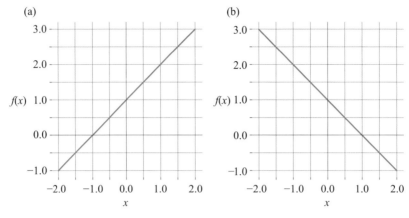

图10-14　一次函数

如图10-15(a)(b)两图分别展示的开口向上和开口向下的**二次函数** (quadratic function)。请读者关注二次函数的凸凹性和极值特点。这些性质在MATLAB系列丛书有详细讨论，本书不再赘述。

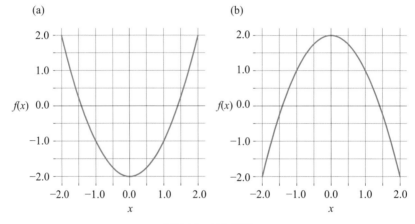

图10-15　二次函数

如图10-16所示为三次函数，也叫**立方多项式函数** (cubic polynomial function)。请读者格外注意图10-16所示三次函数趋势，以及图10-16(a) 三次函数 $f(x)=0$ 的三个根；本章后面将介绍如何求解多项式根。

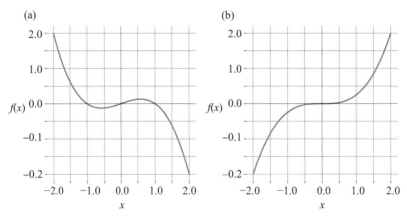

图10-16　三次函数

以下代码可以获得图10-14～图10-16。

```
B1_Ch10_3.py

import math
import numpy as np
from matplotlib import pyplot as plt

x = np.linspace(-2,2,100);

def plot_curve(x, y):

    fig, ax = plt.subplots()

    plt.xlabel("$\it{x}$")
    plt.ylabel("$\it{f}(\it{x})$")
    plt.plot(x, y, linewidth = 1.5)
    plt.axhline(y=0, color='k', linewidth = 1.5)
    plt.axvline(x=0, color='k', linewidth = 1.5)
    ax.grid(linestyle='--', linewidth=0.25, color=[0.5,0.5,0.5])
    plt.axis('equal')
    plt.xticks(np.arange(-2, 2.5, step=0.5))
    plt.yticks(np.arange(y.min(), y.max() + 0.5, step=0.5))
    ax.set_xlim(x.min(),x.max())
    ax.set_ylim(y.min(),y.max())
    ax.spines['top'].set_visible(False)
    ax.spines['right'].set_visible(False)
    ax.spines['bottom'].set_visible(False)
    ax.spines['left'].set_visible(False)
    plt.axis('square')
#%% plot linear, quadratic, and cubic functions

plt.close('all')

#linear function
y = x + 1;

plot_curve(x, y)

#linear function
y = -x + 1;

plot_curve(x, y)

#quadratic  function, parabola opens upwards
y = np.power(x,2) - 2;

plot_curve(x, y)
```

```
#quadratic  function, parabola opens downwards
y = -np.power(x,2) + 2;

plot_curve(x, y)

#cubic function
y = np.power(x,3)/4;

plot_curve(x, y)

#cubic function
y = -(np.power(x,3) - x)/3;

plot_curve(x, y)
```

10.5 插值

本节介绍如何利用scipy.interpolate.interp1d和scipy. interpolate.interp2d进行一维**插值**和二维**插值**(interpolation)。图10-17中蓝色圆点为观测到的不同期限上的利率值；而蓝色线和红色×为通过线性插值得到的数据。

图10-18中蓝色线为通过三次样条插值得到的数据，可以发现每种插值方法有各自的优缺点。更多有关样条插值数学计算和利率期限结构构造内容，请参考MATLAB系列丛书第三本。

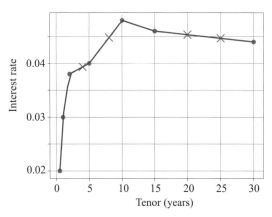

图10-17　利率期限结构，一维线性插值

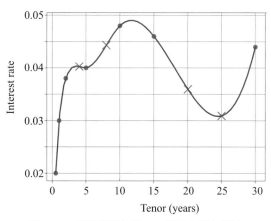

图10-18　利率期限结构，一维三次样条插值

以下代码可以获得图10-17和图10-18。

`B1_Ch10_4.py`

```
import matplotlib.pyplot as plt
from scipy.interpolate import interp1d, interp2d
```

```python
import numpy as np

tenors = [0.5, 1, 2, 5, 10, 15, 30]
IR     = [0.02, 0.03, 0.038, 0.04, 0.048, 0.046, 0.044]

f_linear = interp1d(tenors,IR) #default is 'linear'
f_cubic  = interp1d(tenors,IR,kind = 'cubic')


tenors_x = [4, 8, 20, 25]
tenors_vec = np.linspace(0.5,30,50)
IR_linear_y     = f_linear(tenors_x)
IR_linear_y_vec = f_linear(tenors_vec)

IR_cubic_y      = f_cubic(tenors_x)
IR_cubic_y_vec = f_cubic(tenors_vec)

#%% visualization

plt.close('all')

fig, ax = plt.subplots()

plt.xlabel("Tenor (year)")
plt.ylabel("Interest rate")
plt.plot(tenors,IR,marker = 'o', linewidth = 1.5, linestyle="None")
plt.plot(tenors_x,IR_linear_y, color = 'r', marker = 'x',
linestyle="None", markersize = 12)
plt.plot(tenors_vec,IR_linear_y_vec, color = 'b')

plt.rcParams["font.family"] = "Times New Roman"
plt.rcParams["font.size"] = 10

plt.show()
ax.grid(linestyle='--', linewidth=0.25, color=[0.5,0.5,0.5])

fig, ax = plt.subplots()

plt.xlabel("Tenor (year)")
plt.ylabel("Interest rate")
plt.plot(tenors,IR,marker = 'o', linewidth = 1.5, linestyle="None")
plt.plot(tenors_x,IR_cubic_y, color = 'r', marker = 'x',
linestyle="None", markersize = 12)
plt.plot(tenors_vec,IR_cubic_y_vec, color = 'b')

plt.rcParams["font.family"] = "Times New Roman"
plt.rcParams["font.size"] = 10
```

```
plt.show()
ax.grid(linestyle='--', linewidth=0.25, color=[0.5,0.5,0.5])
```

图10-19中黑色×为隐含波动率 (implied volatility) 观测值，曲面为采用二维线性插值。如图10-20所示为通过二维三次样条插值获得的曲面。隐含波动率和历史波动率的求取和建模是金融建模重要的内容，Python系列丛书第二本将详细介绍波动率计算等内容。此外，MATLAB系列丛书第五本有波动率建模内容。

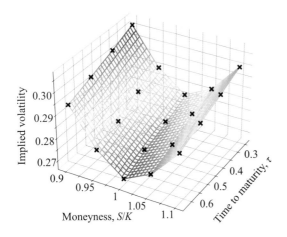

图10-19　隐含波动率的二维线性插值　　　图10-20　隐含波动率的二维三次样条插值

以下代码可以获得图10-19和图10-20。

B1_Ch10_5.py

```
import matplotlib.pyplot as plt
from scipy.interpolate import interp1d, interp2d
import numpy as np
from matplotlib import cm

IV = [[0.306, 0.302, 0.298, 0.294],
      [0.290, 0.287, 0.282, 0.278],
      [0.281, 0.277, 0.273, 0.269],
      [0.287, 0.284, 0.279, 0.275],
      [0.300, 0.296, 0.292, 0.288]]



#surface of implied volatility

tau = [0.25, 0.375, 0.5, 0.625];
#time to maturity

Moneyness = [0.9, 0.95, 1, 1.05, 1.1];
#Moneyness, S/K

xx,yy = np.meshgrid(tau,Moneyness)
```

```
x_array = np.squeeze(np.asarray(xx))
y_array = np.squeeze(np.asarray(yy))
z_array = np.squeeze(np.asarray(IV))

f_linear = interp2d(tau,Moneyness,IV) #default = linear
f_cubic  = interp2d(tau,Moneyness,IV, kind = 'cubic')

x_q = np.linspace(0.25, 0.625 ,30)
y_q = np.linspace(0.9,  1.1    ,30)

xx_q,yy_q = np.meshgrid(x_q,y_q)

zz_q_linear = f_linear(x_q,y_q)
zz_q_cubic  = f_cubic(x_q,y_q)

#%% visualization

plt.close('all')

#Normalize to [0,1]
norm = plt.Normalize(zz_q_linear.min(), zz_q_linear.max())
colors = cm.coolwarm(norm(zz_q_linear))

fig = plt.figure()
ax = fig.gca(projection='3d')
surf = ax.plot_surface(xx_q, yy_q, zz_q_linear,
    facecolors=colors, shade=False)
surf.set_facecolor((0,0,0,0))

ax.scatter(x_array, y_array, z_array, c='k', marker='x')

plt.show()

plt.tight_layout()
ax.set_xlabel('Time to maturity')
ax.set_ylabel('Moneyness')
ax.set_zlabel('Vol')

ax.xaxis._axinfo["grid"].update({"linewidth":0.25, "linestyle" : ":"})
ax.yaxis._axinfo["grid"].update({"linewidth":0.25, "linestyle" : ":"})
ax.zaxis._axinfo["grid"].update({"linewidth":0.25, "linestyle" : ":"})

plt.rcParams["font.family"] = "Times New Roman"
plt.rcParams["font.size"] = "10"
ax.view_init(30, 30)

#Normalize to [0,1]
```

```
norm = plt.Normalize(zz_q_cubic.min(), zz_q_cubic.max())
colors = cm.coolwarm(norm(zz_q_cubic))

fig = plt.figure()
ax = fig.gca(projection='3d')
surf = ax.plot_surface(xx_q, yy_q, zz_q_cubic,
    facecolors=colors, shade=False)
surf.set_facecolor((0,0,0,0))

ax.scatter(x_array, y_array, z_array, c='k', marker='x')

plt.show()

plt.tight_layout()
ax.set_xlabel('Time to maturity')
ax.set_ylabel('Moneyness')
ax.set_zlabel('Vol')

ax.xaxis._axinfo["grid"].update({"linewidth":0.25, "linestyle" : ":"})
ax.yaxis._axinfo["grid"].update({"linewidth":0.25, "linestyle" : ":"})
ax.zaxis._axinfo["grid"].update({"linewidth":0.25, "linestyle" : ":"})

plt.rcParams["font.family"] = "Times New Roman"
plt.rcParams["font.size"] = "10"
ax.view_init(30, 30)
```

10.6 数列

等差数列 (arithmetic sequence或arithmetic progression) 指的是数列中任何相邻两项的差相等，该差值常被称作**公差** (common difference)。等差数列第n项a_n的一般式为：

$$a_n = a + (n-1) \cdot d \tag{10-14}$$

其中，a为第一项，d为公差。以上等差数列前n项之和为S_n。

$$\begin{aligned}
S_n &= a + (a+d) + (a+2d) + \cdots + (a+(n-1) \cdot d) \\
&= \sum_{k=0}^{n-1} (a + k \cdot d) \\
&= a \cdot n + \frac{n(n-1)}{2} \cdot d
\end{aligned} \tag{10-15}$$

等比数列 (geometric sequence 或 geometric progression) 指的是数列中任何相邻两项比值相等，该

比值被称作公比。等比数列第n项a_n的一般式为：

$$a_n = aq^{n-1} \tag{10-16}$$

其中，a为首项，q为公比，注意q不为0。

以上等比数列前n项之和S_n为：

$$S_n = a + aq + aq^2 + aq^3 + \cdots + aq^{n-1}$$
$$= \sum_{k=0}^{n-1} a \cdot q^k = a\left(\frac{1-q^n}{1-q}\right) \tag{10-17}$$

其中，a为第一项，q为等比系数。

等比数列求和可以用于计算现金流现值折算。比如，如图10-21所示n期现金流，每期期末支付p，最后支付FV，每期期内利率y_{period}。对应的现值和的解析式为：

$$PV = \frac{p}{1+y_{\text{period}}} + \frac{p}{\left(1+y_{\text{period}}\right)^2} + \frac{p}{\left(1+y_{\text{period}}\right)^3} + \cdots + \frac{p+FV}{\left(1+y_{\text{period}}\right)^n} \tag{10-18}$$

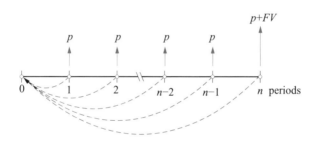

图10-21　0到n期，每期期末现金流入p（期末支付），期末额外流入FV，期内复利为y

其中，y_{period}和n可以通过式(10-19)获得。

$$\begin{cases} y_{\text{period}} = \dfrac{y}{m} \\ n = mT \end{cases} \tag{10-19}$$

其中，T为年数，m为复利频率，y为年简单复利。

式(10-20)为用等比数列求和公式求解图10-21对应的现金流的现值之和的表达式。

$$PV = \frac{p}{1+y_{\text{period}}} + \frac{p}{\left(1+y_{\text{period}}\right)^2} + \frac{p}{\left(1+y_{\text{period}}\right)^3} + \cdots + \frac{p}{\left(1+y_{\text{period}}\right)^n} + \frac{FV}{\left(1+y_{\text{period}}\right)^n}$$
$$= \frac{p}{1+y_{\text{period}}}\left(\frac{1-\dfrac{1}{\left(1+y_{\text{period}}\right)^n}}{1-\dfrac{1}{1+y_{\text{period}}}}\right) + \frac{FV}{\left(1+y_{\text{period}}\right)^n} \tag{10-20}$$
$$= p\frac{\left(1+y_{\text{period}}\right)^n - 1}{\left(1+y_{\text{period}}\right)^n y_{\text{period}}} + \frac{FV}{\left(1+y_{\text{period}}\right)^n}$$

比如，年简单复利$y = 5\%$，年复利频率 $m = 4$，债券距离到期为5年，债券面值为100，债券**年息票率** (annual coupon rate) 为10%，息票每年支付4次，每季度期末支付$100 \times 10\%/4 = 2.5$，5年末到期时还要支付债券面值。可以通过编程计算出该债券现值约为122。

请读者自行运行如下代码计算获得债券现值。

```python
def pvfix(y_p, nper, pmt, fv):

    '''
    r_p : periodic interest rate
    nper: number of payment periods
    pmt : periodic payment
    fv  : payment received other than pmt
    in the end of the last period
    '''
    pv = pmt*((1.0 + y_p)**nper - 1.0)/(1.0 + y_p)**nper/y_p + \
    fv/(1.0 + y_p)**nper;

    return pv

y = 0.05;    #annual interest rate
m = 4;       #compounding frequency
T = 5;       #years
c = 10;      #annual payment
pmt = c/m    #periodic payment
fv = 100;    #payment at the end

PV = pvfix(y/m, m*T, pmt, fv)
```

此外，**指数加权平均**(Exponentially Weighted Moving Average，EWMA) 方法也会用到等比数列求和。EWMA常用来计算波动率。比如，移动窗口长度为L个营业日，EWMA波动率可以通过式(10-21)计算得到。

$$\sigma_n^2 = (1-\lambda) A \left(\lambda^0 r_{n-1}^2 + \lambda^1 r_{n-2}^2 + \cdots + \lambda^{L-2} r_{n-(L-1)}^2 + \lambda^{L-1} r_{n-L}^2 \right) \tag{10-21}$$

其中，r为收益率数据，λ为**衰减系数** (decay factor)，A为需要求解的系数。

采用等比数列求和公式，可以求得式(10-21)中系数A：

$$(1-\lambda) A \left(\lambda^0 + \lambda^1 + \cdots + \lambda^{L-2} + \lambda^{L-1} \right) = 1$$
$$\Rightarrow \quad A = \frac{1}{1-\lambda^L} \tag{10-22}$$

EWMA波动率计算式可以写为：

$$\sigma_n^2 = \frac{1-\lambda}{1-\lambda^L} \left(\lambda^0 r_{n-1}^2 + \lambda^1 r_{n-2}^2 + \cdots + \lambda^{L-2} r_{n-(L-1)}^2 + \lambda^{L-1} r_{n-L}^2 \right) \tag{10-23}$$

r_{n-i}^2 的权重 w_{n-i} 为：

$$w_{n-i} = \left(\frac{1-\lambda}{1-\lambda^L}\right)\lambda^{i-1} \tag{10-24}$$

比如，当衰减系数λ为0.94时，权重随时间的变化如图10-22所示。图10-22上可以发现10天左右，权重减半，这个减半，就是所谓的EWMA半衰期。

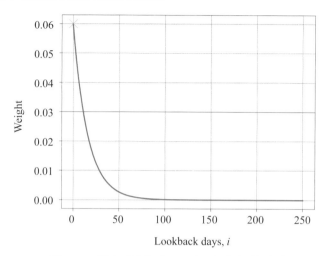

图10-22　当衰减系数λ为0.94时，权重随时间变化

EWMA半衰期 (half-life) HF 可以通过式(10-25)计算获得。

$$\lambda^{HL} = \frac{1}{2} \Leftrightarrow HL = \frac{\ln\left(\frac{1}{2}\right)}{\ln(\lambda)} \tag{10-25}$$

如图10-23所示为不同衰减系数λ对应半衰期HL的变化情况。本系列丛书第二本波动率一章会详细介绍如何用EWMA方法计算波动率。

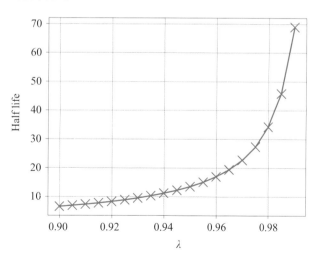

图10-23　半衰期HL随衰减系数λ变化

以下代码可以获得图10-22和图10-23。

```python
import numpy as np
from matplotlib import pyplot as plt

L = 252    #lookback window, 252 business days in a year

lambda_94 = 0.94;

i_days = range(0,L);

weights = (1.0 - lambda_94)/(1 - lambda_94**L)*np.power(lambda_94,i_days)

plt.close('all')

fig, ax = plt.subplots()

plt.plot(i_days, weights, linewidth = 1.5)
plt.plot(i_days[0], weights[0], marker = 'x',markersize = 12)
plt.axhline(y=weights[0]/2, color='r', linewidth = 0.5)
ax.grid(linestyle='--', linewidth=0.25, color=[0.5,0.5,0.5])

x_label = "Lookback days, $\it{i}$"
ax.set_xlabel(x_label)
y_label = "Weight"
ax.set_ylabel(y_label)
plt.rcParams["font.family"] = "Times New Roman"
plt.rcParams["font.size"] = "10"

lambda_array = np.linspace (0.99,0.9,num = 19)

HL = np.log(1.0/2.0)/np.log(lambda_array)

fig, ax = plt.subplots()

plt.xlabel("$\it{\lambda}$")
plt.ylabel("Half life")
plt.plot(lambda_array, HL, marker = 'x',markersize = 12)

ax.grid(linestyle='--', linewidth=0.25, color=[0.5,0.5,0.5])
plt.rcParams["font.family"] = "Times New Roman"
plt.rcParams["font.size"] = "10"
```

10.7 求根

本节介绍采用numpy.roots() 计算多项式等式的根。比如，给定如式(10-26)所示多项式。

$$p_0 x^n + p_1 x^{n-1} + \cdots + p_{n-1} x + p_n = 0 \tag{10-26}$$

可以采用numpy.roots($[p_0, p_1, \cdots, p_{n-1}, p_n]$) 函数来求根。

容易发现，图10-16 (a) 图像对应的函数 $f(x) = 0$ 存在三个根。

$$f(x) = -x^3 + 0 \cdot x^2 + x + 0 = 0 \tag{10-27}$$

以下代码可以求解这三个根。

```python
import numpy as np

coeff = [-1, 0, 1, 0]
np.roots(coeff)
```

numpy.irr() 函数可以用来计算**内部收益率** (internal rate of return, IRR)。实际上，numpy.irr() 函数的核心计算便是numpy.roots() 函数。如图10-24所示的现金流和内部期内收益率y_{period}之间的关系为：

$$Investment + \frac{CF_1}{1 + y_{\text{period}}} + \frac{CF_2}{\left(1 + y_{\text{period}}\right)^2} + \frac{CF_3}{\left(1 + y_{\text{period}}\right)^3} + \cdots + \frac{CF_n}{\left(1 + y_{\text{period}}\right)^n} = 0 \tag{10-28}$$

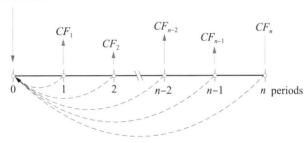

图10-24 0到n期，期初投资和期中现金流

令 $x = 1/(1 + y_{\text{period}})$，式(10-28)可以写作：

$$Investment + CF_1 \cdot x + CF_2 \cdot x^2 + CF_3 \cdot x^3 + \cdots + CF_n \cdot x^n = 0 \tag{10-29}$$

按照多项式次数从高到低，整理式(10-29)得到：

$$CF_n \cdot x^n + \cdots + CF_3 \cdot x^3 + CF_2 \cdot x^2 + CF_1 \cdot x + Investment = 0 \tag{10-30}$$

可以利用numpy.roots() 函数编写代码求解x，然后可以计算得到y_{period}。以图10-25为例，计算y_{period}并与numpy.irr() 函数计算结果做对比。

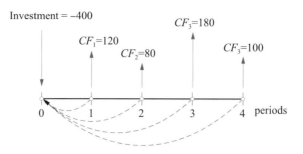

图10-25　0到4期，期初投资和期中现金流

以下代码可以计算得到图10-25所示的期内IRR = 0.07569。注意，如果$m = 1$，即图10-25中一期长度为一年，则年化IRR为0.07569，即7.569%；如果 $m = 2$，即一期长度为半年，则年化IRR = 15.138%。

```
B1_Ch10_8.py

import numpy as np

CFs = [-400, 120, 80, 180, 100];
CFs_flip = CFs[::-1]

roots = np.roots(CFs_flip)
mask = (roots.imag == 0) & (roots.real > 0)

x = roots[mask].real

irr_replicated = 1/x - 1

irr_result = np.irr(CFs)
print("IRR = " + str(round(irr_result,5)))
```

10.8 分段函数

分段函数 (piecewise function) 指的是分段定义的函数。比如，欧式看涨期权和看跌期权的到期**收益函数** (payoff function) 便是分段函数。**欧式看涨期权** (European call option) 到期收益函数$C(S)$ 可以写为式(10-31)所示分段函数。

$$C(S) = \begin{cases} 0 & \text{if } S \leqslant K \\ S - K & \text{if } S > K \end{cases} \tag{10-31}$$

也可以写作：

$$C(S) = \max\left[(S-K), 0\right] \tag{10-32}$$

如图10-26所示为欧式看涨期权到期时刻分段函数。

欧式看跌期权 (European put option) 到期收益函数 $P(S)$ 可以写成如式(10-33)所示分段函数。

$$P(S) = \begin{cases} K-S & \text{if } S \leq K \\ 0 & \text{if } S > K \end{cases} \tag{10-33}$$

也可以写作：

$$P(S) = \max\left[(K-S), 0\right] \tag{10-34}$$

如图10-27所示为欧式看跌期权到期时刻分段函数。

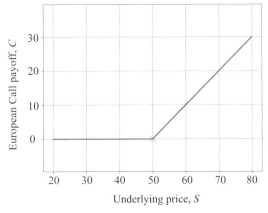

图10-26　欧式看涨期权到期收益折线

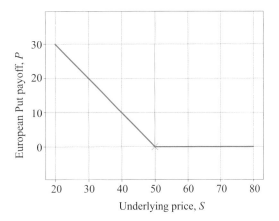

图10-27　欧式看跌期权到期收益折线

如下代码可以绘制图10-26和图10-27。

`B1_Ch10_9.py`

```python
import math
import numpy as np
from matplotlib import pyplot as plt

St_array = np.linspace(20,80,300);
K = 50; #strike price

#payoff of European call option
C_payoff = np.maximum(St_array - K, 0)

#payoff of European put option
P_payoff = np.maximum(K - St_array, 0)

plt.close('all')
```

```
fig, ax = plt.subplots()

plt.xlabel("Underlying price, $\it{S}$")
plt.ylabel("European Put payoff, $\it{C}$")
plt.plot(St_array,C_payoff, linewidth = 1.5)
plt.plot(K,0,'xr',linewidth = 0.25,markersize=12)
plt.plot([K,K],[0,np.max(C_payoff)],'r--',linewidth = 0.25)

plt.axis('equal')

plt.rcParams["font.family"] = "Times New Roman"
plt.rcParams["font.size"] = 10

ax.grid(linestyle='--', linewidth=0.25, color=[0.5,0.5,0.5])
#plt.grid(True)

plt.show()

fig, ax = plt.subplots()

plt.xlabel("Underlying price, $\it{S}$")
plt.ylabel("European Put payoff, $\it{P}$")
plt.plot(St_array,P_payoff,linewidth = 1.5)
plt.plot(K,0,'xr',linewidth = 0.25,markersize=12)
plt.plot([K,K],[0,np.max(P_payoff)],'r--',linewidth = 0.25)

plt.axis('equal')

plt.rcParams["font.family"] = "Times New Roman"
plt.rcParams["font.size"] = 10

ax.grid(linestyle='--', linewidth=0.25, color=[0.5,0.5,0.5])
#plt.grid(True)

plt.show()
```

10.9 二次曲线

本节简单介绍二次曲线以及如何利用Sympy工具包中symbols()、Eq()和plot_implicit()函数定义并绘制二次曲线。本节探讨的二次曲线有**抛物线** (parabola)、**椭圆** (ellipse) 和**双曲线** (hyperbola)三种。如图10-28所示为四种不同开口朝向的抛物线。

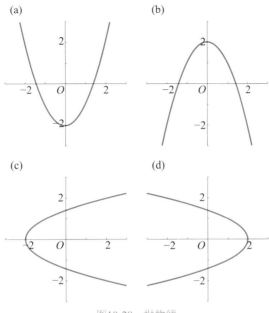

图10-28　抛物线

如图10-29所示为主轴在横轴、纵轴和主轴旋转的椭圆。式(10-35)给出的是二元正态分布PDF公式。

$$f(x,y) = \frac{\exp\left\{-\dfrac{1}{2(1-\rho^2)}\left[\left(\dfrac{x-\mu_X}{\sigma_X}\right)^2 - 2\rho\left(\dfrac{x-\mu_X}{\sigma_X}\right)\left(\dfrac{y-\mu_Y}{\sigma_Y}\right) + \left(\dfrac{y-\mu_Y}{\sigma_Y}\right)^2\right]\right\}}{2\pi\sigma_X\sigma_Y\sqrt{1-\rho^2}} \tag{10-35}$$

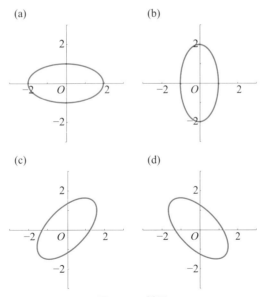

图10-29　椭圆

可以发现分子项指数表达式中便含有一个中心位于 (μ_X, μ_Y) 的旋转椭圆表达式。正因如此，正态分布也被归类为椭圆分布。此外，投资组合的方差也和旋转椭圆有着千丝万缕的联系。更多椭圆相关内容，请读者参考本系列丛书第四本。

如图10-30所示为四组双曲线。双曲线和投资组合优化也有着千丝万缕的联系，实际上，投资组合的**有效前沿** (efficient frontier) 便是双曲线的一部分。

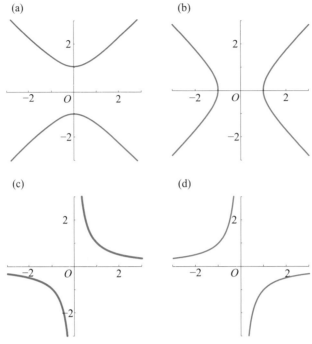

图10-30　双曲线

以下代码可以获得图10-28～图10-30。对投资组合优化和二次曲线的联系感兴趣的读者，可以参考MATLAB系列丛书第四本。

```
B1_Ch10_10.py
```

```python
from matplotlib import pyplot as plt
from sympy import plot_implicit, symbols, Eq
x, y = symbols('x y')


def plot_curve(Eq_sym):

    h_plot = plot_implicit(Eq_sym, (x, -3, 3), (y, -3, 3))
    h_plot.show()

#%% plot linear, quadratic, and cubic functions

plt.close('all')

#%% Parabola

Eq_sym = Eq(x**2 - y,2)
plot_curve(Eq_sym)
```

```
Eq_sym = Eq(x**2 + y,2)
plot_curve(Eq_sym)

Eq_sym = Eq(x - y**2,-2)
plot_curve(Eq_sym)

Eq_sym = Eq(x + y**2,2)
plot_curve(Eq_sym)


#%% Ellipse

Eq_sym = Eq(x**2/4 + y**2,1)
plot_curve(Eq_sym)

Eq_sym = Eq(x**2 + y**2/4,1)
plot_curve(Eq_sym)

Eq_sym = Eq(5*x**2/8 -3*x*y/4 + 5*y**2/8,1)
plot_curve(Eq_sym)

Eq_sym = Eq(5*x**2/8 +3*x*y/4 + 5*y**2/8,1)
plot_curve(Eq_sym)

#%% Hyperbola

Eq_sym = Eq(-x**2 + y**2,1)
plot_curve(Eq_sym)

Eq_sym = Eq(x**2 - y**2,1)
plot_curve(Eq_sym)

Eq_sym = Eq(x*y,1)
plot_curve(Eq_sym)

Eq_sym = Eq(-x*y,1)
plot_curve(Eq_sym)
```

10.10 平面

　　如图10-14所示为一元一次函数,当最高项次数不变,变量提高到二元,得到的便是平面;当变量的数量再次提高,得到的便是**超平面** (hyperplane)。

如图10-31(a)(b)两图分别展示的是平行于x轴和y轴的平面。如图10-32所示为图10-31所示平面的等高线。图10-32(a) 所示平面等高线平行于x轴，而f(x,y) 随着y增大而增大。图10-32(b) 所示平面等高线平行于y轴，而f(x,y) 随着x增大而减小。

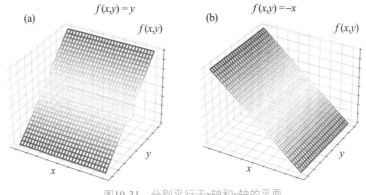

图10-31　分别平行于x轴和y轴的平面

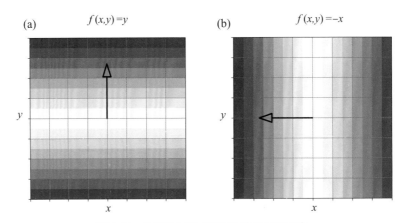

图10-32　分别平行于x轴和y轴的平面等高线

如图10-33 (a) 给出的平面的解析式为$f(x,y) = x + y$，图10-34 (a) 给出的是这个平面的等高线。可以发现，等高线和x轴正方向的夹角为-45°，而朝着和x轴正方向夹角+45°方向移动，等高线对应的$f(x,y)$ 值增大。这个增大的方向，就是所谓的梯度方向。更多有关平面的切向量、法向量和梯度向量等内容，请读者参考MATLAB系列丛书第四本。

如图10-33(b) 给出的平面的解析式为$f(x,y) = -x + y$，图10-34(b) 给出的是这个平面的等高线。可以发现等高线和x轴正方向的夹角为+45°。读者可以通过图10-34(b) 等高线颜色变化找到$f(x,y)$ 增大方向。

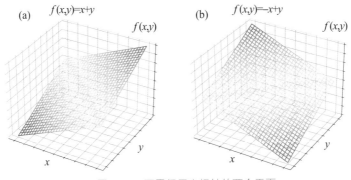

图10-33　不平行于坐标轴的两个平面

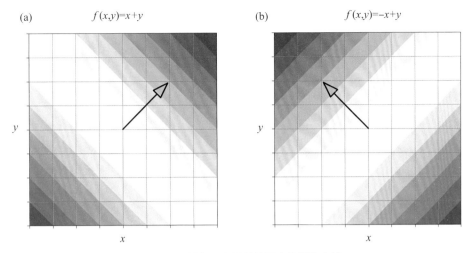

图10-34 不平行于坐标轴的两个平面等高线

有读者可能会问一次曲面和量化金融建模有什么关系，下面就以投资组合期望收益率为例讲解一次曲面。

假设投资组合由两个风险资产构成，两个风险资产的预期收益率分别为：

$$\begin{cases} E(r_1) = 0.2 \\ E(r_2) = 0.1 \end{cases} \tag{10-36}$$

两个风险资产的权重分别为w_1和w_2，因此投资组合的预期收益$E(r_p)$为：

$$E(r_p) = E(r_1) \cdot w_1 + E(r_2) \cdot w_2 = 0.2w_1 + 0.1w_2 \tag{10-37}$$

当风险资产权重w_1和w_2取值范围在-1和1之间变化，投资组合的预期收益$E(r_p)$便是一个平面，具体如图10-35网格面和图10-36等高线所示。如果考虑到w_1和w_2满足如式(10-38)所示约束条件。

$$w_1 + w_2 = 1 \tag{10-38}$$

$E(r_p)$变化则如图10-35和图10-36黑色实线所示。

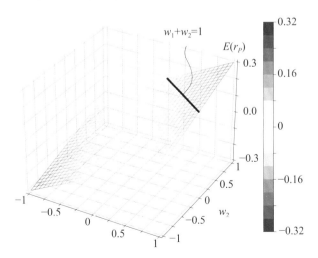

图10-35 两个风险资产构成的投资组合期望收益平面、网格面

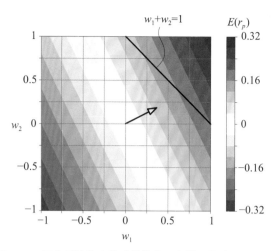

图10-36　两个风险资产构成的投资组合期望收益平面等高线

以下代码可以获得图10-31～图10-34。请读者自行绘制图10-35和图10-36。

B1_Ch10_11.py

```python
import math
import numpy as np
import matplotlib.pyplot as plt
from matplotlib import cm

def mesh_square(x0,y0,r,num):

    #generate mesh using polar coordinates

    rr = np.linspace(-r,r,num)
    xx,yy = np.meshgrid(rr,rr);

    xx = xx + x0;
    yy = yy + y0;

    return xx, yy

def plot_surf(xx,yy,zz,caption):

    norm_plt = plt.Normalize(zz.min(), zz.max())
    colors = cm.coolwarm(norm_plt(zz))

    fig = plt.figure()
    ax = fig.gca(projection='3d')
    surf = ax.plot_surface(xx,yy,zz,
    facecolors=colors, shade=False)
    surf.set_facecolor((0,0,0,0))
    #z_lim = [zz.min(),zz.max()]
    #ax.plot3D([0,0],[0,0],z_lim,'k')
```

```python
    plt.show()

    plt.tight_layout()
    ax.set_xlabel('$\it{x}$')
    ax.set_ylabel('$\it{y}$')
    ax.set_zlabel('$\it{f}$($\it{x}$,$\it{y}$)')
    ax.set_title(caption)


    ax.xaxis._axinfo["grid"].update({"linewidth":0.25, "linestyle" : ":"})
    ax.yaxis._axinfo["grid"].update({"linewidth":0.25, "linestyle" : ":"})
    ax.zaxis._axinfo["grid"].update({"linewidth":0.25, "linestyle" : ":"})

    plt.rcParams["font.family"] = "Times New Roman"
    plt.rcParams["font.size"] = "10"

def plot_contourf(xx,yy,zz,caption):

    fig, ax = plt.subplots()

    cntr2 = ax.contourf(xx,yy,zz, levels = 15, cmap="RdBu_r")

    fig.colorbar(cntr2, ax=ax)
    plt.show()

    ax.set_xlabel('$\it{x}$')
    ax.set_ylabel('$\it{y}$')

    ax.set_title(caption)
    ax.grid(linestyle='--', linew idth=0.25, color=[0.5,0.5,0.5])

#%% initialization

x0  = 0;  #center of the mesh
y0  = 0;  #center of the mesh
r   = 2;  #radius of the mesh
num = 30; #number of mesh grids
xx,yy = mesh_square(x0,y0,r,num); #generate mesh

#%% f(x,y) = y
plt.close('all')

zz1 = yy;
caption = '$\it{f} = \it{y}$';
plot_surf (xx,yy,zz1,caption)
plot_contourf (xx,yy,zz1,caption)
```

```
#%% f(x,y) = -x

zz1 = -xx;
caption = '$\it{f} = -\it{x}$';
plot_surf (xx,yy,zz1,caption)
plot_contourf (xx,yy,zz1,caption)


#%% f(x,y) = x + y

zz1 = xx + yy;
caption = '$\it{f} = \it{x} + \it{y}$';
plot_surf (xx,yy,zz1,caption)
plot_contourf (xx,yy,zz1,caption)


#%% f(x,y) = -x + y

zz1 = -xx + yy;
caption = '$\it{f} = -\it{x} + \it{y}$';
plot_surf (xx,yy,zz1,caption)
plot_contourf (xx,yy,zz1,caption)
```

10.11 二次曲面

本节主要讨论**正圆抛物面** (circular paraboloid)、**正圆锥面** (circular cone)、**椭圆抛物面** (elliptic paraboloid) 三种曲面的特点。

如图10-37所示为开口朝上和开口朝下的正圆抛物面。图10-37 (a)所示曲面存在最小值，图10-37 (b) 所示曲面存在最大值。如图10-38所示，正圆抛物面的等高线为正圆。

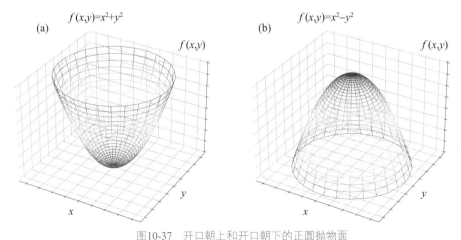

图10-37　开口朝上和开口朝下的正圆抛物面

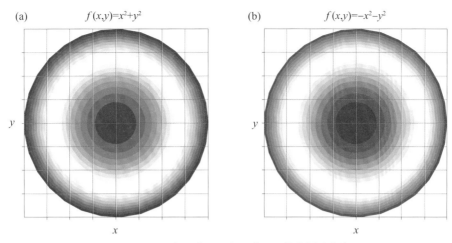

图3-38　开口朝上和开口朝下的正圆抛物面等高线

如图10-39所示为两个抛物面，图10-40所示为图10-39曲面等高线，可以发现等高线为旋转椭圆。

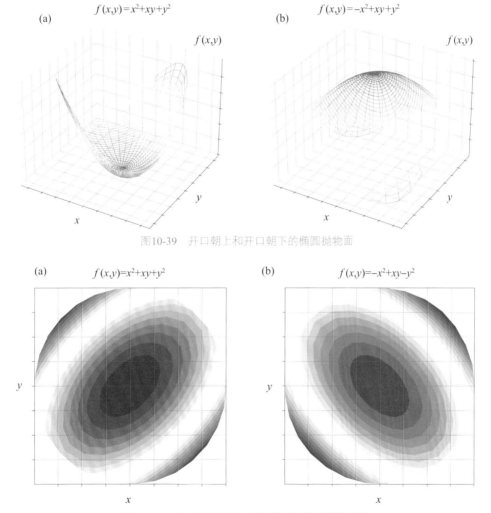

图10-39　开口朝上和开口朝下的椭圆抛物面

图10-40　开口朝上和开口朝下的椭圆抛物面等高线

如图10-41所示为开口朝上和开口朝下的正圆锥面，如图10-42所示，图10-41曲面等高线也是正圆。

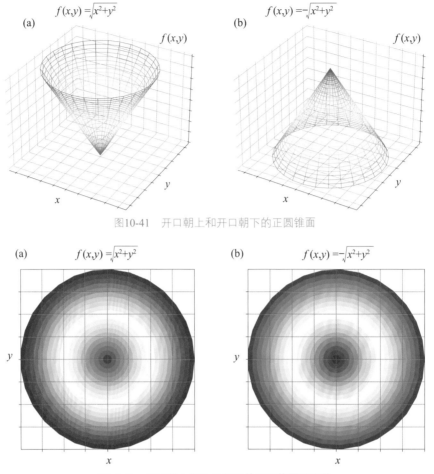

图10-41　开口朝上和开口朝下的正圆锥面

图10-42　开口朝上和开口朝下的正圆锥面等高线

下面以投资组合波动率为例，介绍本节之前讲过的曲面和投资组合优化的关系。假设投资组合由两个风险资产构成，则投资组合方差为：

$$\sigma_p^2 = w_1^2\sigma_1^2 + w_2^2\sigma_2^2 + 2w_1w_2\rho_{1,2}\sigma_1\sigma_2 \tag{10-39}$$

投资组合的均方差为：

$$\sigma_p = \sqrt{w_1^2\sigma_1^2 + w_2^2\sigma_2^2 + 2w_1w_2\rho_{1,2}\sigma_1\sigma_2} \tag{10-40}$$

其中：

$$\begin{cases} \sigma_1 = 0.3 \\ \sigma_2 = 0.15 \\ \rho_{1,2} = 0.5 \end{cases} \tag{10-41}$$

如图10-43和图10-44所示为投资组合方差，可以发现这个曲面的等高线为旋转椭圆。如图10-45和图10-46所示为投资组合均方差。

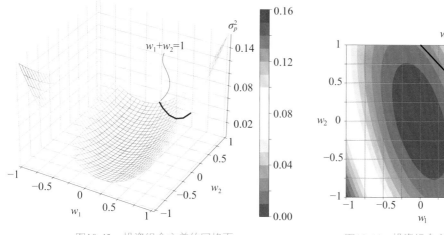

图10-43　投资组合方差的网格面

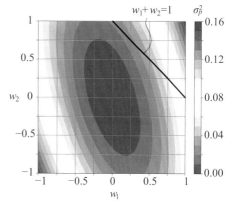

图10-44　投资组合方差曲面等高线

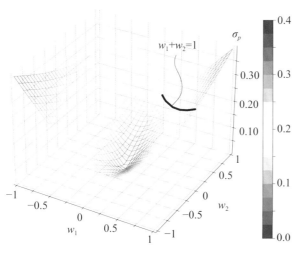

图10-45　投资组合均方差的网格面

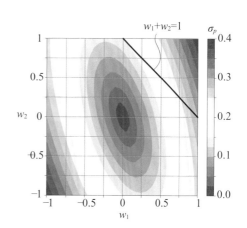

图10-46　投资组合均方差曲面等高线

以下代码可以获得图10-37～图10-42。该代码还可以绘制**马鞍面** (saddle surface或hyperbolic paraboloid)、**山谷面** (valley surface) 和**山脊面** (ridge surface)。更多有关二次曲线 (椭圆、抛物线和二次曲线) 和二次曲面的内容，请参考MATLAB系列丛书第四本。

B1_Ch10_12.py

```python
import math
import numpy as np
import matplotlib.pyplot as plt
from matplotlib import cm

def mesh_circ(x0,y0,r,num):

    #generate mesh using polar coordinates

    theta = np.linspace(0,2*math.pi,num)
    r = np.linspace(0,r,num);
```

```python
    theta_matrix,r_matrix = np.meshgrid(theta,r);

    xx = np.multiply(np.cos(theta_matrix), r_matrix) + x0;
    yy = np.multiply(np.sin(theta_matrix), r_matrix) + y0;

    return xx, yy

def plot_surf(xx,yy,zz,caption):

    norm_plt = plt.Normalize(zz.min(), zz.max())
    colors = cm.coolwarm(norm_plt(zz))

    fig = plt.figure()
    ax = fig.gca(projection='3d')
    surf = ax.plot_surface(xx,yy,zz,
    facecolors=colors, shade=False)
    surf.set_facecolor((0,0,0,0))
    #z_lim = [zz.min(),zz.max()]
    #ax.plot3D([0,0],[0,0],z_lim,'k')
    plt.show()

    plt.tight_layout()
    ax.set_xlabel('$\it{x}$')
    ax.set_ylabel('$\it{y}$')
    ax.set_zlabel('$\it{f}$($\it{x}$,$\it{y}$)')
    ax.set_title(caption)


    ax.xaxis._axinfo["grid"].update({"linewidth":0.25, "linestyle" : ":"})
    ax.yaxis._axinfo["grid"].update({"linewidth":0.25, "linestyle" : ":"})
    ax.zaxis._axinfo["grid"].update({"linewidth":0.25, "linestyle" : ":"})

    plt.rcParams["font.family"] = "Times New Roman"
    plt.rcParams["font.size"] = "10"

def plot_contourf(xx,yy,zz,caption):

    fig, ax = plt.subplots()

    cntr2 = ax.contourf(xx,yy,zz, levels = 15, cmap="RdBu_r")

    fig.colorbar(cntr2, ax=ax)
    plt.show()

    ax.set_xlabel('$\it{x}$')
    ax.set_ylabel('$\it{y}$')
```

```python
    ax.set_title(caption)
    ax.grid(linestyle='--', linewidth=0.25, color=[0.5,0.5,0.5])

#%% initialization

x0  = 0;  #center of the mesh
y0  = 0;  #center of the mesh
r   = 2;  #radius of the mesh
num = 30; #number of mesh grids
xx,yy = mesh_circ(x0,y0,r,num); #generate mesh

#%% f(x,y) = x^2 + y^2, circular paraboloid
plt.close('all')

zz1 = np.multiply(xx, xx) + np.multiply(yy, yy);
caption = '$\it{f} = \it{x}^2 + \it{y}^2$';
plot_surf (xx,yy,zz1,caption)
plot_contourf (xx,yy,zz1,caption)

#%% f(x,y) = - x^2 - y^2, circular paraboloid

zz1 = -np.multiply(xx, xx) - np.multiply(yy, yy);
caption = '$\it{f} = -\it{x}^2 - \it{y}^2$';
plot_surf (xx,yy,zz1,caption)
plot_contourf (xx,yy,zz1,caption)

#%% f(x,y) = (x^2 + y^2)^(1/2), circular cone

zz1 = np.sqrt(np.multiply(xx, xx) + np.multiply(yy, yy));
caption = '$\it{f} = (\it{x}^2 + \it{y}^2)^{1/2}$';
plot_surf (xx,yy,zz1,caption)
plot_contourf (xx,yy,zz1,caption)

#%% f(x,y) = -(x^2 + y^2)^(1/2), circular cone

zz1 = -np.sqrt(np.multiply(xx, xx) + np.multiply(yy, yy));
caption = '$\it{f} = -(\it{x}^2 + \it{y}^2)^{1/2}$';
plot_surf (xx,yy,zz1,caption)
plot_contourf (xx,yy,zz1,caption)

#%% f(x,y) = x^2 + xy + y^2, elliptic paraboloid

zz1 = np.multiply(xx, xx) + np.multiply(xx, yy) + np.multiply(yy, yy);
caption = '$\it{f} = \it{x}^2 + \it{xy} + \it{y}^2$';
plot_surf (xx,yy,zz1,caption)
plot_contourf (xx,yy,zz1,caption)
```

```
#%% f(x,y) = - x^2 + xy - y^2, elliptic paraboloid

zz1 = -np.multiply(xx, xx) + np.multiply(xx, yy) - np.multiply(yy, yy);
caption = '$\it{f} = -\it{x}^2 + \it{xy} - \it{y}^2$';
plot_surf (xx,yy,zz1,caption)
plot_contourf (xx,yy,zz1,caption)


#%% f(x,y) = x^2 - y^2, hyperbolic paraboloid, saddle surface

zz1 = np.multiply(xx, xx) - np.multiply(yy, yy);
caption = '$\it{f} = \it{x}^2 - \it{y}^2$';
plot_surf (xx,yy,zz1,caption)
plot_contourf (xx,yy,zz1,caption)


#%% f(x,y) = x*y, hyperbolic paraboloid, saddle surface

zz1 = np.multiply(xx, yy);
caption = '$\it{f} = \it{xy}$';
plot_surf (xx,yy,zz1,caption)
plot_contourf (xx,yy,zz1,caption)


#%% f(x,y) = x^2, valley surface

zz1 = np.multiply(xx, xx);
caption = '$\it{f} = \it{x}^2$';
plot_surf (xx,yy,zz1,caption)
plot_contourf (xx,yy,zz1,caption)

#%% f(x,y) = -x^2/2 + xy - y^2/2, ridge surface

zz1 = -np.multiply(xx, xx)/2.0 + np.multiply(xx, yy) - np.multiply(yy, yy)/2.0;
caption = '$\it{f} = -\it{x}^2/2 + \it{xy} - \it{y}^2/2$';
plot_surf (xx,yy,zz1,caption)
plot_contourf (xx,yy,zz1,caption)
```

　　本章介绍了一些金融建模中常用和重要的基本数学内容，比如利率、收益率、函数和二次曲线和曲面等。第11章将继续讨论这个话题。

接着第10章，我们继续介绍与金融相关的一些重要的数学计算。本章首先回顾金融建模中常用的部分高等数学相关内容，最后讲解利用scipy和pymoo求解优化问题。

依我看来，世间万物皆数学。

But in my opinion, all things in nature occur mathematically.

——勒内·笛卡儿 (Rene Descartes)

Core Functions and Syntaxes
本章核心命令代码

- ◀ `numpy.vectorize()` 将函数向量化
- ◀ `pymoo.model.problem.Problem()` 定义优化问题
- ◀ `pymoo.optimize.minimize()` 求解最小化优化问题
- ◀ `scipy.optimize.Bounds()` 定义优化问题中的上下约束
- ◀ `scipy.optimize.LinearConstraint()` 定义线性约束条件
- ◀ `scipy.optimize.minimize()` 求解最小化优化问题
- ◀ `scipy.stats.norm.cdf()` 正态分布累积概率分布 CDF
- ◀ `scipy.stats.norm.fit()` 拟合得到正态分布均值和均方差
- ◀ `scipy.stats.norm.pdf()` 正态分布概率分布 PDF
- ◀ `sympy.abc import x` 定义符号变量 x
- ◀ `sympy.diff()` 求解符号导数和偏导解析式
- ◀ `sympy.Eq()` 定义符号等式
- ◀ `sympy.evalf()` 将符号解析式中未知量替换为具体数值
- ◀ `sympy.limit()` 求解极限
- ◀ `sympy.plot_implicit()` 绘制隐函数方程
- ◀ `sympy.series()` 求解泰勒展开级数符号式
- ◀ `sympy.symbols()` 定义符号变量

11.1 多元函数

多元函数 (multivariable function) 指的是有多个未知变量的函数。本丛书对于多元函数的变化趋势通常利用下面两种研究方法。第一种仅保留一个变量，其他变量设为定值，采用二维图像来研究变化趋势。第二种保留两个变量，其他变量设为定值，采用三维图像，比如网格、网面或等高线来研究变化趋势。

本节以**BSM模型** (Black Scholes Model) 定价函数为例讲解多元函数。利用BSM模型，在考虑连续分红q的情况下，欧式看涨期权和看跌期权的理论价格可以通过式(11-1)计算得到。

$$\begin{cases} C(S,K,\tau,r,\sigma,q) = N(d_1)S\exp(-q\tau) - N(d_2)PV \\ P(S,K,\tau,r,\sigma,q) = -N(-d_1)S\exp(-q\tau) + N(-d_2)PV \end{cases} \tag{11-1}$$

d_1和d_2可以通过式(11-2)计算得到。

$$\begin{cases} d_1 = \dfrac{1}{\sigma\sqrt{\tau}}\left[\ln\left(\dfrac{S}{K}\right) + \left(r - q + \dfrac{\sigma^2}{2}\right)\tau\right] \\ d_2 = d_1 - \sigma\sqrt{\tau} \end{cases} \tag{11-2}$$

其中，S为标的物价格，K为执行价格，τ为距离到期时间，r为无风险利率，σ为资产波动率，q为连续红利。可以发现欧式期权的价值是S、K、τ、r、σ和q这6个变量的函数。

PV可以通过式(11-3)计算得到。

$$PV = K\exp(-r\tau) \tag{11-3}$$

如图11-1所示为其他变量固定 ($K = 50$，$\tau = 1$，$r = 0.03$，$\sigma = 0.5$，$q = 0$)，欧式看涨期权价值C和欧式看跌期权价值P随S变化的趋势。随着标的物价格S增大，欧式看涨期权C增大；相反的，随着标的物价格S增大，欧式看跌期权P减小。

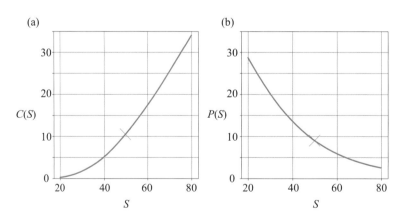

图11-1 欧式看涨/看跌期权价值随标的物价值S变化

以欧式看涨期权为例，如图11-2所示，$C(S)$ 函数可以划分出三个区段：左侧 (浅蓝色背景) 为常数，线性区段；中间明显为非线性段；右侧大致为线性区段。这个现象，在后面要用二阶导数和凸性来解释。

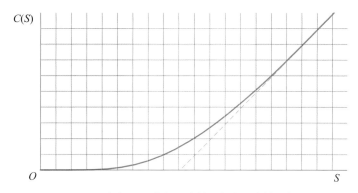

图11-2　欧式看涨S变化，线性区段和非线性区段

如图11-3所示，固定$S = 50$，$\tau = 1$，$r = 0.03$，$\sigma = 0.5$，$q = 0$这5个变量，欧式看涨期权价值C随K增大而减小，欧式看涨期权价值P随K增大而增大。

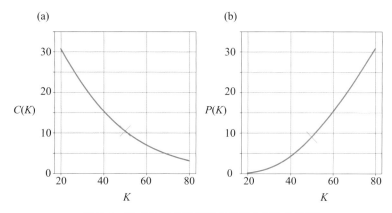

图11-3　欧式看涨/看跌期权价值随执行价格K变化

如图11-4所示，固定$S = 50$，$K = 50$，$r = 0.03$，$\sigma = 0.5$，$q = 0$这5个变量，期权价值C和P均随τ增大而增大。

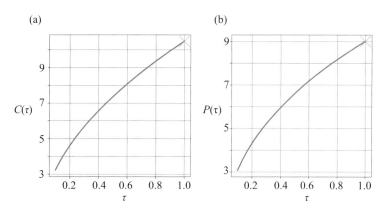

图11-4　欧式看涨/看跌期权价值随到期时间τ变化

但是请注意用这种方法研究多元函数时，要格外小心，因为变量取不同值时，函数变化趋势会有变化。也就是通过这种方法得到的结论具有局部性，不能随意地无限推广。比如，如图11-5(a)所示，当$S = 20$时，欧式看跌期权P随τ增大而减小；但是，如图11-5 (b) 所示，当 $S = 30$时，欧式看跌期权P随τ增大而先减少后增大。

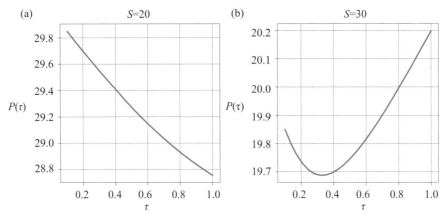

图11-5　欧式看跌期权价值随到期时间τ变化，$S = 20$ 和 30

如果仅仅考虑无风险利率r时，如图11-6所示，欧式看涨期权价值C随r增加而增大，欧式看跌期权价值P随r增大而减小。仅考虑资产波动率σ时，如图11-7所示，看涨期权和看跌期权价值C和P均随σ增大而增大。如图11-8所示，欧式看涨期权价值随红利q增大而减小，欧式看跌期权价值随q增大而增大。本丛书第二本还会继续深入讲解BSM模型和期权价值相关内容。

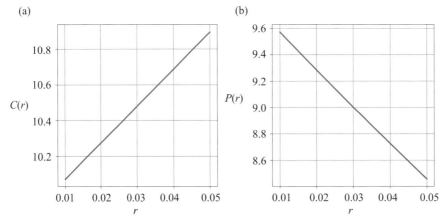

图11-6　欧式看涨/看跌期权价值随无风险利率r变化

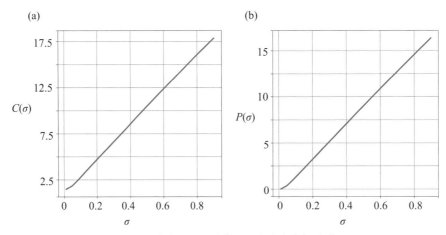

图11-7　欧式看涨/看跌期权价值随波动率σ变化

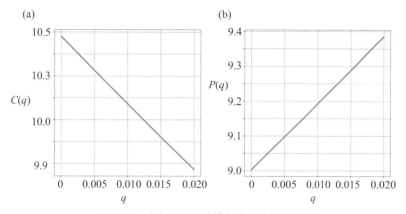

（a）

（b）

图11-8 欧式看涨/看跌期权价值随红利q变化

以下代码可以获得图11-1～图11-8。

`B1_Ch11_1.py`

```python
import math
import numpy as np
import matplotlib as mpl
import matplotlib.pyplot as plt
from scipy.stats import norm
from mpl_toolkits.mplot3d import axes3d
import matplotlib.tri as tri
from matplotlib.font_manager import FontProperties

font = FontProperties()
font.set_family('serif')
font.set_name('Times New Roman')
font.set_size(8)

#Delta of European option

def blsprice(St, K, tau, r, vol, q):
    '''
    St: current price of underlying asset
    K:  strike price
    tau: time to maturity
    r: annualized risk-free rate
    vol: annualized asset price volatility
    '''

    d1 = (math.log(St / K) + (r - q + 0.5 * vol ** 2)\
        *tau) / (vol * math.sqrt(tau));
    d2 = d1 - vol*math.sqrt(tau);

    Call = norm.cdf(d1, loc=0, scale=1)*St*math.exp(-q*tau) - \
        norm.cdf(d2, loc=0, scale=1)*K*math.exp(-r*tau)
```

```python
    Put   = -norm.cdf(-d1, loc=0, scale=1)*St*math.exp(-q*tau) + \
          norm.cdf(-d2, loc=0, scale=1)*K*math.exp(-r*tau)

    return Call, Put

def plot_curve(S_array,Call_array,Put_array,S,Call0,Put0,text):

    fig, axs = plt.subplots(1,2)

    axs[0].plot(S_array, Call_array)
    axs[0].plot(S, Call0,'rx', markersize = 12)
    x_label = '$\it{' + text + '}$'
    axs[0].set_xlabel(x_label, fontname="Times New Roman", fontsize=8)
    y_label = '$\it{C}$($\it{' + text + '}$)'
    axs[0].set_ylabel(y_label, family="Times New Roman", fontsize=8)
    axs[0].grid(linestyle='--', linewidth=0.25, color=[0.5,0.5,0.5])

    axs[1].plot(S_array, Put_array)
    axs[1].plot(S, Put0,'rx', markersize = 12)
    axs[1].set_xlabel(x_label, family="Times New Roman", fontsize=8)
    y_label = '$\it{P}$($\it{' + text + '}$)'
    axs[1].set_ylabel(y_label, fontname="Times New Roman", fontsize=8)
    axs[1].grid(linestyle='--', linewidth=0.25, color=[0.5,0.5,0.5])

#end of function

blsprice_vec = np.vectorize(blsprice)

S = 50;     #spot price
S_array  = np.linspace(20,80,26);

K = 50;     #strike price
K_array  = np.linspace(20,80,26);

r = 0.03;   #risk-free rate
r_array  = np.linspace(0.01,0.05,26);

vol = 0.5;  #volatility
vol_array  = np.linspace(0.01,0.9,26);

q = 0;      #continuously compounded yield of the underlying asset
q_array   = np.linspace(0,0.02,26);

tau = 1;      #time to maturity
tau_array   = np.linspace(0.1,1,26);
```

```
Call0, Put0 = blsprice_vec(S, K, tau, r, vol, q)

#%% option vs S

plt.close('all')

Call_array, Put_array = blsprice_vec(S_array, K, tau, r, vol, q)

plot_curve(S_array,Call_array,Put_array,S,Call0,Put0,'S')

#%% option vs K

Call_array, Put_array = blsprice_vec(S, K_array, tau, r, vol, q)

plot_curve(K_array,Call_array,Put_array,K,Call0,Put0,'K')

#%% option vs tau, time to maturity

Call_array, Put_array = blsprice_vec(S, K, tau_array, r, vol, q)

plot_curve(tau_array,Call_array,Put_array,tau,Call0,Put0,'\u03C4')

#%% option vs r, risk-free rate

Call_array, Put_array = blsprice_vec(S, K, tau, r_array, vol, q)

plot_curve(r_array,Call_array,Put_array,r,Call0,Put0,'r')

#%% option vs vol

Call_array, Put_array = blsprice_vec(S, K, tau, r, vol_array, q)

plot_curve(vol_array,Call_array,Put_array,vol,Call0,Put0,'\sigma')

#%% option vs q, continuous dividend

Call_array, Put_array = blsprice_vec(S, K, tau, r, vol, q_array)

plot_curve(q_array,Call_array,Put_array,q,Call0,Put0,'q')
```

如图11-9～图11-12所示为欧式期权随标的物价格S和到期时间τ的变化。图11-9和图11-11展示了$C(S, \tau)$和$C(S, \tau)$的网格曲面。图11-10和图11-12以等高线方式展示了$C(S, \tau)$和$C(S, \tau)$。请读者根据本章前文代码自行绘制图11-9～图11-12。

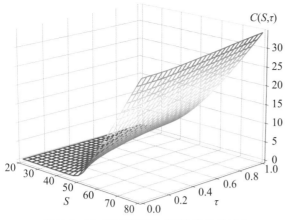

图11-9　欧式看涨期权价值随标的物价格S
和到期时间τ变化，三维网格面

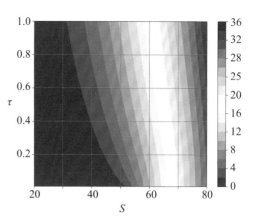

图11-10　欧式看涨期权价值随标的物价格S
和到期时间τ变化，二维等高线

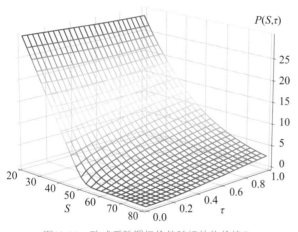

图11-11　欧式看跌期权价值随标的物价格S
和到期时间τ变化，三维网格面

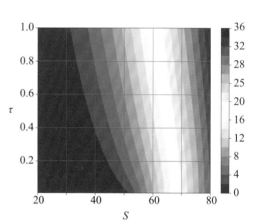

图11-12　欧式看跌期权价值随标的物价格S
和到期时间τ变化，二维等高线

11.2 极限

本节通过两个例子探讨极限在金融建模方面的应用。通过对第11章的学习，大家知道当年复利频率不断增大 (m = 1, 2, 4, 12, 52, 365)，简单收益率的有效年利率会收敛到对数收益率的有效年利率。利用极限，上述关系可以表达为：

$$\lim_{m \to \infty}\left(1+\frac{y}{m}\right)^m - 1 = e^y - 1 \tag{11-4}$$

此外，简单收益率y和对数收益率r存在如式(11-5)所示数学关系。

$$r = \ln(y+1) \tag{11-5}$$

数学上，当r或y趋向于无限小时，两者大小相等。用x来表达y和r，式(11-6)所示极限关系可以描述上述关系。

$$\lim_{x \to 0} \frac{\ln(1+x)}{x} = 1 \tag{11-6}$$

如图11-13所示为x从左右两个方向趋近于0时，式(11-6)极值收敛到1的过程。

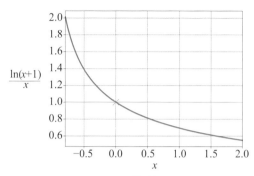

图11-13　等式极限

以下代码可以获得图11-13。在代码中，采用了Sympy工具包进行符号运算，利用limit() 函数计算式(11-6)极限值。

`B1_Ch11_2.py`

```python
from sympy import latex, lambdify, limit, log
from sympy.abc import x
import numpy as np
from matplotlib import pyplot as plt

f_x = log(x + 1)/x

x_array = np.linspace(-0.8,2,100)

f_x_fcn = lambdify(x,f_x)
f_x_array = f_x_fcn(x_array)

f_x_0_limit = limit(f_x,x,0)

f_x_array = f_x_fcn(x_array)

#%% visualization

plt.close('all')

fig, ax = plt.subplots()

ax.plot(x_array, f_x_array, linewidth = 1.5)
ax.axhline(y = f_x_0_limit, color = 'r')
ax.plot(0,f_x_0_limit, color = 'r', marker = 'x', markersize = 12)
```

```
ax.grid(linestyle='--', linewidth=0.25, color=[0.5,0.5,0.5])
ax.set_xlim(x_array.min(),x_array.max())

ax.set_xlabel('$\it{x}$',fontname = 'Times New Roman')
ax.set_ylabel('$%s$' % latex(f_x), fontname = 'Times New Roman')
```

11.3 导数

导数 (derivative) 描述的是函数在某一点处的变化率。金融中大量的概念都和导数相关，比如期权的希腊字母和债券的久期和凸率等。准确来说，希腊字母实际上是偏导数，这将在11.4节具体介绍。

如式(11-7)所示，对于$f(x)$ 函数自变量x在x_0点处一个微小增量Δx，会导致函数值增量。当Δx趋向于0时，函数值增量和自变量Δx比值的极限值便是x_0点处一阶导数值。

$$f'(x)\big|_{x=x_0} = \frac{\mathrm{d}\,f(x)}{\mathrm{d}\,x}\bigg|_{x=x_0} = \lim_{\Delta x \to 0}\frac{f(x_0+\Delta x) - f(x_0)}{\Delta x} \tag{11-7}$$

如图11-14(a) 所示函数为：

$$f(x) = x^2 + 2 \tag{11-8}$$

该函数为二次函数，它的导数解析式为：

$$f'(x) = 2x \tag{11-9}$$

图11-14(b) 所示为二次函数的导数，通过图像可以发现导数为一次函数。当$x < 0$时，随着x增大$f(x)$ 减小，函数导数为负；$x > 0$时，随着x增大$f(x)$ 增大，函数导数为正。此外，值得注意的是$x = 0$，$f(x)$ 取得最小值 (minimum)，此处函数$f(x)$ 导数为0。

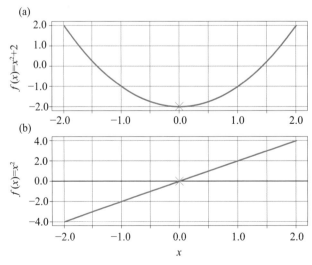

图11-14　二次函数及其一阶导数

图11-15(a) 图像所示函数解析式为：

$$f(x) = \frac{x^3}{3} - \frac{x}{3} \tag{11-10}$$

它的一阶导数解析式为：

$$f'(x) = x^2 - \frac{1}{3} \tag{11-11}$$

图11-15(b) 为图11-15(a) 函数一阶导数图像。图11-15(a) 所示的$f(x)$ 函数图像A点为极大值(maxima)，B点为极小值 (minima)。图11-15(b)中A点和B点 $f(x)$函数导数为0。

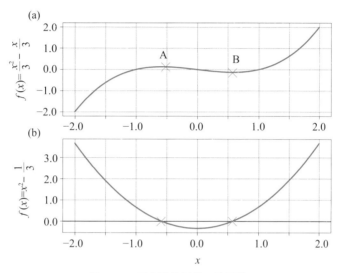

图11-15　三次函数及其一阶导数

以下代码可以获得图11-14和图11-15。

```python
from sympy import latex, lambdify, diff, sin
from sympy.abc import x
import numpy as np
from matplotlib import pyplot as plt


#f_x = x**2 - 2
f_x = x**3/3 - x/3
#f_x = sin(x)

x_array = np.linspace(-2,2,100)
f_x.evalf(subs = {x: 0})

f_x_fcn = lambdify(x,f_x)
f_x_array = f_x_fcn(x_array)
```

```
#%% 1st and 2nd order derivatives

f_x_1_diff = diff(f_x,x)
f_x_1_diff_fcn = lambdify(x,f_x_1_diff)

f_x_1_diff_array = f_x_1_diff_fcn(x_array)

f_x_2_diff = diff(f_x,x,2)
f_x_2_diff_fcn = lambdify(x,f_x_2_diff)

f_x_2_diff_const = f_x_2_diff_fcn(x_array)

#%% plot first order derivative of quadratic function

plt.close('all')

fig, ax = plt.subplots(2,1)

ax[0].plot(x_array, f_x_array, linewidth = 1.5)
ax[0].set_xlabel("$\it{x}$")
ax[0].set_ylabel('$%s$' % latex(f_x))

ax[0].grid(linestyle='--', linewidth=0.25, color=[0.5,0.5,0.5])

ax[1].plot(x_array, f_x_1_diff_array, linewidth = 1.5)
ax[1].set_xlabel("$\it{x}$")
ax[1].set_ylabel('$%s$' % latex(f_x_1_diff))

ax[1].grid(linestyle='--', linewidth=0.25, color=[0.5,0.5,0.5])
x_lim = ax[1].get_xlim()
```

　　函数$f(x)$ 在某一点处的一阶导数值可以看作函数在该点处切线的斜率值。如图11-16和图11-17所示分别为二次函数和三次函数在若干点的切线。本节代码利用sympy.abc import x定义符号变量，然后利用sympy.diff() 计算得到符号一阶导数函数符号式；利用sympy.lambdify() 将符号式转换成函数。

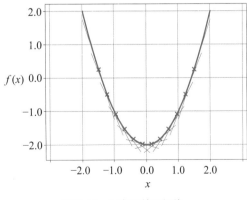

图11-16　二次函数及切线

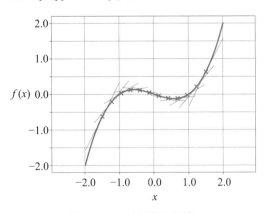

图11-17　三次函数及切线

以下代码可以获得图11-16和图11-17。

```
B1_Ch11_4.py

from sympy import lambdify, diff, evalf
from sympy.abc import x
import numpy as np
from matplotlib import pyplot as plt


f_x = x**2 - 2
f_x = x**3/3 - x/3
#f_x = sin(x)

x_array   = np.linspace(-2,2,100)
x_0_array = np.linspace(-1.5,1.5,12)
f_x.evalf(subs = {x: 0})

f_x_fcn = lambdify(x,f_x)
f_x_array = f_x_fcn(x_array)

#%% plot tangent lines

plt.close('all')

f_x_1_diff = diff(f_x,x)
f_x_1_diff_fcn = lambdify(x,f_x_1_diff)

fig, ax = plt.subplots()

ax.plot(x_array, f_x_array, linewidth = 1.5)
ax.set_xlabel("$\it{x}$")
ax.set_ylabel("$\it{f}(\it{x})$")

for x_0 in x_0_array:

    y_0 = f_x.evalf(subs = {x: x_0})
    x_t_array = np.linspace(x_0-0.5, x_0+0.5, 10)
    a = f_x_1_diff.evalf(subs = {x: x_0})

    tangent_f = a*(x - x_0) + y_0

    tangent_f_fcn = lambdify(x,tangent_f)
    tangent_array = tangent_f_fcn(x_t_array)

    ax.plot(x_t_array, tangent_array, linewidth = 0.25, color = 'r')
    ax.plot(x_0,y_0,marker = 'x', color = 'r')
```

```
ax.grid(linestyle='--', linewidth=0.25, color=[0.5,0.5,0.5])
plt.axis('equal')
```

11.4 偏导数

11.3节介绍一元函数导数时，知道它是函数的变化率。对于多元函数，同样需要研究它的变化率，这就需要**偏导数** (partial derivative) 这个数学概念。多变量函数的偏导数是关于它的某一个特定变量的导数，而保持其他变量恒定。

以$f(x, y)$ 二元函数为例，如果自变量y固定，而只有自变量x变化，则$f(x, y)$ 相当于是x的一元函数。$f(x, y)$ 在 (x_0, y_0)点对于x的偏导可以定义为：

$$f_x\left(x_0, y_0\right) = \frac{\partial f}{\partial x}\bigg|_{\substack{x=x_0 \\ y=y_0}} = \lim_{\Delta x \to 0} \frac{f\left(x_0 + \Delta x, y_0\right) - f\left(x_0, y_0\right)}{\Delta x} \qquad (11\text{-}12)$$

类似地，$f(x, y)$ 在 (x_0, y_0)点对于y的偏导可以定义为：

$$f_y\left(x_0, y_0\right) = \frac{\partial f}{\partial y}\bigg|_{\substack{x=x_0 \\ y=y_0}} = \lim_{\Delta y \to 0} \frac{f\left(x_0, y_0 + \Delta y\right) - f\left(x_0, y_0\right)}{\Delta y} \qquad (11\text{-}13)$$

如上节所述，期权的希腊字母从数学上来说是偏导数，比如，Delta是期权价值V对标的物价格S的一阶偏导数，Gamma是V对S的二阶偏导数。下面，以如下二元函数$f(x, y)$ 为例介绍偏导数。

$$f\left(x, y\right) = x \cdot \exp\left(-x^2 - y^2\right) \qquad (11\text{-}14)$$

如图11-18所示为$f(x, y)$ 函数曲面，可以发现$f(x, y)$ 在域内存在最大值和最小值。

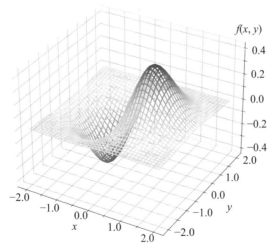

图11-18　二元函数 $f(x, y)$ 曲面

$f(x, y)$ 对x求一阶偏导时，视y为常量，根据导数的求导法则，两个函数$f(x)$和$g(x)$的乘积的导数等于$f(x)$的导数乘以另外一个函数$g(x)$，加上$f(x)$的函数乘以函数$g(x)$的导数，即：

$$\left(f\left(x\right)\cdot g\left(x\right)\right)' = f'\left(x\right)\cdot g\left(x\right) + f\left(x\right)\cdot g'\left(x\right) \tag{11-15}$$

可以得到如图11-18所示函数$f(x, y)$对于x的一阶偏导解析式。

$$\frac{\partial f\left(x, y\right)}{\partial x} = \exp\left(-x^2 - y^2\right) - 2x^2 \cdot \exp\left(-x^2 - y^2\right) \tag{11-16}$$

如图11-19所示为二元函数$f(x, y)$对x一阶偏导解析式的曲面。

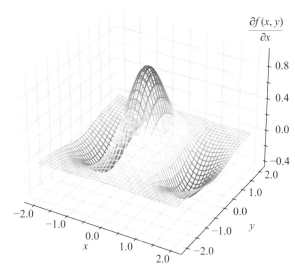

图11-19　二元函数$f(x, y)$对x一阶偏导

同理，可以得到如图11-18所示函数$f(x, y)$对于y的一阶偏导解析式为：

$$\frac{\partial f\left(x, y\right)}{\partial y} = -2xy \cdot \exp\left(-x^2 - y^2\right) \tag{11-17}$$

如图11-20所示为二元函数$f(x, y)$对y的一阶偏导解析式的曲面。

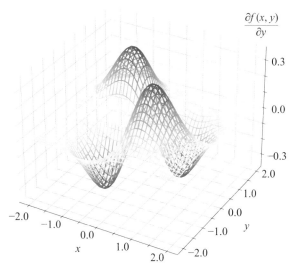

图11-20　二元函数$f(x, y)$对y一阶偏导

另外，需要读者了解的是混合偏导数。比如，对于$f(x, y)$域内任何一点存在连续二阶偏导，则$f(x, y)$对x和y的二阶混合偏导有如下规则。

$$\frac{\partial^2 f}{\partial y \partial x} = \frac{\partial}{\partial y}\left(\frac{\partial f}{\partial x}\right) = \frac{\partial^2 f}{\partial x \partial y} = \frac{\partial}{\partial x}\left(\frac{\partial f}{\partial y}\right) \tag{11-18}$$

如图11-18所示函数$f(x, y)$对于x和y的二阶混合偏导解析式为：

$$\frac{\partial^2 f(x, y)}{\partial x \partial y} = 2y \cdot \left(2x^2 - 1\right) \cdot \exp\left(-x^2 - y^2\right) \tag{11-19}$$

如图11-21所示为$f(x, y)$对于x和y的二阶混合偏导曲面。

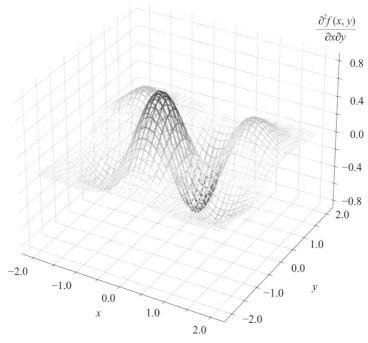

图11-21　二元函数$f(x, y)$对x和y二阶混合偏导数

以下代码可以获得图11-18～图11-21。

B1_Ch11_5.py

```python
from sympy import lambdify, diff, exp, latex
from sympy.abc import x, y
import numpy as np
from matplotlib import pyplot as plt
import math
from matplotlib import cm

def mesh_square(x0,y0,r,num):

    #generate mesh using polar coordinates
```

```
    rr = np.linspace(-r,r,num)
    xx,yy = np.meshgrid(rr,rr);

    xx = xx + x0;
    yy = yy + y0;

    return xx, yy

def plot_surf(xx,yy,zz,caption):

    norm_plt = plt.Normalize(zz.min(), zz.max())
    colors = cm.coolwarm(norm_plt(zz))

    fig = plt.figure()
    ax = fig.gca(projection='3d')
    surf = ax.plot_surface(xx,yy,zz,
    facecolors=colors, shade=False)
    surf.set_facecolor((0,0,0,0))
    #z_lim = [zz.min(),zz.max()]
    #ax.plot3D([0,0],[0,0],z_lim,'k')
    plt.show()

    plt.tight_layout()
    ax.set_xlabel('$\it{x}$',fontname = 'Times New Roman')
    ax.set_ylabel('$\it{y}$',fontname = 'Times New Roman')

    ax.set_zlabel('$%s$' % latex(caption), fontname = 'Times New Roman')


    ax.xaxis._axinfo["grid"].update({"linewidth":0.25, "linestyle" : ":"})
    ax.yaxis._axinfo["grid"].update({"linewidth":0.25, "linestyle" : ":"})
    ax.zaxis._axinfo["grid"].update({"linewidth":0.25, "linestyle" : ":"})

    plt.rcParams["font.family"] = "Times New Roman"
    plt.rcParams["font.size"] = "10"

#%% Initialization

x0  = 0;  #center of the mesh
y0  = 0;  #center of the mesh
r   = 2;  #radius of the mesh
num = 40; #number of mesh grids
xx,yy = mesh_square(x0,y0,r,num); #generate mesh

#%% plot f(x,y)

plt.close('all')
```

```
f_xy = x*exp(- x**2 - y**2);

f_xy_fcn = lambdify([x,y],f_xy)

f_xy_zz = f_xy_fcn(xx,yy)

caption = f_xy

plot_surf(xx,yy,f_xy_zz,caption)

#%% plot partial df/dx

df_dx = f_xy.diff(x)
df_dx_fcn = lambdify([x,y],df_dx)

df_dx_zz = df_dx_fcn(xx,yy)

caption = df_dx

plot_surf(xx,yy,df_dx_zz,caption)

#%% plot partial df/dy

df_dy = f_xy.diff(y)
df_dy_fcn = lambdify([x,y],df_dy)

df_dy_zz = df_dy_fcn(xx,yy)

caption = df_dy

plot_surf(xx,yy,df_dy_zz,caption)

#%% plot partial d2f/dx/dy

df_dxdy = f_xy.diff(x,y)
#df_dxdy = df_dy.diff(x)
#df_dxdy = df_dx.diff(y)

df_dxdy_fcn = lambdify([x,y],df_dxdy)

df_dxdy_zz = df_dxdy_fcn(xx,yy)

caption = df_dxdy

plot_surf(xx,yy,df_dxdy_zz,caption)
```

11.5 链式法则

本节以推导BSM模型中Delta和Gamma两个希腊字母来讲解**链式法则** (chain rule)。11.4节介绍了常用的复合导数求导法则。

$$\left(f(x)\cdot g(x)\right)' = f'(x)\cdot g(x)+f(x)\cdot g'(x) \tag{11-20}$$

另外两个需要读者记住的导数求导法则分别是分式和复合函数求导。式(11-21)给出的是分式求导。

$$\left(\frac{f(x)}{g(x)}\right)' = \frac{f'(x)\cdot g(x)-f(x)\cdot g'(x)}{g(x)^2} \tag{11-21}$$

式(11-22)给出的是复合函数$f(x) = h(g(x))$的求导。

$$f'(x) = h'(g(x))\cdot g'(x) \tag{11-22}$$

本章11.1节介绍过**BSM模型** (Black Scholes Model)，以定价函数为例讲解了多元函数。下面继续以此为例进行讨论，在不考虑连续分红q的情况下，欧式看涨期权和看跌期权的理论价格可以通过式(11-23)计算得到。

$$\begin{cases} C(S,K,\tau,r,\sigma,q) = N(d_1)S - N(d_2)K\exp(-r\tau) \\ P(S,K,\tau,r,\sigma,q) = -N(-d_1)S + N(-d_2)K\exp(-r\tau) \end{cases} \tag{11-23}$$

d_1和d_2可以通过式(11-24)计算得到。

$$\begin{cases} d_1 = \frac{1}{\sigma\sqrt{\tau}}\left[\ln\left(\frac{S}{K}\right)+\left(r+\frac{\sigma^2}{2}\right)\tau\right] \\ d_2 = d_1 - \sigma\sqrt{\tau} \end{cases} \tag{11-24}$$

其中，S为标的物价格，K为执行价格，τ为距离到期时间，r为无风险利率，σ为资产波动率。如图11-22所示为未到期欧式看涨期权和看跌期权价值随标的物价格S变化。

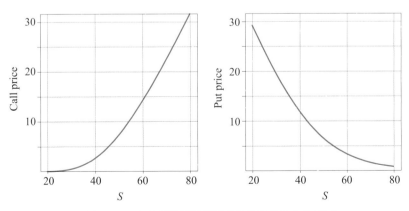

图11-22　欧式看涨/看跌期权价值随标的物价格S变化

下面推导欧式看涨期权价格C对标的物价格S的偏导数，也就是希腊字母$Delta_{call}$。$N()$为标准正态分布累积函数，$N(x)$的解析式和一阶导数为：

$$\begin{cases} N(x) = \dfrac{1}{\sqrt{2\pi}} \displaystyle\int_{-\infty}^{x} \exp\left(-t^2/2\right) \mathrm{d}t \\[3mm] \dfrac{\mathrm{d}N(x)}{\mathrm{d}x} = \dfrac{1}{\sqrt{2\pi}} \exp\left(-\dfrac{1}{2}x^2\right) = \phi(x) \end{cases} \tag{11-25}$$

$\phi(x)$为标准正态分布概率密度函数pdf()。

首先，求得$N(d_1)$对d_1的一阶导数为：

$$\begin{aligned} \phi(d_1) &= \frac{\mathrm{d}N(d_1)}{\partial d_1} \\[3mm] &= \frac{1}{\sqrt{2\pi}} \exp\left(-\frac{1}{2}d_1^2\right) \end{aligned} \tag{11-26}$$

然后，求得$N(d_2)$对d_2的一阶导数，并且用d_1表示：

$$\begin{aligned} \frac{\mathrm{d}N(d_2)}{\mathrm{d}d_2} &= \frac{1}{\sqrt{2\pi}} \exp\left(-\frac{1}{2}d_2^2\right) \\[3mm] &= \frac{1}{\sqrt{2\pi}} \exp\left(-\frac{1}{2}\left(d_1 - \sigma\sqrt{\tau}\right)^2\right) \\[3mm] &= \frac{1}{\sqrt{2\pi}} \exp\left(-\frac{d_1^2}{2} + \sigma\sqrt{\tau}d_1 - \frac{\sigma^2\tau}{2}\right) \\[3mm] &= \frac{1}{\sqrt{2\pi}} \exp\left(-\frac{d_1^2}{2}\right) \exp\left(\sigma\sqrt{\tau}d_1\right) \exp\left(-\frac{\sigma^2\tau}{2}\right) \\[3mm] &= \frac{1}{\sqrt{2\pi}} \exp\left(-\frac{d_1^2}{2}\right) \exp\left(\ln\left(\frac{S}{K}\right) + \left(r + \frac{\sigma^2}{2}\right)\tau\right) \exp\left(-\frac{\sigma^2\tau}{2}\right) \\[3mm] &= \frac{1}{\sqrt{2\pi}} \exp\left(-\frac{d_1^2}{2}\right) \frac{S}{K} \exp(r\tau) \\[3mm] &= \phi(d_1) \frac{S}{K} \exp(r\tau) \end{aligned} \tag{11-27}$$

d_1对S求一阶偏导可以得到：

$$\begin{aligned} \frac{\partial d_1}{\partial S} &= \frac{\partial\left(\dfrac{1}{\sigma\sqrt{\tau}}\left[\ln\left(\dfrac{S}{K}\right) + \left(r + \dfrac{\sigma^2}{2}\right)\tau\right]\right)}{\partial S} \\[3mm] &= \frac{K}{S\sigma\sqrt{\tau}} \cdot \left(\frac{1}{K}\right) \\[3mm] &= \frac{1}{S\sigma\sqrt{\tau}} \end{aligned} \tag{11-28}$$

d_2对S求一阶偏导可以得到：

$$\frac{\partial d_2}{\partial S} = \frac{1}{S\sigma\sqrt{\tau}} \tag{11-29}$$

C对S求一阶导数可以整理为：

$$\text{Delta}_{\text{call}} = \frac{\partial C}{\partial S} = N(d_1) + S\frac{\partial N(d_1)}{\partial S} - K\exp(-r\tau)\frac{\partial N(d_2)}{\partial S}$$
$$= N(d_1) + S\frac{dN(d_1)}{\partial d_1}\frac{\partial d_1}{\partial S} - K\exp(-r\tau)\frac{\partial N(d_2)}{\partial d_2}\frac{\partial d_2}{\partial S} \tag{11-30}$$

将推导得到的几个偏导和导数结果代入式(11-30)，整理得到：

$$\text{Delta}_{\text{call}} = N(d_1) + S\frac{\partial N(d_1)}{\partial d_1}\frac{\partial d_1}{\partial S} - K\exp(-r\tau)\frac{\partial N(d_2)}{\partial d_2}\frac{\partial d_2}{\partial S}$$
$$= N(d_1) + S\phi(d_1)\frac{1}{S\sigma\sqrt{\tau}} - K\exp(-r\tau)\phi(d_1)\frac{S}{K}\exp(r\tau)\frac{1}{S\sigma\sqrt{\tau}} \tag{11-31}$$
$$= N(d_1) + \frac{\phi(d_1)}{\sigma\sqrt{\tau}} - \frac{\phi(d_1)}{\sigma\sqrt{\tau}} = N(d_1)$$

同理，请读者自行推导欧式看跌期权价格P对标的物价格S偏导数，即希腊字母$\text{Delta}_{\text{put}}$。

$$\text{Delta}_{\text{put}} = N(d_1) - 1 \tag{11-32}$$

如图11-23所示为欧式看涨期权和看跌期权Delta随标的物价格S变化趋势。

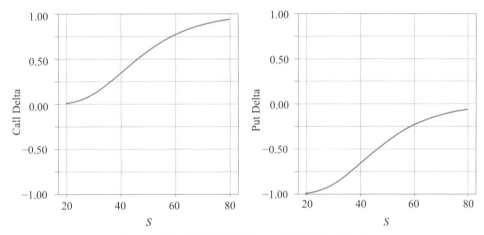

图11-23　欧式看涨/看跌期权Delta随标的物价格S变化

而欧式看涨期权希腊字母Gamma为C对S的二阶偏导，也是$\text{Delta}_{\text{call}}$对$S$的一阶偏导。

$$\text{Gamma}_{\text{call}} = \frac{\partial^2 C}{\partial S^2}$$
$$= \frac{\partial\left(\text{Delta}_{\text{call}}\right)}{\partial S}$$
$$= \frac{\partial\left(N(d_1)\right)}{\partial S} \tag{11-33}$$
$$= \frac{\partial N(d_1)}{\partial d_1}\frac{\partial d_1}{\partial S}$$
$$= \frac{\phi(d_1)}{S\sigma\sqrt{\tau}}$$

同样，可以得到欧式看跌期权希腊字母Gamma解析式为：

$$
\begin{aligned}
\text{Gamma}_{\text{put}} &= \frac{\partial^2 P}{\partial S^2} \\
&= \frac{\partial\left(\text{Delta}_{\text{put}}\right)}{\partial S} \\
&= \frac{\partial\left(N(d_1)-1\right)}{\partial S} \\
&= \frac{\phi(d_1)}{S\sigma\sqrt{\tau}}
\end{aligned}
\tag{11-34}
$$

可以发现欧式看涨期权和看跌期权的解析式一致。

如图11-24所示为欧式看涨期权和看跌期权Gamma随标的物价格S变化趋势。本系列丛书第二本会继续展开讲解欧式期权希腊字母，请有兴趣的读者参考。

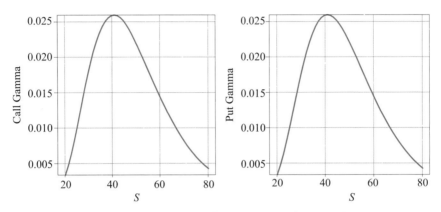

图11-24　欧式看涨/看跌期权Gamma随标的物价格S变化

以下代码可以获得图11-22～图11-24。

B1_Ch11_6.py

```python
import math
import numpy as np
import matplotlib.pyplot as plt
from scipy.stats import norm

def blsprice(St, K, tau, r, vol):
    '''
    St: current price of underlying asset
    K:  strike price
    tau: time to maturity
    r: annualized risk-free rate
    vol: annualized asset price volatility
    '''

    d1 = (math.log(St / K) + (r + 0.5 * vol ** 2)\
        *tau) / (vol * math.sqrt(tau));
```

```
    d2 = d1 - vol*math.sqrt(tau);

    Call = norm.cdf(d1, loc=0, scale=1)*St - \
        norm.cdf(d2, loc=0, scale=1)*K*math.exp(-r*tau)

    Put  = -norm.cdf(-d1, loc=0, scale=1)*St + \
        norm.cdf(-d2, loc=0, scale=1)*K*math.exp(-r*tau)

    return Call, Put


def blsdelta(St, K, tau, r, vol):
    '''
    St: current price of underlying asset
    K:  strike price
    tau: time to maturity
    r: annualized risk-free rate
    vol: annualized asset price volatility
    '''

    d1 = (math.log(St / K) + (r + 0.5 * vol ** 2)\
        *tau) / (vol * math.sqrt(tau));
    d2 = d1 - vol*math.sqrt(tau);
    Delta_call  = norm.cdf(d1, loc=0, scale=1)
    Delta_put   = -norm.cdf(-d1, loc=0, scale=1)
    return Delta_call, Delta_put

def blsgamma(St, K, tau, r, vol):
    '''
    St: current price of underlying asset
    K:  strike price
    tau: time to maturity
    r: annualized risk-free rate
    vol: annualized asset price volatility
    '''

    d1 = (math.log(St / K) + (r + 0.5 * vol ** 2)\
        *tau) / (vol * math.sqrt(tau));

    Gamma = norm.pdf(d1)/St/vol/math.sqrt(tau);

    return Gamma

def plot_curve(x,y1,y2,caption):

    fig, axs = plt.subplots(1,2)
```

```python
    axs[0].plot(x, y1)
    axs[0].set_xlabel('$\it{S}$', fontname="Times New Roman", fontsize=10)
    y_label = 'Call ' + caption
    y_joint = np.concatenate((y1, y2))
    axs[0].set_ylim([y_joint.min(),y_joint.max()])
    if caption =='Delta':
        axs[0].set_ylim([-1,1])

    axs[0].set_ylabel(y_label, fontname="Times New Roman", fontsize=10)
    axs[0].grid(linestyle='--', linewidth=0.25, color=[0.5,0.5,0.5])


    axs[1].plot(x, y2)
    axs[1].set_xlabel('$\it{S}$', fontname="Times New Roman", fontsize=10)
    y_label = 'Put ' + caption
    axs[1].set_ylim([y_joint.min(),y_joint.max()])
    if caption == 'Delta':
        axs[1].set_ylim([-1,1])
    axs[1].set_ylabel(y_label, fontname="Times New Roman", fontsize=10)
    axs[1].grid(linestyle='--', linewidth=0.25, color=[0.5,0.5,0.5])

#end of function

blsprice_vec = np.vectorize(blsprice)
blsdelta_vec = np.vectorize(blsdelta)
blsgamma_vec = np.vectorize(blsgamma)

S_array  = np.linspace(20,80,50);

K = 50;     #strike price
r = 0.03;   #risk-free rate
vol = 0.5; #volatility
tau = 0.5; #time to maturity

#%% option vs S

plt.close('all')

Call_array, Put_array = blsprice_vec(S_array, K, tau, r, vol)
caption = 'price'
plot_curve(S_array,Call_array,Put_array,caption)

#%% Delta vs S

Call_Delta_array, Put_Delta_array = blsdelta_vec(S_array, K, tau, r, vol)
caption = 'Delta'
plot_curve(S_array,Call_Delta_array,Put_Delta_array,caption)
```

```
#%% Gamma vs S

Gamma_array = blsgamma_vec(S_array, K, tau, r, vol)
caption = 'Gamma'
plot_curve(S_array,Gamma_array,Gamma_array,caption)
```

11.6 泰勒展开

一元函数$f(x)$泰勒展开的形式为：

$$
\begin{aligned}
f(x) &= \sum_{n=0}^{\infty} \frac{f^{(n)}(a)}{n!}(x-a)^n \\
&= f(a) + \frac{f'(a)}{1!}(x-a) + \frac{f''(a)}{2!}(x-a)^2 + \frac{f'''(a)}{3!}(x-a)^3 + \cdots
\end{aligned}
\tag{11-35}
$$

其中，a为**展开点** (expansion point)。

下面介绍两个常见的**泰勒级数** (Taylor series)。首先，指数函数e^x在$x=0$点处的泰勒级数展开为：

$$
e^x = \sum_{n=0}^{\infty} \frac{x^n}{n!} = 1 + x + \frac{x^2}{2!} + \frac{x^3}{3!} + \cdots
\tag{11-36}
$$

如图11-25所示为指数函数e^x图像和不同阶数泰勒级数展开图像。

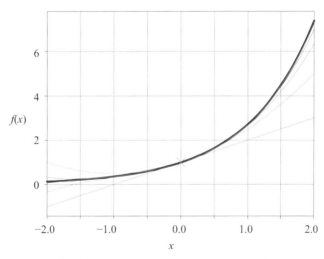

图11-25　e^x在$x=0$处不同阶数泰勒展开图像

对数函数$\ln(x+1)$在$x=0$点处的泰勒级数展开，为：

$$
\ln(x+1) = \sum_{n=1}^{\infty}\left((-1)^{n+1}\frac{x^n}{n}\right) = x - \frac{x^2}{2} + \frac{x^3}{3} - \frac{x^4}{4} + \cdots
\tag{11-37}
$$

如图11-26所示为对数函数$\ln(x+1)$图像和不同阶数泰勒级数展开图像。

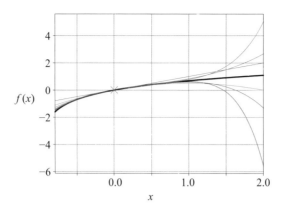

图11-26 $\ln(x+1)$ 在 $x=0$ 处不同阶数泰勒展开图像

以下代码可以获得图11-25和图11-26。

```
B1_Ch11_7.py
```

```python
from sympy import latex, lambdify, diff, sin, log, exp, series
from sympy.abc import x
import numpy as np
from matplotlib import pyplot as plt


f_x = exp(x) #y + 1 = exp(r)
x_array = np.linspace(-2,2,100)

f_x = log(x + 1) #ln(y + 1) = r
x_array = np.linspace(-0.8,2,100)

x_0 = 0

y_0 = f_x.evalf(subs = {x: x_0})

f_x_fcn = lambdify(x,f_x)
f_x_array = f_x_fcn(x_array)

#%% Visualization

plt.close('all')

fig, ax = plt.subplots()

ax.plot(x_array, f_x_array, 'k', linewidth = 1.5)
ax.plot(x_0, y_0, 'xr', markersize = 12)
ax.set_xlabel("$\it{x}$")
ax.set_ylabel("$\it{f}(\it{x})$")

order_array = np.arange(2,8)
```

```
for order in order_array:

    f_series = f_x.series(x,x_0,order).removeO()
    f_series_fcn = lambdify(x,f_series)
    f_series_array = f_series_fcn(x_array)
    ax.plot(x_array, f_series_array, linewidth = 0.5)

ax.grid(linestyle='--', linewidth=0.25, color=[0.5,0.5,0.5])
ax.set_xlim(x_array.min(),x_array.max())
```

泰勒展开可以用来进行近似运算。泰勒一阶和二阶展开可以用来估算期权价值。一阶泰勒展开可以写作：

$$f(x) \approx f(a) + f'(a) \cdot (x - a) \tag{11-38}$$

比如，Delta估算便是泰勒一阶泰勒展开，为：

$$V(S) \approx \text{Delta}(S - S_0) + V(S_0) \tag{11-39}$$

其中，V代表期权价值，Delta是通过BSM模型求出，S_0是展开点。

如图11-27和图11-28分别展示的是采用Delta估算计算欧式看涨和看跌期权价值。

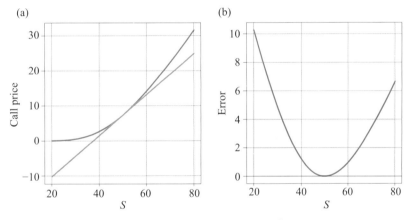

图11-27　Delta估算法计算欧式看涨期权价值

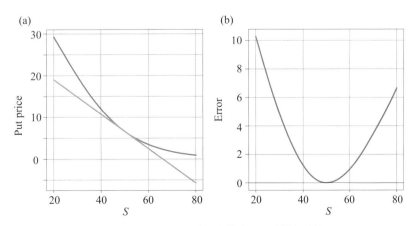

图11-28　Delta估算法计算欧式看跌期权价值

二阶泰勒展开可以写作：

$$f(x) \approx f(a) + f'(a) \cdot (x-a) + \frac{f''(a)}{2}(x-a)^2 \qquad (11\text{-}40)$$

Delta-Gamma估算是泰勒二阶展开为：

$$V(S) \approx \text{Delta}(S-S_0) + \frac{1}{2}\text{Gamma}(S-S_0)^2 + V(S_0) \qquad (11\text{-}41)$$

Gamma也是通过BSM模型求出。

如图11-29和图11-30分别展示的是采用Delta-Gamma估算计算欧式看涨和看跌期权价值。

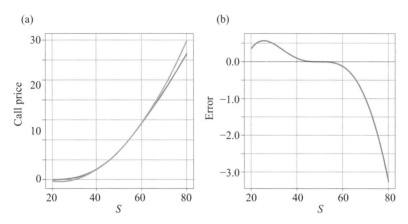

图11-29　Delta-Gamma估算法计算欧式看涨期权价值

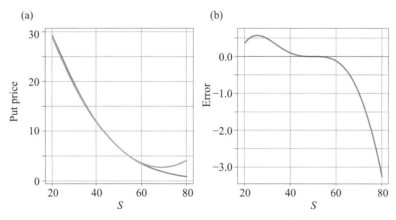

图11-30　Delta-Gamma估算法计算欧式看跌期权价值

以下代码可以获得图11-27～图11-30。

`B1_Ch11_8.py`

```python
import math
import numpy as np
import matplotlib.pyplot as plt
from scipy.stats import norm
```

```python
def blsprice(St, K, tau, r, vol):
    '''
    St: current price of underlying asset
    K:   strike price
    tau: time to maturity
    r: annualized risk-free rate
    vol: annualized asset price volatility
    '''

    d1 = (math.log(St / K) + (r + 0.5 * vol ** 2)\
        *tau) / (vol * math.sqrt(tau));
    d2 = d1 - vol*math.sqrt(tau);

    Call = norm.cdf(d1, loc=0, scale=1)*St - \
        norm.cdf(d2, loc=0, scale=1)*K*math.exp(-r*tau)

    Put  = -norm.cdf(-d1, loc=0, scale=1)*St + \
        norm.cdf(-d2, loc=0, scale=1)*K*math.exp(-r*tau)

    return Call, Put


def blsdelta(St, K, tau, r, vol):
    '''
    St: current price of underlying asset
    K:   strike price
    tau: time to maturity
    r: annualized risk-free rate
    vol: annualized asset price volatility
    '''

    d1 = (math.log(St / K) + (r + 0.5 * vol ** 2)\
        *tau) / (vol * math.sqrt(tau));
    d2 = d1 - vol*math.sqrt(tau);
    Delta_call  = norm.cdf(d1, loc=0, scale=1)
    Delta_put   = -norm.cdf(-d1, loc=0, scale=1)
    return Delta_call, Delta_put

def blsgamma(St, K, tau, r, vol):
    '''
    St: current price of underlying asset
    K:   strike price
    tau: time to maturity
    r: annualized risk-free rate
    vol: annualized asset price volatility
    '''
```

```python
    d1 = (math.log(St / K) + (r + 0.5 * vol ** 2)\
          *tau) / (vol * math.sqrt(tau));

    Gamma = norm.pdf(d1)/St/vol/math.sqrt(tau);

    return Gamma

def plot_curve(x,y1,y2,x0,y0,caption):

    fig, axs = plt.subplots(1,2)

    axs[0].plot(x, y1)
    axs[0].plot(x, y2)
    axs[0].plot(x0, y0, 'xr', markersize = 12)
    axs[0].set_xlabel('$\it{S}$', fontname="Times New Roman", fontsize=10)
    y_label = caption + ' price'
    axs[0].set_ylabel(y_label, fontname="Times New Roman", fontsize=10)
    axs[0].grid(linestyle='--', linewidth=0.25, color=[0.5,0.5,0.5])

    axs[1].plot(x, y1 - y2)
    axs[1].plot(x0, 0, 'xr', markersize = 12)
    plt.axhline(y=0, color='k', linewidth = 0.5)
    axs[1].fill_between(x, y1 - y2, 0, facecolor = np.divide([219, 238, 243], 255))
    axs[1].set_xlabel('$\it{S}$', fontname="Times New Roman", fontsize=10)
    axs[1].set_ylabel('Error', fontname="Times New Roman", fontsize=10)
    axs[1].grid(linestyle='--', linewidth=0.25, color=[0.5,0.5,0.5])

#end of function

blsprice_vec = np.vectorize(blsprice)
blsdelta_vec = np.vectorize(blsdelta)
blsgamma_vec = np.vectorize(blsgamma)

S_array  = np.linspace(20,80,50);

K = 50;    #strike price
r = 0.03;  #risk-free rate
vol = 0.5; #volatility
tau = 0.5; #time to maturity

S_0 = 50;  #expansion point
C_0, P_0 = blsprice_vec(S_0, K, tau, r, vol)
Delta_C_0, Delta_P_0 = blsdelta_vec(S_0, K, tau, r, vol)
Gamma_0 = blsgamma_vec(S_0, K, tau, r, vol)

Call_array, Put_array = blsprice_vec(S_array, K, tau, r, vol)

#%% Delta approximation
```

```
plt.close('all')

Call_delta_apprx = Delta_C_0*(S_array - S_0) + C_0
caption = 'Call'
plot_curve(S_array,Call_array,Call_delta_apprx,S_0,C_0,caption)

Put_delta_apprx = Delta_P_0*(S_array - S_0) + P_0
caption = 'Put'
plot_curve(S_array,Put_array,Put_delta_apprx,S_0,P_0,caption)


#%% Delta-Gamma approximation

Call_delta_gamma_apprx = Delta_C_0*(S_array - S_0) + Gamma_0*np.power
((S_array - S_0),2)/2 + C_0
caption = 'Call'
plot_curve(S_array,Call_array,Call_delta_gamma_apprx,S_0,C_0,caption)

Put_delta_gamma_apprx = Delta_P_0*(S_array - S_0) + Gamma_0*np.power
((S_array - S_0),2)/2 + P_0
caption = 'Put'
plot_curve(S_array,Put_array,Put_delta_gamma_apprx,S_0,P_0,caption)
```

11.7 数值微分

数值微分是采用离散点估算函数某点导数或高阶导数近似值的方法。如图11-31所示，常见的数值微分有三种：**前向差分** (forward difference)、**后向差分** (backward difference)和**中心差分** (central difference)。

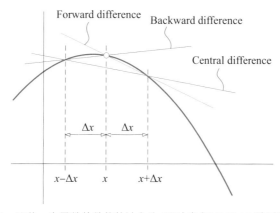

图11-31　三种一次导数的数值估计方法 (图片来自MATLAB系列丛书第一本)

数值微分在金融建模随处可见，比如希腊字母和债券敏感度久期和凸率常用数值微分方法获得。本节主要介绍中心差分法，以及采用中心差分估算期权希腊字母Delta和Gamma。

中心差分估算一阶导数的表达式为：

$$f'(x) \approx \frac{f(x+\Delta x)-f(x-\Delta x)}{2\Delta x} \tag{11-42}$$

其中，Δx为步长。利用中心差分可以估算欧式看涨期权和看跌期权的Delta值。

$$\begin{aligned} \text{Delta}_{\text{call}} &\approx \frac{C(S+\Delta S)-C(S-\Delta S)}{2\Delta S} \\ \text{Delta}_{\text{put}} &\approx \frac{P(S+\Delta S)-P(S-\Delta S)}{2\Delta S} \end{aligned} \tag{11-43}$$

如图11-32所示为在不同步长ΔS条件下计算得到的欧式看涨期权Delta，并且解析法计算得到的Delta (红色水平线)进行比较。可以发现随着ΔS不断减小，数值方法计算得到的Delta值不断接近解析法结果。

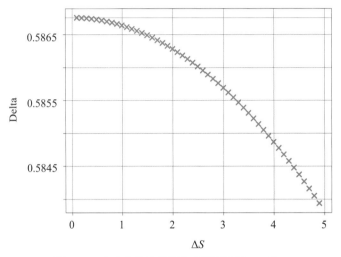

图11-32　中心差分法估算欧式看涨期权Delta值

差分法估算二阶导数的计算式为：

$$\begin{aligned} f''(x) &\approx \frac{\dfrac{f(x+\Delta x)-f(x)}{\Delta x}-\dfrac{f(x)-f(x-\Delta x)}{\Delta x}}{\Delta x} \\ &= \frac{f(x+\Delta x)-2f(x)+f(x-\Delta x)}{\Delta x^2} \end{aligned} \tag{11-44}$$

同样地，采用式(11-44)可以估算欧式看涨和看跌两个期权的Gamma值。

$$\begin{aligned} \text{Gamma}_{\text{call}} &\approx \frac{C(S+\Delta S)-2C(S)+C(S-\Delta S)}{\Delta S^2} \\ \text{Gamma}_{\text{put}} &\approx \frac{P(S+\Delta S)-2C(S)+P(S-\Delta S)}{\Delta S^2} \end{aligned} \tag{11-45}$$

如图11-33所示比较了在不同步长ΔS条件下计算估算欧式看涨期权Gamma；如图11-33中红色线为解析法计算得到的Gamma值。

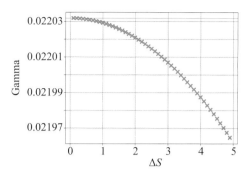

图11-33 中心差分法估算欧式看涨期权Gamma值

以下代码可以获得图11-32和图11-33。

`B1_Ch11_9.py`

```python
import numpy as np
import math
import matplotlib.pyplot as plt
from scipy.stats import norm

def blsprice(St, K, tau, r, vol):
    '''
    St: current price of underlying asset
    K:  strike price
    tau: time to maturity
    r: annualized risk-free rate
    vol: annualized asset price volatility
    '''

    d1 = (math.log(St / K) + (r + 0.5 * vol ** 2)\
        *tau) / (vol * math.sqrt(tau));
    d2 = d1 - vol*math.sqrt(tau);

    Call = norm.cdf(d1, loc=0, scale=1)*St - \
        norm.cdf(d2, loc=0, scale=1)*K*math.exp(-r*tau)

    Put  = -norm.cdf(-d1, loc=0, scale=1)*St + \
        norm.cdf(-d2, loc=0, scale=1)*K*math.exp(-r*tau)

    return Call, Put


def blsdelta(St, K, tau, r, vol):
    '''
    St: current price of underlying asset
    K:  strike price
    tau: time to maturity
    r: annualized risk-free rate
```

```
        vol: annualized asset price volatility
        '''

        d1 = (math.log(St / K) + (r + 0.5 * vol ** 2)\
            *tau) / (vol * math.sqrt(tau));
        d2 = d1 - vol*math.sqrt(tau);
        Delta_call  = norm.cdf(d1, loc=0, scale=1)
        Delta_put   = -norm.cdf(-d1, loc=0, scale=1)
        return Delta_call, Delta_put

def blsgamma(St, K, tau, r, vol):
        '''
        St: current price of underlying asset
        K:  strike price
        tau: time to maturity
        r: annualized risk-free rate
        vol: annualized asset price volatility
        '''

        d1 = (math.log(St / K) + (r + 0.5 * vol ** 2)\
            *tau) / (vol * math.sqrt(tau));

        Gamma = norm.pdf(d1)/St/vol/math.sqrt(tau);

        return Gamma

S_0 = 50;   #current spot price
K = 50;     #strike price
r = 0.03;   #risk-free rate
vol = 0.5;  #volatility
tau = 0.5;  #time to maturity

blsprice_vec = np.vectorize(blsprice)
blsdelta_vec = np.vectorize(blsdelta)
blsgamma_vec = np.vectorize(blsgamma)

C_0, _ = blsprice_vec(S_0, K, tau, r, vol)
Delta_C_0, _ = blsdelta_vec(S_0, K, tau, r, vol)
Gamma_0 = blsgamma_vec(S_0, K, tau, r, vol)

Delta_S_array = np.arange(0.1,5.0,0.1)

Delta_apprx = np.full_like(Delta_S_array,0)
Gamma_apprx = np.full_like(Delta_S_array,0)

i = 0;

for Delta_S in Delta_S_array:
```

```python
    C_up, _    = blsprice_vec(S_0 + Delta_S, K, tau, r, vol)
    C_down, _  = blsprice_vec(S_0 - Delta_S, K, tau, r, vol)

    Delta_apprx[int(i)] = (C_up - C_down)/2/Delta_S

    Gamma_apprx[int(i)] = (C_up - 2.0*C_0+ C_down)/Delta_S**2

    i += 1

#%% visualize numerical Delta and Gamma

plt.close('all')

fig, axs = plt.subplots()

axs.plot(Delta_S_array, Delta_apprx, linestyle = 'none', marker = 'x')
plt.axhline(y=Delta_C_0, color='r', linewidth = 0.5)

axs.set_xlabel('$\Delta\it{S}$', fontname="Times New Roman", fontsize=10)
axs.set_ylabel('Delta', fontname="Times New Roman", fontsize=10)
axs.grid(linestyle='--', linewidth=0.25, color=[0.5,0.5,0.5])

fig, axs = plt.subplots()

axs.plot(Delta_S_array, Gamma_apprx, linestyle = 'none', marker = 'x')
plt.axhline(y=Gamma_0, color='r', linewidth = 0.5)

axs.set_xlabel('$\Delta\it{S}$', fontname="Times New Roman", fontsize=10)
axs.set_ylabel('Gamma', fontname="Times New Roman", fontsize=10)
axs.grid(linestyle='--', linewidth=0.25, color=[0.5,0.5,0.5])
```

11.8 优化

本节和11.9节将介绍如何用Python工具包求解优化问题。优化问题是指采用特定的数学方法在一定范围内寻找某个优化问题的最优解。最小化优化问题可以按照如式(11-46)所示格式构造。

$$
\begin{aligned}
&\operatorname*{arg\,min}_{x} f(x) \\
&\text{subject to: } lb \leqslant x \leqslant ub \\
&\qquad\qquad Ax \leqslant b \\
&\qquad\qquad A_{eq}x = b_{eq} \\
&\qquad\qquad c(x) \leqslant 0,\ c_{eq}(x) = 0
\end{aligned}
\tag{11-46}
$$

其中，x为优化变量，优化变量可以是一元未知量，也可以是含有多元未知量的向量；$f(x)$ 为**优化目标** (optimization objective)，优化目标可以有一个或多个；**lb**为未知量的**下界约束** (lower bound)；**ub**为未知量的**上界约束** (upper bound)；$Ax \leq b$为线性**不等式约束** (linear inequality constraint)，$A_{eq}x = b_{eq}$为**线性等式约束** (linear equality constraint)；$c(x) \leq 0$为**非线性不等式约束** (nonlinear inequality constraint)；$c_{eq}(x) = 0$为**非线性等式约束** (linear equality constraint)。

Scipy工具包可以处理单一目标优化问题。下面以最小化投资组合方差来介绍如何使用Scipy中有关的优化函数。投资组合由两个风险资产构成，则投资组合方差为：

$$f(w_1, w_2) = \sigma_p^2 = w_1^2\sigma_1^2 + w_2^2\sigma_2^2 + 2w_1w_2\rho_{1,2}\sigma_1\sigma_2 \tag{11-47}$$

其中：

$$\begin{cases} \sigma_1 = 0.3 \\ \sigma_2 = 0.15 \\ \rho_{1,2} = 0.5 \end{cases} \tag{11-48}$$

构造如式(11-49)所示优化问题。

$$\begin{aligned} &\arg\min_{w_1, w_2} f(w_1, w_2) \\ &\text{subject to: } -1 \leq w_1 \leq 1.5 \\ &\qquad\qquad\quad -1 \leq w_2 \leq 1.5 \\ &\qquad\qquad\quad w_1 + w_2 = 1 \end{aligned} \tag{11-49}$$

优化问题目标为最小化投资组合方差$f(w_1, w_2)$，优化问题变量分别为w_1和w_2。求解优化问题所用的函数为scipy.optimize.minimize()。

两个变量的下限均为-1，上限均为1.5。构造上下限的函数为scipy.optimize.Bounds()。

$w_1 + w_2 = 1$为等式约束，即两个风险资产的权重之和为1。构造线性约束的函数为scipy.optimize.LinearConstraint()。

如图11-34所示为投资组合方差等高线，图11-34所示曲面为旋转椭圆抛物面，可以发现等高线为同心旋转椭圆。图11-34中黑色线段为$w_1 + w_2 = 1$等式约束，也就是优化解只能出现在这个黑色线段上。红色 × 为优化解所在位置。图11-35所示为投资组合均方差等高线，该图曲面为旋转椭圆锥面。

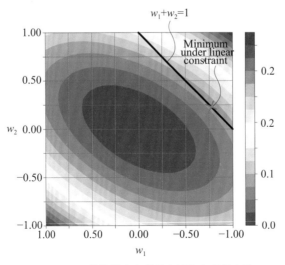

图11-34　投资组合方差等高线和方差最小值

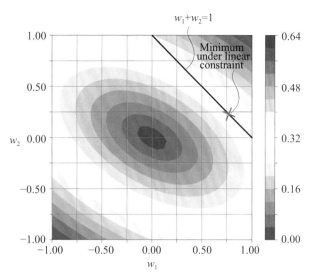

图11-35　投资组合均方差等高线和其最小值

以下代码可以完成优化计算，并绘制图11-34和图11-35。更多有关优化方法和投资组合优化内容，请读者参考Python系列丛书第二本和MATLAB系列丛书第四本。

```
B1_Ch11_10.py

import numpy as np
from scipy.optimize import minimize, LinearConstraint, Bounds
import matplotlib.pyplot as plt

def min_var_obj(w, *args):


    sigma_1, sigma_2, rho = args
    w1 = w[0];
    w2 = w[1];


    obj = sigma_1**2*w1**2 + \
    sigma_2**2*w2**2 + \
    2*sigma_1*sigma_2*rho*w1*w2;
    return obj

def mesh_square(x0,y0,r,num):

#generate mesh using polar coordinates

    rr = np.linspace(-r,r,num)

    xx,yy = np.meshgrid(rr,rr);

    xx = xx + x0;
```

```
    yy = yy + y0;

    return xx, yy

#%% optimization

sigma_1 = 0.3;
sigma_2 = 0.4;
rho = 0.5;

x0 = [0,0]; #initial guess
linear_constraint = LinearConstraint([1,1],[1],[1])

bounds = Bounds([-1, -1], [1.5, 1.5])

#Pass in a tuple with the wanted arguments a, b, c
res = minimize(min_var_obj, x0,
               args=(sigma_1,sigma_2,rho),
               method='trust-constr',
               bounds = bounds,
               constraints=[linear_constraint])
optimized_x = res.x;

print("==== Optimized weights ====")
print(res.x)

print("==== Optimized objective ====")
print(res.fun)

#%% Visualize contourf of portfolio variance and volatility

x0  = 0;  #center of the mesh
y0  = 0;  #center of the mesh
r   = 1;  #radius of the mesh
num = 30; #number of mesh grids
xx,yy = mesh_square(x0,y0,r,num); #generate mesh

plt.close('all')

zz = sigma_1**2*np.multiply(xx,xx) + \
     sigma_2**2*np.multiply(yy,yy) + \
     2*sigma_1*sigma_2*rho*np.multiply(xx,yy);

w1 = np.linspace(-1,1,10)
w2 = 1.0 - w1;

var = sigma_1**2*np.multiply(w1,w1) + \
```

```
      sigma_2**2*np.multiply(w2,w2) + \
      2*sigma_1*sigma_2*rho*np.multiply(w1,w2);


fig, ax = plt.subplots()

cntr2 = ax.contourf(xx,yy,zz, levels = 15, cmap="RdBu_r")
plt.plot(w1,w2,'k',linewidth = 1.5)
fig.colorbar(cntr2, ax=ax)
plt.show()
plt.plot(optimized_x[0],optimized_x[1], 'rx', markersize = 12)

ax.set_xlabel('$\it{w}_1$')
ax.set_ylabel('$\it{w}_2$')
ax.axis('square')
ax.grid(linestyle='--', linewidth=0.25, color=[0.5,0.5,0.5])
ax.set_xlim([-r,r])
ax.set_ylim([-r,r])

fig, ax = plt.subplots()

cntr2 = ax.contourf(xx,yy,np.sqrt(zz), levels = 15, cmap="RdBu_r")
plt.plot(w1,w2,'k',linewidth = 1.5)
fig.colorbar(cntr2, ax=ax)
plt.show()
plt.plot(optimized_x[0],optimized_x[1], 'rx', markersize = 12)

ax.set_xlabel('$\it{w}_1$')
ax.set_ylabel('$\it{w}_2$')
ax.axis('square')
ax.grid(linestyle='--', linewidth=0.25, color=[0.5,0.5,0.5])
ax.set_xlim([-r,r])
ax.set_ylim([-r,r])
```

11.9 多目标优化

多目标优化指的是涉及多个目标函数同时优化的数学问题。这几个目标一般会相互冲突，即不能同时满足这几个目标，因此，多目标优化一般没有一个优化解，而是有一系列优化解，这些优化解被称作**帕累托最优解集** (set of Pareto optimal)。在11.8节投资组合优化问题中，仅仅考虑投资组合方差最小化这个目标，即最小化$f_1(w_1, w_2)$：

$$f_1\left(w_1, w_2\right) = \sigma_p^2 = w_1^2 \sigma_1^2 + w_2^2 \sigma_2^2 + 2w_1 w_2 \rho_{1,2} \sigma_1 \sigma_2 \tag{11-50}$$

本节在这个基础上，优化问题再增加一个最大化预期收益目标。一般通过取负数，将最大化目标转化为最小化问题。定义目标函数$f_2(w_1, w_2)$：

$$f_2(w_1, w_2) = -E(r_p) = -(E(r_1) \cdot w_1 + E(r_2) \cdot w_2)$$ (11-51)

构造优化问题：

$$\underset{w_1, w_2}{\arg \min} \begin{cases} f_1(w_1, w_2) \\ f_2(w_1, w_2) \end{cases}$$
$$\text{subject to:} \quad -1 \leq w_1 \leq 1.5$$
$$-1 \leq w_2 \leq 1.5$$
$$w_1 + w_2 = 1$$ (11-52)

上述优化问题有两个目标：最小化投资组合方差$f_1(w_1, w_2)$和最小化投资组合预期收益负值$f_2(w_1, w_2)$。优化问题变量分别为w_1和w_2。求解这个二目标优化问题所用的函数为pymoo工具箱。

优化问题的上下限约束以及等式约束，和11.8节优化问题一致。如图11-36所示为求解得到的上述优化问题的帕累托最优解集，可以发现，最小化投资组合方差$f_1(w_1, w_2)$和最小化投资组合预期收益负值$f_2(w_1, w_2)$这两个目标相互冲突。将如图11-36所示解集绘制在横轴为方差、纵轴为期望收益的坐标系中，可以得到图11-37。图11-37中的散点近似分布在抛物线上。

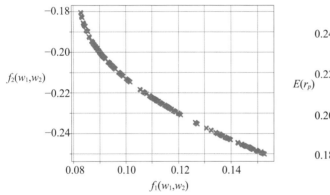

图11-36　多目标优化Pareto前沿最优解集

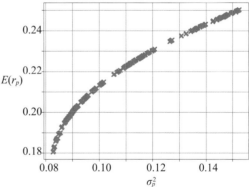

图11-37　投资组合方差-预期收益关系

如图11-38所示为图11-36所示帕累托最优解在横轴为均方差、纵轴为期望收益的坐标系的展示方案。图11-38中的散点近似分布在双曲线右侧部分曲线，该曲线便是投资组合**有效前沿** (efficient frontier)。

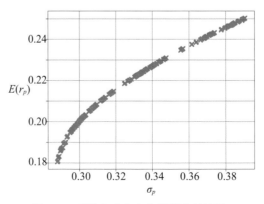

图11-38　投资组合均方差-预期收益关系

如图11-39所示为将图11-36所示Pareto前沿最优解集绘制在投资组合方差等高线上，所有优化解都在$w_1 + w_2 = 1$等式约束直线上。图11-40所示为将图11-36所示Pareto前沿最优解集绘制在投资组合预期收益等高线上所有优化解都在$w_1 + w_2 = 1$等式约束直线上。注意，图11-39和图11-40粉色框线内代表的是和有效前沿相对应的无效前沿，即更大风险条件下获得更小收益。更多相关内容请参考MATLAB系列丛书第四本。

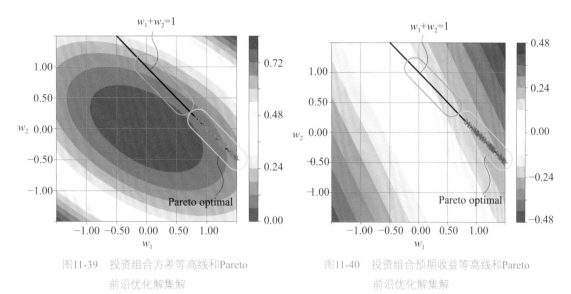

图11-39 投资组合方差等高线和Pareto
前沿优化解集解

图11-40 投资组合预期收益等高线和Pareto
前沿优化解集解

以下代码可以获得图11-36～图11-40。

B1_Ch11_11.py

```python
import numpy as np

from pymoo.model.problem import Problem
from pymoo.algorithms.nsga2 import NSGA2
from pymoo.optimize import minimize
from pymoo.visualization.scatter import Scatter
import matplotlib.pyplot as plt

def mesh_square(x0,y0,r,num):

#generate mesh using polar coordinates

    rr = np.linspace(-r,r,num)

    xx,yy = np.meshgrid(rr,rr);

    xx = xx + x0;
    yy = yy + y0;

    return xx, yy

class MyProblem(Problem):
```

```python
    def __init__(self):
        super().__init__(n_var=2,
                         n_obj=2,
                         n_constr=1,
                         xl=np.array([-1, -1]),
                         xu=np.array([1.5, 1.5]))


    def _evaluate(self, x, out, *args, **kwargs):


        sigma_1 = 0.3;
        sigma_2 = 0.4;
        rho = 0.5;
        Er1 = 0.2;
        Er2 = 0.1;
        f1 = (sigma_1**2*x[:, 0] ** 2 +
              sigma_2**2*x[:, 1] ** 2 +
              2*sigma_1*sigma_2*rho*x[:, 0]*x[:, 1])

        f2 = -(Er1*x[:, 0] + Er2*x[:, 1])
        g1 = (x[:, 0] + x[:, 1] - 1) ** 2 - 1e-5

        out["F"] = np.column_stack([f1, f2])
        out["G"] = g1


problem = MyProblem()
algorithm = NSGA2(pop_size=200)

res = minimize(problem,
               algorithm,
               ("n_gen", 100),
               verbose=True,
               seed=1)

results = res.F
opt_weights = res.X
opt_variance = results[:,0]
opt_Erp = -results[:,1]

#%% visualization of Pareto front and efficient frontier

plt.close('all')

fig, ax = plt.subplots()

plt.scatter(results[:,0],results[:,1],marker = 'x')
```

```python
plt.show()

ax.set_xlabel("$\it{f}_1$")
ax.set_ylabel("$\it{f}_2$")

ax.grid(linestyle='--', linewidth=0.25, color=[0.5,0.5,0.5])

fig, ax = plt.subplots()

plt.scatter(opt_variance, opt_Erp,marker = 'x')
plt.show()

ax.set_xlabel("$\it{\sigma}_p^2$")
ax.set_ylabel("$\it{E(r_p)}$")

ax.grid(linestyle='--', linewidth=0.25, color=[0.5,0.5,0.5])

fig, ax = plt.subplots()

plt.scatter(np.sqrt(opt_variance), opt_Erp, marker = 'x')
plt.show()

ax.set_xlabel("$\it{\sigma}_p$")
ax.set_ylabel("$\it{E(r_p)}$")

ax.grid(linestyle='--', linewidth=0.25, color=[0.5,0.5,0.5])

#%% confourf of portfolio variance

x0  = 0;   #center of the mesh
y0  = 0;   #center of the mesh
r   = 1.5; #radius of the mesh
num = 30;  #number of mesh grids
xx,yy = mesh_square(x0,y0,r,num); #generate mesh

sigma_1 = 0.3;
sigma_2 = 0.4;
rho = 0.5;
Er1 = 0.2;
Er2 = 0.1;

zz = sigma_1**2*np.multiply(xx,xx) + \
    sigma_2**2*np.multiply(yy,yy) + \
    2*sigma_1*sigma_2*rho*np.multiply(xx,yy);

w1 = np.linspace(-1.5,1.5,10)
w2 = 1.0 - w1;
```

```python
var = sigma_1**2*np.multiply(w1,w1) + \
    sigma_2**2*np.multiply(w2,w2) + \
    2*sigma_1*sigma_2*rho*np.multiply(w1,w2);


fig, ax = plt.subplots()

cntr2 = ax.contourf(xx,yy,zz, levels = 15, cmap="RdBu_r")
plt.plot(opt_weights[:,0],opt_weights[:,1],linestyle = 'none',
marker = 'x', color = 'r')
plt.plot(w1,w2,'k',linewidth = 1.5)
fig.colorbar(cntr2, ax=ax)
plt.show()

ax.set_xlabel('$\it{w}_1$')
ax.set_ylabel('$\it{w}_2$')
ax.axis('square')
ax.grid(linestyle='--', linewidth=0.25, color=[0.5,0.5,0.5])
ax.set_xlim([-r,r])
ax.set_ylim([-r,r])

#%% confourf of portfolio expected return

Erp = 0.2*w1 + 0.1*w2;

zz = 0.2*xx + 0.1*yy;

fig, ax = plt.subplots()

cntr2 = ax.contourf(xx,yy,zz, levels = 15, cmap="RdBu_r")
plt.plot(w1,w2,'k',linewidth = 1.5)
fig.colorbar(cntr2, ax=ax)
plt.show()
plt.plot(opt_weights[:,0],opt_weights[:,1],linestyle = 'none',
marker = 'x', color = 'r')

ax.set_xlabel('$\it{w}_1$')
ax.set_ylabel('$\it{w}_2$')
ax.axis('square')
ax.grid(linestyle='--', linewidth=0.25, color=[0.5,0.5,0.5])
ax.set_xlim([-r,r])
ax.set_ylim([-r,r])
```

　　本章首先讲解了量化金融建模常用的高等数学内容,然后介绍了如何求解优化问题。至此,通过两章的介绍,我们对金融数学计算的基本内容进行了讨论,这些内容将会对处理更为深奥的金融问题提供坚实的基础。

第12章 固定收益分析

> 复利是世界第八大奇迹。知之者赚、不知之者被赚。
>
> *Compound interest is the eighth wonder of the world. He who understands it, earns it; he who doesn't, pays it.*
>
> ——阿尔伯特·爱因斯坦 (Albert Einstein)

> 人生就像是滚雪球，重要的是要找到很湿的雪和很长的坡。
>
> *Life is like a snowball. The important thing is finding wet snow and a really long hill.*
>
> ——沃伦·巴菲特 (Warren Buffett)

　　固定收益 (fixed income)，作为金融领域最常见的词汇之一，对其最直观的解读便是收益是固定的，它可以简单地理解为投资人在确定的时间中，得到确定的收益。固定收益产品最常见的例子就是**定期存款** (term deposit)：存款人将现金存入在银行开设的定期储蓄账户中，期满时获取**本金** (notional) 和**利息** (interest rate)，而本金和利息均为确定的值。固定收益类产品虽然收益率不高，但是面临的信用风险较小，并且可以提供比较稳定的现金流，对于**风险厌恶** (risk averse)、稳健型的投资人来说，它一般是在其投资组合中占比最多的部分。

　　固定收益类产品还可以令投资组合更加多元化，因为与其他金融产品 (例如股票、大宗商品) 的相关性小于1，可以进一步降低投资风险，因此，固定收益类产品也被称为避险类资产。除了收益时间固定、收益金额固定的产品，例如**固定利率债券** (fixed rate bond)，固定收益类资产还包括收益时间固定而收益金额不固定的产品，例如**浮动利率债券** (floating rate bond)。

　　另外，**可赎回债券** (callable bond)、**可售回债券** (puttable bond) 也属于固定收益类产品，对它们来说，赎回或者售回的时间无法提前预知，但收益金额固定。比较特殊的是，**可转换公司债券** (convertible bond) 具有债券和股票的双重特性，其收益时间和金额均不固定。除了传统的债券类资产，信用衍生品和利率衍生品都属于固定收益的范畴。由此可见，固定收益类的产品可谓丰富多彩，吸引了大批金融从业人员和投资者的目光。固定收益类交易目前占据金融衍生品交易中非常重要的一部分。

◀ `append()` 用于在列表末尾添加新的对象

◀ `len()` 返回对象的长度

◀ `import numpy` 导入运算包 numpy

◀ `import QuantLib` 导入金融衍生品定价分析软件库

◀ `matplotlib.pyplot.gca().spines[].set_visible()` 设定是否显示某边框

◀ `matplotlib.pyplot.gca().xaxis.set_ticks_position()` 设定 x 轴位置

◀ `matplotlib.pyplot.gca().yaxis.set_ticks_position()` 设定 y 轴位置

◀ `matplotlib.pyplot.xlabel()` 设定 x 轴标题

◀ `matplotlib.pyplot.ylable()` 设定 y 轴标题

◀ `numpy.arange()` 根据指定的范围以及设定的步长,生成一个等差数组

◀ `numpy.zeros()` 返回给定形状和类型的新数组,用零填充

12.1 时间价值

在介绍具体的固定收益产品之前，不妨先从**金钱的时间价值** (time value of money) 谈起。下面是一个通俗的例子，在薪水结算日，老板给小王两个选择，现在给小王1000元工资，或者明年给小王1000元工资。相信理性的人都会毫不犹豫的选择前者。一是因为通货膨胀会造成货币贬值。今天的1000元钱比明年的1000元钱更值钱，这就是金钱的时间价值，即当前持有的一定量的货币，比未来的等量货币具有更高的价值。二是因为没有人能保证老板不会破产，明年能支付薪水，所以明年承诺的薪水具有不确定性。人们期望为承担的风险得到补偿。信用越差，则风险越大，人们期望得到的风险补偿越高。

假如小王同意明年结算薪资，但同时要求老板支付5%的利息。那么明年小王应得的金额是多少呢？实际的金额会随着利率计算方式的不同而不同。这里涉及两个概念——单利和复利。本书之前金融数学部分介绍过这些内容，本节再回顾并更加深入地讲解一下。

单利 (simple rate) 就是利不生利，即本金固定，到期后一次性结算利息，而本金所产生的利息不再计算利息。**复利** (compounding) 就是利滚利，即把上一期的本金和利息作为下一期的本金来计算利息。

假设本金用PV表示，投资期限用n表示，年利率用R表示，每年的复利频次用m表示，在**简单复利** (simple compounding) 方式下，最终本金和利息之和为：

$$FV = PV\left(1+\frac{R}{m}\right)^{mn} \tag{12-1}$$

其中，PV为**当前价值** (present value)，即现值；FV为**未来价值** (future value)，即终值；R为年化利率，即**回报率** (rate of return)；m为**每年复利频率** (annual compounding frequency)；n为**期限长度** (number of years)。

下面比较了不同复利频次下得到的金额，如图12-1所示，随着复利次数地提高，一年后得到的本金和利息之和也会提高。

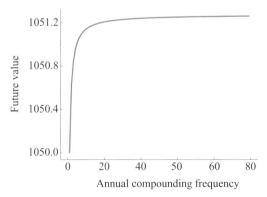

图12-1　零时刻投资1000元，年利率5%，不同复利频次下，一年后的终值

如下代码可以获得图12-1。

```
B1_Ch12_1.py
```

```python
import numpy as np
import matplotlib.pyplot as plt
```

```
r = 0.05
pv = 1000
m = np.arange(1,100)
fv = pv*(1+r/m)**m

plt.figure()
plt.plot(m,fv)
plt.xlabel('Annual compounding frequency',fontsize=8)
plt.ylabel('Future value',fontsize=8)
plt.gca().spines['right'].set_visible(False)
plt.gca().spines['top'].set_visible(False)
plt.gca().yaxis.set_ticks_position('left')
plt.gca().xaxis.set_ticks_position('bottom')
```

当复利频次m趋近于无穷大时，应用极限定理，将式(12-1)改写为：

$$
\begin{aligned}
FV &= \lim_{m \to \infty} PV \left(1 + \frac{R}{m}\right)^{mn} \\
&= PV \exp(Rn)
\end{aligned}
\tag{12-2}
$$

称为连续复利。

此例中，相当于小王作为债权人，把1000块钱本金借给了债务人——老板，双方商定的还款时间是明年。也可以认为是老板发行了期限为一年的债券。假定双方商定的借款时间不是整年，这里又会涉及**协议日数** (day count convention) 的问题。

在本章中，会利用到QuantLib运算库，它是一个常用的金融衍生品定价分析软件库。表12-1是QuantLib运算库中常见的几种日数协议。以比较常见的"ActualActual"为例，指的是用数日历的方法得到从起始日到截止日这一段时间的实际天数，除以这一年的实际天数，由此把这个时间段转化为年，来进行下一步的计算。而对于"Business252"，只考虑从开始到结束的营业日，去除了周末和节假日，分母是固定的252天。

表12-1　Quantlib 中几种常见日数协议

协议日数
ActualActual：实际天数/实际天数
Thirty360：一年按360天计算，一个月按30天计算
Actual360：分子用实际天数，分母用360
Actual365Fixed：分子用实际天数，分母用365
Actual365NoLeap：分子用实际天数，分母用365，所有年份都是365天
Business252：分子是实际营业日的天数，分母统一为252天
SimpleDayCounter：简单的日计数

假设在这个例子中，小王等不及合约期满，急需一笔现金，把债权 (在民间它有一个大家比较熟悉的名字——白条) 转让给别人，这就相当于债券在**二级市场** (secondary market) 上交易。这是债券和**贷款** (loan) 的一个重要区别，贷款不可以在市场上交易。

再假设这个例子中，合约中规定，小王在到期日前，可以找老板兑付"白条"，这时债券相当于**可售回 (可卖回) 债券** (puttable bond)。如果小王在合约期满前发现了收益更高并且风险更低的投资机会，就会选择兑付"白条"，收回本金和利息进行另外的投资。小王因为获得了更多的权利，所以可售回债券会比一般的债券收益率更低，即可售回债券的价格更贵 (假设合同期满拿回的金额一定，小王在期初投入了更多的本金购买该债券，之后的章节会再次介绍收益率和价格的关系)。

那么相反的，合约中规定，老板在到期日前，可以找小王赎回"白条"，这个债券相当于**可赎回债券** (callable bond)。也许老板在合约期满前，现金流问题得到改善，没有必要再继续向小王支付利息，又或者发现了小李承诺收取更低的利息，他因此找到了更低廉的筹措到资金的方式，就会选择向小王支付本金和利息，赎回"白条"。债务人老板因为获得了更多的权利，所以可赎回债券会比一般的债券收益率更高，即可赎回债券的价格更低。

在本例中，债务人老板发行的"债券"相当于零息债券，因为只能在结算日拿到本金和利息。同时属于固定利率债券，利息的金额在债券的发行日就已确定；如果是浮动利率债券，则利息的金额在债券的发行日尚未确定。

12.2 债券介绍

希望12.1节的例子可以让大家对传统的固定收益类产品——债券建立一些感性认识，在本节将会给出债券比较正式的定义。

债券 (bond) 是发债人为筹措资金，按照法定程序发行的有价证券。发债人一般是政府、企业或金融机构，承诺按商议好的利率条款支付利息，并按约定好的时间偿还本金。购买者可以是个人投资者或是组织、机构 (如养老基金等)。

债券的基本要素包括**面值** (face value, par, par value)、**息票率** (coupon rate) 和**到期时间** (time to maturity)。债券的面值，指债券的票面价值，需要标明币种，是发行人在债券到期后应偿还的金额，也是利息的计算依据。而另外一个概念，为**名义本金** (notional principal, notional principal amount)，指的是交易双方在合约中确定的交易金额。债券的息票率是指债券利息与债券面值的比率，是年化数值。面值和息票率共同决定了投资者的利息报酬。息票率受很多因素影响，一般银行利率越高，发行者的信用状况越差，到期时间越长，资金市场越紧张，息票率就越高；反之息票率就越低。

零息债券 (zero coupon bond) 不含息票，以低于面值的价格发行，到期时按票面金额兑付，利息隐含在发行价格和兑付价格的差价里。如图12-2、图12-3和图12-4从发行人即债券发售者的角度，给出了三种债券现金流示意图，分别对应零息、期末和期初付息一次的固定息票债券。

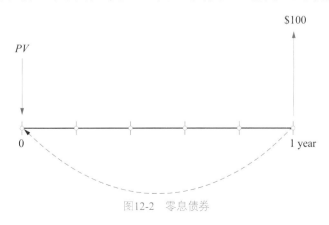

图12-2 零息债券

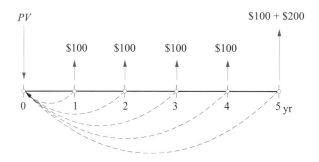

图12-3 0到5年，每年年末现金流入$100，期末额外流入$200，复利频率 = 1/年

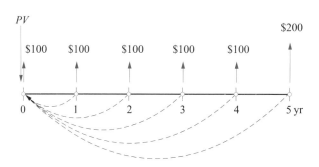

图12-4 0到5年，每年现金流入$100 (期初支付)，期末额外流入$200，复利频率 = 1/年

如图12-2、图12-3和图12-4所示，从投资人的角度来看，*PV* (present value) 是投资人用来购买债券的支出，也就是债券的发行价格 (此处忽略其他支出，如交易手续费等)。*Par*是投资人在合约期满时收到的金额，价值等于债券的面值。那么，*PV*和*Par*总是相等吗？不一定。只有在债券的面值等于债券实际的发行价格时，即等价发行时两者才会一致，这样的债券称为**平价债券** (par bond)。发行价格大于面值称为**溢价债券** (premium bond)，小于面值称为**折价债券** (discount bond)。

如果是含息票的债券，还会有定期的利息收入*C*。注意如果半年付息一次，每次的利息收入是*C*/2。如果是每季度付息一次，每次的利息收入是*C*/4。这是因为债券的息票率是年化后的结果，每次的利息收入要在年化利息的基础上除以每年的付息频次。

根据债券要素之一的到期时间来分类，债券可分为短期、中长期和长期。以交易规模最大的美国国债市场为例，**短期国库券** (Treasury Bills, T-Bills) 到期时间在一年或一年以内，例如一个月期、三个月期、六个月期和一年期，短期国库券一般都是零息债券。**国库票据** (Treasury Notes, T-Notes) 属于中长期债券，一般到期时间是2～10年，每半年付息一次。**国库债券** (Treasury Bond, T-Bonds) 是长期债券，一般到期时间为10年以上，也是每半年付息一次，目前最长的到期时间是30年。

以上这些都是固定息票的债券。还有一种常见的浮动利率债券叫作**通胀保值债券** (treasury inflation protected securities, TIPS)。浮动息票率由**消费价格指数** (consumer price index, CPI) 来决定。

此外，还有一种没有到期日、无限期定期支付利息，而不还本的债券，称为**年金债券**或**永久债券** (perpetual bond, annuity)，如图12-5所示为年金债券的现金流示意图。投资者初始的投资金额为*PV*，之后每年收到价值为*A*的现金流。值得一提的是，年金保险在文艺作品中也亮过相，比如英国作家毛姆的短篇小说《食莲人》(*The Lotus-eater*)，就写到了一个人在35岁时用全部财产买下为期25年的年金保险。它的受欢迎程度可见一斑。

债券的其他要素还包括是否有抵押资产作为借款担保，是否有其他人作为借款担保，是否附有赎回权、附有售回权、附有可转换权以及违约如何处理，等等。除此之外的要素还包括是**新债券** (on-the-run) 还是**老债券** (off-the-run)。新债券的流动性要好于老债券。

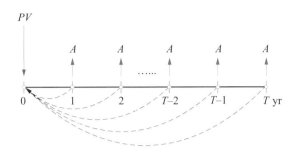

图12-5 年金债券现金流示意图

12.3 到期收益率

债券的价格指的是债券在市场上交易的价格。表12-2给出某日债券的交易信息，报价按照收益率、全价和净价报出。首先了解一下收益率的含义。债券的理论价格，如式(12-3)所示，等于未来现金流进行贴现后的总和。

$$PV = \frac{C}{(1+y)} + \frac{C}{(1+y)^2} + \frac{C}{(1+y)^3} + \cdots + \frac{C}{(1+y)^n} + \frac{Par}{(1+y)^n} \tag{12-3}$$

其中，PV为现值，C为票息，Par为到期时收到的本金，y为贴现率，假设到期时间为n年，每年底付息一次。注意这里的贴现方法用的是单利。

到期收益率 (yield to maturity, YTM)，也称**债券收益率** (bond yield)，指的是用该收益率y将债券持有到期、应收到的所有现金流 (利息和本金) 进行贴现，计算出的债券价格刚好等于债券的市场价格。债券价格和到期收益率之间是此消彼长、知己知彼的关系，如图12-6所示。

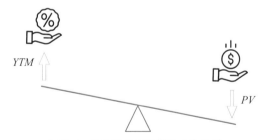

图12-6 债券价格和到期收益率关系

有了到期收益率这个指标，就可以将不同价格、不同息票率、不同到期时间的债券进行比较分析。例如，表12-2中最后一列给出了不同债券的到期收益率。

表12-2 债券行情信息

代码	净价		应计利息	全价		剩余天数	全价卖出收益率(%)
	买入	卖出		买入	卖出		
1	103.61	103.67	0.14	103.75	103.81	719	2.754
2	104.06	104.12	0.00	104.06	104.12	730	2.427

代码	净价		应计利息	全价		剩余天数	全价卖出收益率(%)
	买入	卖出		买入	卖出		
3	104.27	104.33	1.70	105.97	106.03	781	2.592
4	100.13	100.14	1.54	101.67	101.68	29	1.924
5	100.37	100.39	1.08	101.45	101.47	78	1.919
6	100.49	100.50	0.76	101.25	101.26	113	2.271
7	100.59	100.61	0.13	100.72	100.74	169	2.519

在上文提到过，等价发行时的债券称为平价债券，发行价格大于面值的债券称为溢价债券，小于面值的债券称为折价债券。如图12-7所示，从另一个角度来讲，一般情况，如果一个附息债券以面值首发，也就是平价债券，那么它的息票率和YTM应该相等。如果息票率大于YTM，为溢价债券。如果息票率小于YTM，为折价债券。

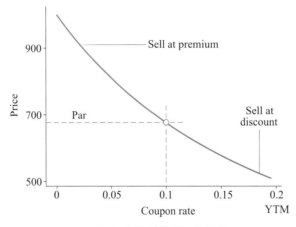

图12-7　打折债券和溢价债券

如下代码可以获得图12-7。

```
B1_Ch12_2.py

import numpy as np
import matplotlib.pyplot as plt

coupon_rate = 0.1
Par = 1000
n = 10
ytm = np.arange(0,0.2,0.005)
pv = 0

for i in range(n):
    pv = Par*coupon_rate/(1+ytm)**i + pv

plt.plot(ytm,pv)
plt.xlabel('YTM',fontsize=8)
plt.ylabel('Price',fontsize=8)
plt.gca().spines['right'].set_visible(False)
```

```
plt.gca().spines['top'].set_visible(False)
plt.gca().yaxis.set_ticks_position('left')
plt.gca().xaxis.set_ticks_position('bottom')
```

债券报价中经常用到的另外两个名词：全价和净价。观察表12-2可以发现，全价和净价之间相差的金额是应计利息。在刚刚完成付息之后，此时应计利息为零，全价和净价相等。

全价 (full price, dirty price or gross price)，相当于实际成交价格，包含**应计利息** (accrued interest, AI)。**净价** (clean price, quoted price, or flat price)不含有应计利息的价格。净价、全价和应计利息三者关系展示如图12-8所示，可以看到全价在图中的形状是锯齿状的，每隔一段周期债券的全价会有一个突然地减少。这个现象是由定期支付债券利息引起的。锯齿的起落是应计利息的变化。而净价本身不受应计利息影响，它的波动更容易反映出市场因素 (利率、信用风险等) 的波动情况。

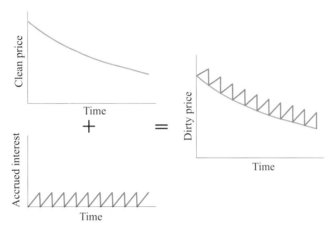

图12-8　净价、全价和应计利息三者关系

应计利息*AI*的算式为：

$$AI = C\frac{t}{\Delta T} \tag{12-4}$$

其中，C为债券利息现金流；t为距离上一个付息日的时间；ΔT为付息间隔时间，单位可以是天 (营业日、或日历日)，或者是年，比如说0.5年 (每年付息两次，或每半年付息一次)、1年 (每年付息一次)。$t/\Delta T$的计算涉及12.1节介绍过的日数协议，读者可以回顾一下。

假设在到达下一个付息日之前，债券的持有人甲，将债券卖给乙，那么将要收到的这部分利息该如何分配呢？答案是应计利息*AI*归甲方所有；剩下的那部分利息，即$C - AI$，归乙方所有，如图12-9所示。

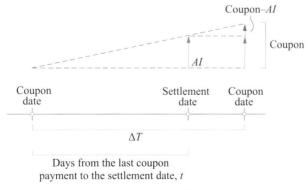

图12-9　应计利息分配

如图12-10展示的是全价和净价随到期收益率YTM的变化关系。可以看出，两者呈类似反比例的关系。YTM某种意义上代表利率的平均水平，因此可以简单地说，如果利率下降，那么债券的价格会上升；利率上升，债券的价格会下降。

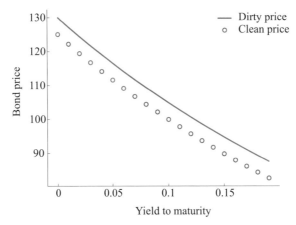

图12-10　全价和净价随到期收益率变化

如下代码可以获得图12-10，此处调用了QuantLib运算库。QuantLib是一个开源的运算库，提供了固定收益产品和金融衍生品的定价分析，可以在Python调用。初次使用前需要下载与自己电脑和Python相对应的QuantLib版本，用pip进行安装。

`B1_Ch12_3.py`

```python
import QuantLib as ql
import numpy as np
import matplotlib.pyplot as plt

todaysDate = ql.Date(10, 7, 2017)
ql.Settings.instance().evaluationDate = todaysDate
dayCount = ql.Thirty360()
calendar = ql.UnitedStates()
interpolation = ql.Linear()
compounding = ql.Compounded
compoundingFrequency = ql.Annual

issueDate = ql.Date(15, 1, 2017)
maturityDate = ql.Date(15, 1, 2020)
tenor = ql.Period(ql.Semiannual)
calendar = ql.UnitedStates()
bussinessConvention = ql.Unadjusted
dateGeneration = ql.DateGeneration.Backward
monthEnd = False
schedule = ql.Schedule (issueDate, maturityDate, tenor, calendar, bussinessConvention,
                        bussinessConvention , dateGeneration, monthEnd)

#Now lets build the coupon
couponRate = .1
```

```
coupons = [couponRate]

#Now lets construct the FixedRateBond
settlementDays = 3
faceValue = 100
fixedRateBond = ql.FixedRateBond(settlementDays, faceValue, schedule, coupons,
dayCount)

ytm = np.arange(0,0.2,0.01)
cleanPrice = np.zeros(len(ytm))
dirtyPrice = np.zeros(len(ytm))

for i in range(len(ytm)):
    cleanPrice[i] = fixedRateBond.cleanPrice(ytm[i],fixedRateBond.dayCounter(),
compounding, ql.Semiannual)
    dirtyPrice[i] = fixedRateBond.dirtyPrice(ytm[i],fixedRateBond.dayCounter(),
compounding, ql.Semiannual)

plt.plot(ytm, dirtyPrice,label='Dirty price')
plt.plot(ytm, cleanPrice,'o',color ='r',fillstyle='none',label='Clean price')
plt.legend(loc='upper right')
plt.xlabel('YTM',fontsize=8)
plt.ylabel('Bond Price',fontsize=8)
plt.gca().spines['right'].set_visible(False)
plt.gca().spines['top'].set_visible(False)
plt.gca().yaxis.set_ticks_position('left')
plt.gca().xaxis.set_ticks_position('bottom')
```

如图12-11展示的是打折债券和溢价债券净价随时间变化的规律。在债券到期时，债券的净价回归**债券面值** (pull to par)。

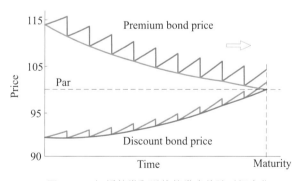

图12-11　打折债券和溢价债券净价随时间变化

如下代码可以获得图12-11。

`B1_Ch12_4.py`

```
import QuantLib as ql
import numpy as np
import matplotlib.pyplot as plt
```

```python
todaysDate = ql.Date(15, 1, 2015)
spotDates = [ql.Date(15, 1, 2015),ql.Date(15, 1, 2016), ql.Date(15, 1, 2017),ql.
Date(15, 1, 2018),ql.Date(15, 1, 2019),ql.Date(15, 1, 2020)]
spotRates = [0.027, 0.035, 0.042,0.047,0.052,0.055]
dayCount = ql.Thirty360()
calendar = ql.UnitedStates()
interpolation = ql.Linear()
compounding = ql.Compounded
compoundingFrequency = ql.Annual

issueDate = ql.Date(15, 1, 2015)
maturityDate = ql.Date(15, 1, 2020)
tenor = ql.Period(ql.Semiannual)
calendar = ql.UnitedStates()
bussinessConvention = ql.Unadjusted
dateGeneration = ql.DateGeneration.Backward
monthEnd = False
schedule = ql.Schedule (issueDate, maturityDate, tenor, calendar, bussinessConvention,
                        bussinessConvention , dateGeneration, monthEnd)

#Now lets build the coupon
dayCount = ql.Thirty360()
couponRate1 = .085
coupons1 = [couponRate1]

couponRate2 = .03
coupons2 = [couponRate2]

#Now lets construct the FixedRateBond
settlementDays = 0
faceValue = 100
fixedRateBond1 = ql.FixedRateBond(settlementDays, faceValue, schedule, coupons1,
dayCount)
fixedRateBond2 = ql.FixedRateBond(settlementDays, faceValue, schedule, coupons2,
dayCount)

dirtyPrice1 = np.zeros(1826)
cleanPrice1 = np.zeros(1826)
dirtyPrice2 = np.zeros(1826)
cleanPrice2 = np.zeros(1826)

for i in range(1826):
    ql.Settings.instance().evaluationDate = todaysDate + i
     spotCurve = ql.ZeroCurve(spotDates, spotRates, dayCount, calendar,
interpolation,compounding, compoundingFrequency)
    spotCurveHandle = ql.YieldTermStructureHandle(spotCurve)
```

```
    #create a bond engine with the term structure as input;
    #set the bond to use this bond engine
    bondEngine = ql.DiscountingBondEngine(spotCurveHandle)
    fixedRateBond1.setPricingEngine(bondEngine)
    fixedRateBond2.setPricingEngine(bondEngine)

    #Finally the price
    fixedRateBond1.NPV()
    dirtyPrice1[i] = fixedRateBond1.dirtyPrice()
    cleanPrice1[i] = fixedRateBond1.cleanPrice()

    fixedRateBond2.NPV()
    dirtyPrice2[i] = fixedRateBond2.dirtyPrice()
    cleanPrice2[i] = fixedRateBond2.cleanPrice()

for c in fixedRateBond1.cashflows():
    print('%20s %12f' % (c.date(), c.amount()))

for c in fixedRateBond2.cashflows():
    print('%20s %12f' % (c.date(), c.amount()))


plt.plot(dirtyPrice1)
plt.plot(cleanPrice1)
plt.plot(dirtyPrice2)
plt.plot(cleanPrice2)
plt.xlabel('Time',fontsize=8)
plt.ylabel('Price',fontsize=8)
plt.gca().spines['right'].set_visible(False)
plt.gca().spines['top'].set_visible(False)
plt.gca().yaxis.set_ticks_position('left')
plt.gca().xaxis.set_ticks_position('bottom')
```

之前提到的债券价格和收益率关系的公式，也可以看作债券的价格*PV*由未来现金流折现得到。

$$PV = \frac{C}{(1+y)} + \frac{C}{(1+y)^2} + \frac{C}{(1+y)^3} + \cdots + \frac{C}{(1+y)^n} + \frac{Par}{(1+y)^n} \tag{12-5}$$

此处假设贴现利率y是恒定的，然而更准确的方法是按照现金流发生的时间，用其对应的**即期利率或零息利率** (zero rate or spot rate) 进行贴现，式(12-5)变化为：

$$PV = \frac{C}{(1+y_1)} + \frac{C}{(1+y_2)^2} + \frac{C}{(1+y_3)^3} + \cdots + \frac{C}{(1+y_n)^n} + \frac{Par}{(1+y_n)^n} \tag{12-6}$$

其中，y_n为不同期限的零息利率。

假设y代表连续复利下的收益率，则式(12-6)变为：

$$PV = C\exp(-y_1) + C\exp(-2y_2) + C\exp(-3y_3) + \cdots + C\exp(-ny_n) + Par\exp(-ny_n) \tag{12-7}$$

下面介绍如何根据债券价格得到即期利率。**票息逐层剥离法** (bootstrapping yield curve) 是其中最常用的一种方法。这个程序中，输入数据为不同到期时间的几个债券的信息 (到期时间、债券的息票率和债券当前价格)，可以计算日复利的即期利率。如图12-12所示。

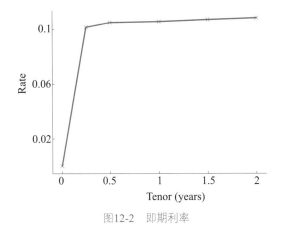

图12-2　即期利率

如下代码可以获得图12-12。

B1_Ch12_5.py

```python
import QuantLib as ql
import matplotlib.pyplot as plt

calc_date = ql.Date(15, 1, 2020)
ql.Settings.instance().evaluationDate = calc_date

data = [
    ('15-01-2020', '15-04-2020', 0, 97.5),
    ('15-01-2020', '15-07-2020', 0, 94.9),
    ('15-01-2020', '15-01-2021', 0, 90.0),
    ('15-01-2020', '15-07-2021', 8.0, 96.0),
    ('15-01-2020', '15-01-2022', 12.0, 101.6),
]

helpers = []
day_count = ql.Thirty360()
settlement_days = 0
face_amount = 100

for issue_date, maturity, coupon, price in data:
    price = ql.QuoteHandle(ql.SimpleQuote(price))
    issue_date = ql.Date(issue_date, '%d-%m-%Y')
    maturity = ql.Date(maturity, '%d-%m-%Y')
    schedule = ql.MakeSchedule(issue_date, maturity, ql.Period(ql.Semiannual))
    helper = ql.FixedRateBondHelper(price, settlement_days, face_amount,
schedule, [coupon / 100], day_count)
    helpers.append(helper)
```

```
yieldcurve = ql.PiecewiseLogCubicDiscount(calc_date, helpers, day_count)
spots = []
tenors = []

for d in yieldcurve.dates():
    yrs = day_count.yearFraction(calc_date, d)
    print(yrs)
    compounding = ql.Compounded
    #compounding = ql.Simple
    freq = ql.Semiannual
    freq = ql.Quarterly
    freq = ql.Daily
    #freq = ql.Continuous
    zero_rate = yieldcurve.zeroRate(yrs, compounding, freq)
    tenors.append(yrs)
    eq_rate = zero_rate.equivalentRate(day_count,
                                       ql.Compounded,
                                       freq,
                                       calc_date,
                                       d).rate()
    spots.append(eq_rate)


plt.plot(tenors,spots,'x-')
plt.xlabel('Tenor',fontsize=8)
plt.ylabel('Rate',fontsize=8)
plt.gca().spines['right'].set_visible(False)
plt.gca().spines['top'].set_visible(False)
plt.gca().yaxis.set_ticks_position('left')
plt.gca().xaxis.set_ticks_position('bottom')
```

12.4 久期

在本章的开始，介绍过到期期限是债券的主要元素之一，然而到期期限并不能反映出债券的平均还款期限。举个例子，现在有两个还款金额同为100元的债券：债券A，两年后还款100元，中间没有任何现金流；债券B，第一年年底还款50元，第二年年底还款50元。很明显债券B相当于提前还款，平均还款时间更短。

这里需要引入**麦考利久期** (Macaulay duration) 来反映"平均还款时间"的概念。通俗地讲，麦考利久期是用权重调整过的到期期限，把本金和利息全都收回的加权时间总和。权重为每次支付的现金流的现值占现金流现值总和的比率，而权重的总和为1。

麦考利久期D_{MAC}可以通过式(12-8)计算。

$$D_{MAC} = \frac{\sum\limits_{i=1}^{n} t_i PV_i}{\sum\limits_{i=1}^{n} PV_i} = \frac{\sum\limits_{i=1}^{n} t_i PV_i}{P} = \sum\limits_{i=1}^{n} t_i \frac{PV_i}{P} \tag{12-8}$$

其中，i为现金流的次序 (indexes the cash flows)，P为**未来现金流的总现值** (present value of all the cash flow)，PV_i为第i个**现金流的现值** (present value of the i_{th} cash flow)，t_i为第i个现金流所在以年为单位的**时间跨度** (time in years until the i_{th} payment will be received)。

麦考利久期首先由加拿大经济学家麦考利(Frederick Macaulay)(1882—1970)在1938年提出，最初用来度量回收投资的平均时间。

之前提到的计算债券价格的公式中，现金流的折算用的是单利法，这里依旧使用上文提到的到期收益率y来折算现金流，采用连续复利法。

$$
\begin{aligned}
P &= \sum_{i=1}^{n} c_i \exp(-yt_i) \\
D_{MAC} &= \sum_{i=1}^{n} t_i \frac{PV_i}{P} \\
&= \sum_{i=1}^{n} t_i \left[\frac{c_i \exp(-yt_i)}{P} \right]
\end{aligned}
\tag{12-9}
$$

其中，c_i代表着对应着时刻t_i的第i个现金流，其他各项含义同之前的公式相同，这里不再赘述。

如图12-13所示为到期期限为n年的债券现金流示意图，付息频率为1次/年。

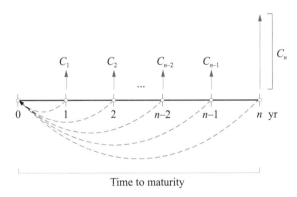

图12-13　到期期限为n年的债券现金流示意图，付息频率：1次/年

在债券分析中，久期已经超越了时间的概念，投资者更多地把它用来衡量债券价格变动对利率变化的敏感度。这是怎样实现的呢？

债券价格P和收益率y存在如下关系：

$$P = \sum_{i=1}^{n} c_i \exp(-yt_i) \tag{12-10}$$

当y发生较小的变化Δy时，P的变化可以由以下一阶近似表示为：

$$\Delta P = \frac{dP}{dy} \Delta y = -\Delta y \sum_{i=1}^{n} c_i t_i \exp(-yt_i) \tag{12-11}$$

而根据久期的定义：

$$D_{MAC} = \sum_{i=1}^{n} t_i \left[\frac{c_i \exp(-yt_i)}{P} \right] \tag{12-12}$$

债券价格的变动可以写为：

$$\Delta P = -\Delta y \sum_{i=1}^{n} c_i t_i \exp(-yt_i) = -P D_{MAC} \Delta y \tag{12-13}$$

也可以写为：

$$\frac{\Delta P}{P} = -D_{MAC} \Delta y \tag{12-14}$$

即债券价格变化和收益率的变化存在一种线性关系，而久期就是线性关系的系数。久期越大，债券价格对收益率的变化越敏感，即利率风险越大。

在上面的推导中，用到了一个假设条件，即y代表连续复利的收益率。在y代表年复利的情况下，债券价格P和收益率y存在如下关系：

$$P = \sum_{i=1}^{n} \frac{c_i}{(1+y)^i} \tag{12-15}$$

当y发生较小的变化Δy时，P的变化可以由以下一阶近似表示为：

$$\Delta P = \frac{dP}{dy} \Delta y = -\frac{\Delta y}{1+y} \sum_{i=1}^{n} \frac{c_i}{(1+y)^i} = -\frac{\Delta y}{1+y} P D_{MAC} \tag{12-16}$$

整理后写为：

$$\Delta P = -\Delta y P D^* \tag{12-17}$$

其中，D^*为式(12-18)所示：

$$D^* = \frac{D_{MAC}}{1+y} \tag{12-18}$$

即为**修正久期** (modified duration)。如果用m来表示付息频率，修正久期和麦考利久期两者的关系就变为：

$$D_{MOD} = \frac{D_{MAC}}{1+y/m} \tag{12-19}$$

麦考利久期和修正久期受哪些因素影响呢？观察以上久期公式不难发现下述规律。

首先，其他因素相同的情况下，债券到期时间越长，久期就越大。对于零息债券，债券的到期时间即为久期。

其次，其他因素相同的情况下，到期收益率YTM越小，债券的久期越大，具体关系如图12-14所示。YTM较小时，后期的现金流有相对较大的现值，因此有更大的权重，从而时间的加权平均相对越大，久期因此更大。相反，YTM较大时，相比前期现金流，后期的现金流打折越大，从而时间加权平均相对越小，因此久期越小。

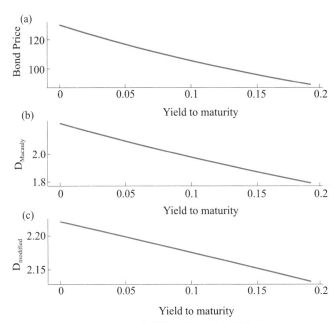

图12-14　久期和到期收益率的关系

最后，其他因素相同的情况下，息票利率越低，债券的久期越长，具体关系如图12-15所示。这一点很好理解，息票利率低时，早期的现金流越小，权重越小，对加权平均的时间影响相对较小，最后时间点的那笔现金流的权重相对来说很大，因此久期越大。反之，当息票利率越高时，早期的现金流越大，这样较短的时间节点有更大的权重，因此加权平均时间越小，久期越小。

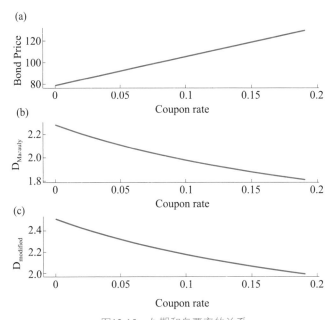

图12-15　久期和息票率的关系

以下代码可以用来获得图12-14。

`B1_Ch12_6.py`

```
import QuantLib as ql
```

```
import numpy as np
import matplotlib.pyplot as plt

todaysDate = ql.Date(10, 7, 2017)
ql.Settings.instance().evaluationDate = todaysDate
dayCount = ql.Thirty360()
calendar = ql.UnitedStates()
interpolation = ql.Linear()
compounding = ql.Compounded
compoundingFrequency = ql.Annual

issueDate = ql.Date(15, 1, 2017)
maturityDate = ql.Date(15, 1, 2020)
tenor = ql.Period(ql.Semiannual)
calendar = ql.UnitedStates()
bussinessConvention = ql.Unadjusted
dateGeneration = ql.DateGeneration.Backward
monthEnd = False
schedule = ql.Schedule (issueDate, maturityDate, tenor, calendar, bussinessConvention,
                        bussinessConvention , dateGeneration, monthEnd)

#Now lets build the coupon
dayCount = ql.Thirty360()
couponRate = .1
coupons = [couponRate]

#Now lets construct the FixedRateBond
settlementDays = 3
faceValue = 100
fixedRateBond = ql.FixedRateBond(settlementDays, faceValue, schedule, coupons,
dayCount)

ytm = np.arange(0,0.2,0.01)
duration_mod = np.zeros(len(ytm))
duration_mac = np.zeros(len(ytm))
dirtyPrice = np.zeros(len(ytm))

for i in range(len(ytm)):
    y=ytm[i]
     duration_mod[i] = ql.BondFunctions.duration(fixedRateBond,y,ql.
ActualActual(), ql.Compounded, ql.Annual, ql.Duration.Modified)
     duration_mac[i] = ql.BondFunctions.duration(fixedRateBond,y,ql.
ActualActual(), ql.Compounded, ql.Annual, ql.Duration.Macaulay)
     #cleanPrice[i] = fixedRateBond.cleanPrice(ytm[i],fixedRateBond.dayCounter(),
compounding, ql.Semiannual)
     dirtyPrice[i] = fixedRateBond.dirtyPrice(y,fixedRateBond.dayCounter(),
ql.Compounded, ql.Annual)
```

```
plt.figure(1)
plt.subplot(311)
plt.plot(ytm, dirtyPrice)
plt.xlabel('Yield To Maturity',fontsize=8)
plt.ylabel('Bond Price',fontsize=8)
plt.gca().spines['right'].set_visible(False)
plt.gca().spines['top'].set_visible(False)

plt.subplot(312)
plt.plot(ytm, duration_mod)
plt.xlabel('Yield To Maturity',fontsize=8)
plt.ylabel('Modified Duration',fontsize=8)
plt.gca().spines['right'].set_visible(False)
plt.gca().spines['top'].set_visible(False)

plt.subplot(313)
plt.plot(ytm, duration_mac)

plt.xlabel('Yield To Maturity',fontsize=8)
plt.ylabel('Macaulay Duration',fontsize=8)
plt.gca().spines['right'].set_visible(False)
plt.gca().spines['top'].set_visible(False)
plt.subplots_adjust(hspace=0.5)
```

以下代码可以用来获得图12-15。

`B1_Ch12_7.py`

```
import QuantLib as ql
import numpy as np
import matplotlib.pyplot as plt

todaysDate = ql.Date(10, 7, 2017)
ql.Settings.instance().evaluationDate = todaysDate
dayCount = ql.Thirty360()
calendar = ql.UnitedStates()
interpolation = ql.Linear()
compounding = ql.Compounded
compoundingFrequency = ql.Annual

issueDate = ql.Date(15, 1, 2017)
maturityDate = ql.Date(15, 1, 2020)
tenor = ql.Period(ql.Semiannual)
calendar = ql.UnitedStates()
bussinessConvention = ql.Unadjusted
dateGeneration = ql.DateGeneration.Backward
monthEnd = False
schedule = ql.Schedule (issueDate, maturityDate, tenor, calendar, bussinessConvention,
                        bussinessConvention , dateGeneration, monthEnd)
```

```
#Now lets build the coupon
dayCount = ql.Thirty360()
couponRate = np.arange(0,0.2,0.01)

#Now lets construct the FixedRateBond
settlementDays = 3
faceValue = 100

ytm = .1
duration_mod = np.zeros(len(couponRate))
duration_mac = np.zeros(len(couponRate))
dirtyPrice = np.zeros(len(couponRate))

for i in range(len(couponRate)):
    coupons = [couponRate[i]]
    fixedRateBond = ql.FixedRateBond(settlementDays, faceValue,
schedule, coupons, dayCount)
        duration_mod[i] = ql.BondFunctions.duration(fixedRateBond,ytm,ql.
ActualActual(), ql.Compounded, ql.Annual, ql.Duration.Modified)
        duration_mac[i] = ql.BondFunctions.duration(fixedRateBond,ytm,ql.
ActualActual(), ql.Compounded, ql.Annual, ql.Duration.Macaulay)
        #cleanPrice[i] = fixedRateBond.cleanPrice(ytm[i],fixedRateBond.dayCounter(),
compounding, ql.Semiannual)
        dirtyPrice[i] = fixedRateBond.dirtyPrice(ytm,fixedRateBond.dayCounter(),
ql.Compounded, ql.Annual)

plt.figure(1)
plt.subplot(311)
plt.plot(couponRate, dirtyPrice)
plt.xlabel('Coupon rate',fontsize=8)
plt.ylabel('Bond Price',fontsize=8)
plt.gca().spines['right'].set_visible(False)
plt.gca().spines['top'].set_visible(False)

plt.subplot(312)
plt.plot(couponRate, duration_mod)
plt.xlabel('Coupon rate',fontsize=8)
plt.ylabel('Modified Duration',fontsize=8)
plt.gca().spines['right'].set_visible(False)
plt.gca().spines['top'].set_visible(False)

plt.subplot(313)
plt.plot(couponRate, duration_mac)
plt.xlabel('Coupon rate',fontsize=8)
plt.ylabel('Macaulay Duration',fontsize=8)
plt.gca().spines['right'].set_visible(False)
plt.gca().spines['top'].set_visible(False)
```

```
plt.subplots_adjust(hspace=0.5)
```

目前讲到的两个久期——麦考利久期和修正久期，在应用时有一个重要的假设，即债券现金流不随利率波动变化。也就是说，债券没有任何保护条款，例如债券赎回、债券售回权，等等。有可赎回、可售回权利时，债券的现金流就不是固定的，即债券可能会在到期日之前被提前赎回或售回而终止。对于现金流不固定的债券，就需要用**有效久期** (effective duration) 来计算：

$$D_{eff} = \frac{P_{-\Delta y} - P_{+\Delta y}}{2P_0 \times \Delta y} \tag{12-20}$$

或者表示为：

$$D_{eff} = \frac{P_0 - P_{+\Delta y}}{P_0 \times \Delta y} \tag{12-21}$$

整理后得到：

$$P_{\text{Duration\_approx}} = P_0 \left(1 - D \cdot \Delta y\right) \tag{12-22}$$

收益率y变化Δy时，可以根据式(12-22)估算新的债券价值。注意式(12-22)的减号，因为久期D定义自带负号。

当y发生较小的变化Δy时，根据泰勒一阶展开方法，用久期估算债券价值较为准确。

如图12-16所示为债券收益率y变化对债券价值的影响。如图12-17所示为债券估值和实际值之间的误差，即图12-16中蓝色曲线和红色直线之差。

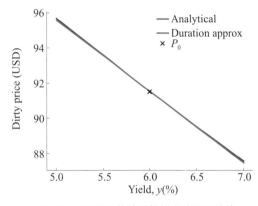

图12-16　y取不同值的时候债券价值及估算

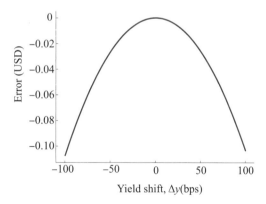

图12-17　Δy取不同值时，估算误差

以下代码可以获得图12-16和图12-17。

```
B1_Ch12_8.py
```

```
import QuantLib as ql
import numpy as np
import matplotlib.pyplot as plt


todaysDate = ql.Date(1, 7, 2020)
ql.Settings.instance().evaluationDate = todaysDate
dayCount = ql.Thirty360()
calendar = ql.UnitedStates()
```

```
interpolation = ql.Linear()
compounding = ql.Compounded
compoundingFrequency = ql.Annual


issueDate = ql.Date(1, 7, 2020)
maturityDate = ql.Date(15, 7, 2025)
tenor = ql.Period(ql.Semiannual)
calendar = ql.UnitedStates()
bussinessConvention = ql.Unadjusted
dateGeneration = ql.DateGeneration.Backward
monthEnd = False
schedule = ql.Schedule (issueDate, maturityDate, tenor, calendar, bussinessConvention,
                         bussinessConvention , dateGeneration, monthEnd)


#Now lets build the coupon
dayCount = ql.Thirty360()
couponRate = .04
coupons = [couponRate]


#Now lets construct the FixedRateBond
settlementDays = 3
faceValue = 100
fixedRateBond = ql.FixedRateBond(settlementDays, faceValue, schedule, coupons,
dayCount)

delta_y_base = 0.0001
ytm = np.arange(5.0,7.0,delta_y_base)*0.01
approxPrice = np.zeros(len(ytm))
dirtyPrice = np.zeros(len(ytm))



P0 = fixedRateBond.dirtyPrice(0.06,fixedRateBond.dayCounter(), compounding,
ql.Semiannual)
P_up = fixedRateBond.dirtyPrice(0.060 + delta_y_base,fixedRateBond.dayCounter(),
compounding, ql.Semiannual)
P_down = fixedRateBond.dirtyPrice(0.060 - delta_y_base,fixedRateBond.dayCounter(),
compounding, ql.Semiannual)
duration = (P_down - P_up)/(2*P0*delta_y_base)

for i in range(len(ytm)):
    delta_y = ytm[i] - 0.06
    approxPrice[i] = P0*(1-duration*delta_y)
    dirtyPrice[i] = fixedRateBond.dirtyPrice(ytm[i],fixedRateBond.dayCounter(),
compounding, ql.Semiannual)

plt.figure(1)
plt.plot(ytm*100, dirtyPrice,label='Analytical',color = 'b')
plt.plot(ytm*100, approxPrice,color ='r',label='Duration approx')
```

```
plt.plot(6, P0,'x',color ='k',fillstyle='none',label='P0')
plt.legend(loc='upper right')
plt.xlabel('Yield, y(%)',fontsize=8)
plt.ylabel('Dirty Price (USD)',fontsize=8)
plt.gca().spines['right'].set_visible(False)
plt.gca().spines['top'].set_visible(False)
plt.gca().yaxis.set_ticks_position('left')
plt.gca().xaxis.set_ticks_position('bottom')

plt.figure(2)
plt.plot(ytm*100, approxPrice-dirtyPrice,color ='b')
plt.xlabel('Yield Shift, in bps',fontsize=8)
plt.ylabel('Error (USD)',fontsize=8)
plt.gca().spines['right'].set_visible(False)
plt.gca().spines['top'].set_visible(False)
plt.gca().yaxis.set_ticks_position('left')
plt.gca().xaxis.set_ticks_position('bottom')
```

12.5 关键利率久期

前面介绍的几种久期适用于收益率曲线**平行移动** (parallel shift) 的情况。如图12-18给出了收益率曲线的几种可能的变化。对于非平行移动，应该如何衡量债券对利率的敏感度呢？这时候需要用到**关键利率久期** (key rate duration, partial duration)。即假设其他年限的**即期利率** (spot rates) 不变，只有一个年限的**即期利率** (spot rate) 变化。所以，一个债券在每一个期限都有一个**关键利率久期** (key rate duration)。

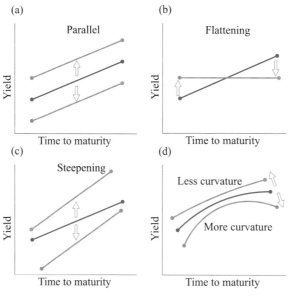

图12-18　收益率曲线变化类型

同时，久期的概念不仅应用在单个债券上，还广泛应用在债券的投资组合中。

关键利率久期以某些关键利率期限为基础，衡量固定收益证券价格对利率的敏感性。关键利率久期计算方法类似有效久期，具体为：

$$D_{\text{key rate}} = \frac{P_{\text{down}} - P_{\text{up}}}{2P_0 \times \Delta y} \tag{12-23}$$

给定当前利率期限 (图像如图12-19所示)。图12-19中红色×为关键利率期限为2年、5年、10年和20年，这四个关键利率期限将图12-19横轴分割出五个区间。

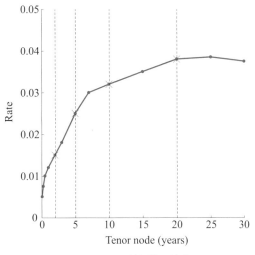

图12-19　利率期限结构

计算某个关键利率久期时，该关键期限利率上升或下降Δy，而Δy对附近非关键期限利率的影响是线性递减关系。如图12-20所示，5年期关键期限左右两侧分别是2年期和10年期关键期限；5年期关键期限，利率变化水平为$\Delta y = 50$ bps (0.005)。图12-20同时给出5年期关键期限利率变化水平Δy对2年期和10年期关键期限利率影响为0。5年期关键期限利率变化水平Δy对非关键期限 (3年和7年)影响线性递减。

图12-20(b)中，蓝色利率期限可以用来计算P_0，粉红色利率期限可以用来计算P_{up}，绿色利率期限可以用来计算P_{down}。这样利用关键利率久期计算公式，可以计算得到5年期关键利率期限有效久期。

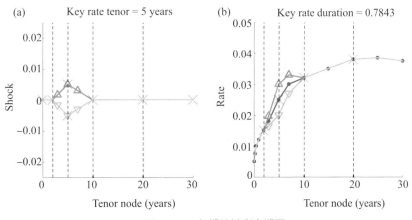

图12-20　5年期关键利率期限

如图12-21所示，10年期关键利率期限变化水平Δy对7年期和15年期影响线性递减。采用同样的思路，可以计算得到10年期关键利率期限有效久期。

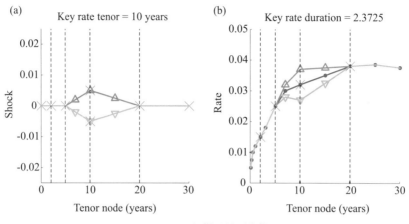

图12-21　年期关键利率期限

而几个关键利率期限首尾两个期限处理上稍有不同，对于2年、5年、10年、20年这四个关键期限，2年和20年就是首尾两个关键期限。如图12-22所示，小于2年的非关键利率期限Δy和2年一致，大于2年 (小于5年) 的Δy非关键期限线性递减。而对于20年关键期限，如图12-23所示，大于20年的非关键利率期限Δy和20年一致，小于20年 (大于10年) 的非关键期限Δy线性递减。

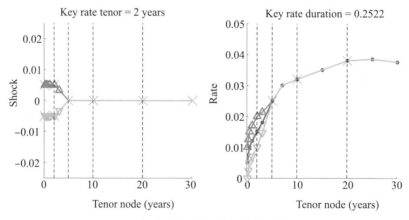

图12-22　2年期关键利率期限

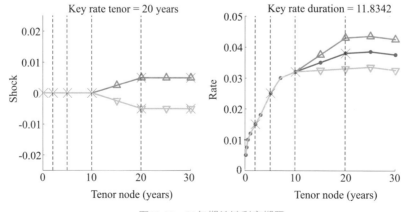

图12-23　20年期关键利率期限

如图12-20(a)、图12-21(a)、图12-22(a)、图12-23(a) 所示为四个关键利率期限 (2 5 10 20)分割出五个区间中，每个不同区间利率水平变化Δy的分段函数。

下面给出计算债券在2年、5年、10年、20年四个关键利率久期的代码。

`B1_Ch12_9.py`

```python
import QuantLib as ql
import numpy as np
import matplotlib.pyplot as plt

todaysDate = ql.Date(18, 8, 2020)
tenor_tmp =[0, 1, 3, 6, 12, 24, 3*12, 5*12, 7*12, 10*12, 15*12, 20*12, 25*12,
30*12]
spotDates = [ todaysDate + ql.Period(x,ql.Months) for x in tenor_tmp ]
spotRates = [0.0, 0.005, 0.0075, 0.01, 0.012, 0.015, 0.018, 0.025, 0.03, 0.032,
0.035, 0.038, 0.0385, 0.0375]
dayCount = ql.Thirty360()
calendar = ql.UnitedStates()
interpolation = ql.Linear()
compounding = ql.Compounded
compoundingFrequency = ql.Semiannual

issueDate = ql.Date(18, 8, 2020)
maturityDate = ql.Date(18, 8, 2045)
tenor = ql.Period(ql.Semiannual)
bussinessConvention = ql.Unadjusted
dateGeneration = ql.DateGeneration.Backward
monthEnd = False
schedule = ql.Schedule (issueDate, maturityDate, tenor, calendar, bussinessConvention,
                        bussinessConvention , dateGeneration, monthEnd)

#Now lets build the coupon
couponRate1 = .05
coupons1 = [couponRate1]

#Now lets construct the FixedRateBond
settlementDays = 0
faceValue = 100
fixedRateBond1 = ql.FixedRateBond(settlementDays, faceValue, schedule,
coupons1, dayCount)

ql.Settings.instance().evaluationDate = todaysDate
spotCurve = ql.ZeroCurve(spotDates, spotRates, dayCount, calendar, interpolation,
                         compounding, compoundingFrequency)
spotCurveHandle = ql.RelinkableYieldTermStructureHandle(spotCurve)
#create a bond engine with the term structure as input;
#set the bond to use this bond engine
bondEngine = ql.DiscountingBondEngine(spotCurveHandle)
```

```
fixedRateBond1.setPricingEngine(bondEngine)

#Finally the price
P0 = fixedRateBond1.dirtyPrice()
print(P0)

nodes = [ 0, 2, 5, 10, 20, 30 ]   #the durations
dates = [ todaysDate + ql.Period(n,ql.Years) for n in nodes ]
spreads = [ ql.SimpleQuote(0.0) for n in nodes ] #null spreads to begin
new_curve = ql.SpreadedLinearZeroInterpolatedTermStructure(
    ql.YieldTermStructureHandle(spotCurve),
    [ ql.QuoteHandle(q) for q in spreads ],
    dates)
spotCurveHandle.linkTo(new_curve)
bondEngine = ql.DiscountingBondEngine(spotCurveHandle)
fixedRateBond1.setPricingEngine(bondEngine)

delta_y = 0.005
for i in range(4):
    if i == 0: #2
        spreads[i].setValue(-delta_y) #0.005 50 bps
        spreads[i + 1].setValue(-delta_y) #0.005 50 bps
        P_down = fixedRateBond1.dirtyPrice()
        print(P_down)

        spreads[i].setValue(delta_y) #0.005 50 bps
        spreads[i + 1].setValue(delta_y) #0.005 50 bps
        P_up = fixedRateBond1.dirtyPrice()
        print(P_up)

        duration = (P_down - P_up)/(2*P0*delta_y)
        print(duration)

        spreads[i].setValue(0) #0.005 50 bps
        spreads[i + 1].setValue(0) #0.005 50 bps

    elif i == 3:#20
        plt.figure(i)
        spreads[i + 1].setValue(-delta_y) #0.005 50 bps
        spreads[i + 2].setValue(-delta_y) #0.005 50 bps
        P_down = fixedRateBond1.dirtyPrice()
        print(P_down)

        spreads[i + 1].setValue(delta_y) #0.005 50 bps
        spreads[i + 2].setValue(delta_y) #0.005 50 bps
        P_up = fixedRateBond1.dirtyPrice()
        print(P_up)
```

```
        duration = (P_down - P_up)/(2*P0*delta_y)
        print(duration)

        spreads[i + 1].setValue(0.0)  #0.005 50 bps
        spreads[i + 2].setValue(0.0)  #0.005 50 bps

    else:#5 10
        plt.figure(i)
        spreads[i + 1].setValue(-delta_y)  #0.005 50 bps
        P_down = fixedRateBond1.dirtyPrice()
        print(P_down)

        spreads[i + 1].setValue(delta_y)  #0.005 50 bps
        P_up = fixedRateBond1.dirtyPrice()
        print(P_up)

        duration = (P_down - P_up)/(2*P0*delta_y)
        print(duration)
        spreads[i + 1].setValue(0.0)  #0.005 50 bps
```

12.6 凸率

　　本章久期一节介绍了在收益率变化比较小的情况下，债券价格和债券收益率YTM之间存在近似的线性关系。然而，当收益率变化比较大的时候，只考虑债券价格对YTM的一阶导数就不够准确，需要引入债券价格对YTM的二阶导数，即**债券凸率** (bond convexity)。

　　从图形上来讲，凸率是对债券价格曲线弯曲程度的一种度量。凸率的绝对值越大，债券价格曲线弯曲程度越大。如图12-24所示，A债券凸率为正值，C债券凸率为负值。B债券凸率为零。

　　凸率往往和含权债券联系在一起，常见的**正凸率** (Positive Convexity) 证券包括**可售回债券** (puttable bond)。常见的**负凸率**(Negative Convexity) 证券包括**可赎回债券** (callable bond) 和**房贷抵押债券** (Mortgage-Backed Security, MBS)。

　　如果两个债券的久期相同，但凸率不同，当YTM发生变化时，会分别对它们的价格产生怎样的影响呢？如图12-24所示，A债券比B债券有更高的凸率。当YTM下降或者利率下降时，A债券价格上涨幅度更大；当利率上升时，A债券价格下降幅度更小。蓝色曲线始终位于红线直线上方。

　　简而言之，凸率令债券具有"放大收益降低损失"的特性。

　　既然凸率令债券具有"放大收益降低损失"的吸引人的特性，是不是投资人应该选择凸率更大的债券呢？事实上，债券的价格中已经考虑了凸率的因素。回顾12.1节的例子，如果想要获得凸率为正值的可售回债券，即小王如果想要随时向老板兑换债券，投资人需要付出更高的价钱 (代表债券更低的收益率)。凸率越大，债券价格就越贵。就是说，天下没有免费的午餐。同理，投资人只需要付出较低的价钱 (代表债券更高的收益率) 就可以获得凸率为负值的可赎回债券，即老板如果想要随时向小王召回债券。

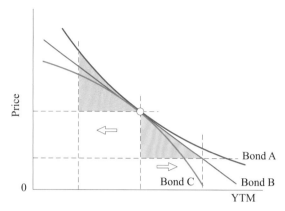

图12-24 不同凸率的债券价格和YTM关系

综上，投资人需要在收益率和凸率之间做出选择。如果他认为市场上凸率的价值被高估了，或者说选择权被执行的可能性很低，可以选择卖出凸率，即购买凸率为负值的可赎回债券。反之，如果他认为市场上凸率的价值被低估了，或者说选择权被执行的可能性很高，可以选择买入凸率，即购买凸率为正值的可售回债券。

如图12-25所示，凸率为负值的可赎回债券的价格要低于普通债券。对应的如12-26所示，凸率为正值的可售回债券的价格要高于普通债券。

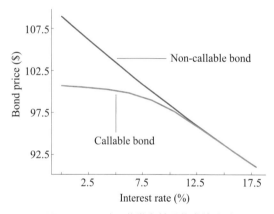

图12-25 可赎回债券和普通债券的关系

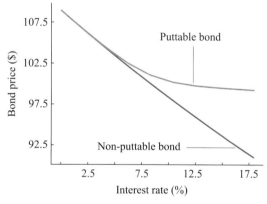

图12-26 可售回债券和普通债券的关系

以下代码可以绘制图12-25和图12-26。

`B1_Ch12_10.py`

```python
import QuantLib as ql
import numpy as np
import matplotlib.pyplot as plt


def value_bond(a, s, grid_points, bond):
    model = ql.HullWhite(ts_handle, a, s)
    engine = ql.TreeCallableFixedRateBondEngine(model, grid_points)
    bond.setPricingEngine(engine)
    return bond

calc_date = ql.Date(16,8,2016)
```

```python
ql.Settings.instance().evaluationDate = calc_date
day_count = ql.ActualActual(ql.ActualActual.Bond)
callability_schedule_call = ql.CallabilitySchedule()
callability_schedule_put = ql.CallabilitySchedule()
call_price = 100.0
call_date = ql.Date(15,ql.September,2016);
null_calendar = ql.NullCalendar();
for i in range(0,2):
    callability_price = ql.CallabilityPrice(
        call_price, ql.CallabilityPrice.Clean)
    callability_schedule_call.append(
            ql.Callability(callability_price,
                            ql.Callability.Call,
                            call_date))
    callability_schedule_put.append(
            ql.Callability(callability_price,
                            ql.Callability.Put,
                            call_date))

    call_date = null_calendar.advance(call_date, 12, ql.Months);

issue_date = ql.Date(16,ql.September,2015)
maturity_date = ql.Date(15,ql.September,2017)
calendar = ql.UnitedStates(ql.UnitedStates.GovernmentBond)
tenor = ql.Period(ql.Quarterly)
accrual_convention = ql.Unadjusted

schedule = ql.Schedule(issue_date, maturity_date, tenor,
                        calendar, accrual_convention, accrual_convention,
                        ql.DateGeneration.Backward, False)

settlement_days = 0
face_amount = 100
accrual_daycount = ql.ActualActual(ql.ActualActual.Bond)
coupon = 0.0825

bond = ql.FixedRateBond(
    settlement_days, face_amount,
    schedule, [coupon], accrual_daycount)

callable_bond = ql.CallableFixedRateBond(
    settlement_days, face_amount,
    schedule, [coupon], accrual_daycount,
    ql.Following, face_amount, issue_date,
    callability_schedule_call)

puttable_bond = ql.CallableFixedRateBond(
    settlement_days, face_amount,
```

```
        schedule, [coupon], accrual_daycount,
        ql.Following, face_amount, issue_date,
        callability_schedule_put)

rate = np.arange(0.0,0.18,0.001)
bond_price = np.zeros(len(rate))
callable_bond_price = np.zeros(len(rate))
puttable_bond_price = np.zeros(len(rate))

for i in range(len(rate)):
    ts = ql.FlatForward(calc_date,
                        rate[i],
                        day_count,
                        ql.Compounded,
                        ql.Semiannual)
    ts_handle = ql.YieldTermStructureHandle(ts)

    bondEngine = ql.DiscountingBondEngine(ts_handle)
    bond.setPricingEngine(bondEngine)

    callable_bond_price[i] = value_bond(0.03, 0.1, 80, callable_bond).
cleanPrice()
    puttable_bond_price[i] = value_bond(0.03, 0.1, 80, puttable_bond).
cleanPrice()
    bond_price[i] = bond.cleanPrice()

plt.figure(1)
plt.plot(rate*100, bond_price)
plt.plot(rate*100, callable_bond_price)
plt.xlabel('Interest Rate (%)',fontsize=8)
plt.ylabel('Bond Price ($)',fontsize=8)
plt.gca().spines['right'].set_visible(False)
plt.gca().spines['top'].set_visible(False)
plt.gca().yaxis.set_ticks_position('left')
plt.gca().xaxis.set_ticks_position('bottom')

plt.figure(2)
plt.plot(rate*100, bond_price)
plt.plot(rate*100, puttable_bond_price)
plt.xlabel('Interest Rate (%)',fontsize=8)
plt.ylabel('Bond Price ($)',fontsize=8)
plt.gca().spines['right'].set_visible(False)
plt.gca().spines['top'].set_visible(False)
plt.gca().yaxis.set_ticks_position('left')
plt.gca().xaxis.set_ticks_position('bottom')
```

　　首先，其他因素相同的情况下，债券到期时间越长，凸率就越大。其次，如图12-27所示，其他因素相同的情况下，息票利率越大，债券的凸率越小。债券的久期也具有这样的规律。

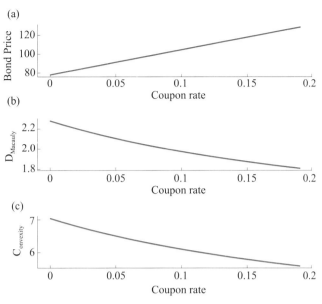

图12-27 凸率和息票率的关系

以下代码可以用来获得图12-27。

```
B1_Ch12_11.py

import QuantLib as ql
import numpy as np
import matplotlib.pyplot as plt

todaysDate = ql.Date(10, 7, 2017)
ql.Settings.instance().evaluationDate = todaysDate
dayCount = ql.Thirty360()
calendar = ql.UnitedStates()
interpolation = ql.Linear()
compounding = ql.Compounded
compoundingFrequency = ql.Annual

issueDate = ql.Date(15, 1, 2017)
maturityDate = ql.Date(15, 1, 2020)
tenor = ql.Period(ql.Semiannual)
calendar = ql.UnitedStates()
bussinessConvention = ql.Unadjusted
dateGeneration = ql.DateGeneration.Backward
monthEnd = False
schedule = ql.Schedule (issueDate, maturityDate, tenor, calendar, bussinessConvention,
                        bussinessConvention , dateGeneration, monthEnd)

#Now lets build the coupon
dayCount = ql.Thirty360()
ytm = .1
```

```
#Now lets construct the FixedRateBond
settlementDays = 3
faceValue = 100

couponRate = np.arange(0,0.2,0.01)
duration_mod = np.zeros(len(couponRate))
dirtyPrice = np.zeros(len(couponRate))
convexity = np.zeros(len(couponRate))

for i in range(len(couponRate)):
    coupons = [couponRate[i]]
    fixedRateBond = ql.FixedRateBond(settlementDays, faceValue, schedule, coupons,
dayCount)
     duration_mod[i] = ql.BondFunctions.duration(fixedRateBond,ytm,ql.
ActualActual(), ql.Compounded, ql.Annual, ql.Duration.Modified)
    convexity[i] = ql.BondFunctions.convexity(fixedRateBond,ytm,ql.ActualActual(),
ql.Compounded, ql.Annual)
    #cleanPrice[i] = fixedRateBond.cleanPrice(Coupon rate[i],fixedRateBond.dayCounter(),
compounding, ql.Semiannual)
     dirtyPrice[i] = fixedRateBond.dirtyPrice(ytm,fixedRateBond.dayCounter(),
compounding, ql.Semiannual)

plt.figure(1)
plt.subplot(311)
plt.plot(couponRate, dirtyPrice)
plt.xlabel('Coupon rate',fontsize=8)
plt.ylabel('Bond Price',fontsize=8)
plt.gca().spines['right'].set_visible(False)
plt.gca().spines['top'].set_visible(False)

plt.subplot(312)
plt.plot(couponRate, duration_mod)
plt.xlabel('Coupon rate',fontsize=8)
plt.ylabel('Modified Duration',fontsize=8)
plt.gca().spines['right'].set_visible(False)
plt.gca().spines['top'].set_visible(False)

plt.subplot(313)
plt.plot(couponRate, convexity)
plt.xlabel('Coupon rate',fontsize=8)
plt.ylabel('Convexity',fontsize=8)
plt.gca().spines['right'].set_visible(False)
plt.gca().spines['top'].set_visible(False)
plt.subplots_adjust(hspace=0.5)
```

　　最后如图12-28所示，其他因素相同的情况下，到期收益率YTM越小，债券的凸率越大。债券的久期也是这样。

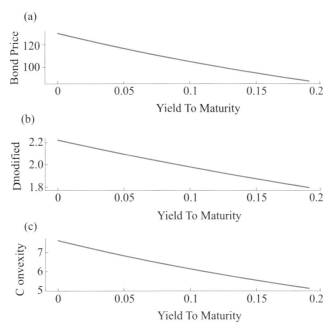

(a)

(b)

(c)

图12-28 凸率和到期收益率的关系

以下代码可以用来获得图12-28。

`B1_Ch12_12.py`

```python
import QuantLib as ql
import numpy as np
import matplotlib.pyplot as plt


todaysDate = ql.Date(10, 7, 2017)
ql.Settings.instance().evaluationDate = todaysDate
dayCount = ql.Thirty360()
calendar = ql.UnitedStates()
interpolation = ql.Linear()
compounding = ql.Compounded
compoundingFrequency = ql.Annual


issueDate = ql.Date(15, 1, 2017)
maturityDate = ql.Date(15, 1, 2020)
tenor = ql.Period(ql.Semiannual)
calendar = ql.UnitedStates()
bussinessConvention = ql.Unadjusted
dateGeneration = ql.DateGeneration.Backward
monthEnd = False
schedule = ql.Schedule (issueDate, maturityDate, tenor, calendar, bussinessConvention,
                        bussinessConvention , dateGeneration, monthEnd)

#Now lets build the coupon
dayCount = ql.Thirty360()
```

```
couponRate = .1
coupons = [couponRate]

#Now lets construct the FixedRateBond
settlementDays = 3
faceValue = 100
fixedRateBond = ql.FixedRateBond(settlementDays, faceValue, schedule, coupons,
dayCount)

ytm = np.arange(0,0.2,0.01)
duration_mod = np.zeros(len(ytm))
dirtyPrice = np.zeros(len(ytm))
convexity = np.zeros(len(ytm))

for i in range(len(ytm)):
    y=ytm[i]
     duration_mod[i] = ql.BondFunctions.duration(fixedRateBond,y,ql.ActualActual(),
ql.Compounded, ql.Annual, ql.Duration.Modified)
     convexity[i] = ql.BondFunctions.convexity(fixedRateBond,y,ql.ActualActual(),
ql.Compounded, ql.Annual)
    dirtyPrice[i] = fixedRateBond.dirtyPrice(ytm[i],fixedRateBond.dayCounter(),
compounding, ql.Semiannual)

plt.figure(1)
plt.subplot(311)
plt.plot(ytm, dirtyPrice)
plt.xlabel('Yield To Maturity',fontsize=8)
plt.ylabel('Bond Price',fontsize=8)
plt.gca().spines['right'].set_visible(False)
plt.gca().spines['top'].set_visible(False)

plt.subplot(312)
plt.plot(ytm, duration_mod)
plt.xlabel('Yield To Maturity',fontsize=8)
plt.ylabel('Modified Duration',fontsize=8)
plt.gca().spines['right'].set_visible(False)
plt.gca().spines['top'].set_visible(False)

plt.subplot(313)
plt.plot(ytm, convexity)
plt.xlabel('Yield To Maturity',fontsize=8)
plt.ylabel('Convexity',fontsize=8)
plt.gca().spines['right'].set_visible(False)
plt.gca().spines['top'].set_visible(False)
plt.subplots_adjust(hspace=0.5)
```

类似有效久期的计算方法，**有效凸率** (Effective Convexity) 可以通过式(12-24)计算得到。

$$C_{eff} = \frac{P_{-\Delta y} + P_{+\Delta y} - 2P_0}{P_0 \times \Delta y^2} \tag{12-24}$$

债券的价格变化可以用式(12-25)估计。

$$\frac{\Delta P}{P} \approx -D \times \Delta y + \frac{1}{2}\Delta y^2 \times C \tag{12-25}$$

以上公式类似一元泰勒二阶展开。其中，P为债券价格；D为久期；Δy为到期收益率YTM的变化。

收益率y变化Δy时，泰勒二阶展开法可以用来估算债券价值。

可以分别计算得到债券的久期D和凸率C，根据式(12-26)估算债券价值。

$$P_{\text{Duration-convexity\_approx}} = P_0\left(1 - D \cdot \Delta y + \frac{C}{2}\Delta y^2\right) \tag{12-26}$$

如图12-29所示为债券收益率y变化对债券价值的影响。如图12-30所示为债券估值和实际值之间的误差，即图12-29中蓝色曲线和红色直线之差。

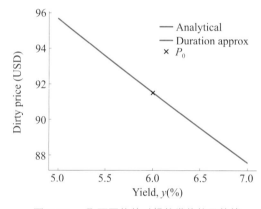

图12-29　y取不同值的时候债券价值及估算

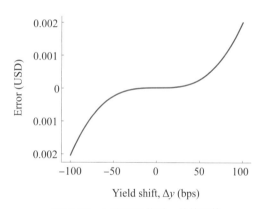

图12-30　Δy取不同值时，估算误差

以下代码可以绘制图12-29和图12-30。

`B1_Ch12_13.py`

```python
import QuantLib as ql
import numpy as np
import matplotlib.pyplot as plt

todaysDate = ql.Date(1, 7, 2020)
ql.Settings.instance().evaluationDate = todaysDate
dayCount = ql.Thirty360()
calendar = ql.UnitedStates()
interpolation = ql.Linear()
compounding = ql.Compounded
compoundingFrequency = ql.Annual

issueDate = ql.Date(1, 7, 2020)
```

```python
maturityDate = ql.Date(15, 7, 2025)
#maturityDate = advance('UnitedStates/GovernmentBond', as.Date('2020-01-15'), 10, 3)
tenor = ql.Period(ql.Semiannual)
calendar = ql.UnitedStates()
bussinessConvention = ql.Unadjusted
dateGeneration = ql.DateGeneration.Backward
monthEnd = False
schedule = ql.Schedule (issueDate, maturityDate, tenor, calendar, bussinessConvention,
                        bussinessConvention , dateGeneration, monthEnd)


#Now lets build the coupon
dayCount = ql.Thirty360()
couponRate = .04
coupons = [couponRate]


#Now lets construct the FixedRateBond
settlementDays = 3
faceValue = 100
fixedRateBond = ql.FixedRateBond(settlementDays, faceValue, schedule, coupons,
dayCount)


delta_y_base = 0.0001
ytm = np.arange(5.0,7.0,delta_y_base)*0.01
approxPrice = np.zeros(len(ytm))
dirtyPrice = np.zeros(len(ytm))
delta_y = np.zeros(len(ytm))


P0 = fixedRateBond.dirtyPrice(0.06,fixedRateBond.dayCounter(), compounding,
ql.Semiannual)
P_up = fixedRateBond.dirtyPrice(0.060 + delta_y_base,fixedRateBond.dayCounter(),
compounding, ql.Semiannual)
P_down = fixedRateBond.dirtyPrice(0.060 - delta_y_base,fixedRateBond.dayCounter(),
compounding, ql.Semiannual)
duration = (P_down - P_up)/(2*P0*delta_y_base)
convexity = (P_down + P_up - 2*P0)/(P0*delta_y_base*delta_y_base)

for i in range(len(ytm)):
    delta_y[i] = ytm[i] - 0.06
    approxPrice[i] = P0*(1 - duration*delta_y[i] + 0.5*convexity*delta_
y[i]*delta_y[i])
    dirtyPrice[i] = fixedRateBond.dirtyPrice(ytm[i],fixedRateBond.dayCounter(),
compounding, ql.Semiannual)

plt.figure(1)
plt.plot(ytm*100, dirtyPrice,label='Analytical',color = 'b')
plt.plot(ytm*100, approxPrice,color ='r',label='Duration-convexity')
plt.plot(6, P0,'x',color ='k',fillstyle='none',label='P0')
```

```
plt.legend(loc='upper right')
plt.xlabel('Yield, y(%)',fontsize=8)
plt.ylabel('Dirty Price (USD)',fontsize=8)
plt.gca().spines['right'].set_visible(False)
plt.gca().spines['top'].set_visible(False)
plt.gca().yaxis.set_ticks_position('left')
plt.gca().xaxis.set_ticks_position('bottom')

plt.figure(2)
plt.plot(delta_y*10000, approxPrice-dirtyPrice,color ='b')
plt.xlabel('Yield Shift, in bps',fontsize=8)
plt.ylabel('Error (USD)',fontsize=8)
plt.gca().spines['right'].set_visible(False)
plt.gca().spines['top'].set_visible(False)
plt.gca().yaxis.set_ticks_position('left')
plt.gca().xaxis.set_ticks_position('bottom')
```

　　本章首先介绍了时间价值，然后引出普通债券及其性质、定价、收益率等，接着进一步介绍了久期和凸率这两个分析债券的重要概念。对于固定收益产品而言，这些是非常基础的知识点，读者朋友们需要十分熟练地掌握。

Cheatsheet
备忘

A-B

append() 用于在列表末尾添加新的对象

array.tolist() 将ndarray对象转化为列表

ax.axhline(3) 绘制水平参考线

ax.axhspan(2.5,3, color = 'r') 添加水平填充区域

ax.axis('off') 不显示坐标轴

ax.axvline(5) 绘制垂直参考线

ax.bar(x - width/2, goog_means, width, label='Google') 使用Matplotlib绘制条形图

ax.errorbar(x, y_sin, 0.2) 绘制线图时添加错误曲线

ax.fill_between() 区域填充颜色

ax.grid(linewidth=0.5,linestyle='--') 设置绘图网格

ax.hlines() 绘制垂直线

ax.pie(sizes, labels=labels, autopct='%1.1f%%',shadow=True, startangle=90) 绘制饼图

ax.plot(x,y) 绘制以x为自变量，y为因变量的二维线图

ax.scatter(normal_2D_data[:, 0], normal_2D_data[:, 1], s=10, c=T, edgecolors = 'none',alpha=.6, cmap='Set1') 绘制散点图

ax.spines[].set_visible() 设定是否显示某边框

ax.tick_params(which='major', length=7,width = 0.5) 设置坐标轴主刻度值

ax.tick_params(which='minor', length=4,width = 0.5) 设置坐标轴次刻度值

ax.twinx() 添加第二根x轴

ax.twiny() 添加第二根y轴

ax.vlines() 绘制水平线

C-E

cmf() 产生累积密度函数

count 显示每行或者列中非NaN数据的个数

DataFrame.add() 数据帧相加

DataFrame.at[]和DataFrame.iat[] 快速定位某一数据元素，前者是支持行列名称，后者则是支持行列索引号

DataFrame.ColumnName 或者 DataFrame['ColumnName'] 显示数据帧的一列或者多列

DataFrame.corr() 计算相关系数

DataFrame.cov() 计算方差

DataFrame.describe()和DataFrame.info() 查看数据帧的统计信息和特征信息

DataFrame.div() 数据帧相除

DataFrame.dropna() 舍去数据帧中所有包含NaN的值

DataFrame.fillna() 把数据帧中的NaN填充为所需要的值

dataFrame.groupby() 数据分组分析

dataFrame.groupby().aggregate() 数据分组后的聚合

dataFrame.groupby().apply() 数据分组后对某数值的单独操作

DataFrame.head()和DataFrame.tail() 选取序列或者数据帧前n个或者最后n个数据，默认为5个

DataFrame.index()和DataFrame.values() 显示序列或者数据帧的索引或者数据

DataFrame.index.get_loc() 根据行名称获得行索引号

dataFrame.join() 通过列索引合并数据帧

DataFrame.loc[]和DataFrame.iloc[] 选取数据帧的行，前者是通过行名称索引，而后者是通过行号索引

DataFrame.max() 计算数据帧行或列最大值

DataFrame.mean() 计算数据帧行或列平均值

DataFrame.median() 计算数据帧行或列中值

DataFrame.min() 计算数据帧行或列最小值

DataFrame.mul() 数据帧相乘

DataFrame.pct_change() 数据帧当前元素与其前一个元素的百分比变化

DataFrame.pivot()和Pandas.pivot_table() 实现数据透视表的功能

DataFrame.plot() 可视化数据帧

DataFrame.read_csv() 读入CSV文件

DataFrame.read_excel 读入EXCEL文件

DataFrame.rename() 改变列名或者索引名

DataFrame.reset_index() 重建连续整数索引

DataFrame.set_index() 设定索引为任意与数据帧行数相同的数组

DataFrame.reindex() 创建一个适应新索引的新对象，并通过这种方法根据新索引的顺序重新排序

DataFrame.sort_index()和DataFrame.sort_values() 按数据帧索引和数值排序

DataFrame.sort_values() 排序

DataFrame.sub() 数据帧相减

DataFrame.sum() 计算数据帧行或列之和

DataFrame.to_csv() 写出CSV文件

DataFrame.to_excel() 写出EXCEL文件

DataFrame.to_hdf(),DataFrame.read_hdf() 写出、读入HDF文件

DataFrame.to_json(),DataFrame.read_json() 写出、读入JSON文件

DataFrame.T 实现数据帧的行列转置

def outputData(**kwargs) 在定义函数outputData时，使用**kwargs可以以类似字典的方式向函数传入值

dtypes列出数据类型

F-L

fig.add_axes([left,bottom,width,heig

ht]) 添加第二根轴

for x, y in np.nditer([a,b]) 应用广播原则，生成两元迭代器

import math 导入第三方数学运算工具库math

import numpy as np 导入第三方矩阵运算库，并给它取一个别名np，在后序代码中，可以通过np来调用numpy中的子库

import numpy 导入运算包numpy

import QuantLib 导入金融衍生品定价分析软件库

iter(favourite) 创建一个迭代器

len() 显示序列或者数据帧的数据数量

set_visible() 设定是否显示某边框

matplotlib.pyplot.gca().xaxis.set_ticks_position() 设定x轴标题

matplotlib.pyplot.gca().yaxis.set_ticks_position() 设定y轴标题

matplotlib.pyplot.grid() 绘制网格

matplotlib.pyplot.scatter() 绘制散点图

matplotlib.pyplot.show() 显示图片

matplotlib.pyplot.xlabel() 设定x轴标题

matplotlib.pyplot.xlabel() 设定y轴标题

matplotlib.pyplot.yticks() 设定y轴刻度

M

math.sqrt(81) 调用第三方数学运算库math中的sqrt()函数用来求开方根值

matplotlib.axes.Axes.hist() 绘制概率直方图

matplotlib.colors.LinearSegmentedColormap.from_list() 产生指定的颜色映射图

matplotlib.pyplot.axhline() 绘制水平线

matplotlib.pyplot.axvline() 绘制竖直线

matplotlib.pyplot.bar() 绘制柱状图

matplotlib.pyplot.gca().get_yticklabels().set_color() 设定y轴标签颜色

matplotlib.pyplot.gca().spines[].

N

nump.power() 乘幂运算

numpy.arange() 根据指定的范围以及设定的步长，生成一个等差数组

numpy.arange(2,10,2) 生成一个以2为首项，8为末项，2为公差的等差数列

numpy.array(['2005-02-25','2011-12-25','2020-09-20'],dtype = 'M') 生成数据类型为日期的narray对象

numpy.array(ndarray_obj,copy = False,dtype = 'f') 使用array()函数生成ndarray对象，且不复制原ndarray对象，并把数据类型更改为浮点数型

numpy.average() 得到平均值

numpy.fromfunction(lambda i, j: i

== j, (3, 3), dtype=int) 通过lambda匿名函数生成ndarray对象

numpy.fromfunction(sum_of_indices, (5,3)) 通过自定义函数sum_of_indices()和给定的网格范围(5,3)生成ndarray对象

numpy.irr() 计算内部收益率

numpy.linalg.cholesky() 矩阵Cholesky分解

numpy.linalg.eig() 求矩阵**A**的特征值和特征向量

numpy.linalg.lstsq() 矩阵左除

numpy.linalg.solve() 矩阵左除

numpy.linalg.svd() 矩阵奇异值分解

numpy.linspace(2,10,4) 生成的等差数列是在2和10之间，数列的元素个数为4个

numpy.logspace(start =1,stop = 10,num = 3, base = 3) 生成一个以1为首项，10为末项，3为公比，元素个数为3的等比数列

numpy.meshgrid() 获得网格数据

numpy.multiply() 向量或矩阵逐项乘积

numpy.nditer(x,order = 'C') 以行优先的次序生成ndarray对象x的迭代器，可以用来遍历x中的所有元素

numpy.roots() 多项式求根

numpy.sqrt() 计算平方根

numpy.squeeze() 从数组形状中删除维度为1的条目

numpy.vectorize() 将函数向量化

numpy.where(a<5,a+0.1,a+0.2) 使用where()函数过滤ndarray中只符合要求的元素

numpy.zeros() 返回给定形状和类型的新数组，用零填充

P

pandas.concat() 拼接数据帧

pandas.DataFrame()创建数据帧

pandas.DataFrame.pct_change() 计算简单收益率

pandas.merge() 合并数据帧

pandas.pivot_table().query() 从数据透视表中检索

pandas.Series() 创建序列

pandas.Series.autocorr(A) 计算自相关性，并绘制火柴杆状图

pandas_datareader.data.get_data_yahoo() 下载金融数据

pdf() 产生概率密度函数

Pip install pandas/conda install pandas 安装pandas运算包

plt.hist(x,bins=50,color=colors) 绘制直方图

plt.legend(['White noise 1', 'White noise 2'],edgecolor = 'none', facecolor = 'none',loc='upper center') 添加图例

plt.yticks([-5,0,5]) 设置纵轴刻度值

pmf() 产生概率质量函数

ppf() 产生分位数函数(累积密度函数的逆函数)

print() 在Python的console中输出信息

pymoo.model.problem.Problem() 定义优

化问题

`pymoo.optimize.minimize()` 求解最小化
优化问题

R _____

`random.expovariate()` 产生服从指数分布
的随机数

`random.gauss()` 产生服从正态分布的随机数

`random.randint()` 产生随机整数

`random.random ()` 调用第三方库random中
的random()函数，返回0到1之间的随机数

`random.random()` 产生随机浮点数

`random.randrange()` 返回指定递增基数集
合中的一个随机数

`random.seed()` 初始化随机状态

`random.shuffle()` 将序列的所有元素重新随
机排序

`random.uniform()` 产生服从均匀分布的随
机数

`range(N)` 生成一个含有N个整数的列表，列表
的元素从0到N

`round(4.35,1)` 将4.35圆整到一位小数

S-U _____

`scipy.interpolate.interp1d()` 一维
插值

`scipy.interpolate.interp2d()` 二维
插值

`scipy.linalg.ldl()` 对矩阵进行LDL分解

`scipy.linalg.lu()` 矩阵LU分解

`scipy.optimize.Bounds()` 定义优化问题
中的上下约束

`scipy.optimize.LinearConstraint()`
定义线性约束条件

`scipy.optimize.minimize()` 求解最小化
优化问题

`scipy.stats.binom_test()` 计算二项分布
的p值的

`scipy.stats.norm.cdf()` 正态分布累积概
率分布CDF

`scipy.stats.norm.fit()` 拟合得到正态分布
均值和均方差

`scipy.stats.norm.interval()` 产生区间
估计结果

`scipy.stats.norm.pdf()` 正态分布概率分
布PDF

`scipy.stats.probplot()` 计算概率分位并
绘制直方图

`scipy.stats.ttest_ind()` 两个独立样本
平均值的t-检验

`seaborn.heatmap()` 产生热图

`seaborn.lineplot()` 绘制线型图

`seaborn.set_palette()` 设定调色板

`set_major_formatter()` 设置主坐标轴刻度
的具体格式

`set_major_locator()` 设置主坐标轴刻度的
数值定位方式

`shape`显示序列或者数据帧的维

`stats( , moments='mvsk')` 产生期望、方
差、偏度和峰度

`sympy.abc import x` 定义符号变量x

`sympy.diff()` 求解符号导数和偏导解析式

`sympy.Eq()` 定义符号等式

`sympy.evalf()` 将符号解析式中未知量替换为具体数值

`sympy.integrate(f_x_diff2,(x,0,2*math.pi))` 计算函数的定积分

`sympy.limit()` 求解极限

`sympy.Matrix()` 构造符号函数矩阵

`sympy.plot(sympy.sin(x)/x,(x,-15,15),show=True)` 绘制符号函数表达式的图像

`sympy.plot_implicit()` 绘制隐函数方程

`sympy.plot3d(f_xy_diff_x,(x,-2,2),(y,-2,2),show=False)` 绘制函数的三维图

`sympy.series()` 求解泰勒展开级数符号式

`sympy.solve()` 使用SymPy中的`solve()`函数求解符号函数方程组

`sympy.solve_linear_system()` 求解含有符号变量的线型方程组

`sympy.symbols()` 创建符号变量

`sympy.sympify()` 化简符号函数表达式

`time.time()` 获得当前时间

`type(num_int)` 返回变量num_int的数据类型

`unique()` 显示序列非重复数据的个数